학교에서 통하는

스크래치
프로그래밍

PERFECT SCRATCH PROGRAMMING

YoungJin.com Y.
영진닷컴

학교에서 통하는 스크래치 프로그래밍

ISBN 978-89-314-4826-9

독자님의 의견을 받습니다

이 책을 구입한 독자님은 ㈜영진닷컴의 가장 중요한 비평가이자 조언가입니다. 저희 책의 장점과 문제점이 무엇인지, 어떤 책이 출판되기를 바라는지, 책을 더욱 알차게 꾸밀 수 있는 아이디어가 있으면 이메일, 또는 우편으로 연락주시기 바랍니다. 의견을 주실 때에는 책 제목 및 독자님의 성함과 연락처(전화번호나 이메일)를 꼭 남겨 주시기 바랍니다. 독자님의 의견에 대해 바로 답변을 드리고, 또 독자님의 의견을 다음 책에 충분히 반영하도록 늘 노력하겠습니다.

이메일 : support@youngjin.com

주 소 : (우)08505 서울시 금천구 가산디지털2로 123 월드메르디앙벤처센터2차 10층 1016호 영진닷컴

STAFF

저자 정덕현, 최성일, 양나리 | **감수** 문택주 | **기획** 기획1팀 | **총괄** 김태경 | **진행** 정소현

본문 편집 영진닷컴 디자인팀 | **표지 디자인** 지화경 | **인쇄** 제이엠

머 리 말

　정부의 소프트웨어 교육 의무화 정책이 발표되면서 소프트웨어 교육에 대한 관심이 높아지고 있습니다. 외국에서는 일찍부터 소프트웨어의 중요성을 인식하고 체계적인 소프트웨어 교육에 대한 고민을 지속해 왔습니다. 정부는 물론 기업과 민간 영역에서도 소프트웨어 교육에 관심을 가지고 의미 있는 활동들을 지속해가고 있습니다. 우리나라도 소프트웨어 교육의 필요성을 인식하고, 이제 본격적인 교육을 시작하는 단계입니다.

　소프트웨어 교육은 과거에 유행했던 컴퓨터 교육처럼 컴퓨터 활용 능력을 가르치는 것이 아닙니다. 과거의 컴퓨터 교육이 요구했던 것은 누군가 만들어 놓은 프로그램을 잘 활용할 수 있는 수동적 사용자였습니다. 하지만 현재의 소프트웨어 교육은 수동적 사용자의 수준을 넘어 스스로 하나의 프로그램을 만들어낼 수 있는 능동적이고 주체적인 창조자를 목표로 합니다. 그러한 창조의 과정을 통해 학생들은 논리적이고 분석적인 사고력을 키우고 문제를 해결할 수 있는 능력을 함양하게 되는 것입니다.

　학생들은 소프트웨어 교육을 통해 프로그래밍을 접하게 됩니다. 프로그래밍은 컴퓨터가 이해할 수 있는 언어를 통해 컴퓨터에게 명령을 내리는 것입니다. 이 프로그래밍을 쉽게 배울 수 있는 도구가 바로 스크래치입니다.

　스크래치는 미국 MIT 미디어랩 연구진에 의해 개발되어 이미 전 세계의 많은 소프트웨어 교육 현장에서 사용되고 있습니다. 기존 프로그래밍 언어는 하나의 프로그램을 만들기 위해 전문적인 지식을 습득해야만 합니다. 당연히 프로그래밍을 처음 배우는 학생들이 다루기에는 어렵고 복잡합니다. 하지만 스크래치는 전문적인 지식이나 어려운 규칙을 배우지 않아도 프로그래밍을 할 수 있습니다. 단순히 명령어 블록의 결합만으로도 원하는 프로그램을 완성할 수 있습니다. 이러한 프로그래밍 언어를 교육용 프로그래밍 언어(EPL : Educational Programming Language)라고 합니다. 누구나 쉽게 배우고 사용할 수 있다는 점은 스크래치의 가장 큰 장점이라 할 수 있습니다.

또한 스크래치는 다양한 콘텐츠를 제공합니다. 매일 수많은 콘텐츠가 새로 만들어지고 온라인을 통해 공유됩니다. 학생들은 직접 만든 프로젝트를 온라인에서 공유하고 의견을 주고 받으며 능동적인 학습을 지속해 갈 수 있습니다. 실제 수업 현장에서도 공유 기능을 활용하여 학생들이 만들어 낸 결과물을 함께 나눌 수 있습니다. 온라인뿐만 아니라 오프라인 버전도 무료로 배포되기 때문에 인터넷 사용이 제한적인 환경에서도 어려움 없이 수업을 진행할 수 있습니다.

이 책은 실제 교육 현장에서 소프트웨어 교육을 하게 될 선생님들을 위해 만들어졌습니다. 스크래치를 통해 학생들이 프로그래밍을 배우고, 논리적이고 창의적인 사고를 키우며, 능동적인 문제해결력을 기를 수 있도록 교육할 수 있는 데 도움을 드리고자 제작되었습니다. 응용 프로그램과 미디어아트 작품, 게임, 애니메이션 등 다양한 콘텐츠를 수록하여 실제 교육에서 활용할 수 있도록 하였습니다. 다양한 결과물을 만들어내다 보면 학생들도 집중력을 가지고 흥미롭게 수업에 집중할 수 있게 될 것입니다. 또한 쉬운 수준의 프로젝트에서부터 어려운 수준의 프로젝트까지를 모두 다룸으로써 초등학교 수준은 물론 중등학교에까지 활용할 수 있도록 구성한 것도 특별한 점입니다.

이 책에 수록된 프로젝트는 저자들이 직접 교육 현장을 누비며 쌓아온 경험을 바탕으로 제작된 것입니다. 대부분의 학습서들이 책상 앞의 연구로 만들어진 데 반해서 이 책의 결과물들은 학생들과 직접 부딪히고 교육하며 얻어진 것입니다. 교육 현장의 목소리를 그대로 반영하여 집필 과정에 참고하였습니다. 학생들이 실제 많이 틀리는 부분이나 어려워하는 내용들을 상세히 설명하였고, 실제 교육 시 선생님들께서 주의하셔야 할 부분들을 참고사항으로 구성하였습니다. 또한 학습의 각 단계를 그림을 통해 쉽게 설명하여 선생님들뿐만 아니라 실제 학생들이 스크래치 학습을 위해 사용하기에도 적합합니다.

이 책이 나오기까지 많은 도움을 주신 분들과 함께 수업에 참여한 학생들에게 감사의 마음을 전합니다. 저자들만의 노력이 아닌 많은 분들의 도움과 격려가 함께 하였기에 이 책을 마무리할 수 있었습니다. 이 책을 통해 소프트웨어 교육과 스크래치 학습에 어려움을 겪고 있는 선생님들과 학생들이 실제 수업에서 도움을 얻을 수 있기를 바랍니다. 감사합니다.

저자. 정덕현 · 최성일 · 양나리

| 저 자 | 정 덕 현
- 고려대 졸. 소프트웨어 교육 연구소 대표
- NIPA(한국정보통신진흥원), 경기콘텐츠진흥원 스크래치 교육
- GS SHOP, 이마트 등 소프트웨어 교육 기획 및 강의

최 성 일
- 울산대 졸. 전 발도로프 학교 교사
- 경기지역 초등학교 교장 선생님 소프트웨어 교육 연수
- 지구촌학교, 광진구청, 송파여성문화센터 등 강사양성 및 학생 교육 다수

양 나 리
- 고려대 졸. 전 판교중 교사
- 안랩 소프트웨어 강사 양성과정 교육
- 소년 중앙 양나리 선생님의 코딩교실 연재

효율적인 학습을 위한
본문 구성 살펴보기

Section 제목

다양한 프로젝트를 각 특징에 맞게 구성하여 필요한 내용을 쉽게 찾아볼 수 있습니다.

Section 리드문

해당 Section에서 학습하게 될 핵심 내용을 선별하여 설명합니다.

예제 파일 경로

학습할 프로젝트에 필요한 예제 파일과 완성 파일, 웹 주소를 수록하여 참고할 수 있습니다.

프로젝트 미리보기

학습하게 될 프로젝트의 완성 결과물을 미리 보여줍니다.

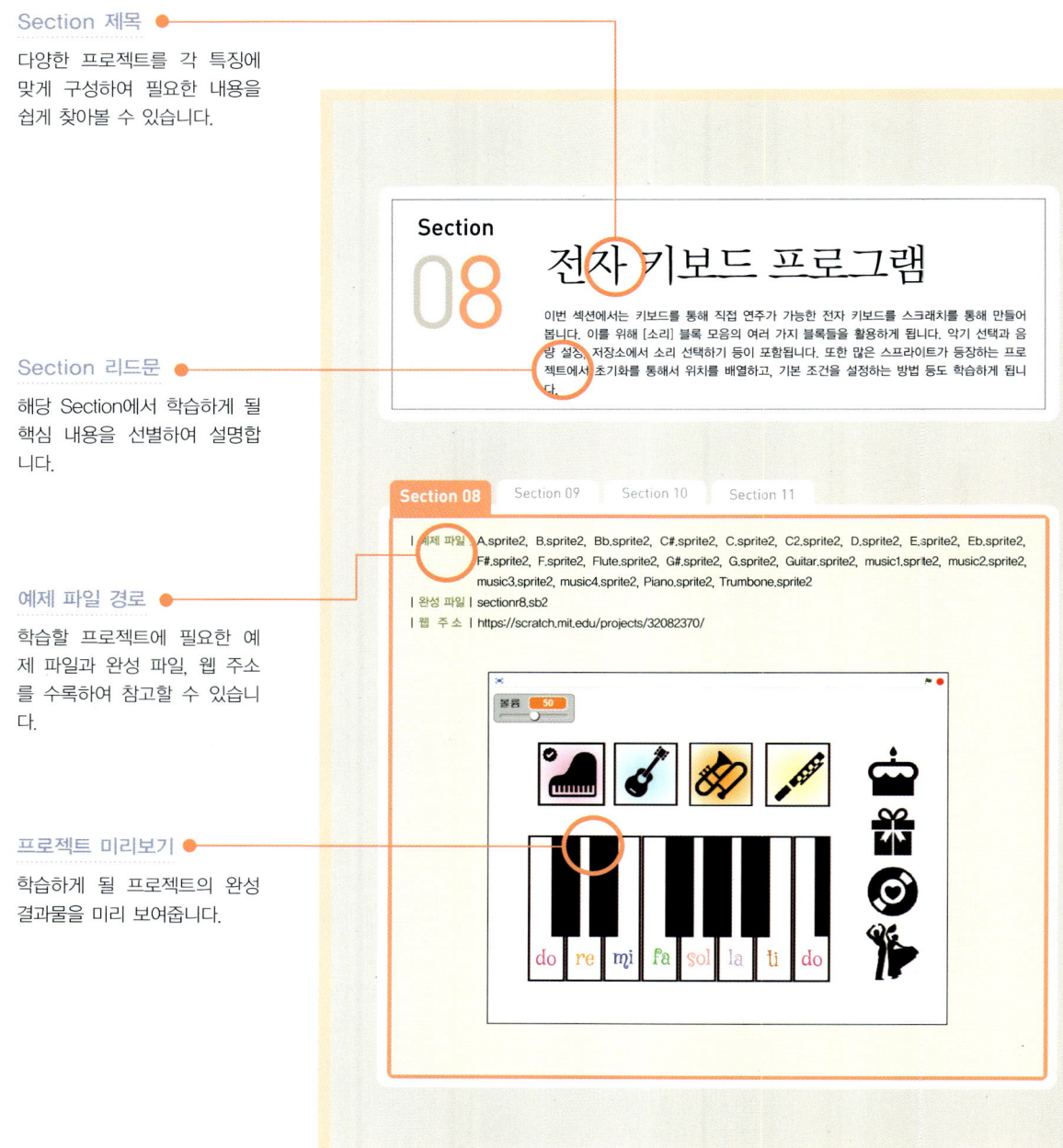

Section

08

전자 키보드 프로그램

이번 섹션에서는 키보드를 통해 직접 연주가 가능한 전자 키보드를 스크래치를 통해 만들어 봅니다. 이를 위해 [소리] 블록 모음의 여러 가지 블록들을 활용하게 됩니다. 악기 선택과 음량 설정, 저장소에서 소리 선택하기 등이 포함됩니다. 또한 많은 스프라이트가 등장하는 프로젝트에서 초기화를 통해서 위치를 배열하고, 기본 조건을 설정하는 방법 등도 학습하게 됩니다.

Section 08 | Section 09 | Section 10 | Section 11

| 예제 파일 | A.sprite2, B.sprite2, Bb.sprite2, C#.sprite2, C.sprite2, C2.sprite2, D.sprite2, E.sprite2, Eb.sprite2, F#.sprite2, F.sprite2, Flute.sprite2, G#.sprite2, G.sprite2, Guitar.sprite2, music1.sprite2, music2.sprite2, music3.sprite2, music4.sprite2, Piano.sprite2, Trumbone.sprite2
| 완성 파일 | sectionr8.sb2
| 웹 주소 | https://scratch.mit.edu/projects/32082370/

볼륨 50

do re mi fa sol la ti do

실제 프로젝트를 제작하는 과정의 단계입니다.

특수 효과에 반응하는 팩맨 만들기 Step 04

01   각 괴물들이 팩맨과 닿았을 때 나타나는 여러 가지 특수 효과를 방송하기를 통해 팩맨에게 알려줍니다. 먼저 방송하기 신호를 체크하기 위해 [message1 ▼ 을(를) 받았을 때]를 [스크립트] 창에 가져오고 선택 항목을 '작아져라'로 설정합니다. [크기를 10 만큼 바꾸기]를 결합하고, 숫자를 '−20'으로 변경합니다. 크기가 작아진 후에는 [1 초 기다리기]로 10초간 기다린 후 [크기를 100 % 로 정하기]로 크기를 다시 원래 상태로 돌려 놓습니다. 이때 중간에 프로젝트가 멈추었다 다시 시작하는 경우를 대비하여 [녹색 깃발을 클릭했을 때] 밑에도 [크기를 100 % 로 정하기]를 넣어 초기화합니다.

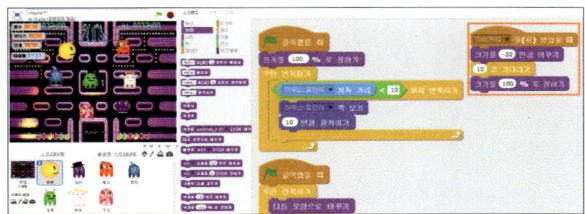

팩맨이 파랑을 잡아 먹으면 크기가 −20만큼 바뀌도록 하기 위해 [크기를 10 만큼 바꾸기]를 활용하였습니다. 이때 [크기를 100 % 로 정하기]가 아니라 [크기를 10 만큼 바꾸기]를 사용한 것은 크기가 작아지는 효과가 계속 누적되어 적용되도록 하기 위해서입니다. 뒤에서 다루게 되는 팩맨이 커지는 경우는 누적 효과가 나타나지 않도록 [크기를 100 % 로 정하기]가 만을 사용하여 팩맨의 크기를 변경합니다.

02   팩맨이 초록을 잡아먹으면 커지는 특수 효과를 연출하기 위해 앞에서 만든 '작아져라를 받았을 때'의 결합된 스크립트를 복사합니다.

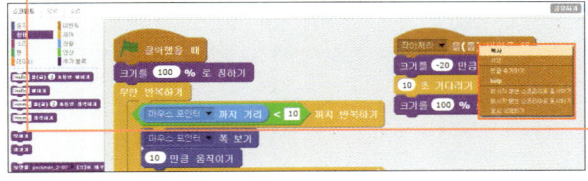

259

● 부연 설명

프로젝트 제작 과정에서 쉽게 틀리는 사항이나 참고할 내용들을 부연 설명합니다. 프로젝트 상에서 오류가 발생할 수 있는 부분에 주의할 수 있도록 꼼꼼하게 살펴봅니다.

● 따라하기

실제 프로젝트를 제작하는 내용입니다. 그림과 설명을 함께 참고하면서 프로젝트를 완성해 봅니다.

효율적인 학습을 위한
본문 구성 살펴보기

학습정리 ●

각 Section에서 학습한 핵심 내용을 정리하였습니다. 학습정리를 통해 놓치기 쉬운 내용들을 다시 학습할 수 있습니다.

학 습 정 리

❶ 조건문은 어떤 명제가 참인지 거짓인지에 따라 다음에 실행할 명령어가 달라지는 것을 의미합니다. '조건 영역'이 참이면 '실행 영역'이 실행되고, '조건 영역'이 거짓이면 '실행 영역'이 실행되지 않습니다.

❷ 반복문은 조건을 만족하는 동안에 특정 영역을 반복 실행합니다. 만약 '조건 영역'이 '무한'이라면 '실행 영역'은 계속해서 반복 실행됩니다.

❸ [스프라이트 정보] 창에서는 스프라이트에 관한 정보들을 알아볼 수 있습니다

① 모양 : 선택한 스프라이트의 현재 모양을 표시합니다.
② 이름 : 스프라이트의 이름을 나타냅니다.
③ 위치 좌표 : 스프라이트의 현재 위치에 해당하는 좌표값을 나타냅니다.
④ 방향 : 스프라이트의 움직임을 실행할 방향을 표시합니다.
⑤ 회전방식 : 스프라이트의 회전 방식을 나타냅니다. '회전하기'와 '왼쪽-오른쪽', '회전하지 않기' 등 3가지 방식 중 하나를 선택할 수 있습니다.
⑥ 프로젝트 페이지 드래그 기능 : 프로젝트 페이지에서 스프라이트를 드래그하여 이동하는 것이 가능한 지를 선택합니다.
⑦ 보이기 : 스프라이트가 실행 창에 보이도록 할 것인지 숨겨지도록 할 것인지를 선택합니다.
⑧ 창 전환 : [스프라이트] 창으로 전환됩니다.
❹ 프로젝트를 시작할 때마다 항상 같은 상태에서 시작하도록 하는 것을 '초기화 설정'이라고 합니다.

72

● 퀴즈 및 실습 문제

학습한 내용을 확인해 볼 수 있
는 퀴즈 형태의 문제가 제시됩
니다. 배운 내용을 마지막으로
점검할 수 있는 과정으로 구성
하였습니다.

·퀴즈 및 실습 문제·

01  조건문의 조건 영역에 들어갈 수 있는 블록이 아닌 것은? (   )

① ◄ 에 닿았는가?

② ◀ < ▶

③ ☐ 색에 닿았는가?

④ ◯ 만큼 움직이기

02 스프라이트의 회전 방식으로 옳지 않은 것은? (   )
　① 회전하기　　　　　　　　② 왼쪽-오른쪽
　③ 위쪽-아래쪽　　　　　　　④ 회전하지 않기

03 오른쪽 방향키를 눌렀을 때 스프라이트가 오른쪽으로 10만큼 이동하도록 만든 스크립트로 옳
은 것은?

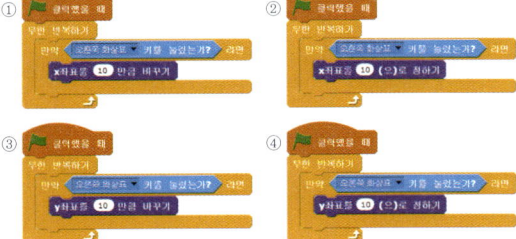

04 스프라이트와 무대에 관한 문항을 읽고 O, X로 답하시오.
　① [스프라이트] 창-[스프라이트 파일 업로드하기(🖼)]을 클릭하면 기본 제공되는 배경을 무대
　　에 추가할 수 있다. (   )
　② 축소(🔲) 아이콘을 사용하면 무대에 사용된 배경의 크기를 줄일 수 있다.(   )
　③ 스프라이트의 처음 시작하는 위치를 정해주기 위해서는 x: ◯ y: ◯ 로 이동하기 를 사용한다.
　　(   )

정답
1. ④ 2. ② 3. ① 4. X / X / O

73

Contents

학 교 에 서   통 하 는   S c r a t c h

소프트웨어 교육과 스크래치 기초

소프트웨어에 대한 관심이 점차 높아지면서 소프트웨어 교육도 많은 주목을 받고 있습니다. 이번 챕터에서는 소프트웨어와 프로그래밍은 무엇인지, 학생들이 프로그래밍을 학습할 수 있는 교육용 프로그래밍 언어에는 어떤 것이 있는 지를 살펴봅니다. 또한 대표적인 교육용 프로그래밍 언어인 스크래치의 특징을 살펴보고, 스크래치를 통해 프로그래밍의 기본 원리에 대해서도 학습합니다.

Section

01

스크래치 시작하기

소프트웨어와 프로그래밍은 무엇일까요? 이번 섹션에서는 이 물음에 대한 답을 찾아봅니다. 그리고 학생들도 프로그래밍을 쉽게 배울 수 있는 스크래치에 대해서도 함께 살펴봅니다. 과연 스크래치는 무엇이고 어떤 특징을 가지고 있는지 또한 스크래치를 통해 어떤 것들을 만들 수 있는지 알아보고, 스크래치로 원하는 것을 만들기 위해 알아두어야 할 기본적인 개념들을 함께 학습해 봅니다.

Section 01 | Section 02 | Section 03

소프트웨어와 프로그래밍 Step 01

01 ›› 소프트웨어란?

소프트웨어라고 하면 한글이나 엑셀, 파워포인트 등의 오피스 프로그램을 떠올리는 사람도 있고 컴퓨터 게임이나 메신저를 떠올리는 사람도 있습니다. 하지만 소프트웨어의 세계는 컴퓨터 화면에 보이는 것이 전부가 아닙니다.

 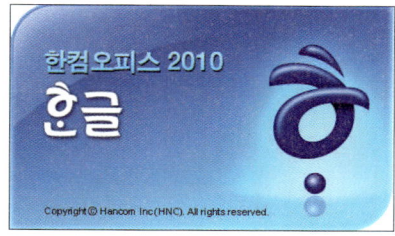 

02 ›› 생활 속의 소프트웨어

지금도 우리 주변 곳곳에서 소프트웨어가 활약하고 있습니다. 정수기와 TV, 전기밥솥, 냉장고, 엘리베이터 등에도 모두 소프트웨어가 숨어 있습니다. 소프트웨어는 컴퓨터 속에만 존재하는 것이 아니라 우리가 살아가는 생활 모든 곳에 함께 하고 있습니다.

생활 속의 작은 전자 기기뿐만 아니라 첨단 영역에서도 소프트웨어의 중요성은 더욱 커지고 있습니다. 인터넷 검색 서비스 기업인 '구글'은 운전자가 필요 없는 무인 자동차를 개발하고 있으며, 전자상거래 기업인 '아마존'은 무인 항공기를 사용해 고객에게 물건을 배달하는 서비스를 준비하고 있습니다. 또한 유럽 우주국의 무인 우주 탐사선 '로제타' 호가 혜성에 착륙해 혜성의 특징을 조사하기도 합니다. 사람 없이도 운전을 하고, 물건을 배달하고, 우주를 탐험하는 일을 할 수 있는 것도 역시 소프트웨어가 중요한 역할을 하고 있기 때문입니다.

03 >> 컴퓨터 프로그램

소프트웨어는 컴퓨터 프로그램이라고도 합니다. 우리는 소프트웨어를 통해 컴퓨터 기계장치를 통제할 수 있습니다. 즉, 인간이 소프트웨어를 통해 컴퓨터와 대화를 나누는 것입니다. 따라서 소프트웨어는 인간의 언어가 아니라 컴퓨터가 알아들을 수 있는 컴퓨터의 언어로 만들어져야 합니다. 컴퓨터 언어는 복잡한 코드(code)로 이루어져 있는데 이러한 컴퓨터의 언어를 이해하고 그것을 사용해 소프트웨어를 만드는 사람을 '프로그래머'라고 합니다.

또한, 프로그래머가 컴퓨터 언어로 소프트웨어를 만드는 작업을 '프로그래밍' 또는 '코딩'이라고 부릅니다. 그래서 프로그래밍에 사용되는 컴퓨터 언어를 다른 말로는 '프로그래밍 언어'라고 하는 것입니다. 세상에는 수많은 종류의 프로그래밍 언어가 존재합니다. 'C', 'JAVA', 'Python'과 같은 것들이 모두 '프로그래밍 언어' 입니다.

04 >> 교육용 프로그래밍 언어(EPL)

프로그래밍 언어들은 대부분 어려운 용어와 기호들로 이루어져 있습니다. 전문적인 지식 없이는 활용하기가 어렵습니다. 이렇게 어려운 프로그래밍 언어를 학생들이 쉽게 학습하고 배울 수 있도록 만든 것을 '교육용 프로그래밍 언어(EPL : Educational Programming Language)'라고 합니다. 교육용 프로그래밍 언어는 3종류로 구분할 수 있습니다. 먼저 언어적 표현보다는 직관적인 놀이를 통해 기본적인 프로그래밍 개념을 습득할 수 있는 '이미지 언어'가 있습니다. 이미지 언어는 미취학 아동이나 초등학교 저학년 학생들도 쉽게 배울 수 있습니다. 다음으로 블록으로 구성된 명령어를 결합하여 자유롭게 원하는 프로그램을 만들 수 있는 '블록형 언어'가 있습니다. 블록형 언어는 초등학교 3학년부터 중학생 정도의 학생들이 프로그래밍을 익히기에 적합한 수준입니다. 마지막으로 전문 언어와 유사한 '중간 언어'가 있습니다. 전문 언어와 유사한 문자 입력 방식을 가지고 있으며 전문 언어와 친숙해지기 위한 단계에서 학습하게 되는 언어입니다.

이 중에서 우리가 함께 학습하게 될 언어는 블록형 언어의 한 종류인 '스크래치'입니다. 스크래치를 이용하면 누구나 쉽게 프로그래밍을 할 수 있습니다. 즉, 자신이 만들고 싶은 소프트웨어(프로그램)를 스크래치를 통해 쉽게 만들어 낼 수 있는 것입니다. 그럼 이제 다음 단계에서 스크래치에 대해 좀 더 자세하게 알아보도록 하겠습니다.

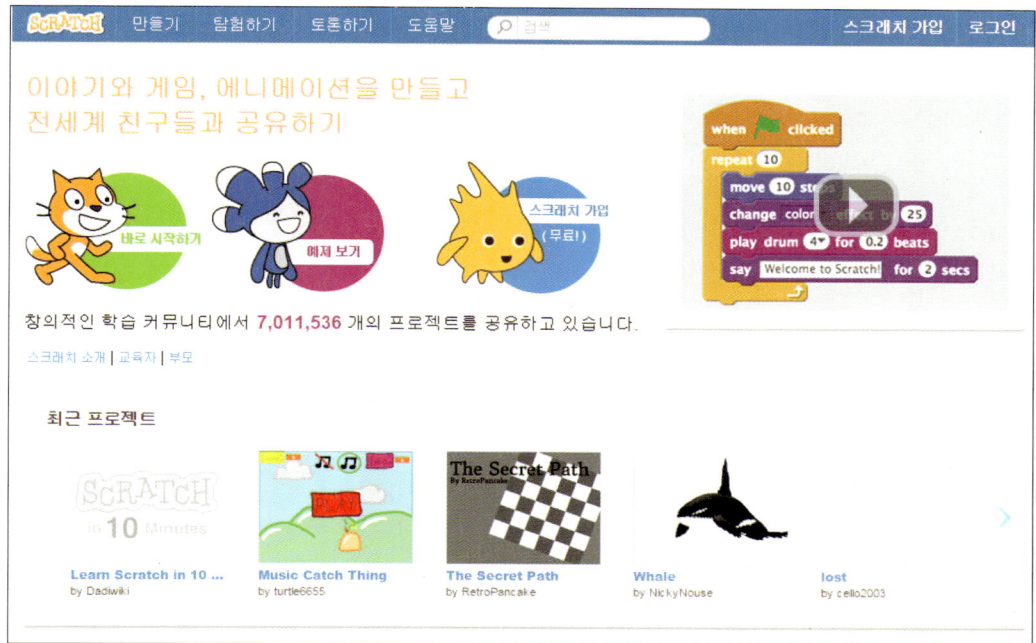

프로그래밍 언어는 왜 필요한가?

프로그래밍 언어는 인간이 컴퓨터와 의사소통을 하기 위한 언어입니다. 인간은 인간의 언어를 사용합니다. 이것을 자연어라고 하며 여기에는 한국어나 영어, 프랑스어, 독일어 등이 포함될 수 있습니다. 컴퓨터는 0과 1로 구성된 컴퓨터의 언어를 사용합니다. 이것을 기계어라고 합니다. 인간의 언어와 컴퓨터의 언어인 기계어 사이에는 많은 차이가 존재합니다. 언어가 다른 두 사람이 대화를 하기 위해서는 통역이 필요한 것처럼, 인간이 컴퓨터에게 의사를 전달하기 위해서는 인간의 언어와 기계어의 차이를 좁혀줄 수 있는 새로운 언어가 필요합니다. 이것이 바로 프로그래밍 언어입니다. 인간이 프로그래밍 언어로 명령을 하면, 이 프로그래밍 언어가 기계어로 번역되어 컴퓨터에게 전달됩니다. 이제 컴퓨터는 인간의 명령대로 움직일 수 있습니다. 즉, 이렇게 컴퓨터가 알아들을 수 있는 기계어로 번역될 수 있으며 우리가 기계어보다 쉽게 배울 수 있는 언어가 바로 프로그래밍 언어이고, 우리는 프로그래밍 언어를 통해 컴퓨터가 알아들을 수 있도록 명령을 내릴 수 있습니다. 또한 이런 명령어가 모여서 하나의 집합을 이루면 그것이 프로그램이 되는 것입니다.

알고리즘 이해하기   Step 02

01 ››   우리는 문제 상황이 발생하면 그것을 어떻게 해결할 것인지를 고민합니다. 그리고 여러 가지 해결 방법을 생각하게 되죠. 머릿속에 떠오른 여러 방법 중에서 가장 효율적이라고 판단되는 방법을 선택하고, 그 방법을 사용하여 문제를 해결합니다. 이렇게 어떤 문제에 대한 해결 방법이나 절차를 '알고리즘'이라고 합니다. 다음은 생활 속에 숨어 있는 간단한 알고리즘입니다. 어떤 문제를 해결하는 과정 속에는 반드시 알고리즘이 들어 있습니다.

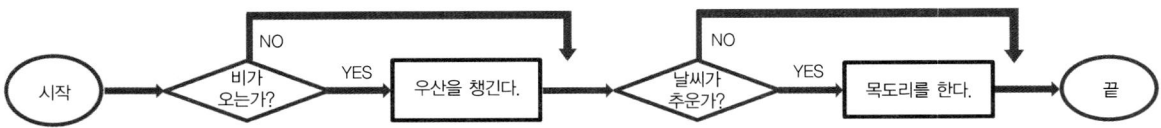

02 ››   알고리즘을 표현하는 방법에는 여러 가지가 있습니다. 우리가 평소에 사용하는 일반 언어(자연어)를 사용하여 알고리즘을 표현할 수도 있습니다. 의사코드라고 하여 자연어보다 간략화된 언어로 표현할 수도 있습니다. 의사코드는 프로그래밍 언어로 변환하기 쉬운 장점이 있어 실제 프로그래머들이 많이 사용하는 방법입니다. 그리고 알고리즘 표현 방법 중에서 가장 많이 쓰이는 순서도가 있습니다. 순서도는 특정 기호를 사용하여 알고리즘을 표현하는 방법입니다. 기호를 사용하기 때문에 알고리즘의 절차나 흐름을 이해하기가 쉽고 명료하다는 장점이 있습니다.

기호	명칭	설명
⬭	단말	순서도의 처음과 끝을 표현
▱	입출력	자료의 입력과 출력 기능
⬡	준비	초기값 설정 등 준비 기능
◇	판단	조건에 따른 판단
➡	흐름선	명령의 흐름 표현
▭	처리	연산 처리 기능

컴퓨터로 문제를 해결하기 위해서는 문제 해결에 적합한 방법을 찾은 뒤, 그 방법을 적용하여 문제를 해결할 수 있는 프로그램을 만들어야 합니다. 프로그래밍을 할 때에도 알고리즘이 필요한 이유입니다. 알고리즘을 설계하면 설계한 알고리즘을 토대로 프로그램을 작성합니다. 알고리즘을 설계하는 단계가 얼마나 충실하게 이루어졌는가에 따라서 만들어진 프로그램의 질이 결정됩니다.

03 ›› 알고리즘의 기본 구조에는 순차와 조건, 반복이 있습니다. 순차 구조는 시작에서부터 하나의 방향으로 진행되는 구조입니다. 앞의 명령어 실행이 종료되면 다음 명령어가 실행되는 구조로 되어 있습니다. 조건 구조는 주어진 조건이 참이냐 거짓이냐에 따라 다음에 실행될 명령어가 달라지는 구조입니다. 반복 구조는 주어진 조건에 따라 특정한 부분의 명령어를 계속해서 반복 실행하는 구조입니다.

> 스크래치에서도 순차 구조와 조건 구조, 반복 구조를 중심으로 알고리즘을 설계합니다. 관련 내용은 Section 03에서 좀 더 자세하게 다루고 있습니다.

04 ›› 스크래치 프로그램을 만들 때에도 먼저 알고리즘을 설계해야 합니다. 알고리즘 설계 없이 곧바로 프로그램을 만들게 되면 미처 생각하지 못했던 오류사항이나 예외사항이 발생할 수 있습니다. 또한 실행되는 모습은 동일한 결과물일지라도 어떤 알고리즘을 사용했는가에 따라 시간, 공간의 효율성에 큰 차이를 보일 수도 있습니다. 알고리즘을 설계할 때는 좀 더 적은 시간과 적은 공간을 사용하여 원하는 결과물을 만들어 낼 수 있도록 하는 것이 좋습니다.

> **초중등 소프트웨어 교육, 왜 스크래치가 필요한가?**
> ① 스크래치는 블록 결합 방식으로 누구나 쉽게 배울 수 있습니다. 하지만 어떤 알고리즘을 활용하느냐에 따라 다양한 수준의 결과물을 만들어 낼 수 있습니다. 조작 방식은 쉽지만 만드는 사람에 따라서 사용자 수준에 맞는 결과물을 만들어 낼 수 있는 것입니다. 즉, 초등학생부터 중학생까지 폭넓게 적용할 수 있는 교육용 프로그래밍 언어입니다.
> ② 스크래치는 프로그래밍한 내용을 시각적 결과물을 통해 즉각 확인할 수 있습니다. 전문 언어와는 달리 스크래치는 블록으로 결합된 명령어 모음이 만들어내는 결과물을 실행 창을 통해 바로 확인할 수 있습니다. 이는 학생들이 자신이 만든 프로그램이 실제 움직이는 대상으로 바뀌는 과정을 통해 흥미를 증가시키고, 동기를 부여합니다. 또한 알고리즘 활용이 적합한지도 쉽게 확인할 수 있는 장점을 가집니다.
> ③ 스크래치는 미국 MIT미디어랩에서 제작하여 무료로 제공되는 교육용 프로그래밍 언어입니다. 온라인과 오프라인에서 모두 무료로 이용할 수 있기 때문에 컴퓨터 사용 환경만 갖추어 진다면 부담없이 활용할 수 있습니다. 또한 온라인에서 작업한 결과물을 오프라인으로 다운받아 활용할 수도 있고, 반대로 온라인에서 작업한 결과물을 온라인에 업로드하여 공유할 수도 있습니다.
> ④ 스크래치는 전 세계 사람들이 이용하고 있으며 그들은 각자 자신이 만든 결과물을 온라인을 통해 공유합니다. 이 공유하기 기능을 활용하면 여러 사람이 만든 다양한 결과물을 구경할 수도 있고, 자신의 스튜디오로 가져와 마음껏 수정할 수도 있습니다. 선생님과 학생들이 공동의 스튜디오를 만들어 서로의 작품을 공유할 수도 있습니다.

스크래치란?

01 ›› 스크래치는 미국 MIT 미디어 랩에서 개발한 교육용 프로그래밍 언어입니다. 처음 프로그래밍을 배우는 학생들이 쉽게 프로그래밍에 익숙해 질 수 있도록 만들었습니다. 초등학생이나 중학생들도 스크래치를 활용하면 자신이 원하는 프로그램을 만들 수 있습니다.

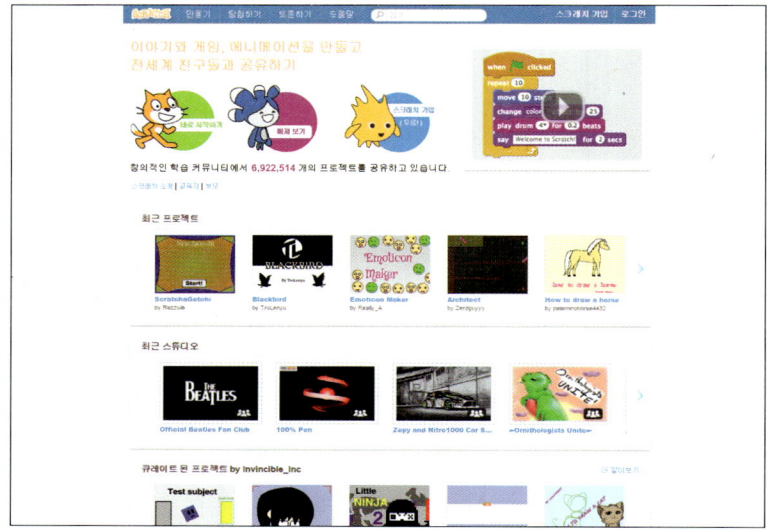

02 ›› 스크래치는 블록형 언어입니다. 기존 프로그래밍 언어를 활용하기 위해서는 복잡한 문법을 배워야 합니다. 프로그래밍을 처음 배우는 많은 학생들이 이 부분에서 어려움을 느끼고 일부는 포기하기도 합니다. 하지만 스크래치는 블록 형태의 명령어를 결합하는 방식으로 어려운 문법을 배우지 않아도 프로그래밍을 할 수 있습니다.

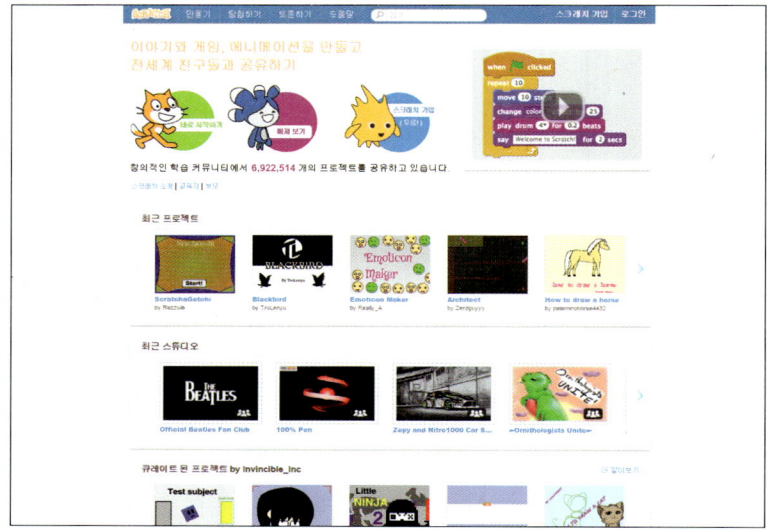

03 ›› 스크래치는 다양한 국가의 언어 서비스를 제공합니다. 스크래치는 50여개의 언어로 번역되어 있으며 한국어 버전도 제공되고 있습니다. 영어에 익숙하지 않은 학생들도 어려움 없이 사용할 수 있습니다.

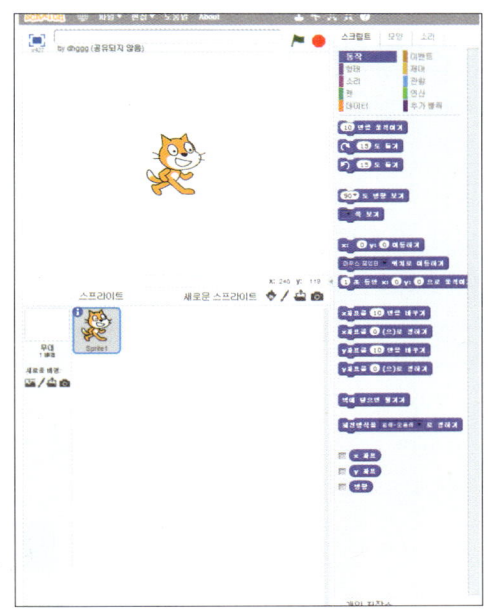

04 ›› 스크래치는 온라인과 오프라인에서 모두 사용할 수 있습니다. 온라인에서 사용할 수 있는 웹 버전 (http://scratch.mit.edu/)과 오프라인 버전을 모두 제공합니다. 온라인 웹에서는 자신이 만든 프로그램을 전 세계 여러 나라 사람들과 공유할 수 있습니다.

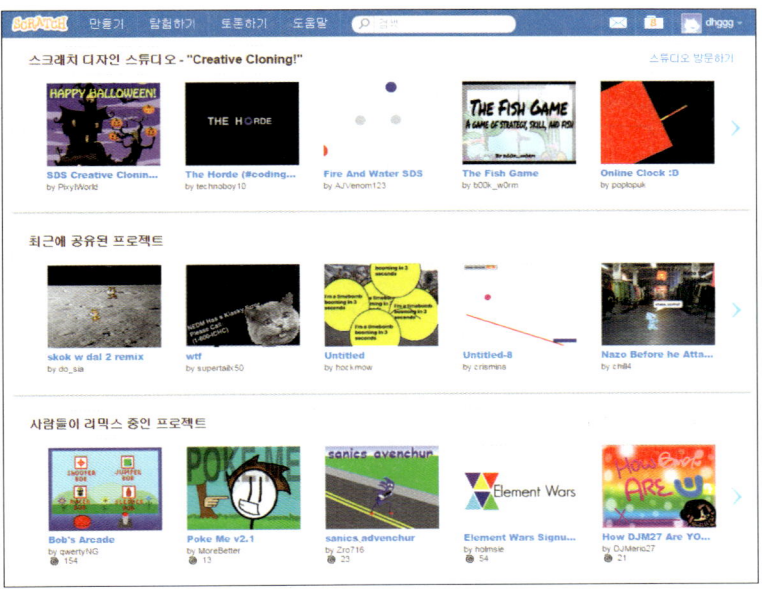

스크래치 회원가입하기

01 ›› 스크래치 온라인 버전에서 회원가입을 하면 자신이 만든 스크래치 프로그램(프로젝트)을 저장할 수 있고, 다른 사람이 만든 프로그램을 수정할 수도 있습니다. 회원가입을 하기 위해서는 먼저 스크래치 사이트 (http://scratch.mit.edu/)에 접속합니다.

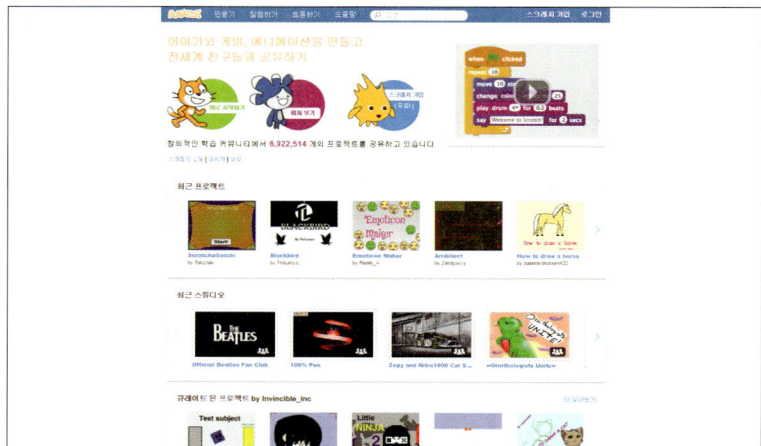

02 ›› 스크래치 사이트 메인 화면 상단에 있는 [스크래치 가입] 메뉴를 클릭합니다.

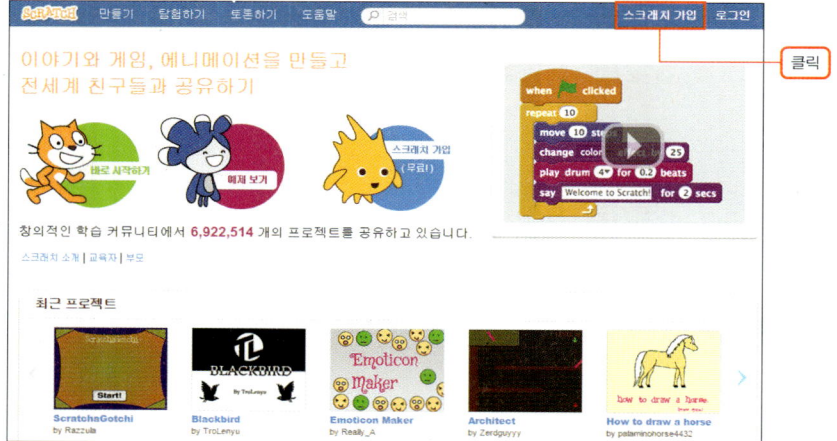

03 ›› '스크래치 사용자 이름 입력' 란에 스크래치에서 사용할 자신의 아이디를 입력합니다. 아이디는 한글이 허용되지 않습니다. 평소 즐겨 사용하는 영문 아이디를 입력해주세요.

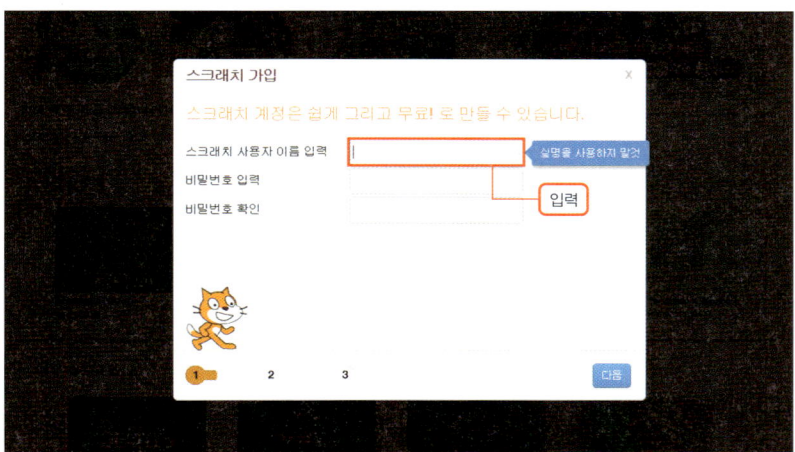

04 ›› '비밀번호 입력' 란에 자신의 비밀번호를 입력합니다. 밑에 있는 '비밀번호 확인' 란에는 위에서 입력한 비밀번호를 다시 한 번 동일하게 입력합니다. 모두 입력 후 [다음] 버튼을 클릭합니다.

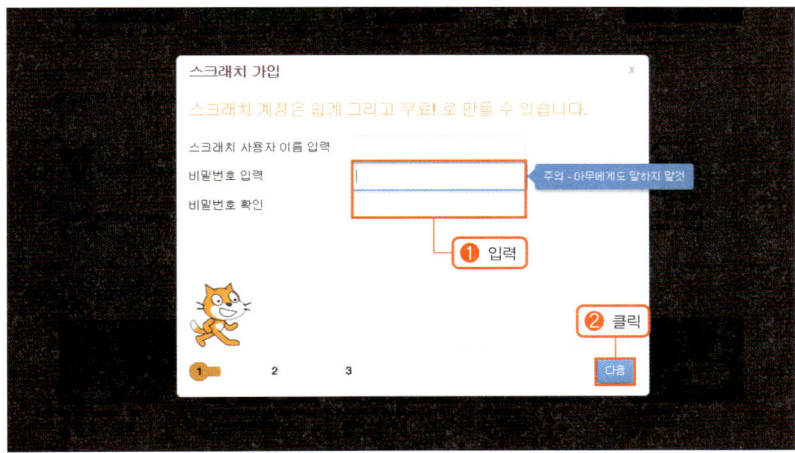

05 ›› 다음 화면에서는 '생년월일'과 '성별', '국가'를 선택하고 '이메일 주소'를 입력한 후 [다음] 버튼을 클릭합니다.

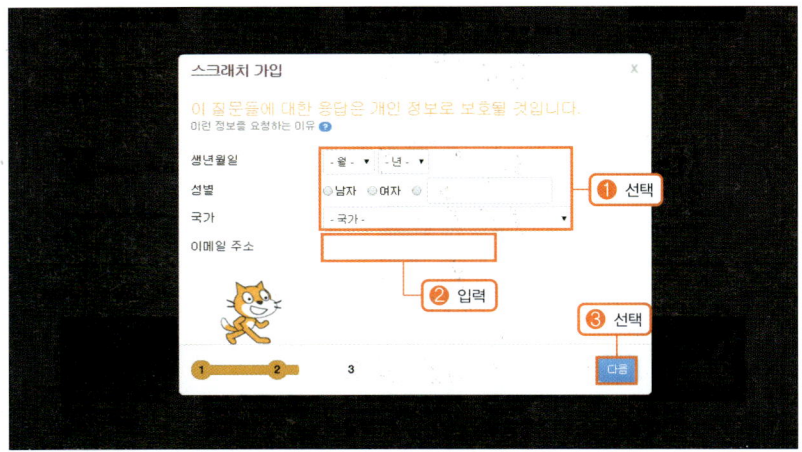

'국가' 선택 항목에서는 'South Korea'를 선택합니다. 국가의 이름은 모두 영문으로 표기되며 알파벳 순으로 표시되어 있습니다. 하지만 'South Korea'의 경우 'S'가 아닌 'K' 위치에 있기 때문에 주의해야 합니다.

06 ›› 스크래치 가입이 완료되었습니다. 하단에 있는 [자, 시작합시다!] 버튼을 클릭하면 가입된 아이디로 자동 로그인되며 스크래치가 시작됩니다.

스크래치 둘러보기   Step 05

■ 스크래치 메인 화면

스크래치에 접속하여 로그인을 하면 메인 화면이 나타납니다.

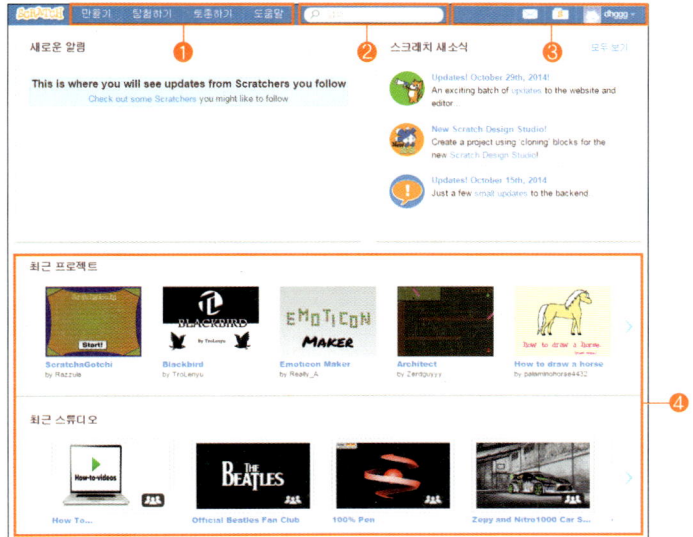

❶ 주요 기능 메뉴 영역 : '만들기', '탐험하기' 등과 같은 스크래치의 주요 기능을 실행할 수 있습니다.

❷ 검색창 : 여러 가지 프로그램(=프로젝트)이나 스튜디오(프로그램 모음) 등을 검색할 수 있습니다.

❸ 개인 메뉴 영역 : 메시지를 확인하거나 저장해 둔 프로젝트 등을 확인할 수 있습니다.

❹ 주제별 분류 창 : 각 주제별로 인기있는 프로젝트나 스튜디오 등을 볼 수 있습니다.

■ 주요 기능 메뉴 영역

01 ›› [만들기] 메뉴를 클릭하면 새로운 프로젝트 창이 나타납니다. 이 곳에서 자신이 원하는 프로그램을 만들 수 있습니다.

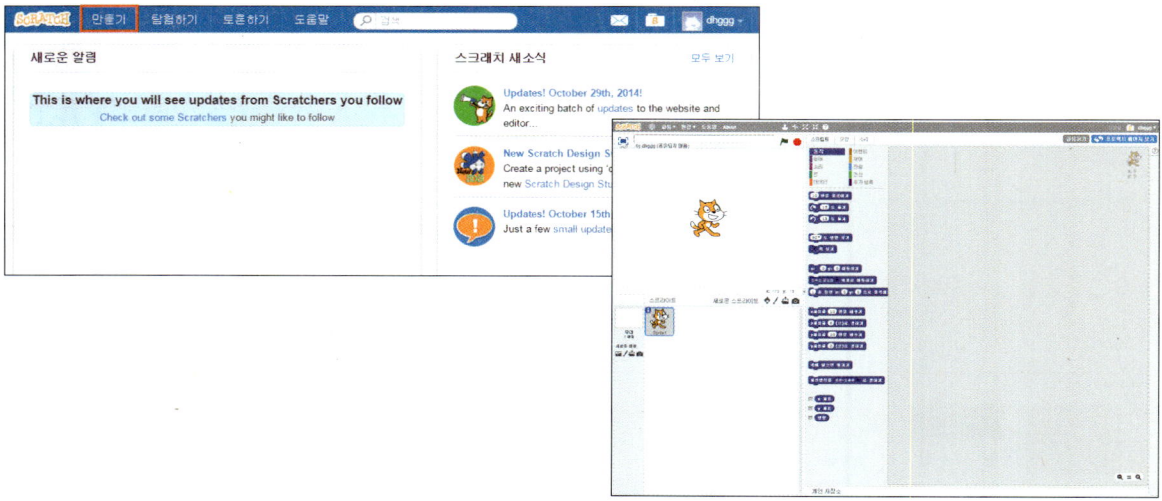

02 ›› [탐험하기] 메뉴를 클릭하면 각 주제별로 전 세계 사람들이 만들어서 공유한 프로젝트를 살펴볼 수 있습니다.

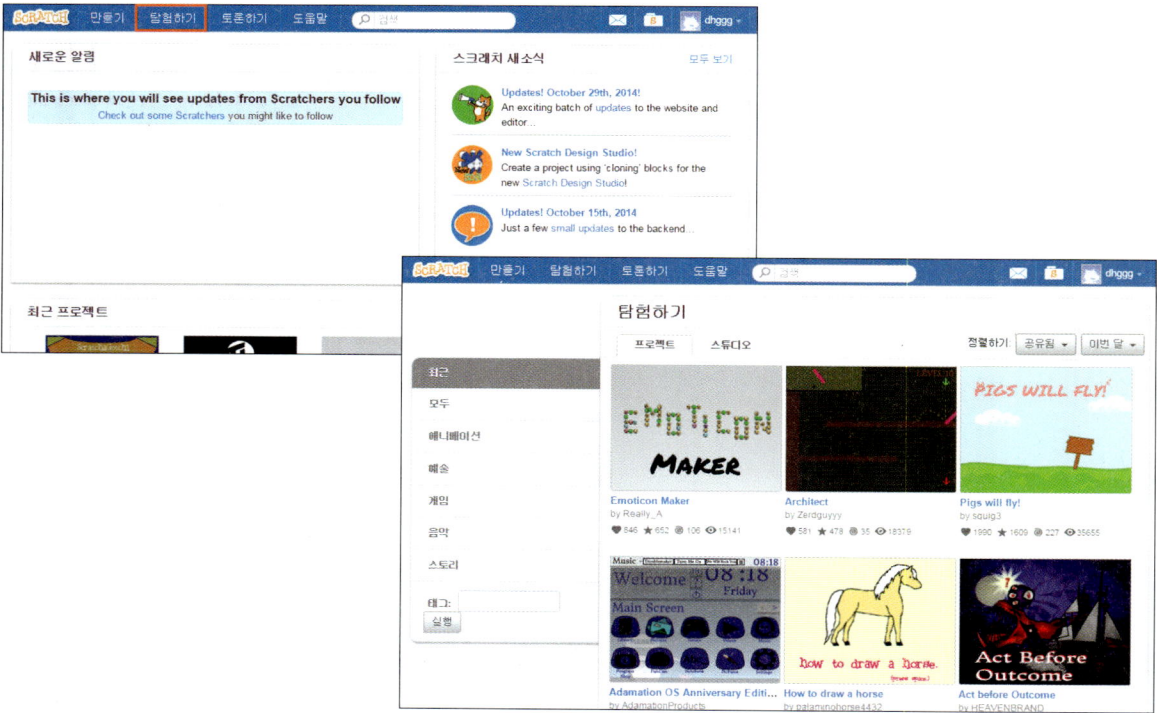

03 » [탐험하기] 메뉴에서 프로젝트를 클릭하면 해당 프로젝트의 실행창과 사용 설명이 나타납니다. [프로젝트 내부 보기] 버튼을 클릭하면 이 프로젝트가 어떤 블록을 사용하여 만들었는지를 확인할 수 있습니다.

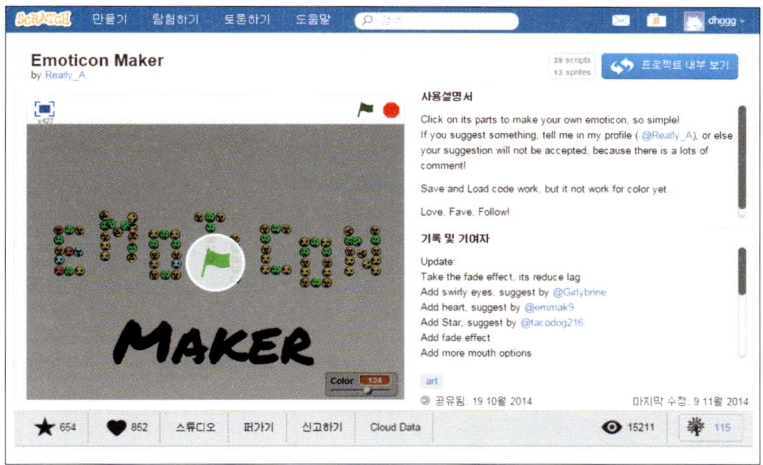

다른 사람이 만든 프로젝트를 내 마음대로 수정하려면?

[탐험하기] 메뉴에서 다른 사람들이 만든 프로젝트를 선택한 후 [프로젝트 내부 보기] 버튼을 클릭하면, 그 프로젝트의 스크립트를 확인할 수 있습니다. 이때 스크립트 창 오른쪽 위에 있는 [리믹스] 버튼을 클릭하면 해당 프로젝트가 자신의 작업실에 저장됩니다. 저장된 프로젝트는 자신 마음대로 수정한 후 다시 사용할 수 있습니다.

04 ›› [토론하기] 메뉴를 클릭하면 스크래치나 프로젝트 제작 등과 관련하여 다양한 주제로 친구들과 의견을 나눌 수 있습니다. 평소 궁금하던 것을 서로 질문하기도 하고, 자신이 만든 프로젝트에서 어려운 부분을 해결하기 위한 도움을 청하기도 합니다.

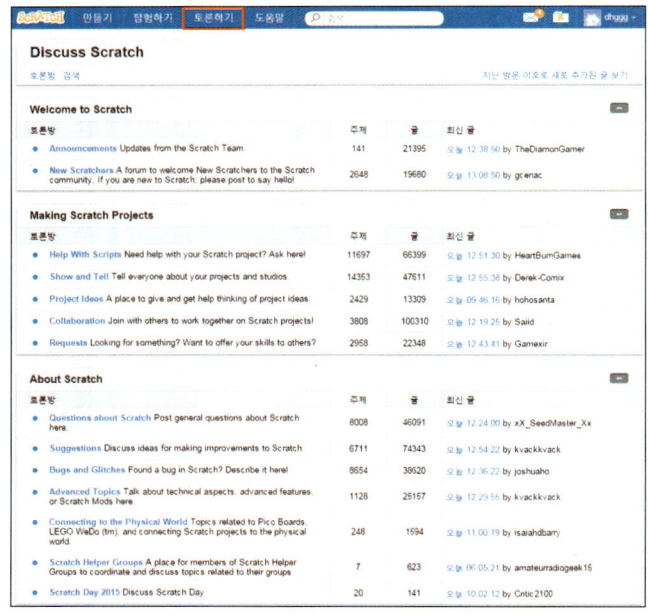

05 ›› [토론하기]에서 하단에 위치한 각 언어별 분류에서 '한국어' 를 클릭하면, 한국인 친구들이 올린 글들을 따로 모아서 확인할 수 있습니다.

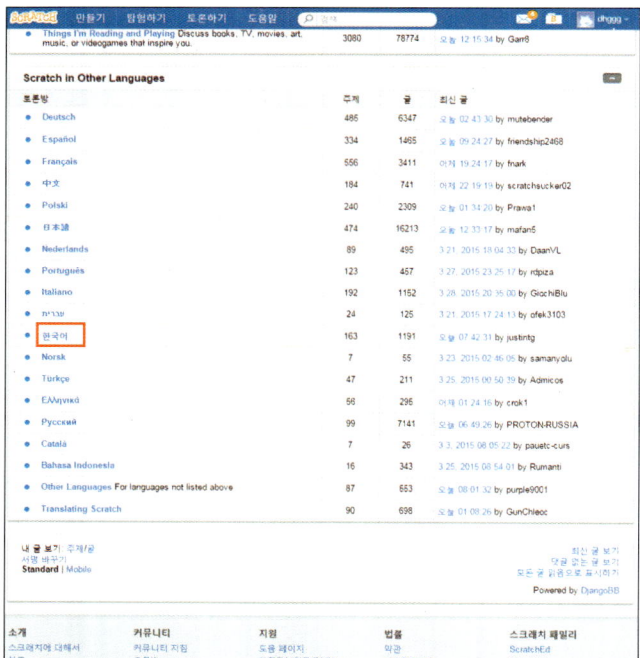

06 >> [도움말] 메뉴에서는 스크래치와 관련된 여러 가지 자료들을 볼 수 있습니다. 스크래치에 관한 안내와 스크래치의 기초적인 사용법, 여러 가지 소개 영상 등을 제공합니다. 또한 스크래치와 관련된 유용한 학습자료들도 함께 안내하고 있어 도움을 받을 수 있습니다.

■ **개인 메뉴 영역**

01 >> [메시지(✉)] 메뉴를 클릭하면 친구들과 주고받은 메시지나 자신이 만들어서 공유한 프로젝트에 달린 댓글, 자신이 활동하고 있는 스튜디오의 알림 메시지 등을 확인할 수 있습니다.

02 〉〉 [내 작업실(📖)] 메뉴에서는 자신이 작업하고 저장해 놓은 여러 프로젝트를 관리할 수 있습니다.

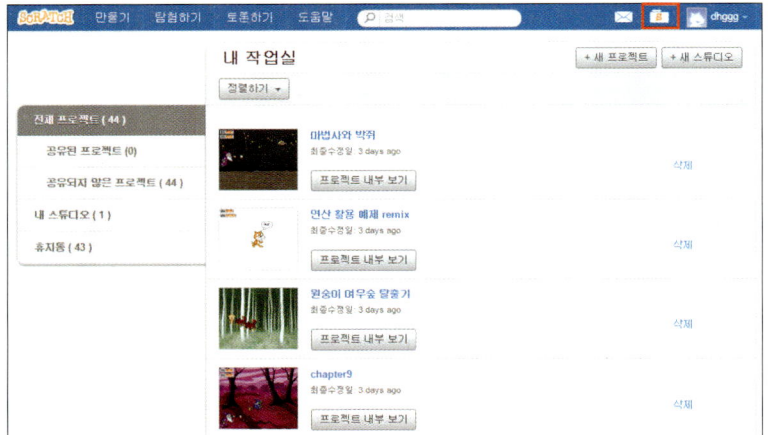

03 〉〉 [아이디 정보(dhggg)] 메뉴를 클릭하면 다음과 같이 보조 창이 등장합니다. 보조 창에서는 '내 정보', '내 작업실', '계정 설정', '로그아웃'을 선택할 수 있습니다. '내 정보'에서는 자기 소개와 자신이 최근에 만든 프로젝트, 자신이 가입한 스튜디오 등을 확인할 수 있습니다. '내 작업실'은 앞의 [내 작업실(📖)]과 동일한 기능입니다. '계정 설정'에서는 자신의 비밀번호와 이메일을 변경할 수 있습니다. '로그아웃'은 해당 아이디의 로그인 상태를 로그아웃 상태로 변경합니다.

❶ 소프트웨어는 문서 작성 프로그램이나 게임 뿐만 아니라 우리 주변의 모든 곳에 존재하고 있습니다. 작은 가전제품부터 첨단 영역에까지 많은 곳에 소프트웨어가 사용되고 있습니다.

❷ 소프트웨어는 컴퓨터 프로그램이라고도 합니다. 따라서 소프트웨어는 인간의 언어가 아닌 컴퓨터가 알아들을 수 있는 컴퓨터의 언어로 만들어져야 합니다.

❸ 컴퓨터의 언어로 소프트웨어를 만드는 사람을 '프로그래머'라고 하며, 소프트웨어를 만드는 작업을 '프로그래밍'이라고 합니다. 그래서 이 프로그래밍에 사용되는 컴퓨터 언어를 '프로그래밍 언어'라고 합니다.

❹ 학생들도 쉽게 배울 수 있는 프로그래밍 언어를 '교육용 프로그래밍 언어'라고 합니다. 교육용 프로그래밍 언어에는 직관적인 놀이를 통해 프로그래밍 개념을 습득할 수 있는 '이미지 언어'와 블록으로 구성된 명령어를 결합하여 프로그램을 만드는 '블록형 언어', 전문언어와 유사한 '중간 언어'가 있습니다.

❺ 어떤 문제에 대한 해결 방법이나 절차를 '알고리즘'이라고 합니다.

❻ 알고리즘을 표현하는 방법에는 자연어를 이용하는 방법, 의사코드를 이용하는 방법, 순서도를 활용하는 방법 등이 있습니다. 순서도를 활용하는 방법에서는 다양한 순서도 기호를 사용하여 문제를 해결하는 방법을 표현합니다.

❼ 알고리즘의 기본구조에는 순차와 조건, 반복이 있습니다. 순차 구조는 하나의 방향으로 진행되는 것을 말하고, 조건 구조는 주어진 조건에 따라 실행 결과가 달라지는 것을 말합니다. 반복 구조는 주어진 조건에 따라 특정 명령어를 반복해서 실행하는 것을 말합니다.

❽ 스크래치는 미국 MIT 미디어 랩에서 개발한 교육용 프로그래밍 언어입니다.

❾ 스크래치는 블록형 언어로 누구나 쉽게 배울 수 있으며, 프로그래밍의 결과를 시각적으로 바로 확인할 수 있습니다. 온라인과 오프라인에서 무료로 즐길 수 있으며, 전 세계 사람들이 만든 결과물을 공유할 수 있다는 장점이 있어 초중등 소프트웨어 교육에 적합합니다.

01 스크래치의 특성이 아닌 것은? (   )
① 블록 결합 방식으로 쉽게 배울 수 있다.
② 프로그래밍의 결과물을 시각적으로 확인할 수 있다.
③ 만들어진 프로젝트를 온라인을 통해 공유할 수 있다.
④ 모바일 기기를 통해서도 이용할 수 있다.

02 순서도에서 인쇄되는 n의 값으로 옳은 것은? (   )

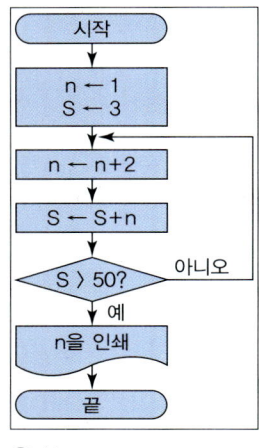

① 11   ② 12
③ 13   ④ 14

03 소프트웨어에 관한 설명 중 옳지 않은 것은? (   )
① 어떤 문제에 대한 해결 방법이나 절차를 알고리즘 이라고 한다.
② 알집, 그림판, 게임 등 데스크탑 컴퓨터에서 쓰는 응용 프로그램만을 소프트웨어라고 한다.
③ 무인카, 드론, IoT 등의 발전으로 소프트웨어가 중심이 되는 사회로 점차 변화하고 있다.
④ 컴퓨터 언어를 이해하고 그것을 사용해 소프트웨어를 만드는 사람을 프로그래머라고 한다.

04 스크래치의 특성에 관한 문항을 읽고 O, X로 답하시오.
① 스크래치 오프라인 버전을 다운 받아 사용 가능하다. (   )
② 다른 사람이 만든 프로젝트를 내 마음대로 수정할 수 없다. (   )
③ 프로젝트를 만들면서 자연스럽게 알고리즘 원리를 이해할 수 있다. (   )
④ 스크래치 가입 시, 한글로 스크래치 사용자 이름(아이디)을 등록 가능하다. (   )

정답
1. ④ 2. ③ 3. ② 4. O / X / O / X

Section

02

스크래치 익숙해지기

이번 섹션에서는 스크래치와 친해지기 위해 알아두어야 할 몇 가지 사항들에 대해서 학습합니다. 스크래치에서 사용되는 기본 개념인 스프라이트, 무대, 스크립트가 무엇인지 함께 살펴보겠습니다. 또한 스크래치의 인터페이스를 살펴보고 각 부분이 어떤 명칭을 가지고 있는지 알아보겠습니다. 마지막으로 스크래치에서 프로그램을 만들 때 사용되는 명령어 모음인 블록들을 살펴보면서 각각의 블록들이 어떤 기능과 특징을 가지고 있는지 학습하도록 하겠습니다.

Section 01 | **Section 02** | Section 03

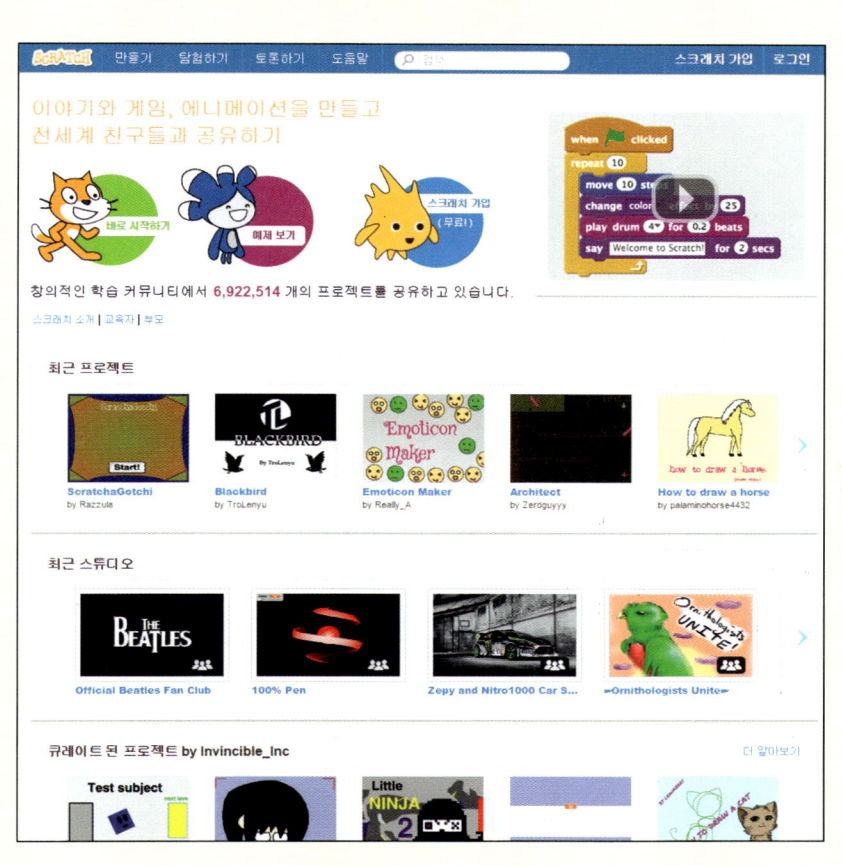

01 >> 스크래치에서 꼭 알아두어야 할 3가지 개념이 있습니다. 스프라이트, 무대, 스크립트입니다. 스크래치의 프로젝트에서는 이 3가지가 어우러져 하나의 프로그램이 완성됩니다.

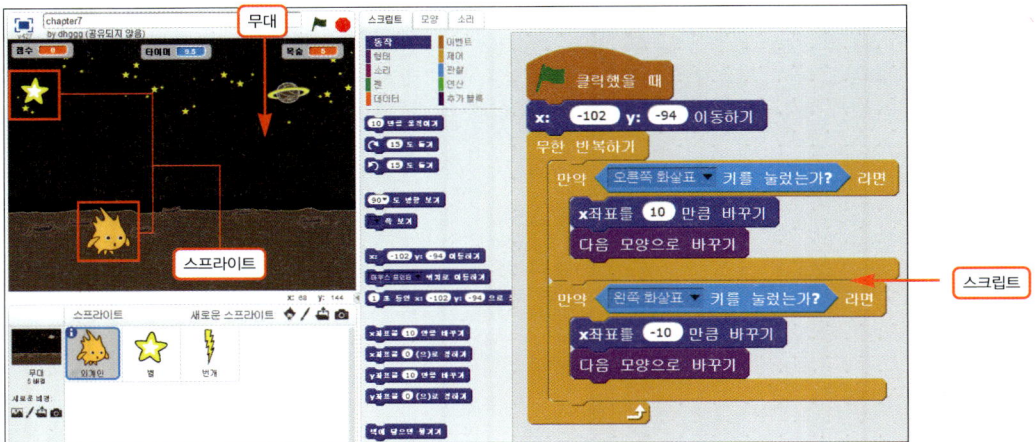

02 >> '스프라이트'는 무대 위에서 움직일 수 있는 객체를 말합니다. 무대 위에 존재하는 캐릭터 그림이나 글씨, 도형 등이 모두 스프라이트가 될 수 있습니다.

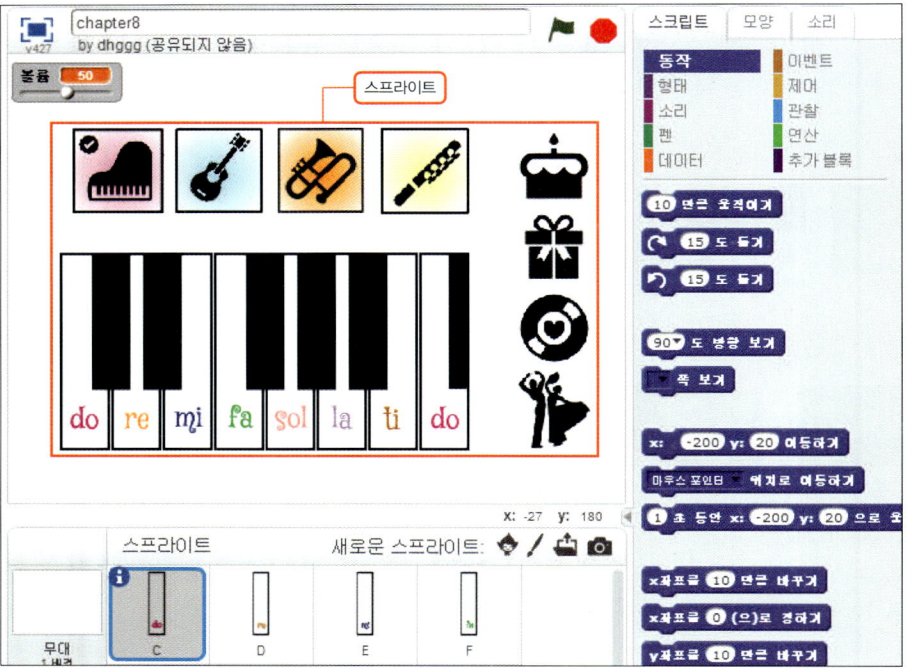

03 >> 하나의 프로젝트 안에는 여러 개의 스프라이트가 동시에 사용될 수 있습니다. 각 스프라이트는 각각 자신의 기능을 수행합니다.

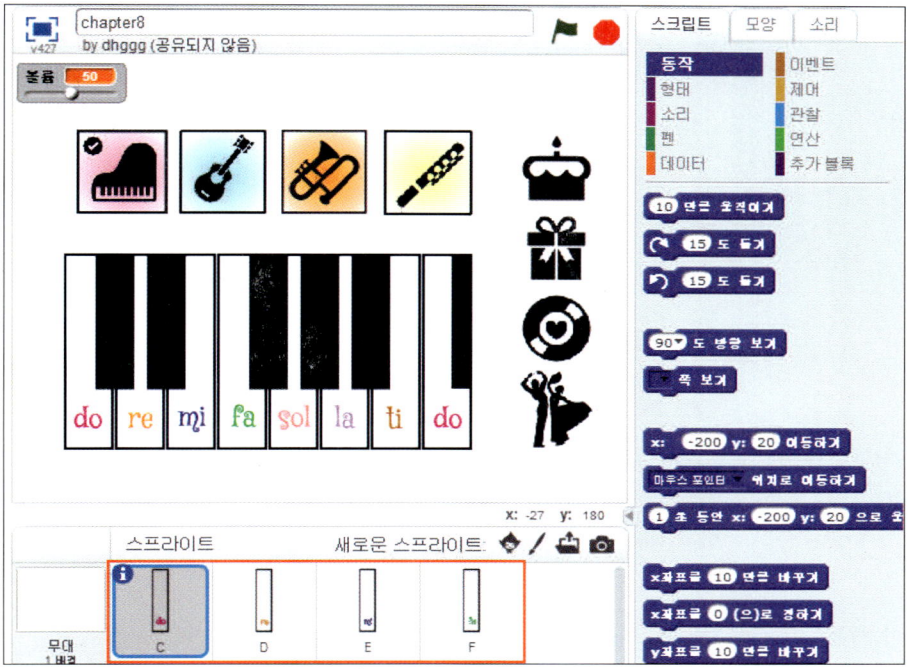

04 >> 하나의 스프라이트는 2개 이상의 모양을 가질 수도 있습니다. 즉 하나의 스프라이트가 여러 가지 모양을 가지고 있다가 필요에 따라 그 모양들 중의 하나로 변할 수 있습니다.

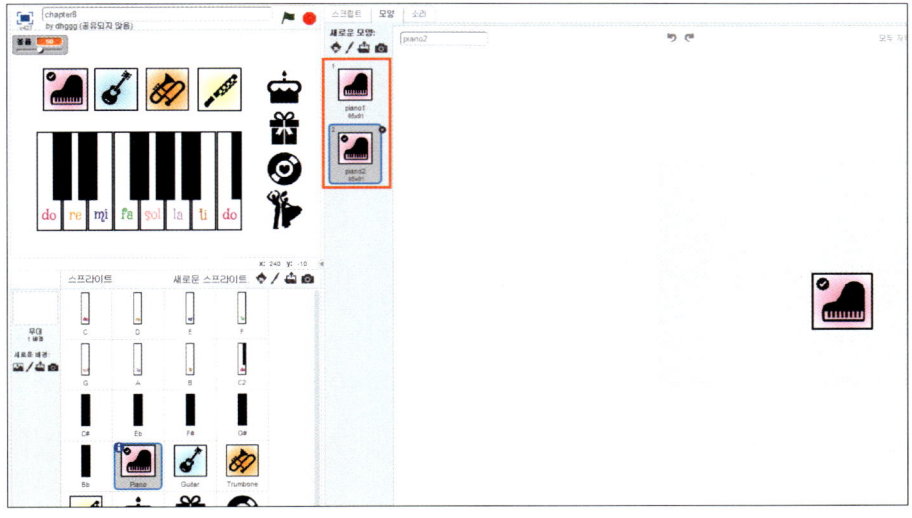

05 ›› '무대' 는 스프라이트가 움직이는 공간입니다.

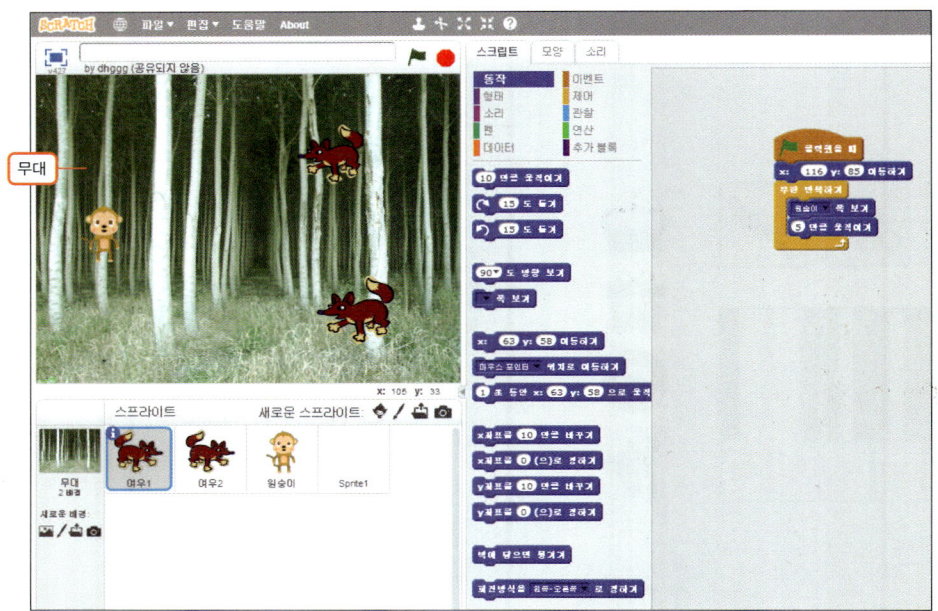

06 ›› 무대도 여러 가지 배경을 가질 수 있습니다. 필요에 따라 다양한 모습의 배경으로 변할 수 있습니다.

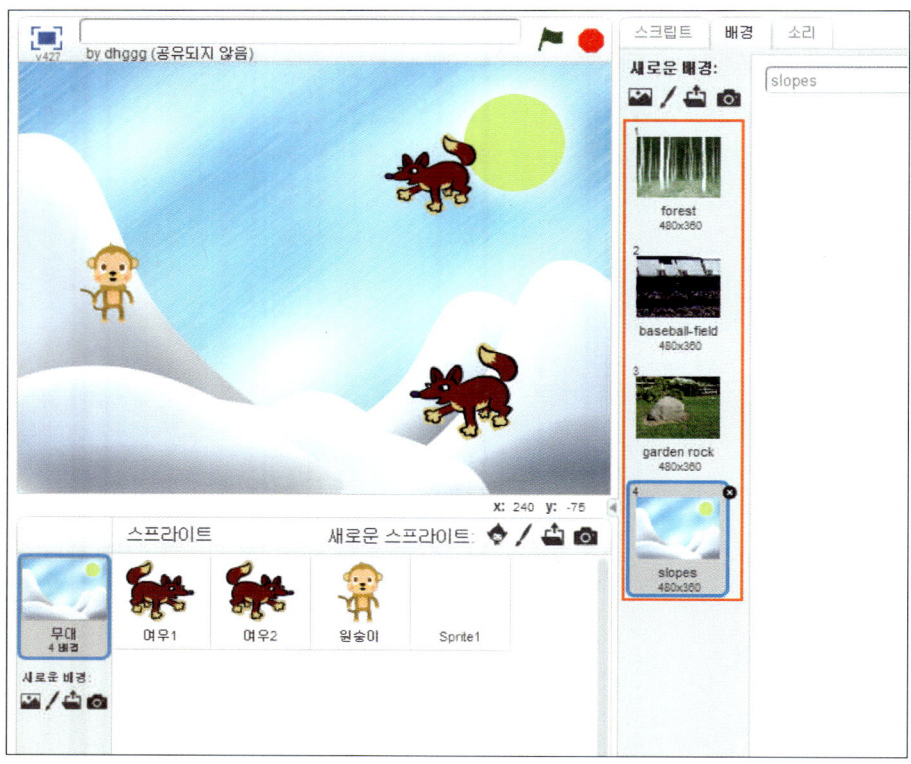

07 >> '스크립트'는 스프라이트와 무대를 작동시키기 위한 명령어 모음입니다. 스크래치에서는 여러 가지 블록의 결합을 통해 이 스크립트를 만듭니다. 각각의 스프라이트는 자신만의 스크립트를 가지고 있습니다.

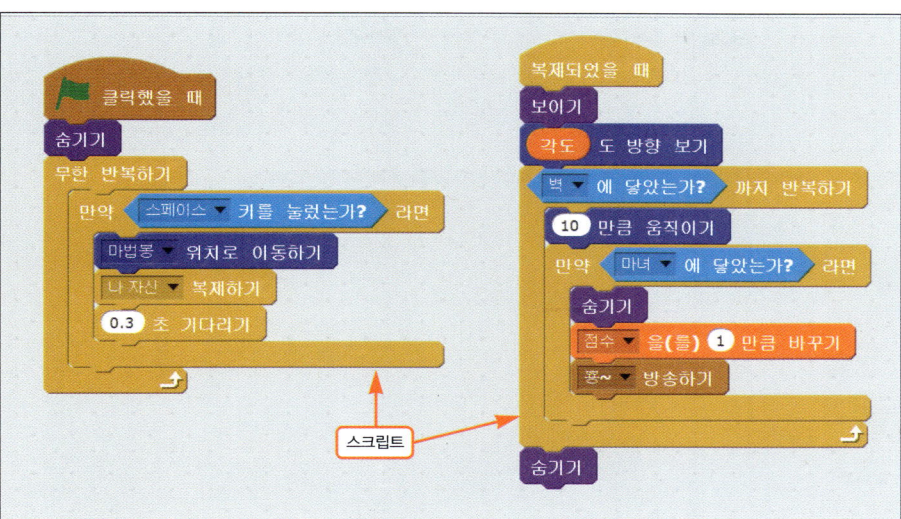

08 >> 스프라이트뿐만 아니라 다음과 같이 무대도 스크립트를 가질 수 있습니다. 무대에서는 조건에 따라 배경의 모습을 바꾸는 등의 기능을 수행할 수 있습니다.

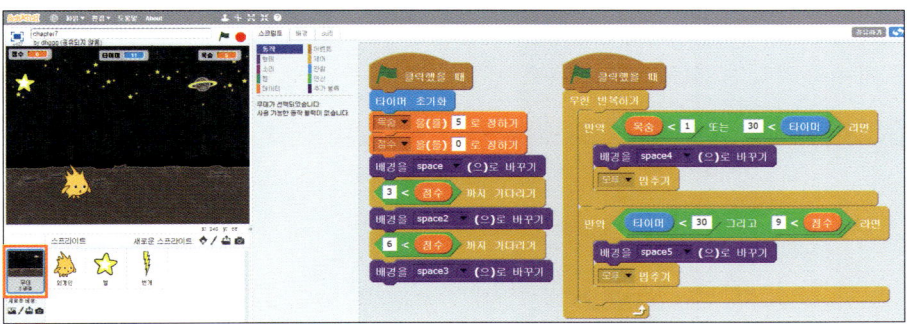

[프로젝트] 창 인터페이스 알아보기

01 ›› 메인 화면에서 [만들기] 메뉴를 클릭하면 프로젝트를 제작할 수 있는 [프로젝트] 창이 나타납니다. 스크래치에서 자주 접하게 되는 화면이므로 각각의 명칭을 알아두면 많은 도움이 됩니다.

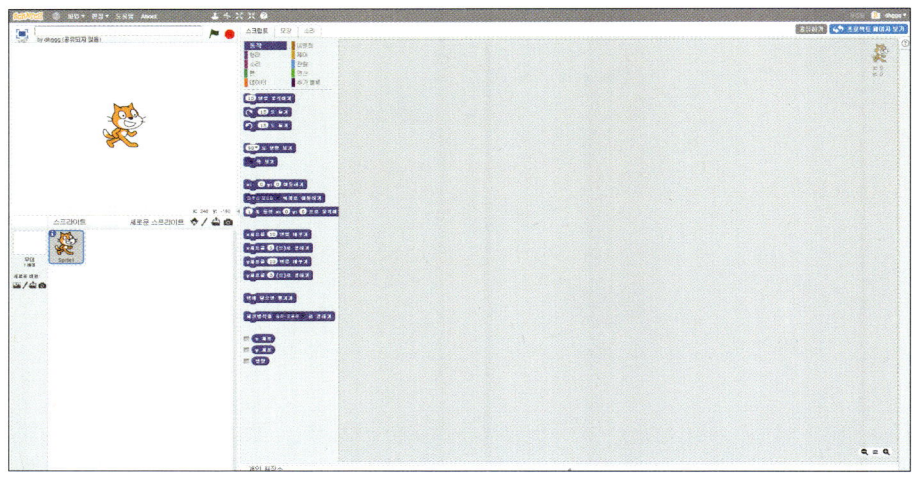

02 ›› 왼쪽에 있는 [실행] 창은 프로젝트의 결과물을 확인할 수 있는 공간입니다. 이곳에서 스프라이트와 무대는 만들어진 스크립트에 따라 각각의 기능을 수행합니다.

03 >> 왼쪽 아래에 위치한 [무대 정보] 창에서는 현재 무대 상태를 볼 수 있고, 새로운 무대를 불러올 수 있습니다.

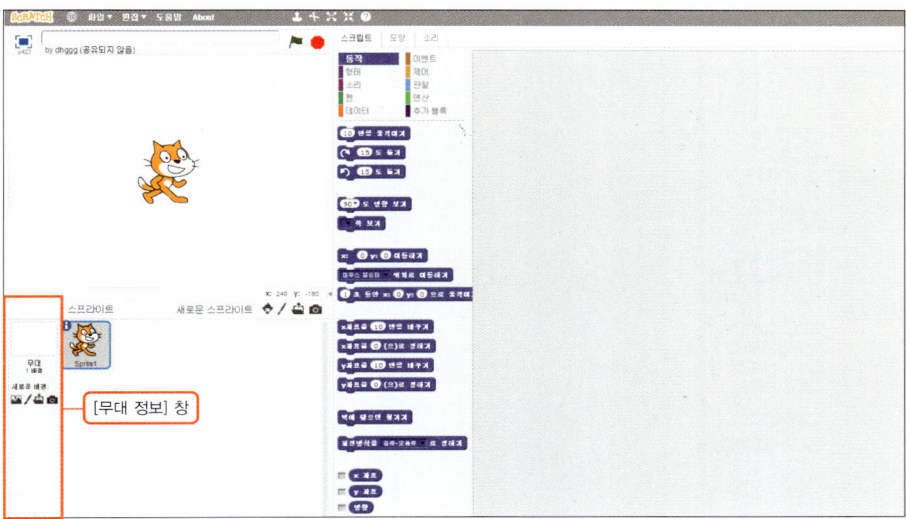

04 >> [스프라이트] 창에서는 현재 프로젝트에 사용하고 있는 스프라이트와 각 스프라이트의 모양 등을 확인할 수 있습니다. 새로운 스프라이트를 불러오는 것도 가능합니다.

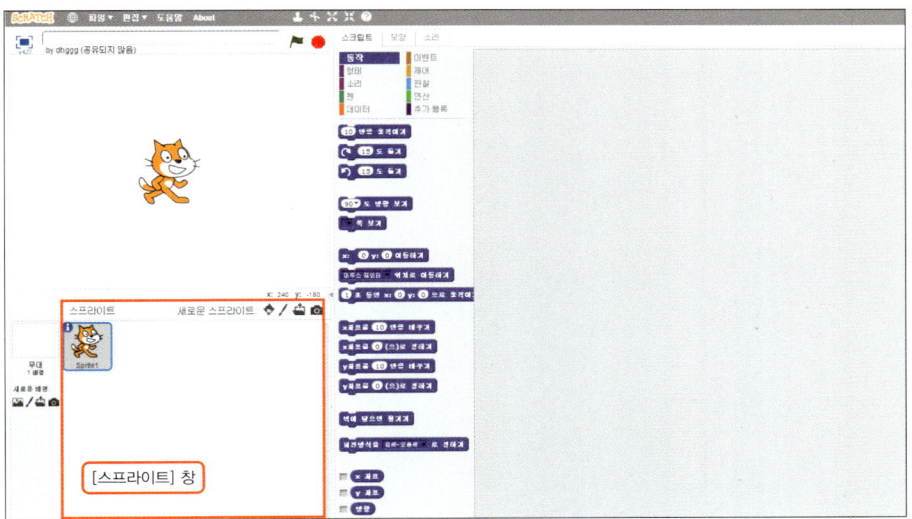

05 ›› [스크립트] 탭을 클릭하면 블록 모음이 나타납니다. 블록 모음은 총 10가지 카테고리로 구분되며 각각의 카테고리에는 여러 기능을 가진 블록들이 있습니다.

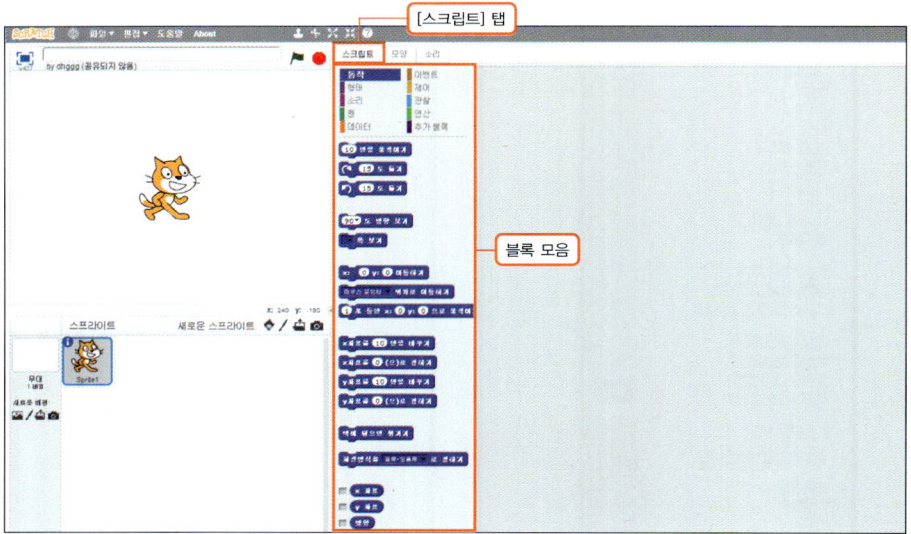

06 ›› 블록들은 블록 모음 오른쪽에 있는 [스크립트] 창에서 결합됩니다. [스크립트] 창의 오른쪽 윗부분에는 현재 선택된 스프라이트가 나타납니다.

[스크립트] 창은 현재 선택된 스프라이트의 스크립트를 보여주는 곳입니다. 다른 스프라이트를 선택하면 이전에 스크립트 창에 나타나 있는 스크립트는 사라지고 새로운 스프라이트에 해당되는 스크립트가 나타납니다.

07 ≫ [모양] 탭을 클릭하면 스프라이트의 [모양 정보] 창과 '그림판'이 나타납니다. [모양 정보] 창에서는 선택한 스프라이트에 등록되어 있는 모양 정보를 확인할 수 있습니다. 각각의 모양은 그림판을 사용하여 수정할 수 있습니다.

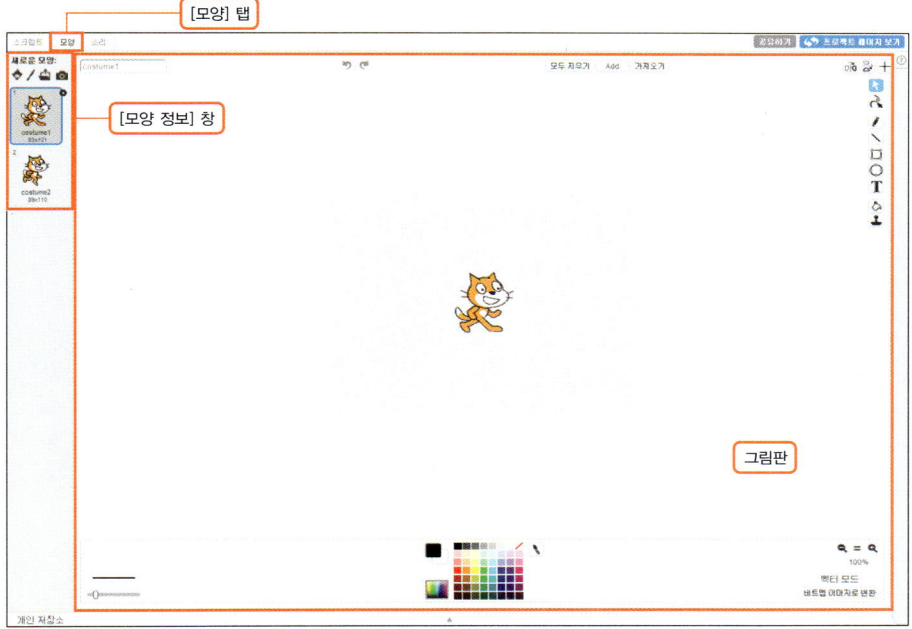

> 그림판은 '비트맵 모드'와 '벡터 모드'로 구성됩니다. 비트맵 모드는 작은 점인 픽셀(pixel)로 구성됩니다. 비트맵 모드에서는 '지우개' 기능이 제공되어 이미지의 일부분을 지우는 것이 가능합니다. 벡터 모드는 점과 점의 좌표값, 선과 면에 관련된 여러 가지 데이터를 수학적 연산으로 표현합니다. 벡터 모드에서는 이미지의 손상없이 전체 크기를 확대, 축소할 수 있습니다.

08 ≫ [소리] 탭을 클릭하면 스프라이트의 [소리 정보] 창과 [소리 편집] 창이 나타납니다. [소리 정보] 창에서는 선택한 스프라이트에 등록되어 있는 소리(효과음) 정보를 확인할 수 있습니다. 각각의 소리는 [소리 편집] 창을 사용하여 수정 및 확인할 수 있습니다.

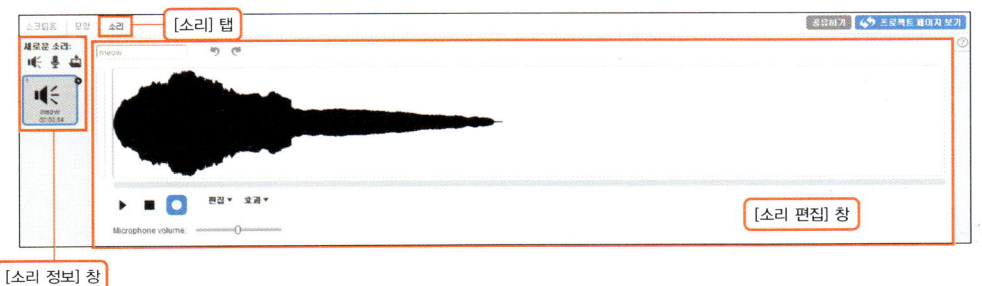

43

09 ›› 상단에는 '메뉴 바'와 '툴바'가 있습니다. 메뉴 바에서는 프로젝트를 저장하거나 불러오거나, 편집하는 등의 기능을 수행합니다. 툴바에서는 스프라이트를 복사하거나 확대, 축소하는 등의 기능을 지원합니다. [실행] 창 아래 부분에는 '마우스 포인터의 좌표값'이 표시됩니다.

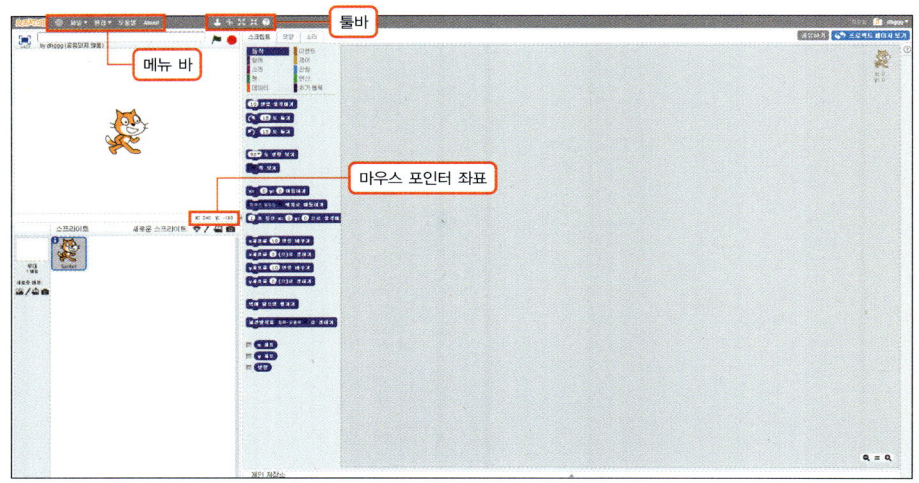

기본 블록 설명

Step **04**

01 ›› 동작(■동작■)은 이동이나 방향 전환과 같이 스프라이트의 동작과 관련된 블록 모음입니다.

10 만큼 움직이기	지정한 값만큼 스프라이트가 이동합니다.
↻ 15 도 돌기	지정한 값만큼 스프라이트가 시계 방향으로 회전합니다.
↺ 15 도 돌기	지정한 값만큼 스프라이트가 반시계 방향으로 회전합니다.
90 ▼ 도 방향 보기	지정한 각도를 스프라이트가 바라봅니다. 0은 위쪽, 90은 오른쪽, 180은 아래쪽, −90는 왼쪽입니다.
▼ 쪽 보기	스프라이트가 마우스 포인터나 현재 프로젝트에 등록된 다른 스프라이트 방향을 바라봅니다.
x: 0 y: 0 이동하기	지정된 x, y 좌표로 스프라이트가 이동합니다.

마우스 포인터 ▼ 위치로 이동하기	마우스 포인터나 현재 프로젝트에 등록된 다른 스프라이트의 위치로 스프라이트가 이동합니다.
1 초 동안 x: 0 y: 0 으로 움직이기	지정된 시간 동안 지정된 x, y좌표로 스프라이트가 이동합니다.
x좌표를 10 만큼 바꾸기	스프라이트의 x좌표를 현재 값에서 지정한 수만큼 변경합니다.
x좌표를 0 (으)로 정하기	스프라이트의 x좌표를 지정한 값으로 변경합니다.
y좌표를 10 만큼 바꾸기	스프라이트의 y좌표를 현재 값에서 지정한 수만큼 변경합니다.
y좌표를 0 (으)로 정하기	스프라이트의 y좌표를 지정한 값으로 변경합니다.
벽에 닿으면 튕기기	스프라이트가 벽(실행 창의 네 모서리)에 닿으면 이동하던 방향을 바꿉니다.
회전방식을 왼쪽-오른쪽 ▼ 로 정하기	스프라이트의 회전 방식을 지정한 방식으로 변경합니다.
x 좌표	스프라이트의 현재 위치에 대한 x 좌표 값을 담고 있습니다.
y 좌표	스프라이트의 현재 위치에 대한 y 좌표 값을 담고 있습니다.
방향	스프라이트의 현재 방향에 대한 각도 값을 담고 있습니다.

02 ›› 형태(형태)는 스프라이트의 모양, 크기, 말풍선 및 그래픽 효과 등을 변경할 수 있는 블록 모음입니다.

Hello! 을(를) 2 초동안 말하기	입력한 문구를 지정한 시간 동안 말풍선에 표시합니다.
Hello! 말하기	입력한 문구를 말풍선에 표시합니다.
Hmm... 을(를) 2 초동안 생각하기	입력한 문구를 지정한 시간 동안 생각풍선에 표시합니다.
Hmm... 생각하기	입력한 문구를 생각풍선에 표시합니다.
보이기	스프라이트가 무대에 보이도록 합니다.
숨기기	스프라이트가 무대에서 보이지 않도록 합니다.

45

모양을 costume2 ▼ (으)로 바꾸기	스프라이트의 모양을 지정한 모양으로 변경합니다.
다음 모양으로 바꾸기	스프라이트의 현재 모양을 [모양] 탭에 등록된 다음 모양으로 변경합니다.
배경을 backdrop1 ▼ (으)로 바꾸기	무대의 배경을 지정한 배경으로 변경합니다.
색깔 ▼ 효과를 25 만큼 바꾸기	스프라이트의 그래픽 효과를 지정한 값만큼 변경합니다.
색깔 ▼ 효과를 0 (으)로 정하기	스프라이트의 그래픽 효과를 지정한 값으로 변경합니다.
그래픽 효과 지우기	스프라이트의 그래픽 효과를 모두 지웁니다.
크기를 10 만큼 바꾸기	스프라이트의 크기를 지정한 값만큼 변경합니다.
크기를 100 % 로 정하기	스프라이트의 크기를 지정한 백분율로 변경합니다.
맨 앞으로 나오기	여러 스프라이트가 겹쳐졌을 때 다른 스프라이트보다 해당 스프라이트가 맨 앞으로 나오도록 합니다.
1 번째로 물러나기	스프라이트가 지정된 값만큼 뒤로 물러납니다.
모양 번호	현재 스프라이트의 모양 번호를 담고 있습니다.
배경 이름	현재 무대의 배경 이름을 담고 있습니다.
크기	스프라이트의 현재 크기의 백분율 값을 담고 있습니다.

03 ›› 소리(소리)는 스프라이트의 소리와 효과음 등을 조정하고 설정하는 블록 모음입니다.

meow ▼ 재생하기	지정한 소리를 재생합니다. 재생 중인 상태로 다음에 연결된 블록이 실행됩니다.
meow ▼ 끝까지 재생하기	지정한 소리를 재생합니다. 재생이 완료된 후 다음에 연결된 블록이 실행됩니다.
모든 소리 끄기	재생 중인 모든 소리를 중지시킵니다.
1 ▼ 번 타악기를 0.25 박자로 연주하기	지정한 번호의 타악기를 지정한 박자로 연주합니다.

0.25 박자 쉬기	지정한 박자만큼 소리의 재생을 쉽니다.
60 ▼ 번 음을 0.5 박자로 연주하기	지정한 번호의 음을 지정한 박자로 연주합니다.
1 ▼ 번 악기로 정하기	지정한 번호의 악기를 선택합니다.
음량을 -10 만큼 바꾸기	소리의 볼륨을 지정한 수만큼 변경합니다.
음량을 100 % (으)로 정하기	소리의 볼륨을 지정한 백분율로 변경합니다.
음량	현재의 음량 값을 담고 있습니다.
빠르기를 20 만큼 바꾸기	템포를 지정한 수만큼 변경합니다.
빠르기를 60 BPM 으로 정하기	템포를 지정한 BPM으로 변경합니다.
빠르기	현재의 템포 값을 담고 있습니다.

04 ›› 펜(펜)은 펜 기능을 활용하여 선 그리기, 색깔 바꾸기, 음영이나 굵기 바꾸기 등을 실행하는 블록 모음입니다.

지우기	실행 창에서 펜 그리기와 도장찍기 효과를 지웁니다.
도장찍기	스프라이트의 현재 모양이 도장처럼 그대로 실행 창에 찍힙니다.
펜 내리기	스프라이트를 펜처럼 사용하기 위해 펜 내리기 모드를 실행합니다. 펜 내리기 모드가 실행되면 스프라이트의 움직임에 따라 선이 그려집니다.
펜 올리기	펜 내리기 모드가 종료되며, 스프라이트가 이동해도 선이 그려지지 않습니다.
펜 색깔을 ■ (으)로 정하기	펜 색깔을 지정한 색으로 정합니다.
펜 색깔을 10 만큼 바꾸기	펜 색깔을 지정한 수만큼 변경합니다.
펜 색깔을 0 (으)로 정하기	펜 색깔을 지정한 수로 정합니다.

펜 명암을 10 만큼 바꾸기	펜 농도를 지정한 수만큼 변경합니다.
펜 명암을 50 (으)로 정하기	펜 농도를 지정한 수로 정합니다.
펜 굵기를 1 만큼 바꾸기	펜 굵기를 지정한 수만큼 변경합니다.
펜 굵기를 1 (으)로 정하기	펜 굵기를 지정한 수로 정합니다.

05 >> 데이터(데이터)는 변수와 리스트를 생성하고, 생성한 변수와 리스트를 관리하는 블록 모음입니다.

변수 만들기	새로운 변수를 생성합니다.
N	생성한 변수의 값을 담고 있습니다.
N ▼ 을(를) 0 로 정하기	변수를 지정한 수로 변경합니다.
N ▼ 을(를) 1 만큼 바꾸기	변수를 해당 값에서 지정한 수만큼 변경합니다.
N ▼ 변수 보이기	변수가 실행 창에 보이도록 합니다.
N ▼ 변수 숨기기	변수가 실행 창에 보이지 않도록 합니다.
리스트 만들기	새로운 리스트를 생성합니다.
L	리스트의 모든 값을 담고 있습니다.
thing 항목을 L ▼ 에 추가하기	입력한 항목을 리스트의 마지막 항목 다음 순서에 추가합니다.
1 ▼ 번째 항목을 L ▼ 에서 삭제하기	지정한 항목을 리스트에서 삭제합니다.
thing 을(를) 1 ▼ 번째 L ▼ 에 넣기	지정한 항목을 리스트의 지정한 순서에 추가합니다. 추가된 항목의 아래 항목의 순서는 하나씩 뒤로 밀려납니다.
1 ▼ 번째 L ▼ 의 항목을 thing (으)로 바꾸기	지정한 순서의 항목을 지정한 내용으로 변경합니다.
1 ▼ 번째 L ▼ 항목	리스트의 지정한 순서의 항목 값을 담고 있습니다.

L ▼ 리스트의 항목 수	리스트의 전체 크기 값을 담고 있습니다.
L ▼ 리스트에 thing 포함되었는가	리스트에 지정한 항목이 포함되어 있는지를 체크합니다.
L ▼ 리스트 보이기	실행 창에 리스트가 보이도록 합니다.
L ▼ 리스트 숨기기	실행 창에 리스트가 보이지 않도록 합니다.

06 ›› 이벤트(이벤트)는 스크립트의 실행 및 방송하기와 관련된 블록 모음입니다.

⚑ 클릭했을 때	깃발을 클릭하면 아래 연결된 블록을 실행합니다.
스페이스 ▼ 키를 눌렀을 때	지정한 키를 누르면 아래 연결된 블록을 실행합니다.
이 스프라이트를 클릭했을 때	해당 스프라이트를 클릭하면 아래 연결된 블록을 실행합니다.
배경이 backdrop1 ▼ (으)로 바뀌었을 때	무대가 지정한 배경으로 바뀌면 아래 연결된 블록을 실행합니다.
음량 ▼ > 10 일 때	음량, 비디오, 타이머 값이 지정한 수보다 커지면 아래 연결된 블록을 실행합니다.
message1 ▼ 을(를) 받았을 때	지정한 방송을 받으면 아래 연결된 블록을 실행합니다.
message1 ▼ 방송하기	지정한 내용을 방송하여 다른 스프라이트나 무대에 신호를 보냅니다.
message1 ▼ 방송하고 기다리기	방송을 보낸 후 방송을 받은 스크립트가 모두 실행될 때까지 이 블록에 연결된 다음 블록을 실행하지 않고 기다립니다.

07 ›› 제어(제어)는 반복문과 조건문을 만들고, 복제하기 기능을 수행하는 블록 모음입니다.

1 초 기다리기	지정한 시간만큼 블록의 실행이 일시 정지됩니다.
10 번 반복하기	지정한 수만큼 실행 영역(내부)에 있는 블록들을 반복하여 실행합니다.

블록	설명
무한 반복하기	실행 영역(내부)에 있는 블록들을 무한 반복 실행합니다.
만약 ◇ 라면	조건 영역(육각 블록)이 참이면 실행 영역(내부)에 있는 블록들을 실행합니다.
만약 ◇ 라면 / 아니면	조건 영역(육각 블록)이 참이면 위쪽 실행 영역에 있는 블록들을 실행하고, 거짓이면 아래쪽 실행 영역에 있는 블록들을 실행합니다.
◇ 까지 기다리기	조건 영역(육각 블록)이 참이 될 때까지 블록의 실행이 일시 정지됩니다. 참이 되면 다음 블록을 실행합니다.
◇ 까지 반복하기	조건 영역(육각 블록)이 참이 될 때까지 실행 영역(내부)의 블록들을 반복 실행합니다. 조건 영역이 참이 되면 실행 영역을 더 이상 실행하지 않습니다.
모두 ▼ 멈추기	지정한 스크립트의 실행을 중지합니다.
복제되었을 때	아래 연결된 블록이 복제된 스프라이트에 적용됩니다.
나 자신 ▼ 복제하기	지정한 스프라이트를 복제합니다.
이 복제본 삭제하기	복제된 스프라이트를 삭제합니다.

08 ›› 관찰(관찰)은 스프라이트, 마우스, 타이머, 음량, 시간 등의 상태를 체크할 수 있는 블록 모음입니다.

블록	설명
▼ 에 닿았는가?	스프라이트가 지정한 대상(다른 스프라이트. 마우스 포인터, 벽 등)에 닿았는지를 체크합니다.
■ 색에 닿았는가?	스프라이트가 지정한 색에 닿았는지를 체크합니다.
■ 색이 ■ 색에 닿았는가?	지정한 첫 번째 색이 지정한 두 번째 색에 닿았는지를 체크합니다.
▼ 까지 거리	스프라이트로부터 마우스 포인터 또는 다른 스프라이트까지의 거리 값을 담고 있습니다.
What's your name? 묻고 기다리기	지정한 질문을 실행 창에 표시하여 사용자가 답변을 입력할 수 있도록 합니다.
대답	사용자가 입력한 답변의 값이 담겨 있습니다.

스페이스 ▼ 키를 눌렀는가?	사용자가 특정키를 눌렀는지 체크합니다.
마우스를 클릭했는가?	사용자가 마우스를 클릭했는지를 체크합니다.
마우스의 x좌표	마우스의 x좌표 값을 담고 있습니다.
마우스의 y좌표	마우스의 y좌표 값을 담고 있습니다.
음량	컴퓨터 마이크에서 입력한 소리의 볼륨 값을 담고 있습니다.
비디오 동작 ▼ 에 대한 이 스프라이트 ▼ 에서의 관찰값	스프라이트나 무대의 동작이나 방향 값을 담고 있습니다.
비디오 켜기 ▼	웹캠의 비디오를 켜거나 끕니다.
비디오 투명도를 50 % 로 정하기	비디오 투명도를 지정한 백분율 값으로 변경합니다.
타이머	실행 중인 타이머의 값을 담고 있습니다.
타이머 초기화	타이머를 0으로 초기화합니다.
x 좌표 ▼ of Sprite1 ▼	지정한 대상(스프라이트, 무대)의 지정한 정보(x좌표, y좌표, 방향, 모양번호, 모양 이름, 크기, 음량 등) 값을 담고 있습니다.
현재 분 ▼	지정한 현재 시간 관련 정보를 담고 있습니다.
2000년 이후 경과일	2000년 이후 경과일 값을 담고 있습니다.
사용자이름	사용자이름 정보를 담고 있습니다.

09 >> 연산(연산)은 산술 연산, 관계 연산, 논리 연산, 난수 등 연산과 관련된 기능을 수행하는 블록 모음입니다.

◯ + ◯	지정한 두 수의 덧셈 결과 값을 담고 있습니다.
◯ - ◯	지정한 두 수의 뺄셈 결과 값을 담고 있습니다.
◯ * ◯	지정한 두 수의 곱셈 결과 값을 담고 있습니다.

◯ / ◯	지정한 두 수의 나눗셈 결과 값을 담고 있습니다.
1 부터 10 사이의 난수	지정한 두 수의 사이에서 임의로 추출된 하나의 값을 담고 있습니다.
☐ < ☐	지정한 첫 번째 수가 지정한 두 번째 수보다 작은 지를 체크합니다.
☐ = ☐	지정한 두 수가 같은 지를 체크합니다.
☐ > ☐	지정한 첫 번째 수가 지정한 두 번째 수보다 큰 지를 체크합니다.
그리고	앞의 조건과 뒤의 조건이 모두 참일 때만 전체가 참이 됩니다.
또는	앞의 조건과 뒤의 조건 중 어느 하나 이상만 참이면 전체가 참이 됩니다.
아니다	주어진 조건이 거짓일 때만 전체가 참이 됩니다.
hello 와 world 결합하기	지정한 두 문자열을 결합한 문자열 값을 담고 있습니다.
1 번째 글자 (world)	지정한 문자열에서 지정한 순번의 문자를 담고 있습니다.
world 의 길이	지정한 문자열의 길이 값을 담고 있습니다.
◯ 나누기 ◯ 의 나머지	지정한 첫 번째 수를 지정한 두 번째 수로 나눈 나머지 값을 담고 있습니다.
◯ 반올림	입력한 값의 반올림한 값을 담고 있습니다.
제곱근 ▼ (9)	입력한 값의 수학적 계산 값을 담고 있습니다.

10 ›› 추가 블록(■추가블록)은 '사용자 정의 함수'를 활용하거나 외부 기기와 연결 기능을 활용할 수 있는 블록 모음입니다.

블록 만들기	새로운 블록 만들기 기능을 활용하여 사용자 정의 함수를 생성합니다.
확장 프로그램 추가	Pico Board, LEGO WeDo 등 외부 하드웨어 장치와 연동하여 사용할 수 있는 기능을 제공합니다.

자세한 설명은 Section 12. 프렉탈 그리기를 참고하시기 바랍니다.

학 습 정 리

❶ 스프라이트는 무대 위에서 움직이는 객체를 의미하며, 무대 위에 존재하는 캐릭터나 문자, 도형 등이 모두 스프라이트가 될 수 있습니다.

❷ 여러 개의 스프라이트가 동시에 존재할 수도 있으며, 하나의 스프라이트는 2개 이상의 모양을 가질 수도 있습니다.

❸ 무대는 스프라이트가 움직이는 공간으로 배경이라고도 하는데 무대도 여러 가지 모양을 가질 수 있습니다.

❹ 스크립트는 스프라이트와 무대를 작동시키기 위한 명령어 모음입니다. 각 명령어를 의미하는 블록들을 결합하여 하나의 스크립트를 만듭니다.

• 동작(동작)은 이동이나 방향 전환과 같이 스프라이트의 동작과 관련된 블록 모음입니다.

• 형태(형태)는 스프라이트의 모양, 크기, 말풍선 및 그래픽 효과 등을 변경할 수 있는 블록 모음입니다.

• 소리(소리)는 스프라이트의 소리와 효과음 등을 조정하고 설정하는 블록 모음입니다.

• 펜(펜)은 펜 기능을 활용하여 선 그리기, 색깔 바꾸기, 음영이나 굵기 바꾸기 등을 실행하는 블록 모음입니다.

• 데이터(데이터)는 변수와 리스트를 생성하고, 생성한 변수와 리스트를 관리하는 블록 모음입니다.

• 이벤트(이벤트)는 스크립트의 실행 및 방송하기와 관련된 블록 모음입니다.

• 제어(제어)는 반복문과 조건문을 만들고, 복제하기 기능을 수행하는 블록 모음입니다.

• 관찰(관찰)은 스프라이트, 마우스, 타이머, 음량, 시간 등의 상태를 체크할 수 있는 블록 모음입니다.

• 연산(연산)은 산술연산, 관계연산, 논리 연산, 난수 등 연산과 관련된 기능을 수행하는 블록 모음입니다.

• 추가 블록(추가블록)은 '사용자 정의 함수'를 활용하거나 외부 기기와 연결 기능을 활용할 수 있는 블록 모음입니다.

01 스크래치에서 사용하는 핵심 용어가 아닌 것은? (　　)

① 스프라이트　　　　　② 캐릭터
③ 무대　　　　　　　　④ 스크립트

02 스프라이트에 관한 설명 중 옳지 않은 것은? (　　)

① 스프라이트의 크기는 툴바에서 변경할 수 있다.
② 하나의 스프라이트는 하나의 모양을 가지고 있다.
③ 무대 위에서 움직일 수 있는 그림, 문자 등을 스프라이트라고 한다.
④ 스프라이트는 자신의 [스크립트] 창에 놓인 스크립트의 명령만을 따른다.

03 '방송하기'가 포함된 블록 카테고리로 옳은 것은? (　　)

① 동작 블록　　　　　② 제어 블록
③ 추가 블록　　　　　④ 이벤트 블록

04 스크래치의 블록에 관한 문항을 읽고 O, X로 답하시오.

① [까지 반복하기] 조건 영역(육각 블록)이 참이면 실행 영역(내부)의 블록들이 실행된다. (　　)

② 무대에서는 [말하기] 블록을 사용할 수 없다. (　　)

③ [1 부터 10 사이의 난수] 블록은 프로그램에서 임의로 추출된 하나의 값을 담고 있다. (　　)

Section

03

프로그래밍 기본 개념 익히기

이번 섹션에서는 간단한 게임 프로젝트 만들기를 통해 스크래치를 학습하는 데 있어 가장 기본적인 사항인 순차구조와 반복문, 조건문을 학습합니다. 이 프로젝트에서는 2마리의 '여우' 스프라이트가 계속해서 '원숭이' 스프라이트를 따라옵니다. 사용자는 직접 방향키로 '원숭이' 스프라이트를 조종하여 따라오는 '여우' 스프라이트를 피해 도망치도록 합니다. 만약 '원숭이' 스프라이트가 '여우' 스프라이트에게 잡히면 프로젝트가 종료됩니다. 이 프로젝트를 만들면서 순차구조와 반복문, 조건문이 어떤 의미이고 실제 프로젝트에서는 어떻게 활용되는지 알아보겠습니다.

Section 01   Section 02   **Section 03**

| 완성 파일 | section3.sb2
| 웹 주 소 | https://scratch.mit.edu/projects/29440972/

스프라이트와 무대 설정하기 Step 01

01 ›› 메인 화면에서 [만들기] 메뉴를 클릭해 새로운 프로젝트를 시작합니다.

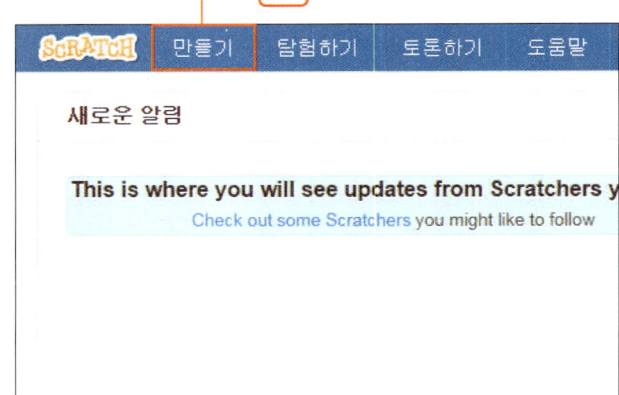

02 ›› 기본으로 설정되어 있는 'Sprite1(고양이)' 스프라이트를 삭제합니다. 스프라이트에 마우스 포인터를 올려놓은 후 마우스 오른쪽 단추를 클릭하면 [삭제]를 선택할 수 있습니다.

03 ›› 이 프로젝트에서 사용할 새로운 스프라이트를 불러옵니다. [스프라이트] 창의 [새로운 스프라이트]–[저장소에서 스프라이트 선택(●)]을 클릭합니다. 저장소에서는 스크래치에서 제공하는 다양한 스프라이트를 선택하여 사용할 수 있습니다.

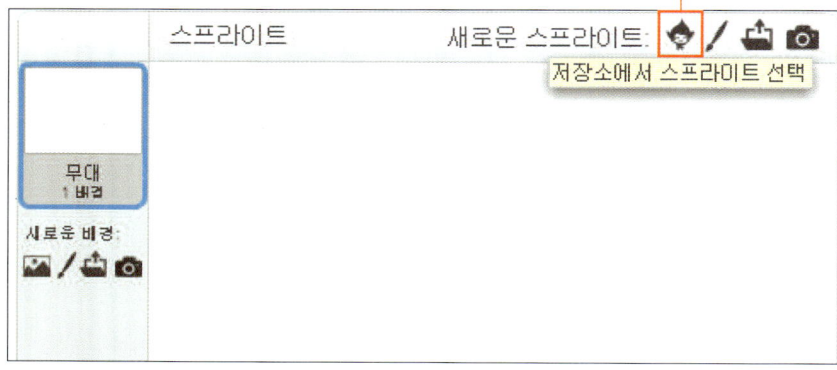

04 »　스프라이트 저장소의 왼쪽 카테고리 창에서 '동물' 항목을 선택하면 여러 가지 동물 스프라이트를 볼 수 있습니다. 이 중에서 이번 프로젝트에 사용할 'Monkey2' 스프라이트를 선택한 후 [확인] 단추를 클릭합니다. 'Fox' 스프라이트도 같은 방법으로 선택하여 불러옵니다.

05 »　[스프라이트] 창에서 새로 추가된 스프라이트를 확인할 수 있습니다.

06 »　스프라이트를 선택하면 선택된 스프라이트에는 파란색의 윤곽선이 나타납니다. 이때 윤곽선 왼쪽 위에 있는 🛈 아이콘을 클릭하면 [스프라이트 정보] 창을 볼 수 있습니다.

07 ›› [스프라이트 정보] 창에서 해당 스프라이트의 이름을 수정할 수 있습니다. 스프라이트 이름을 'Monkey2'에서 '원숭이'로 바꿔줍니다. 마찬가지 방법으로 'Fox' 스프라이트의 이름을 '여우1'로 바꿔줍니다.

'Fox' 스프라이트는 동일한 스프라이트를 1개 더 만들 예정이기 때문에 일단 스프라이트의 이름을 '여우'가 아닌 '여우1'로 변경합니다.

[스프라이트 정보] 창 자세히 알아보기

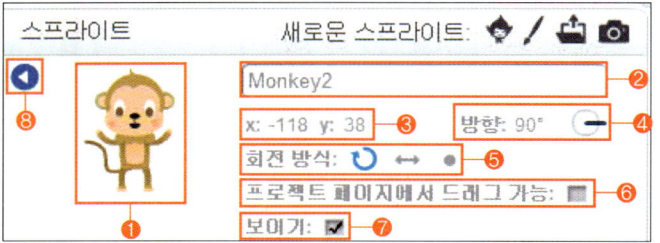

❶ 모양 : 선택한 스프라이트의 현재 모양을 표시합니다.　　❷ 이름 : 스프라이트의 이름을 나타냅니다.

❸ 위치 좌표 : 스프라이트의 현재 위치에 해당하는 좌표값을 나타냅니다.

❹ 방향 : 스프라이트의 움직임을 실행할 방향을 표시합니다.

❺ 회전 방식 : 스프라이트의 회전 방식을 나타냅니다. '회전하기'와 '왼쪽-오른쪽', '회전하지 않기' 등 3가지 방식 중 하나를 선택할 수 있습니다.

❻ 프로젝트 페이지 드래그 기능 : 프로젝트 페이지에서 스프라이트를 드래그하여 이동하는 것이 가능한 지를 선택합니다.

❼ 보이기 : 스프라이트가 실행 창에 보이도록 할 것인지 숨겨지도록 할 것인지를 선택합니다.

❽ 창 전환 : [스프라이트] 창으로 전환됩니다.

08 ›› 툴바에서 축소(▧) 아이콘을 클릭하면 마우스 포인터가 축소 아이콘 모양으로 바뀝니다. 이 상태에서 원숭이 스프라이트를 클릭하면 스프라이트의 크기가 점점 작아집니다. 적당한 모양이 될 때까지 반복해서 클릭해 줍니다. '여우1' 스프라이트도 같은 방법으로 크기를 조절해 줍니다.

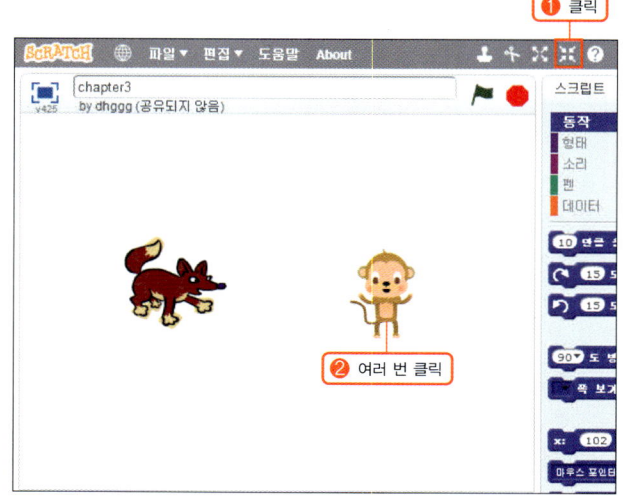

크기를 크게 바꾸고 싶을 때는 확대(⊠) 아이콘을 클릭하면 됩니다.

09 》 무대를 추가하기 위해 [무대 정보] 창의 [저장소에서 배경 선택(🖼)] 을 클릭합니다.

10 》 [자연] 항목 카테고리를 선택한 후 'forest' 배경을 선택하고 [확인] 단추를 클릭합니다.

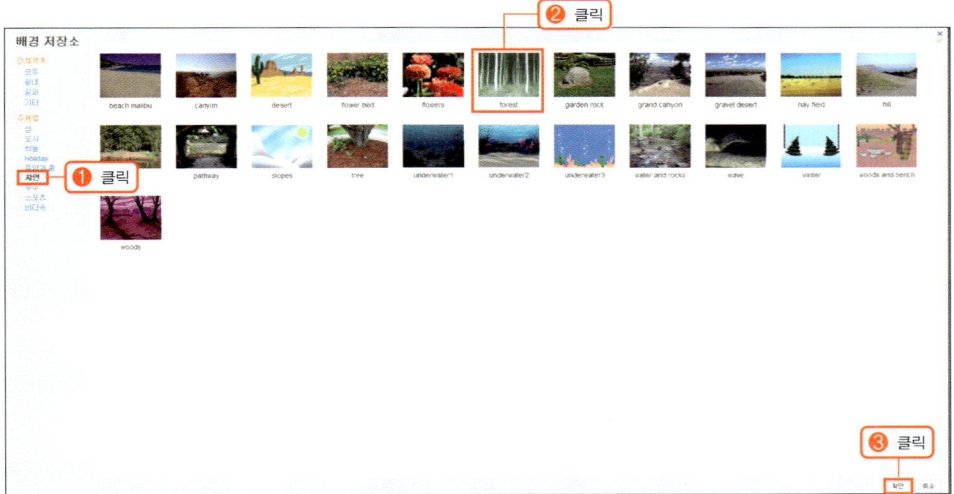

11 》 [실행] 창과 [무대 정보] 창에서 배경이 새로 등록된 것을 확인할 수 있습니다.

'원숭이' 스프라이트 움직이기 Step 02

■ 오른쪽 방향키를 사용하여 오른쪽으로 움직이기

01 ›› '원숭이' 스프라이트를 선택한 후 블록 모음에서 제어(제어) 카테고리를 클릭합니다.
을 드래그해서 [스크립트] 창에 옮겨 놓습니다.

02 ›› 블록 모음에서 관찰(관찰) 카테고리을 선택한 후 스페이스 ▼ 키를 눌렀는가? 를 드래그해서
만약 라면 의 조건 영역에 끼워 넣습니다. '스페이스'라고 써있는 부분의 오른쪽 삼각형을 클릭하여 [오른
쪽 화살표]를 선택합니다.

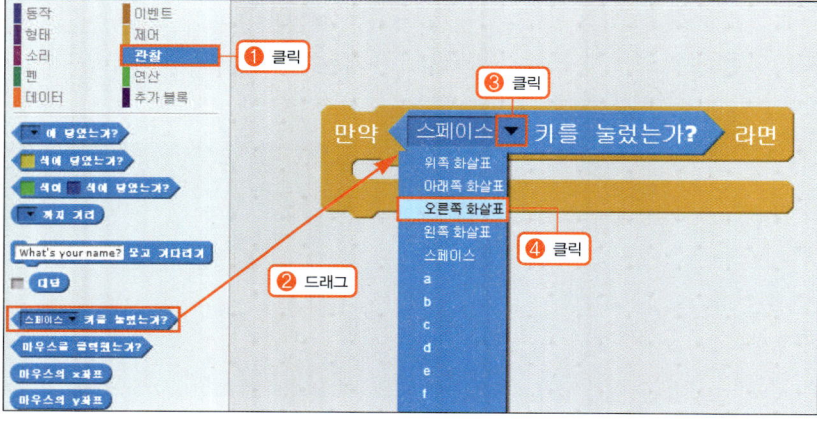

03 >> 블록 모음에서 동작(동작) 카테고리를 선택한 후 x좌표를 10 만큼 바꾸기 를 드래그해서 만약 ◯ 라면

의 실행 영역에 끼워 넣습니다. 이렇게 결합된 블록들은 오른쪽 화살표키가 눌렸는지를 확인하여 만약 눌렸다면 스프라이트의 위치를 x좌표의 양수 방향(오른쪽)으로 10만큼 이동시킵니다.

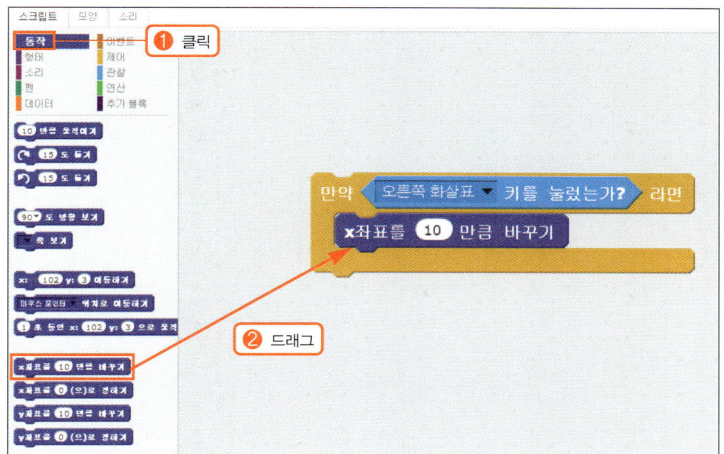

04 >> 블록 모음에서 제어(제어) 카테고리를 클릭하고 무한 반복하기 를 선택하여 조건문 전체를 감싸도록

합니다. 조건문 전체를 반복문으로 감싸주어야 반복해서 조건을 체크할 수 있습니다.

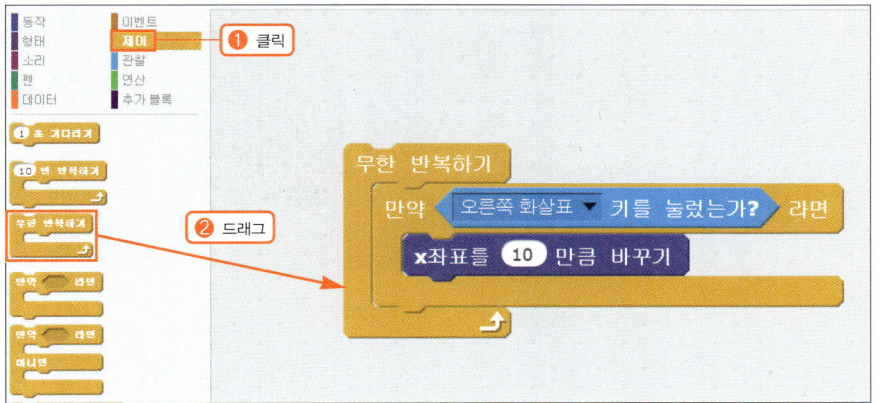

만약 '무한 반복하기' 블록을 사용하지 않았다면 조건문은 1회만 실행됩니다. 즉 컴퓨터가 조건문을 실행했을 때 조건 영역을 1회만 체크하기 때문에 계속해서 움직이기 위해서는 반복문이 반드시 필요합니다.

05 ›› 결합된 블록을 더블 클릭하면 블록이 활성화되면서 블록 전체의 테두리가 노란색으로 밝아지고 블록이 위에서부터 차례로 실행됩니다.

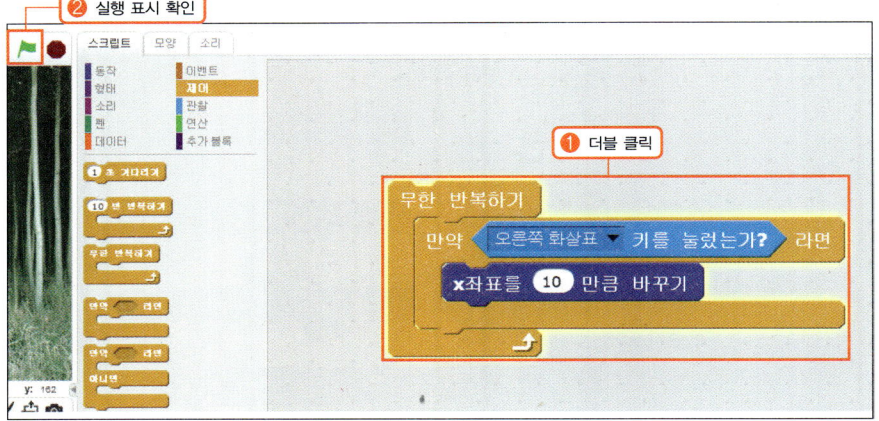

블록이 실행 중인 상태인지 아닌지는 실행 창 오른쪽 윗부분의 📭을 통해서도 알 수 있습니다. 불이 꺼져 있으면(📭) 중지 상태이고, 불이 켜져 있으면(🚩) 실행 중인 상태입니다.

06 ›› 실행 상태에서 키보드의 ➡를 누르면 원숭이 스프라이트가 오른쪽으로 이동합니다.

조건문과 반복문

• 조건문이란?

조건문은 어떤 명제가 참인지 거짓인지에 따라 실행할 문장을 선택하도록 한 것입니다. '만약 〈 〉 라면' 블록은 조건문을 만드는 가장 기본적인 블록입니다. 이 블록은 '조건 영역'과 '실행 영역'으로 구분됩니다. '조건 영역'에는 참인지 거짓인지를 판단할 조건이 포함됩니다. '실행 영역'에는 조건이 참일 경우 실행될 내용이 포함됩니다.

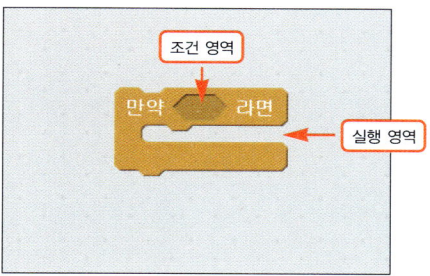

• 반복문이란?

반복문은 특정 영역을 특정 조건이 만족하는 동안에 반복 실행하기 위한 문장입니다. '무한 반복하기' 블록은 반복문을 만드는 가장 기본적인 블록입니다. 반복문은 반복을 실행하기 위한 '조건 영역'과 조건이 만족되었을 때 블록을 실행할 '실행 영역'으로 구분됩니다. 조건 영역은 '무한'이기 때문에 실행 영역이 '끝나지 않고 계속해서' 실행됩니다.

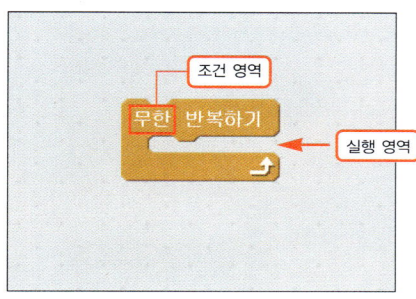

■ 방향키를 사용해 자유자재로 이동시키기

01 〉〉 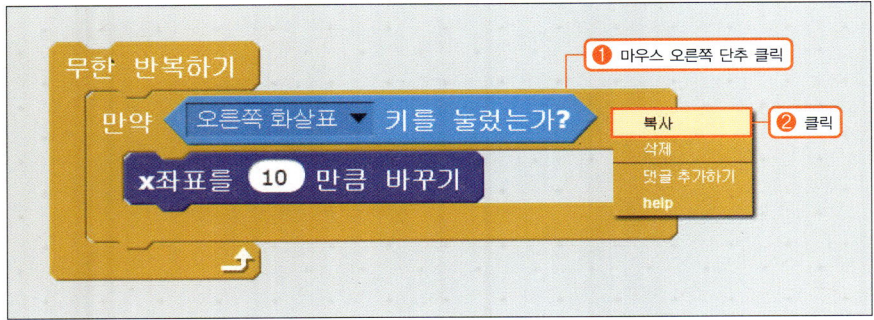 에서 마우스 오른쪽 단추를 클릭하여 '복사'를 선택합니다. 결합된 블록이 동일하게

복사됩니다.

02 〉〉 복사한 블록을 원래 있던 조건문 아래에 연결합니다. '오른쪽 화살표'를 '왼쪽 화살표'로 바꿉니다. 왼쪽 화살표를 눌렀을 때는 왼쪽으로 이동하도록 x좌표를 10 만큼 바꾸기 의 숫자를 '10'에서 '-10'으로 바꿔줍니다.

03 〉〉 같은 방식으로 위와 아래로도 움직일 수 있게 스크립트를 만들어 줍니다. 스크립트를 완성한 후 실행시키면 원숭이를 상하좌우 어느 방향으로도 조종할 수 있습니다.

> 여기에서는 위와 아래로 움직이도록 하기 위해서는 x좌표를 10 만큼 바꾸기 대신에 y좌표를 10 만큼 바꾸기 를 사용해야 한다는 점에 주의해야 합니다.

■ 역동적인 동작 연출하기

01 >> 블록 모음에서 [무한 반복하기] 를 하나 더 드래그합니다.

02 >> 블록 모음에서 형태([형태]) 카테고리를 클릭한 후 [다음 모양으로 바꾸기] 를 드래그하여 [무한 반복하기] 의 실

행 영역에 넣습니다.

03 >> 블록 모음에서 제어([제어]) 카테고리를 클릭하고 [1 초 기다리기] 를 드래그하여 [다음 모양으로 바꾸기] 밑에

끼워 넣습니다. [1 초 기다리기] 안의 숫자 '1'은 '0.2'로 변경합니다.

[1 초 기다리기] 가 없으면 원숭이의 모양이 너무 빨리 변합니다. 원숭이가 적당한 속도로 모양을 바꿀 수 있도록
[1 초 기다리기] 를 결합하고 숫자를 '0.2~0.3' 정도로 변경해주어야 합니다.

'여우' 스프라이트 움직이기

Step 03

01 >> [스프라이트] 창에서 '여우1' 스프라이트를 선택한 후 블록 모음에서 제어(제어) 카테고리를 클릭하고 무한 반복하기 를 드래그해서 [스크립트] 창으로 가져옵니다. 동작(동작) 카테고리를 클릭하고 쪽 보기 를 가

져와 반복문의 실행 영역에 결합합니다. 쪽 보기 에서 선택사항(▼)을 클릭해 '원숭이'로 바꿔줍니다.

02 >> 10 만큼 움직이기 를 쪽 보기 밑에 결합하고, 숫자를 '5'로 바꿔줍니다. 결합된 블록을 실행하면 원숭이가 움직이는 방향대로 여우1이 따라가게 됩니다. 여우1은 원숭이보다 조금 느려야하기 때문에 10 만큼 움직이기 의 숫자 '10'을 '5'로 바꿔주어야 합니다.

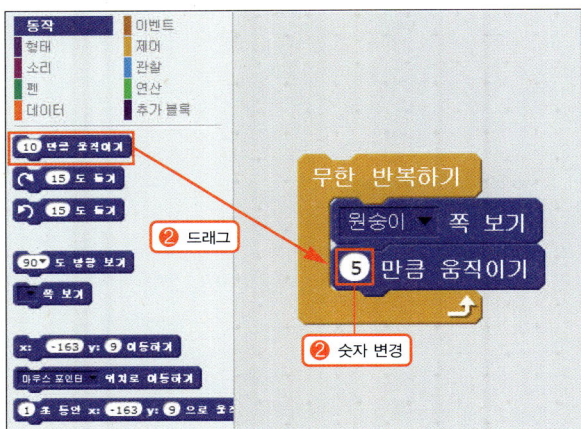

03 ›› '여우1' 스프라이트를 복사하면 '여우2' 스프라이트가 자동으로 만들어집니다. 이때 만들어진 여우2는 여우1과 이름만 다를 뿐 모양과 스크립트가 모두 동일합니다. 움직이는 속도를 다르게 하기 위해서 여우2는 10 만큼 움직이기 의 숫자를 '3'으로 바꿔줍니다.

04 ›› 여우1과 여우2의 [스프라이트 정보] 창에서 회전 방식을 [좌—우 회전(↔)]으로 선택합니다.

[회전하기(↻)] 상태에서는 방향에 따라 여우 모양이 뒤집어져 보일 수 있기 때문에 [좌—우 회전(↔)]을 선택해야 합니다.

여우에게 잡혔을 때 원숭이가 반응하기 Step 04

01 ≫ '원숭이' 스프라이트를 선택한 후, 제어(제어) 카테고리에서 무한 반복하기 와 만약 ◇ 라면 을 [스크립트] 창으로 가져와 결합합니다.

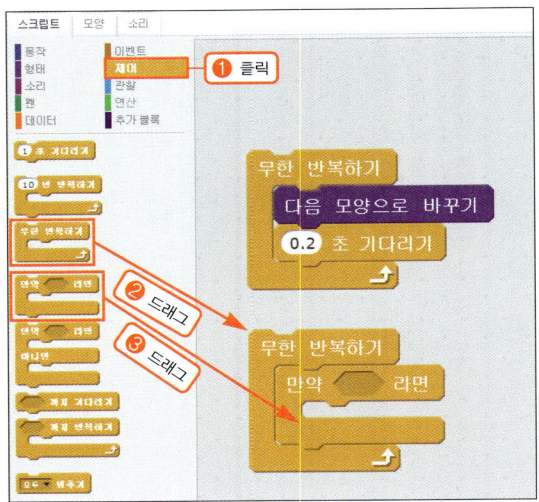

02 ≫ 연산(연산) 카테고리에서 논리 연산인 ◇ 또는 ◇ 을 가져옵니다. 관찰(관찰) 카테고리에서 ▼ 에 닿았는가? 를 가져옵니다. 선택 사항을 '여우1'로 바꾼 후 블록을 드래그해서 ◇ 또는 ◇ 에 결합합니다.

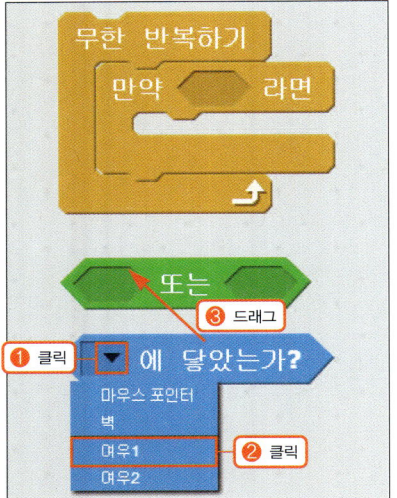

03 » 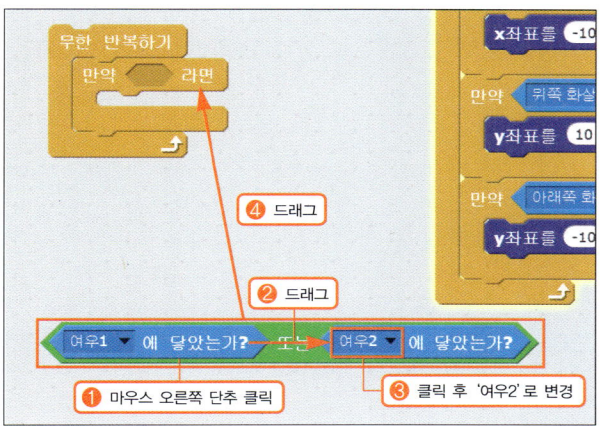 를 복사한 후 복사된 블록을 오른쪽 빈자리에 결합합니다. 결합한 블록의 선택사항을 '여우2'로 바꿔줍니다. 결합된 전체 블록을 드래그하여 의 조건 영역에 결합합니다.

이제 컴퓨터는 원숭이가 '여우1'에 닿았는지 또는 '여우2'에 닿았는지를 계속해서 체크하게 됩니다. 만약 원숭이가 둘 중 하나에라도 닿았다면 조건 영역이 참이기 때문에 실행 영역을 실행하게 됩니다.

04 » 형태(형태) 카테고리에서 □을(를) ● 초동안 말하기 를 조건문의 실행 영역에 결합합니다. 이 블록의 빈칸에 원숭이가 여우에게 붙잡혔을 때에 할 말의 내용을 적어 넣고 숫자를 '0.5'로 변경합니다. 제어(제어) 카테고리에서 모두 ▼ 멈추기 를 가져와 □을(를) ● 초동안 말하기 다음에 결합합니다.

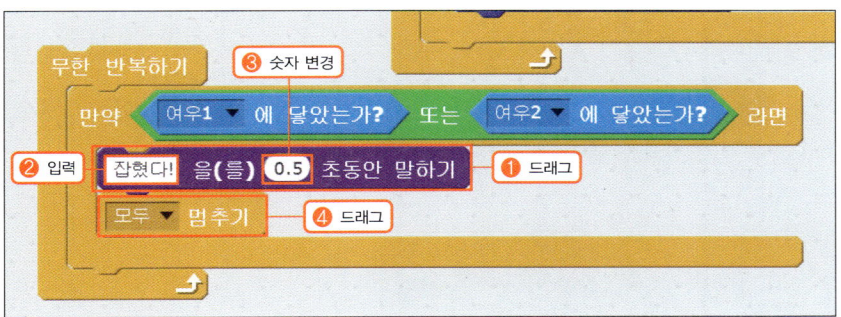

모두 ▼ 멈추기 는 각 스프라이트에 만들어져 있는 모든 스크립트를 정지시키는 기능을 가지고 있습니다. 이 블록이 실행되면 모든 스프라이트의 동작이 정지합니다.

시작 설정과 스프라이트 위치 초기화 Step 05

01 ›› '원숭이' 스프라이트를 선택한 후 이벤트(**이벤트**) 카테고리에서 **클릭했을 때**를 드래그해 각각의 스크립트 맨 윗 부분에 결합합니다. '여우1' 스프라이트와 '여우2' 스프라이트도 선택하여 같은 방법으로 모든 스크립트에 **클릭했을 때**를 추가합니다.

이제 실행 창 위에 있는 **▶**을 클릭하면 모든 스크립트를 동시에 실행시킬 수 있습니다.

02 ›› '원숭이' 스프라이트를 드래그하여 원하는 시작 위치로 이동시킵니다. 동작(**동작**) 카테고리에서 **x: ● y: ● 이동하기**를 살펴보면 해당 블록의 좌표값이 현재 원숭이의 위치 좌표값으로 변해있는 것을 확인할 수 있습니다. 이 블록을 드래그하여 **클릭했을 때** 밑에 결합시킵니다. '여우1'과 '여우2' 스프라이트도 동일한 방식으로 원하는 위치를 지정하여 위치 초기화를 해주도록 합니다.

프로젝트를 시작할 때마다 스프라이트는 지정된 위치에서 시작해야 합니다. 이것을 위치 초기화 설정이라고 합니다. 만약 초기화 설정이 되어 있지 않다면, 스프라이트는 이전 실행이 끝난 위치(원숭이가 여우에게 붙잡힌 상태)에서 다시 시작하게 됩니다. 그러면 프로젝트가 시작하자마자 종료되는 에러가 발생하게 되는 것이죠.

프로젝트 완성

01 ≫   '원숭이' 스크립트

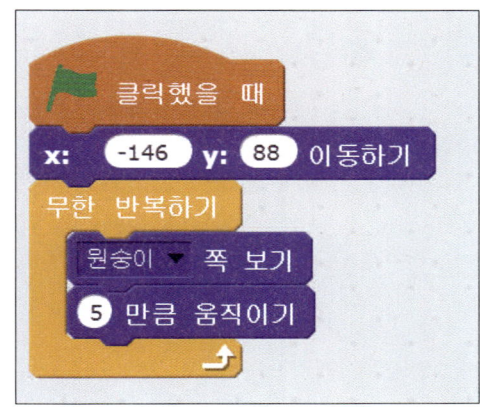

02 ≫   '여우1' 스크립트

03 ≫   '여우2' 스크립트

학 습 정 리

❶ 조건문은 어떤 명제가 참인지 거짓인지에 따라 다음에 실행할 명령어가 달라지는 것을 의미합니다. '조건 영역'이 참이면 '실행 영역'이 실행되고, '조건 영역'이 거짓이면 '실행 영역'이 실행되지 않습니다.

❷ 반복문은 조건을 만족하는 동안에 특정 영역을 반복 실행합니다. 만약 '조건 영역'이 '무한'이라면 '실행 영역'은 계속해서 반복 실행됩니다.

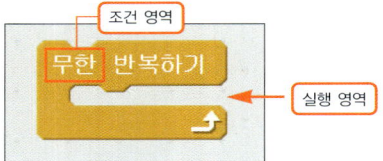

❸ [스프라이트 정보] 창에서는 스프라이트에 관한 정보들을 알아볼 수 있습니다.

① 모양 : 선택한 스프라이트의 현재 모양을 표시합니다.

② 이름 : 스프라이트의 이름을 나타냅니다.

③ 위치 좌표 : 스프라이트의 현재 위치에 해당하는 좌표값을 나타냅니다.

④ 방향 : 스프라이트의 움직임을 실행할 방향을 표시합니다.

⑤ 회전방식 : 스프라이트의 회전 방식을 나타냅니다. '회전하기'와 '왼쪽-오른쪽', '회전하지 않기' 등 3가지 방식 중 하나를 선택할 수 있습니다.

⑥ 프로젝트 페이지 드래그 기능 : 프로젝트 페이지에서 스프라이트를 드래그하여 이동하는 것이 가능한 지를 선택합니다.

⑦ 보이기 : 스프라이트가 실행 창에 보이도록 할 것인지 숨겨지도록 할 것인지를 선택합니다.

⑧ 창 전환 : [스프라이트] 창으로 전환됩니다.

❹ 프로젝트를 시작할 때마다 항상 같은 상태에서 시작하도록 하는 것을 '초기화 설정'이라고 합니다.

01 [만약 ⬡ 라면] 조건문의 조건 영역에 들어갈 수 있는 블록이 아닌 것은? (   )

① [▼ 에 닿았는가?]

② [⬡ < ⬡]

③ [⬛ 색에 닿았는가?]

④ [◯ 만큼 움직이기]

02 스프라이트의 회전 방식으로 옳지 않은 것은? (   )

① 회전하기   ② 왼쪽-오른쪽
③ 위쪽-아래쪽   ④ 회전하지 않기

03 오른쪽 방향키를 눌렀을 때 스프라이트가 오른쪽으로 10만큼 이동하도록 만든 스크립트로 옳은 것은?

①
```
🏳 클릭했을 때
무한 반복하기
  만약 [오른쪽 화살표 ▼ 키를 눌렀는가?] 라면
    x좌표를 10 만큼 바꾸기
```

②
```
🏳 클릭했을 때
무한 반복하기
  만약 [오른쪽 화살표 ▼ 키를 눌렀는가?] 라면
    x좌표를 10 (으)로 정하기
```

③
```
🏳 클릭했을 때
무한 반복하기
  만약 [오른쪽 화살표 ▼ 키를 눌렀는가?] 라면
    y좌표를 10 만큼 바꾸기
```

④
```
🏳 클릭했을 때
무한 반복하기
  만약 [오른쪽 화살표 ▼ 키를 눌렀는가?] 라면
    y좌표를 10 (으)로 정하기
```

04 스프라이트와 무대에 관한 문항을 읽고 O, X로 답하시오.

① [스프라이트] 창-[스프라이트 파일 업로드하기(🖼)]을 클릭하면 기본 제공되는 배경을 무대에 추가할 수 있다. (   )

② 축소(🔳) 아이콘을 사용하면 무대에 사용된 배경의 크기를 줄일 수 있다.(   )

③ 스프라이트의 처음 시작하는 위치를 정해주기 위해서는 [x: ◯ y: ◯ 로 이동하기]를 사용한다. (   )

정답

1. ④ 2. ③ 3. ① 4. X / X / O

73

학 교 에 서   통 하 는   S c r a t c h

변수와 방송하기를 활용한 기본 프로젝트 제작

변수와 방송하기는 스크래치에서 가장 기본적이면서도 핵심적인 기능입니다. 두 가지 기능을 잘 활용함으로써 다양한 효과를 연출할 수 있기 때문입니다. 이번 챕터에서는 변수와 방송하기의 개념을 이해하고 이를 활용한 기본적인 프로젝트를 함께 만들어보도록 하겠습니다. 또한 수학이나 물리적 개념을 응용한 프로젝트를 통해 그런 개념들이 실제 프로그램 상에서 어떤 방식으로 구현될 수 있는지를 알아보도록 하겠습니다.

사진첩 프로그램 만들기

이번 섹션에서는 사진첩 프로그램을 만들어 보겠습니다. 사진첩 프로그램은 다음 사진 보기, 이전 사진 보기, 화면 불 켜기, 화면 불 끄기 등 단순한 기능만을 수행하는 프로그램으로 누구나 쉽게 만들 수 있습니다. 스크래치에서 가장 중요한 '변수'와 '방송하기' 블록을 사용하기 때문에 이 2가지 개념에 대한 이해가 충분히 이루어져야 합니다. 또한 '소리' 블록을 활용하는 방법도 함께 배우게 됩니다.

Section 04 | Section 05 | Section 06 | Section 07

| 예제 파일 | 이전 사진 보기.sprite2, 조명 켜기.sprite2, 조명 끄기.sprite2, 다음 사진 보기.sprite2
| 완성 파일 | section4.sb2
| 웹 주 소 | https://scratch.mit.edu/projects/30860384/

스프라이트와 사진 불러오기

01 » 메인 화면에서 [만들기] 메뉴를 클릭해 새로운 프로젝트를 시작합니다. 기본 스프라이트인 'Sprite1(고양이)'을 삭제합니다. 제공된 스프라이트를 컴퓨터에 다운 받은 후, 컴퓨터에서 [스프라이트]를 불러옵니다. [스프라이트] 창의 [새로운 스프라이트]–[스프라이트 파일 업로드하기(📤)]를 클릭합니다.

02 » 제공된 스프라이트 파일이 저장된 경로로 가서 이번 프로젝트에서 사용할 4개의 스프라이트를 불러옵니다.

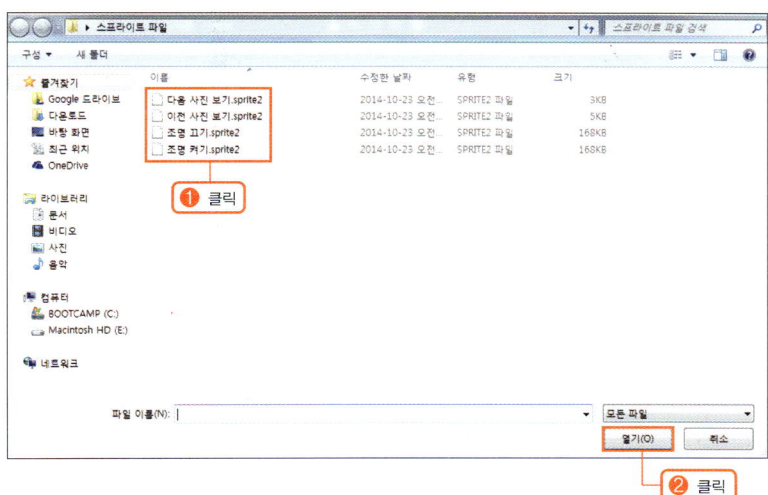

03 ›› 불러온 스프라이트를 실행 창의 아래 부분에 나란하게 배열합니다. 순서는 왼쪽부터 '이전 사진 보기', '조명 켜기', '조명 끄기', '다음 사진 보기' 스프라이트 순으로 놓습니다.

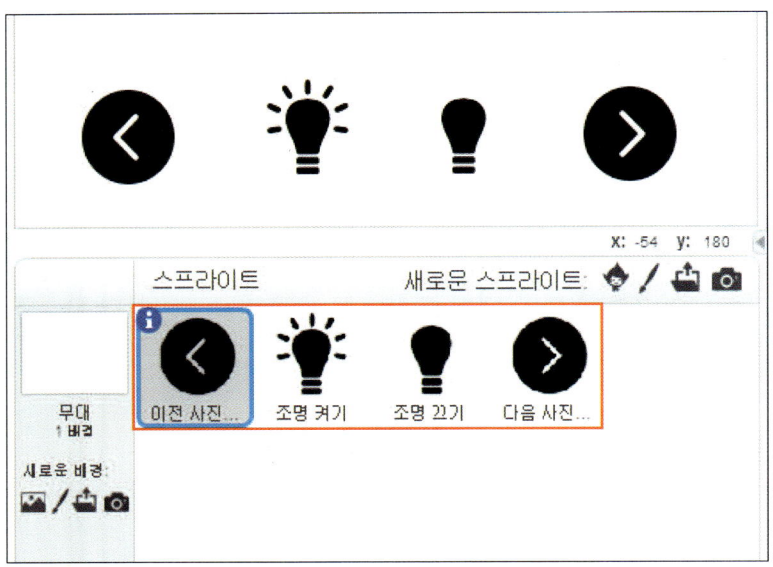

04 ›› 사진첩에 들어갈 사진을 불러올 차례입니다. [무대 정보] 창의 [새로운 배경]-[배경 파일 업로드하기]([🔼])를 클릭합니다. 사진첩에 담고 싶은 사진 파일을 불러옵니다.

05 》 [무대 정보] 창을 클릭한 후 [배경] 탭을 클릭하면 업로드된 사진 파일들을 확인할 수 있습니다.

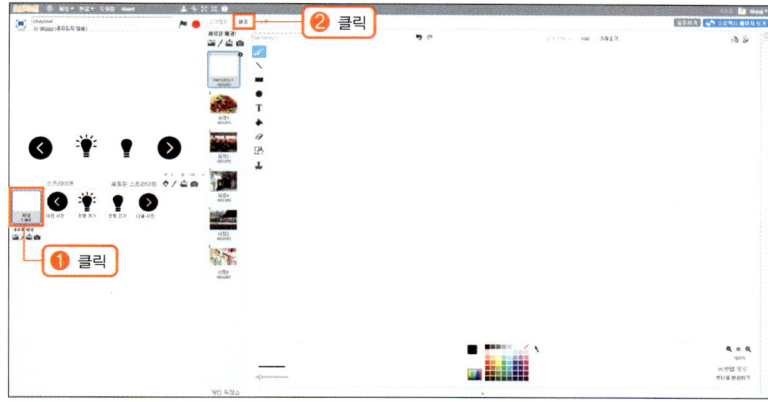

06 》 기본 배경으로 되어 있던 'backdrop1' 은 삭제해 주세요.

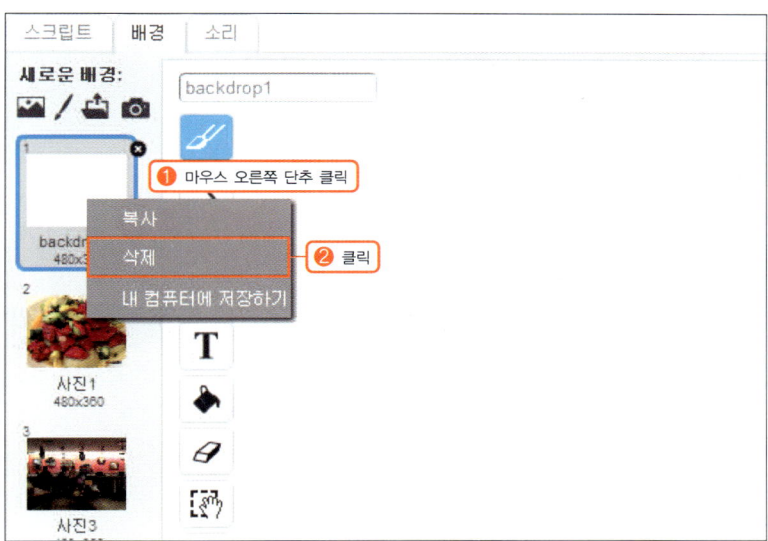

'사진 넘기기' 기능 추가하기 Step 02

01 ›› [스프라이트] 창에서 '이전 사진 보기' 스프라이트를 선택한 후 블록 모음의 이벤트(이벤트) 카테고리를 클릭합니다. 이 스프라이트를 클릭했을 때 를 드래그하여 [스크립트] 창에 놓습니다. 형태(형태) 카테고리에서 배경을 사진1 (으)로 바꾸기 를 드래그해 결합합니다. 선택 항목을 클릭하여 '이전 저장소'를 선택합니다.

02 ›› 위와 동일하게 스프라이트 창에서 '다음 사진 보기' 스프라이트를 선택한 후 이벤트(이벤트) 카테고리에서 이 스프라이트를 클릭했을 때 를, 형태(형태) 카테고리에서 배경을 사진1 (으)로 바꾸기 를 가져와 결합합니다. 선택 항목을 클릭하여 '다음 배경으로 바꾸기'를 선택합니다.

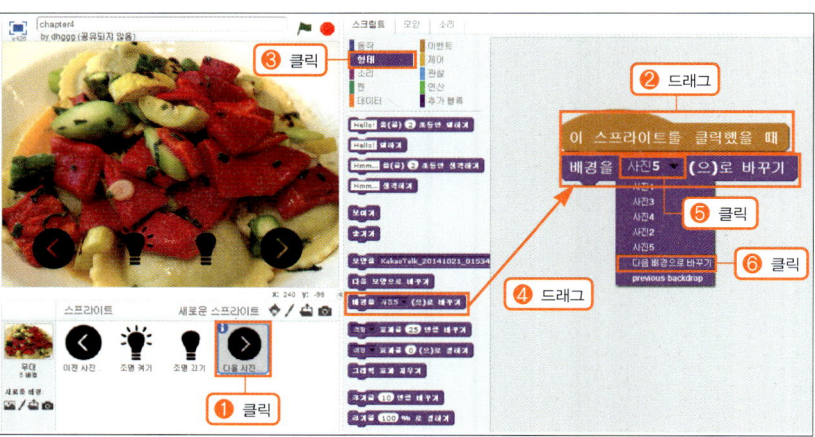

03 ›› 이제 스프라이트를 클릭할 때마다 효과음이 나도록 소리 블록을 사용할 차례입니다. '이전 사진 보기' 스프라이트를 선택하고 소리(소리) 카테고리에서 zoop 소리내기 를 드래그해 이 스프라이트를 클릭했을 때 밑에 결합합니다.

04 ›› 기본 효과음으로 되어 있는 'zoop' 대신에 다른 효과음을 넣을 수도 있습니다. [소리] 탭을 클릭한 후 [새로운 소리]−[저장소에서 소리 선택( )]을 클릭합니다.

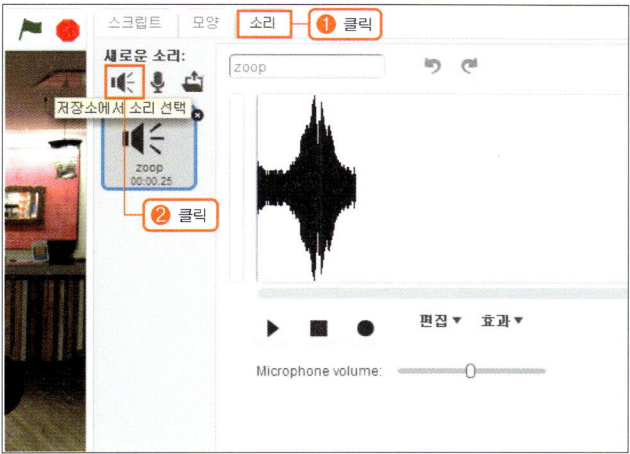

05 〉〉 마음에 드는 효과음을 선택하고 [확인] 버튼을 클릭합니다.

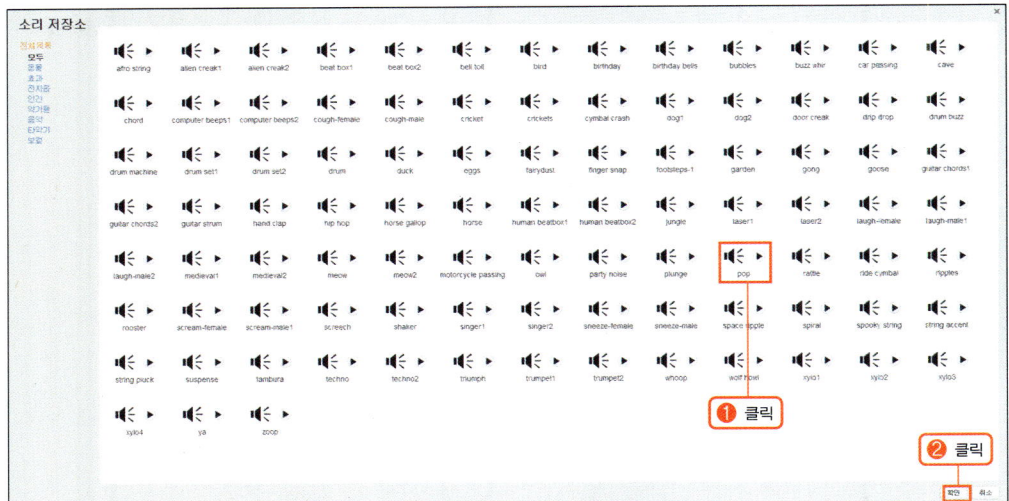

06 〉〉 zoop ▼ 소리내기 에서 선택 항목을 클릭하면 새로 추가한 소리를 선택할 수 있습니다. 다른 스프라이트에도 적절한 소리를 선택해 삽입할 수 있습니다. '다음 사진 보기' 스프라이트에서는 다른 소리를 넣어주세요.

'조명 켜기, 조명 끄기' 기능 만들기　　Step 03

01 »　　조명 기능을 만들기 위해서는 현재의 조명 상태를 체크하기 위한 변수가 필요합니다. 무대를 클릭한 후 데이터(데이터) 카테고리에서 [변수 만들기] 버튼을 클릭합니다. 새로운 변수 창이 뜨면 변수 이름에 '조명 상태'를 입력하고 확인을 클릭합니다.

02 »　　'조명 상태'라는 변수와 관련된 블록들이 새롭게 만들어진 것을 확인할 수 있습니다.

변수란?

변수란 '변화하는 수'입니다. 좀 더 자세하게 설명하면 '변화하는 수를 저장할 수 있는 공간'이라는 의미입니다. 하나의 변수에는 하나의 값만 저장될 수 있습니다. 만약 하나의 값이 저장된 변수에 다른 값을 넣으면 원래 있던 값은 사라지고 새로 저장된 값이 변수에 남아있게 됩니다.

03 >> 이벤트(이벤트) 카테고리에서 클릭했을 때를 드래그해 [스크립트] 창으로 가져옵니다. 데이터(데이터) 카테고리에서 조명상태 ▼ 을(를) 0 로 정하기를 가져와 결합한 후 숫자를 '1'로 바꿔줍니다.

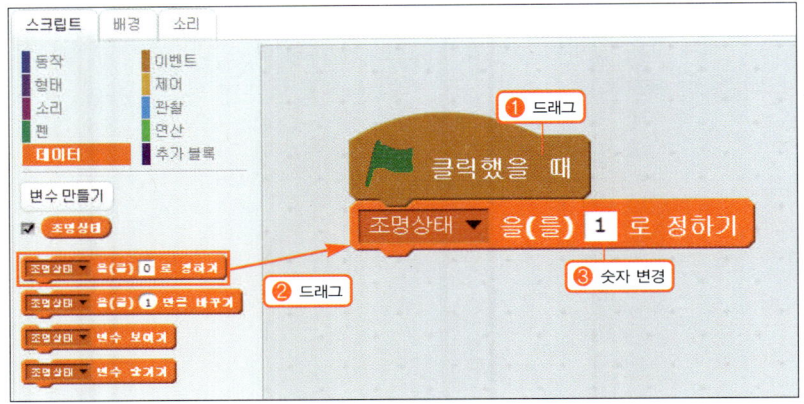

> 이 프로젝트에서는 '조명이 켜진 상태'를 1로, '조명이 꺼진 상태'를 0으로 정합니다. '조명 상태'가 1일 때 조명을 끌 수 있고, '조명 상태'가 0일 때 조명을 켤 수 있습니다.

04 >> '조명 켜기' 스프라이트를 선택합니다. 블록 모음의 이벤트(이벤트) 카테고리에서 이 스프라이트를 클릭했을 때를, 소리(소리) 카테고리에서 zoop ▼ 소리내기를, 제어(제어) 카테고리에서 만약 ~ 라면을 가져와 차례로 결합합니다. 연산(연산) 카테고리에서 ◯ = ◯을 가져오고, 그 위에 데이터(데이터) 카테고리의 조명상태를 결합합니다. 다른 빈 칸에는 숫자 '0'을 입력한 후 전체를 드래그하여 만약 ~ 라면의 조건 영역에 결합합니다.

05 ≫ 이벤트(이벤트) 카테고리에서 message1 방송하기 를 가져와 만약 라면 의 실행 영역에 결합합니

다. 이 스크립트에서는 조명상태가 0일 경우에만 방송하기 블록이 실행됩니다. message1 방송하기 에서 선택

항목을 클릭해 '새 메시지'를 선택합니다.

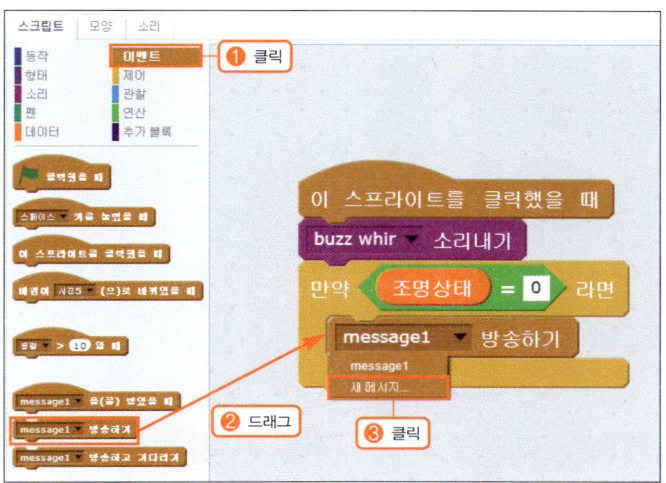

06 ≫ 새 메시지 창이 뜨면 메시지 이름에 '조명 켜기 시작'을 입력하고 [확인] 버튼을 클릭합니다.

방송하기란?
방송하기는 스프라이트와 스프라이트 간에, 스프라이트와 배경 간에, 혹은 한 스프라이트의 여러 스크립트 간에 신호를 주
고받는 기능입니다. 한쪽에서 신호를 보내면 다른 한 쪽에서는 그 신호를 받아 스크립트를 실행합니다.

07 〉〉 이벤트(이벤트) 카테고리에서 `조명상태 ▼ 을(를) 0 로 정하기` 를 가져와 `조명 켜기 시작 ▼ 방송하기` 다음에 결합합니다. `조명상태 ▼ 을(를) 0 로 정하기` 의 숫자를 '1'로 변경합니다.

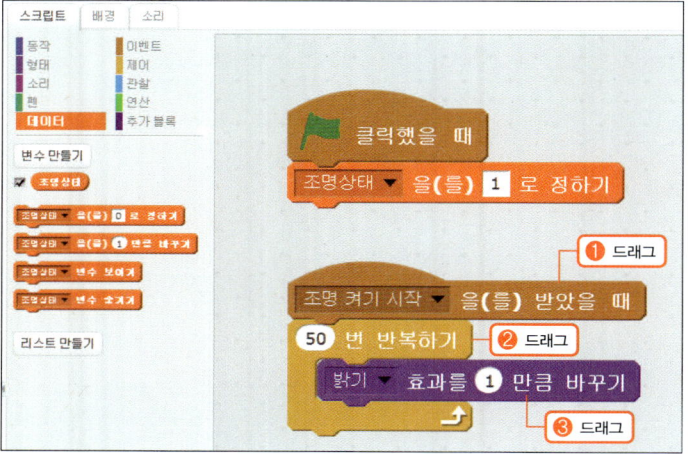

조명 켜기가 실행되면 조명 상태를 '0'에서 '1'로 바꾸어 주어야 합니다. 따라서 `조명상태 ▼ 을(를) 0 로 정하기` 의 숫자를 1로 변경하도록 스크립트를 구성해야 합니다.

08 〉〉 무대를 선택합니다. 이벤트(이벤트) 카테고리에서 `조명 켜기 시작 ▼ 을(를) 받았을 때` 를, 제어(제어) 카테고리에서 `변 반복하기` 를, 형태(형태) 카테고리에서 `색깔 ▼ 효과를 ● 만큼 바꾸기` 를 가져와 결합합니다.

`변 반복하기` 의 조건 영역에는 '50'을 입력하고, `색깔 ▼ 효과를 ● 만큼 바꾸기` 의 선택 항목을 '밝기'로 변경합니다.

밝기 효과에서 한 번에 50을 바꾸지 않고, 1씩 50번 반복해서 조금씩 변경시켜야 서서히 밝아지는 효과를 연출할 수 있습니다.

09 ›› '조명 끄기' 기능을 만들 차례입니다. '조명 켜기' 스프라이트의 스크립트와 유사하기 때문에 기존에 '조명 켜기'의 스크립트를 옮겨서 사용하도록 합니다. 스크립트 전체를 드래그해 '조명 끄기' 스프라이트 위로 가져다 놓으면 스크립트가 복사됩니다.

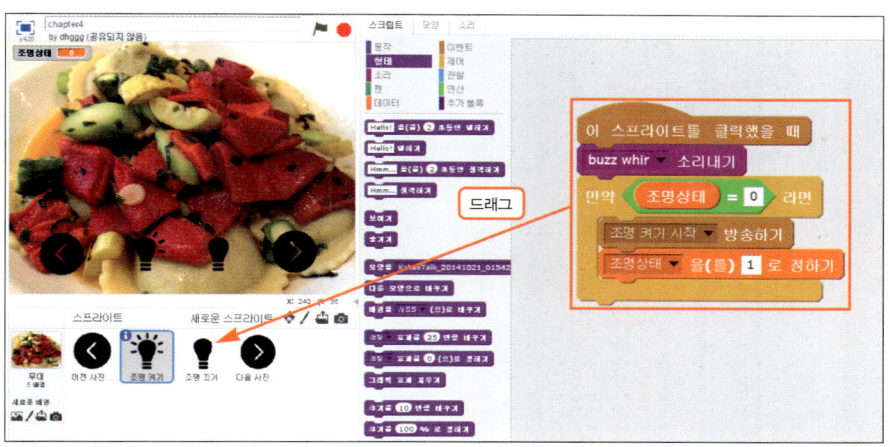

스크립트를 다른 스프라이트로 옮길 때에는 마우스 포인터 위치를 중심으로 하여 스프라이트 위에 위치시켜야 합니다. 마우스 포인터가 아닌 블록을 중심으로 스프라이트 위에 위치시키면 복사가 잘 이루어지지 않으니 주의하세요.

10 ›› '조명 끄기' 스프라이트를 선택하면 복사된 스크립트를 확인할 수 있습니다. 조명 상태를 '1'로 변경하고 조명 켜기 시작 방송하기 의 선택 항목에서 '새 메시지 만들기'를 선택해 '조명 끄기 시작'이란 메시지를 만들어 줍니다. 조명상태 을(를) 1 로 정하기 의 숫자를 '0'으로 변경합니다.

11 ≫ 무대를 선택한 후 조명 켜기 시작 ▼ 을(를) 받았을 때 에서 마우스 오른쪽 단추를 클릭하면 메뉴 창이 나타납니다. 메뉴 창에서 '복사'를 선택하면 동일한 스크립트가 복사됩니다.

12 ≫ 조명 켜기 시작 ▼ 을(를) 받았을 때 에서 선택 항목을 '조명 끄기 시작'으로 변경하고 밝기 ▼ 효과를 ① 만큼 바꾸기 의 숫자를 '0'으로 변경합니다.

프로젝트 완성

01 》 '이전 사진 보기' 스크립트

02 》 '다음 사진 보기' 스크립트

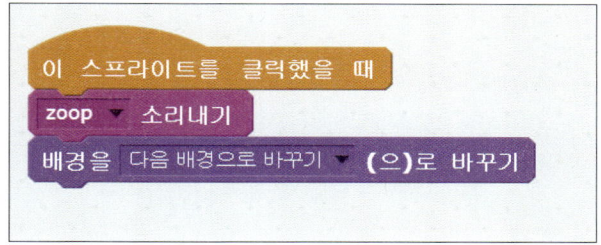

03 》 '조명 켜기' 스크립트

04 》 '조명 끄기' 스크립트

05 》 '무대' 스크립트

학 습 정 리

❶ 변수란 '변화하는 수'를 의미하며 좀 더 정확하게는 '변화하는 수를 저장할 수 있는 공간'이라고 할 수 있습니다.

❷ 변수는 데이터(데이터) 카테고리의 [변수 만들기] 메뉴에서 생성할 수 있습니다.

❸ 하나의 변수에는 하나의 값만 저장될 수 있습니다. 만약 하나의 값이 저장된 변수에 다른 값을 넣으면 원래 있던 값은 사라지고 새로 저장된 값이 변수에 남아있게 됩니다.

❹ 변수는 여러 용도로 활용될 수 있는데, 이 프로젝트에서는 무대의 조명 상태를 체크하기 위한 용도로 사용되었습니다.

❺ 방송하기는 스프라이트와 스프라이트 간에, 스프라이트와 배경 간에, 혹은 한 스프라이트의 여러 스크립트 간에 신호를 주고받는 기능입니다.

❻ 방송하기는 이벤트(이벤트) 카테고리에 있습니다.

❼ 한쪽에서 '방송하기'를 통해 신호를 보내면 다른 한 쪽에서는 그 신호를 받아 스크립트를 처리합니다.

01 변수에 관한 설명 중 옳지 않은 것은?

① 하나의 변수에는 하나의 값만 저장된다.

② 변화하는 데이터 값을 저장할 수 있는 공간이다.

③ 변수는 숫자 정보만을 저장할 수 있다.

④ `N ▼ 을(를) 1 만큼 바꾸기` 블록이 실행되면 N (이전 값) + 1 이 된다.

02 방송하기에 관한 설명 중 옳지 않은 것은?   (   )

① 한 스프라이트가 방송하면 여러 스프라이트가 방송을 받을 수 있다.

② `▼ 방송하기` 블록으로 보낸 메시지는 `▼ 을(를) 받았을 때` 블록을 통해 전달받는다.

③ `▼ 방송하기` 블록은 스프라이트와 스프라이트 간에만 사용 가능하다.

④ `▼ 방송하기` 블록을 사용하면 눈에 보이지 않는 신호를 주고받을 수 있다.

03 무대의 스크립트가 `조명 켜기 시작 ▼ 을(를) 받았을 때` 일 때, 스프라이트의 스크립트가

```
50 번 반복하기
    밝기 ▼ 효과를 1 만큼 바꾸기
```

① `이 스프라이트를 클릭했을 때` 인 경우와 ② `이 스프라이트를 클릭했을 때` 인 경우의 차이점에 대해 서술하

```
buzz whir ▼ 재생하기        buzz whir ▼ 재생하기
조명 켜기 시작 ▼ 방송하기      만약  조명상태 = 0  라면
                            조명 켜기 시작 ▼ 방송하기
                            조명상태 ▼ 을(를) 1 로 정하기
```

시오. (   )

04 배경을 밝게 하기 위해 💡 스프라이트에 `이 스프라이트를 클릭했을 때` 스크립트를 만들었다. 💡

```
50 번 반복하기
    밝기 ▼ 효과를 1 만큼 바꾸기
```

스프라이트를 클릭했을 때 어떤 변화가 일어나는 지, 처음 의도대로 만들기 위해선 어떤 블록을

추가해야 하는 지 서술하시오.

(   )

정답

1. ③   2. ③

3. ① `이 스프라이트를 클릭했을 때 / buzz whir ▼ 재생하기 / 조명 켜기 시작 ▼ 방송하기` 는 스프라이트를 클릭할 때마다 계속해서 배경이 밝아진다. ② `이 스프라이트를 클릭했을 때 / buzz whir ▼ 재생하기 / 만약 조명상태 = 0 라면 / 조명 켜기 시작 ▼ 방송하기 / 조명상태 ▼ 을(를) 1 로 정하기` 는 조명 상태라는 변

수가 0일 경우에만 그 조건에서만 배경이 밝아진다. 이렇게 변수를 하나 두어 이전의 값을 체크하여 변경하는 기준으로 사용하는 것을 'Flag' 라한다. 보통 0과 1로 구분하며 특정 동작을 수행할지 말지 결정할 때 사용된다.

4. 배경이 밝게 변하는 것이 아니라 💡 스프라이트가 검은색에서 흰색으로 점차 밝아진다. 이 스프라이트를 클릭했을 때 배경이 밝아지게 하려면 방송하기 블록을 사용하여 배경에게 밝아지라는 명령을 하는 신호를 보내주어야 한다.

Section
05
물리 법칙을 적용한 미디어아트

이번 섹션에서는 물리 법칙을 적용한 미디어아트 프로그램을 만듭니다. 마우스 포인터를 움직일 때마다 하늘에서 '간식' 스프라이트가 복제되어 뿌려지는 효과를 연출합니다. 이번 프로젝트에서는 중력가속도를 구현하게 되는데 물리 법칙을 어떻게 스크래치의 스크립트로 표현할 수 있는지를 살펴봅니다. 또한 변수에 대한 이해를 심화하여 변수가 어떻게 활용될 수 있는지를 알아봅니다. 마지막으로 복제하기 기능을 배우고, 그것이 실제 프로젝트에서 어떤 역할을 할 수 있는지에 대해서도 학습합니다.

Section 04 **Section 05** Section 06 Section 07

| 예제 파일 | 간식.sprite2
| 완성 파일 | section5.sb2
| 웹 주 소 | https://scratch.mit.edu/projects/32266110/

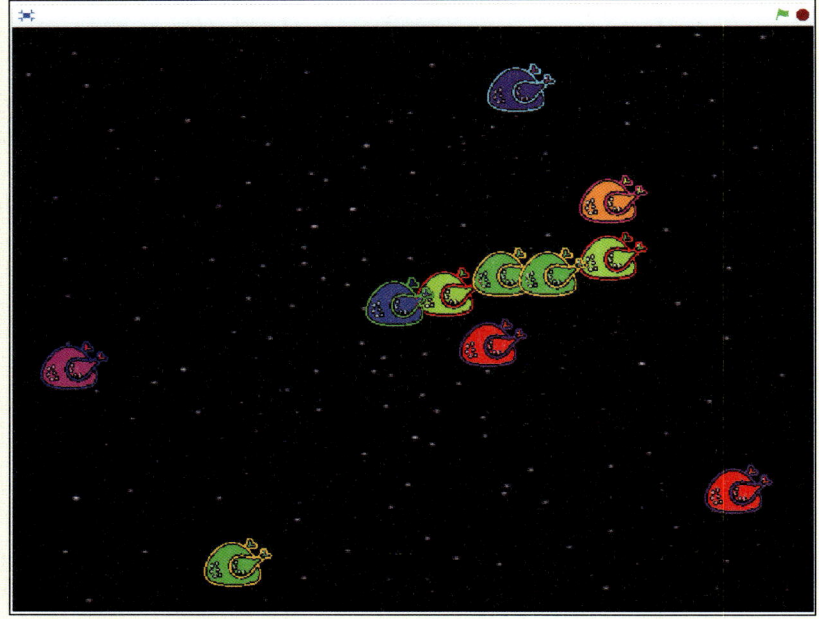

스프라이트 복제하기

01 ›› 메인 화면에서 [만들기] 메뉴를 클릭한 후 기본 스프라이트인 'Sprite1'을 삭제합니다. [스프라이트] 창의 [새로운 스프라이트]-[스프라이트 파일 업로드하기(📤)]를 클릭합니다. 제공된 파일에서 이번 프로젝트에 사용할 '간식' 스프라이트를 불러옵니다.

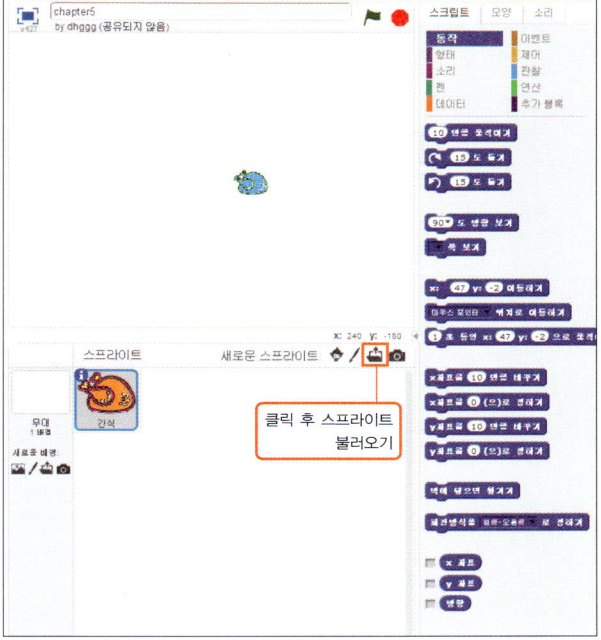

클릭 후 스프라이트 불러오기

02 ›› '간식' 스프라이트에서 [모양] 탭을 클릭하면 하나의 스프라이트가 여러 가지 모양을 가지고 있는 것을 확인할 수 있습니다.

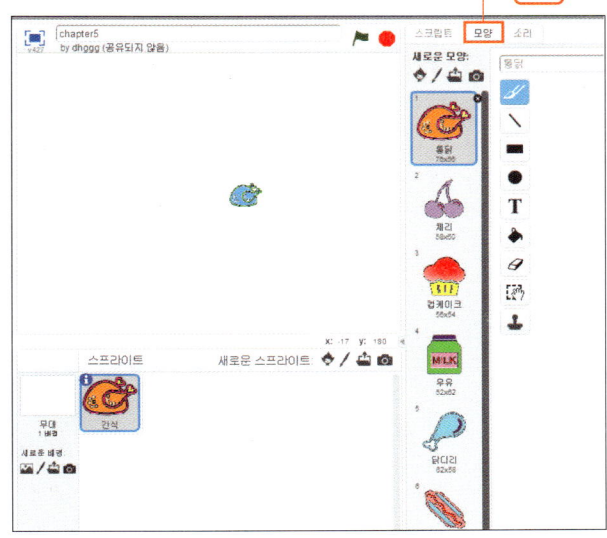

클릭

'간식' 스프라이트는 여러 가지 형태의 모양을 가지고 있지만, 이 여러 가지 모양들은 '간식' 스프라이트의 또 다른 모습일 뿐이며 하나의 공통된 스크립트를 공유합니다. 즉, 한 스프라이트의 모양은 여러 개일 수 있지만 그에 해당하는 스크립트는 1개입니다.

03 ›› [스크립트] 탭을 누른 후, 이벤트(이벤트) 카테고리에서 클릭했을 때 를 [스크립트] 창으로 가져옵니다. 이제 [실행] 창 오른쪽 위에 있는 ▶을 클릭하면 프로젝트가 시작됩니다. 프로젝트 시작과 동시에 스프라이트가 [실행] 창에 나타나도록 형태(형태) 카테고리에서 보이기 을 가져와 연결합니다.

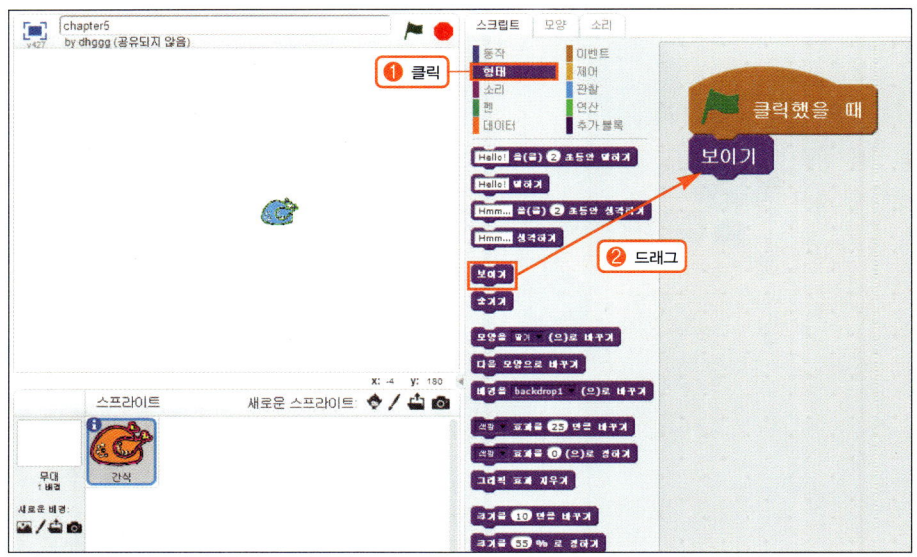

04 ›› 제어(제어) 카테고리에서 무한 반복하기 를 가져와 연결해 반복문을 만듭니다. 반복문의 실행 영역에는 동작(동작) 카테고리의 마우스 포인터 위치로 이동하기 를 결합합니다. 이제 무한 반복해서 마우스 포인터 위치로 이동하기 가 실행됩니다. 스프라이트는 계속해서 마우스 포인터의 위치로 이동하게 됩니다.

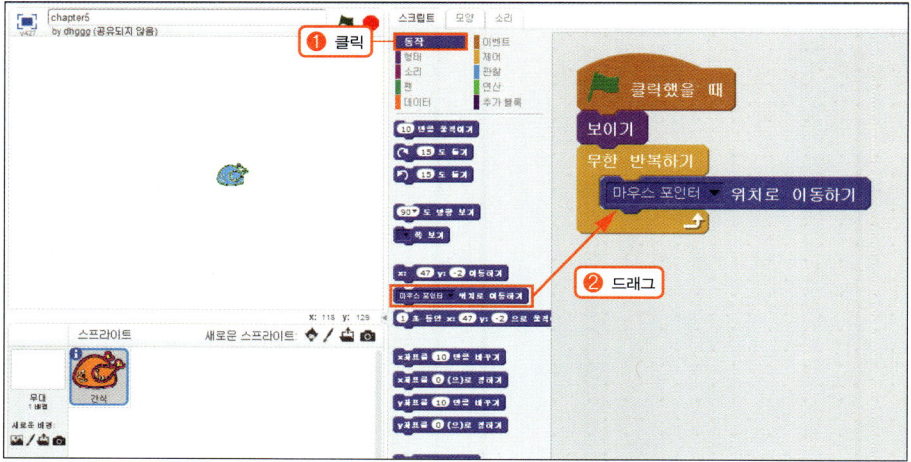

05 >> 형태(형태) 카테고리에서 색깔 ▼ 효과를 ● 만큼 바꾸기 를 가져와 반복문의 실행 영역에 결합합니다. 색깔 ▼ 효과를 ● 만큼 바꾸기 의 빈칸에는 숫자 '25'를 입력합니다.

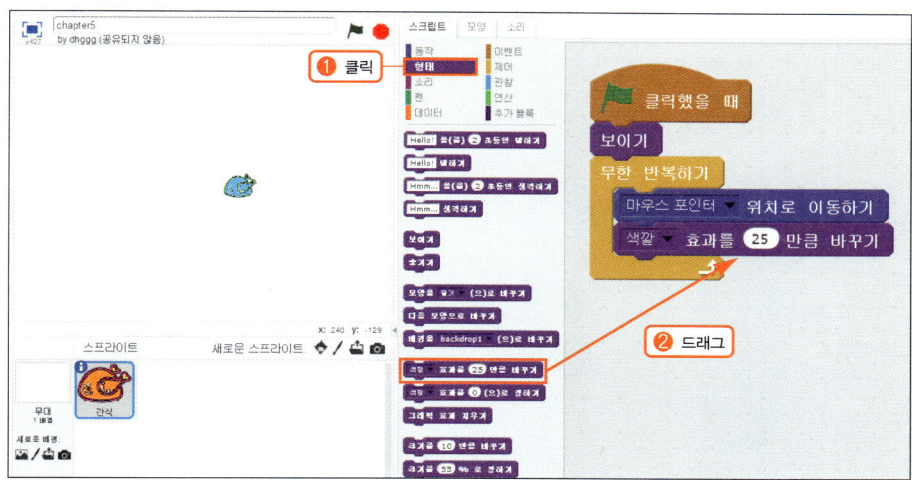

06 >> 마우스 위치로 이동하고 색깔 효과를 바꾼 뒤에는 계속해서 스프라이트와 동일한 복제본을 만들어 내야 합니다. 제어(제어) 카테고리에서 나 자신 ▼ 복제하기 를 가져와 연결합니다. 복제가 되는 시간 간격을 두기 위해 ● 초 기다리기 를 연결합니다. 빈칸에는 숫자 '0.1'을 입력합니다.

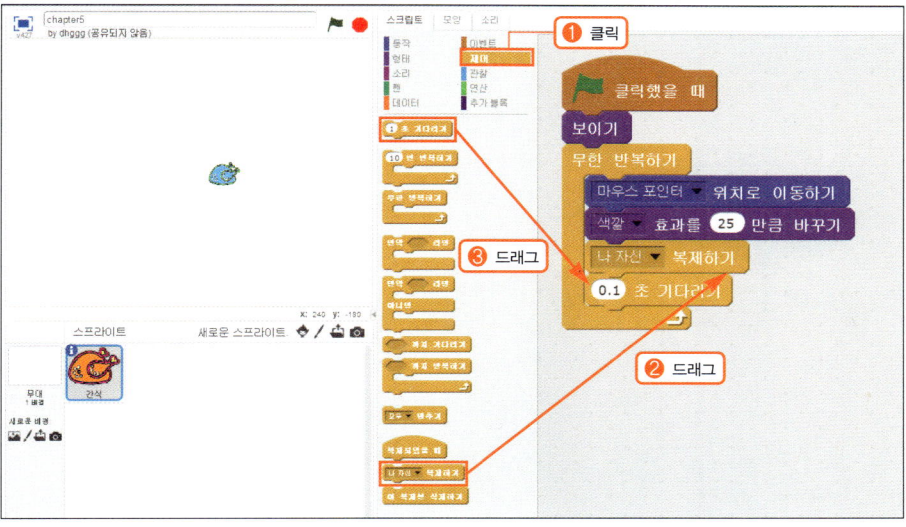

복제본의 속도를 변화시키기 위한 변수 생성과 변수 초기화 Step 02

01 ›› Step1에서 만든 스크립트가 스프라이트 원본을 조작하기 위한 것이었다면 이제 복제본을 조작하기 위한 스크립트를 만들 차례입니다. 복제본을 조작하기 위해서는 스크립트의 영향을 복제본에 한정시키기 위한 블록이 필요합니다. 복제되었을 때 를 [스크립트] 창으로 가져옵니다.

02 ›› 복제본이 뿌려지는 속도에 변화를 주기 위해 x축 방향과 y축 방향에 대한 속도 변수를 생성합니다. 데이터(데이터) 카테고리를 선택하고 [변수 만들기] 메뉴를 클릭합니다.

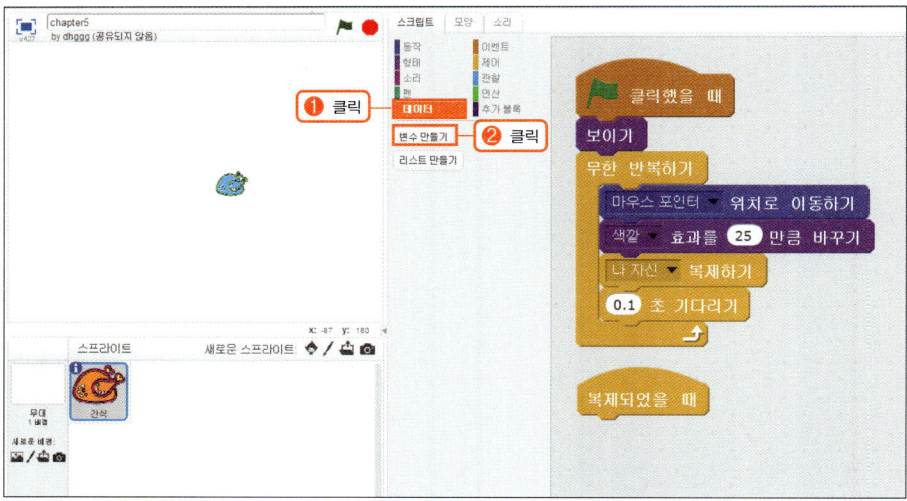

03 ›› [변수 생성] 창이 나타나면 변수 이름에 'x축에 대한 속도'를 입력하고 '이 스프라이트에서 사용'을 선택합니다. 마지막으로 [확인] 버튼을 클릭하면 변수가 생성됩니다.

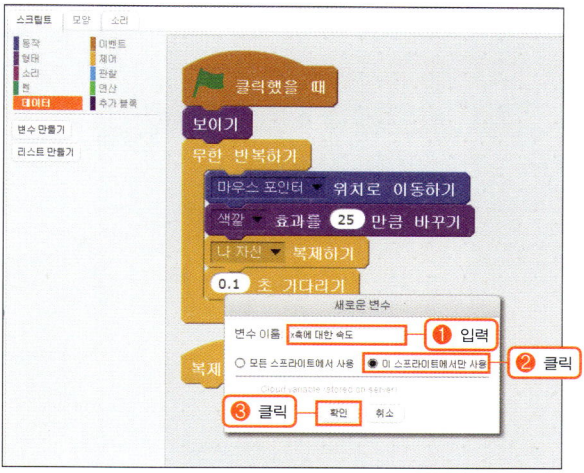

각 복제본마다 다른 변수 값이 적용되도록 하기 위해서는 변수 생성 시 '이 스프라이트에서만 사용'을 선택해야 합니다. '모든 스프라이트에서 사용'을 선택할 경우 모든 복제본에서 동일한 변수 값이 적용됩니다.

04 ›› 동일한 방법으로 'y축에 대한 속도'라는 변수도 생성합니다. 변수 생성을 완료하면 변수와 관련된 블록들이 새로 생겨난 것을 확인할 수 있습니다.

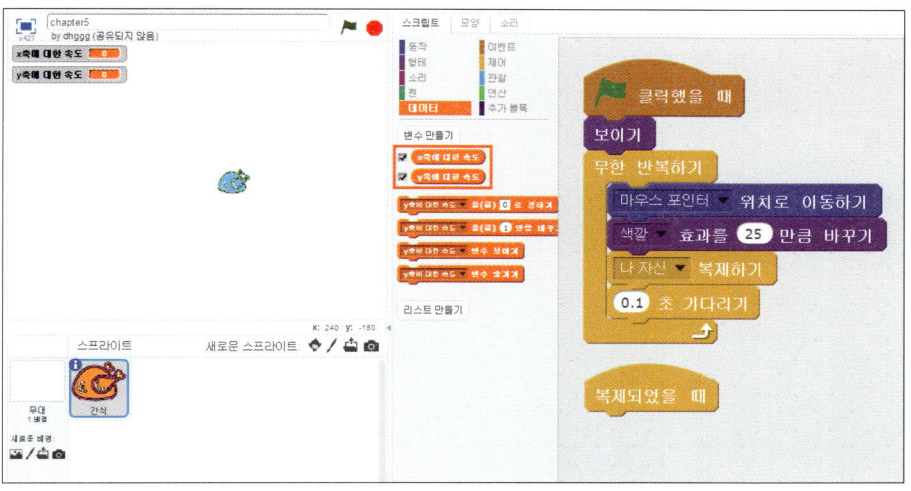

05 ›› 새로 만든 변수의 값을 초기화해 주어야 합니다. 데이터(데이터) 카테고리에서 새로 생성된 블록 중 x축에 대한 속도 ▼ 을(를) □ 로 정하기 를 [스크립트] 창에 가져와 연결합니다. 연산(연산) 카테고리의 ○ 부터 ○ 사이의 난수 를 x축에 대한 속도 ▼ 을(를) □ 로 정하기 의 빈칸에 결합합니다. ○ 부터 ○ 사이의 난수 의 빈칸에는 숫자 '-10' 과 '10' 을 입력합니다.

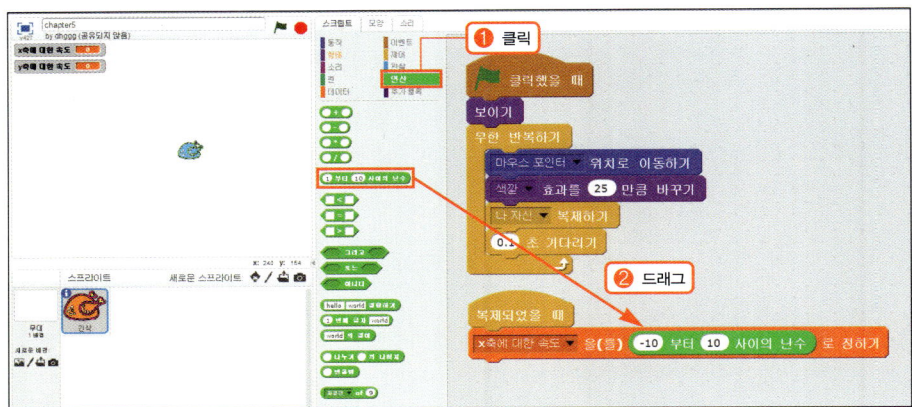

06 ›› x축에 대한 속도 ▼ 을(를) □ 로 정하기 와 ○ 부터 ○ 사이의 난수 가 결합된 블록에 마우스 포인터를 가져가서 오른쪽 단추를 클릭한 뒤 '복사' 를 선택합니다. 동일한 블록이 하나 더 생성됩니다.

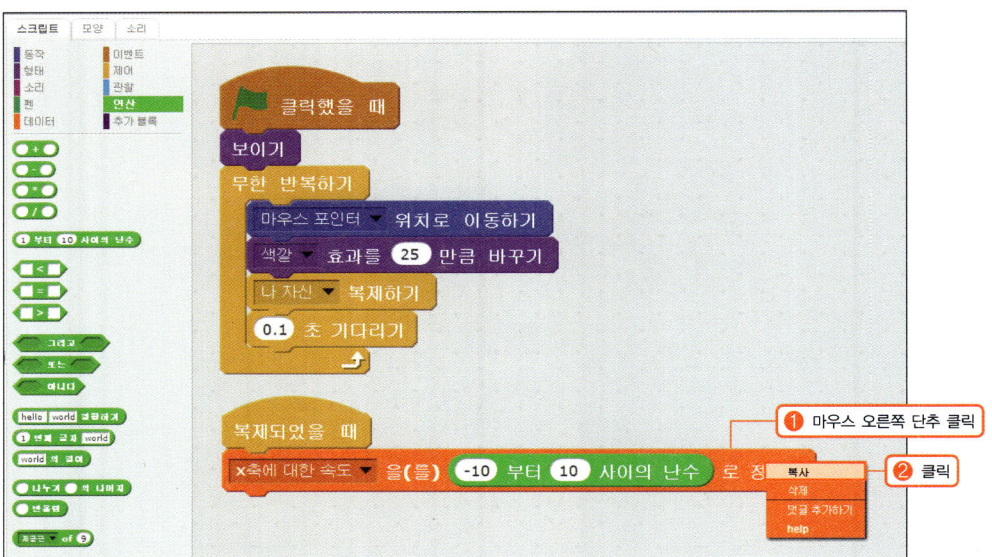

07 >> 복사된 블록을 다음에 연결합니다. 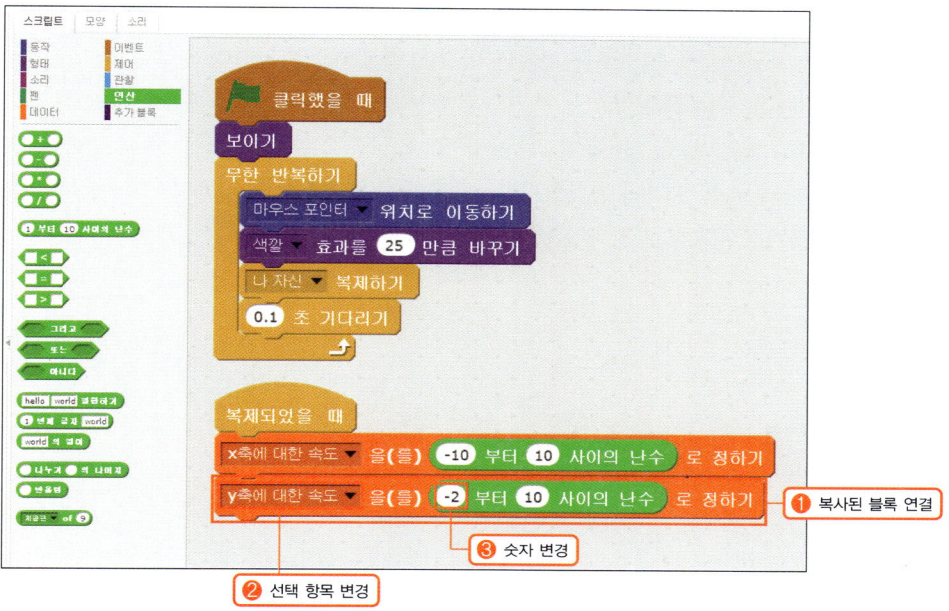의 선택 항목을 클릭하여 'x축에 대한 속도'를 'y축에 대한 속도'로 변경합니다. 난수 블록의 앞쪽 빈칸을 '-2'으로 변경합니다.

변수의 종류

변수의 종류는 '전역 변수'와 '지역 변수' 2가지로 구분됩니다. 변수 생성 시 '모든 스프라이트에서 사용'을 선택하면 전역 변수가, '이 스프라이트에서만 사용'을 선택하면 지역 변수가 만들어집니다.

전역 변수는 모든 스프라이트와 무대에서 사용할 수 있고, 값을 변경할 수도 있습니다. 지역 변수는 특정 스프라이트에서만 사용할 수 있고, 값을 변경하는 것도 제한적입니다. 단, 지역 변수는 한 스프라이트에서 복제하기 기능 사용 시, 각 복제본마다 서로 다른 변수 값을 가지게 할 수 있습니다. 반면에 전역 변수는 모든 복제본이 동일한 변수값을 공유합니다.

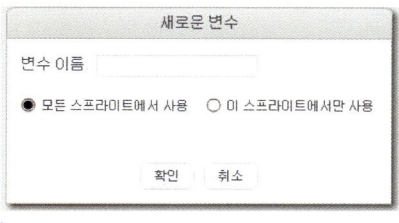

복제된 스프라이트가 뿌려지도록 만들기 | Step 03

01 >> 제어(제어) 카테고리에서 [까지 반복하기]를 가져와 연결해 반복문을 만듭니다. 반복문의 조건 영

역에는 '벽에 닿았는지'를 체크하는 관찰 블록이 들어가야 합니다. 관찰(관찰) 카테고리에서

[▼ 에 닿았는가?]를 가져와 반복문의 조건 영역에 결합합니다. 선택 항목은 '벽'으로 설정합니다. 반복문의

실행 영역은 복제본이 벽에 닿을 때까지 계속해서 반복 실행됩니다.

02 >> 반복문의 실행 영역에는 복제된 스프라이트의 x좌표와 y좌표를 바꿔주는 블록들이 들어가야 합니다.

동작(동작) 카테고리에서 [x좌표를 ● 만큼 바꾸기]를 가져와 반복문의 실행 영역에 연결합니다. [x좌표를 ● 만큼 바꾸기]

의 빈칸에는 데이터(데이터) 카테고리에서 [x축에 대한 속도]를 가져와 결합합니다.

03 >> 동일한 방법으로 y좌표를 바꾸는 기능도 만들어 줍니다. `y좌표를 ◯ 만큼 바꾸기` 와 `y축에 대한 속도` 를 결합하여 연결합니다.

04 >> 아래 방향으로 작용하는 중력의 효과를 구현하기 위해서 데이터(`데이터`) 카테고리에서 `y축에 대한 속도 을(를) ◯ 만큼 바꾸기` 를 가져와 반복문의 실행 영역 가장 위쪽에 연결합니다. 이제 복제된 스프라이트는 점차 아래 방향으로 가속이 작용하여 자연스럽게 떨어지는 효과가 연출됩니다.

중력 법칙의 이해

만약 위 스크립트에서 현재 y좌표가 0이라고 한다면, 중력 효과가 어떻게 적용되는지 알아브겠습니다. 반복 횟수에 따른 'y축에 대한 속도'와 'y좌표'를 비교하면 다음 표와 같습니다.

반복 횟수	y축에 대한 속도	y좌표
0(초기값)	3	0
1	2	2
2	1	3
3	0	3
4	−1	2
5	−2	0
6	−3	−3
7	−4	−7
8	−5	−12
9	−6	−18

이 표에서 보면 처음에 y좌표가 0에서 시작해 처음에는 위로 올라가는 모습을 보입니다. 반복 횟수가 2~3회일 때 y좌표가 3으로 최고점이며, 이후부터는 점차 아래로 내려갑니다. 반복 횟수가 커질수록 점차 더 급격하게 y좌표가 작아지는 것을 확인할 수 있습니다. 마치 중력 가속도가 작용한 것 같은 효과가 연출됩니다.

05 〉〉 벽에 닿을 때까지 이동 후에는 복제본을 삭제시킵니다. 제어(제어) 카테고리에 있는 이 복제본 삭제하기 를 가져와 맨 끝에 연결합니다.

스프라이트 모양과 'x축에 대한 속도' 변수 변경하기 Step 04

01 >> 간식 스프라이트가 여러 가지 모양을 가지고 있음은 이미 앞에서 확인하였습니다. 이제 Space Bar 를 누를 때마다 간식 스프라이트의 모양이 다음 모양으로 바뀌도록 만들려고 합니다. 먼저 이벤트(이벤트) 카테고리에 있는 스페이스 키를 눌렀을 때 를 [스크립트] 창으로 가져옵니다. 소리(소리) 카테고리의 pop 소리내기 와 형태(형태) 카테고리의 다음 모양으로 바꾸기 를 가져와 연결합니다.

> · 이제 Space Bar 를 누르면 스프라이트의 모양이 다음 모양으로 바뀌는 것을 확인할 수 있습니다. 모양이 바뀌는 것을 좀 더 쉽게 확인하려면 [모양] 탭을 누르고 Space Bar 를 누르면 됩니다.

02 >> 키보드의 → 를 눌렀을 때는 x축에 대한 속도를 증가시키고, 반대로 키보드의 ← 를 눌렀을 때는 x축에 대한 속도를 감소시키려고 합니다. 이벤트(이벤트) 카테고리에 있는 스페이스 키를 눌렀을 때 를 가져와서 선택 항목을 '오른쪽 화살표'로 변경합니다. 데이터(데이터) 카테고리에서 x축에 대한 속도 을(를) ◯ 만큼 바꾸기 를 가져와 연결하고 빈칸에는 숫자 '20'을 입력합니다.

103

03 ›› 키보드의 ←를 눌렀을 때는 x축에 대한 속도를 감소시키기 위해 동일한 방법으로 스크립트를 만듭니다. [스페이스 ▼ 키를 눌렀을 때]의 선택 항목을 '왼쪽 화살표'로 정하고, [x축에 대한 속도 ▼ 을(를) ◯ 만큼 바꾸기]의 빈칸에는 숫자 '-20'을 입력합니다.

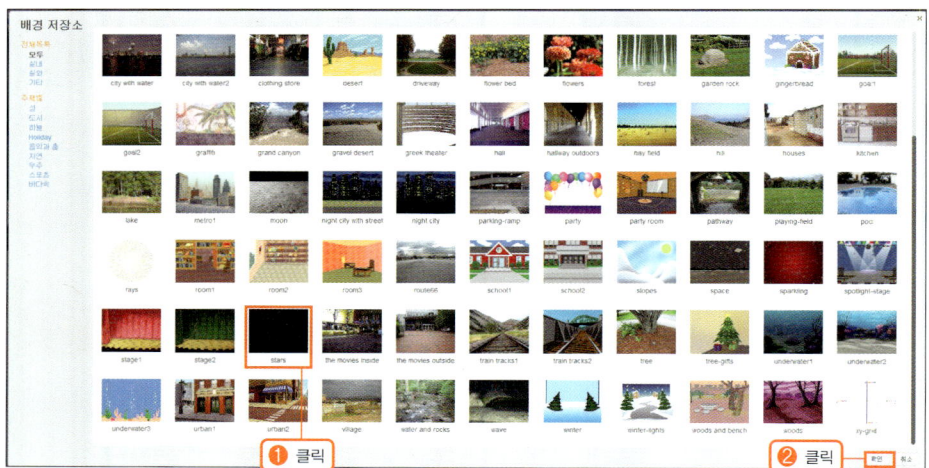

04 ›› 프로젝트에 어울리는 배경을 추가합니다. [무대 정보] 창에서 [새로운 배경]-[저장소에서 배경 선택(🖼)]을 클릭합니다. 배경 선택 창이 나타나면 'stars' 배경을 선택하고 [확인] 버튼을 클릭합니다.

05 〉〉 배경이 추가 되었습니다. 어두운 하늘 위에 '간식' 스프라이트가 떠 있는 것과 같은 프로젝트가 완성되었습니다.

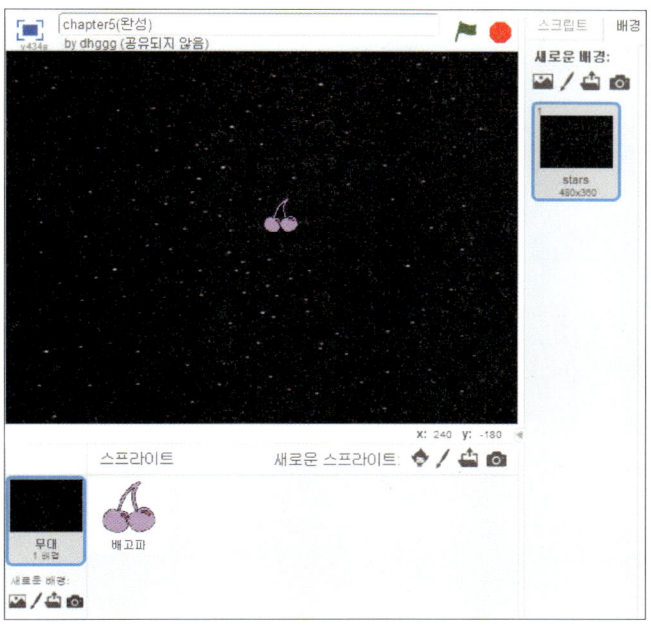

06 〉〉 프로젝트를 시작하면 어두운 하늘 위에 간식 스프라이트가 흩날립니다. 프로젝트가 작동되는 중간에 **Space Bar** 를 누르면 간식 스프라이트의 모양이 변경되어 다른 간식이 하늘에 뿌려집니다.

105

프로젝트 완성   Step 05

01 ›› '간식' 스크립트

```
클릭했을 때                        스페이스 ▼ 키를 눌렀을 때
보이기                             pop ▼ 소리내기
무한 반복하기                        다음 모양으로 바꾸기
   마우스 포인터 ▼ 위치로 이동하기
   색깔 ▼ 효과를 25 만큼 바꾸기      오른쪽 화살표 ▼ 키를 눌렀을 때
   나 자신 ▼ 복제하기               x축에 대한 속도 ▼ 을(를) 20 만큼 바꾸기
   0.1 초 기다리기

                                  왼쪽 화살표 ▼ 키를 눌렀을 때
복제되었을 때                        x축에 대한 속도 ▼ 을(를) -20 만큼 바꾸기
x축에 대한 속도 ▼ 을(를) -10 부터 10 사이의 난수 로 정하기
y축에 대한 속도 ▼ 을(를) -2 부터 10 사이의 난수 로 정하기
벽 ▼ 에 닿았는가? 까지 반복하기
   y축에 대한 속도 ▼ 을(를) -0.4 만큼 바꾸기
   x좌표를 x축에 대한 속도 만큼 바꾸기
   y좌표를 y축에 대한 속도 만큼 바꾸기

이 복제본 삭제하기
```

학 습 정 리

① 하나의 스프라이트는 여러 개의 모양을 가질 수 있습니다. 하나의 스프라이트에 있는 여러 가지 모양들은 하나의 공통된 스크립트를 공유합니다.

② 나 자신 복제하기 는 현재 상태의 스프라이트와 동일한 스프라이트를 복제하는 기능을 가지고 있습니다.

③ 복제된 스프라이트는 복제되었을 때 를 활용하여 조작할 수 있습니다.

④ 변수에는 '전역 변수(모든 스프라이트에서 사용)'와 '지역 변수(이 스프라이트에서만 사용)'가 있습니다.

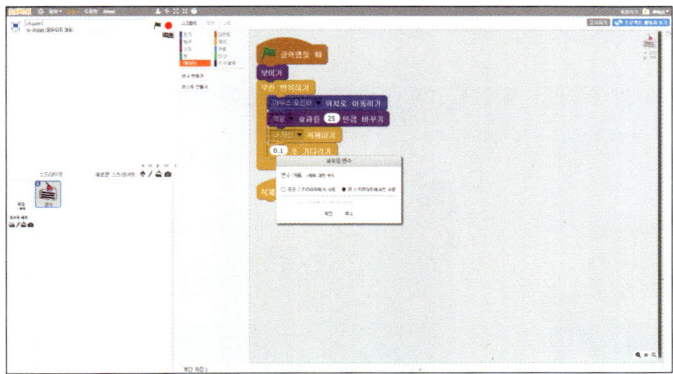

⑤ 전역 변수는 모든 스프라이트에서 사용할 수 있는 변수입니다. 지역 변수는 변수를 생성한 하나의 스프라이트에서만 사용할 수 있는 변수입니다.

⑥ 복제하기에서 전역 변수를 사용할 경우, 복제된 모든 스프라이트에 동일한 변수 값이 적용됩니다. 지역 변수를 사용할 경우에는 복제된 각 스프라이트마다 다른 변수 값이 적용됩니다.

01 미디어아트 프로젝트를 만들 때 사용된 블록에 관한 설명 중 옳지 않은 것은? (　　)

① [복제되었을 때] 블록 아래에 연결된 블록들은 스프라이트 원본에 영향을 준다.

② [벽 ▼ 에 닿았는가?] 블록에서 벽은 [실행] 창의 테두리(x :−240, x:240, y:−180, y:180)를 지칭한다.

③ [-10 부터 10 사이의 난수]를 사용하면 숫자 '0' 이 생성될 수 있다.

④ [나 자신 ▼ 복제하기] 블록은 현재 스프라이트의 모양과 위치 그대로를 복사해서 보여준다.

02 [실행] 창에서 스크래치 블록이 실행될 때 눈에 보이는 결과가 다른 것은?

① [x: 마우스의 x좌표 y: 마우스의 y좌표 로 이동하기]　[마우스 포인터 ▼ 위치로 이동하기]

② [클릭했을 때]
[무한 반복하기]
[만약 스페이스 ▼ 키를 눌렀는가? 라면]
[x: 0 y: 0 로 이동하기]

　　[스페이스 ▼ 키를 눌렀을 때]
　　[x: 0 y: 0 로 이동하기]

③ [90 ▼ 도 방향 보기]
[x: 0 y: 0 로 이동하기]
[5 번 반복하기]
[10 만큼 움직이기]

　　[90 ▼ 도 방향 보기]
　　[x: 0 y: 0 로 이동하기]
　　[1 초 동안 x: 0 y: 50 으로 움직이기]

④ [무한 반복하기]
[10 만큼 움직이기]

　　[1 < 0 까지 반복하기]
　　[10 만큼 움직이기]

03 스프라이트가 화면의 위에서 아래로 떨어질 때, 떨어지는 속도가 점차 증가하도록 만들어진 스크립트로 옳은 것은? (　　)

① [클릭했을 때]
[y축에 대한 속도 ▼ 을(를) 0 로 정하기]
[벽 ▼ 에 닿았는가? 까지 반복하기]
[x축에 대한 속도 ▼ 을(를) -1 만큼 바꾸기]
[y좌표를 y축에 대한 속도 만큼 바꾸기]

② [클릭했을 때]
[y축에 대한 속도 ▼ 을(를) 0 로 정하기]
[벽 ▼ 에 닿았는가? 까지 반복하기]
[y축에 대한 속도 ▼ 을(를) -1 로 정하기]
[y좌표를 y축에 대한 속도 만큼 바꾸기]

③ [클릭했을 때]
[y축에 대한 속도 ▼ 을(를) 0 로 정하기]
[벽 ▼ 에 닿았는가? 까지 반복하기]
[y축에 대한 속도 ▼ 을(를) -1 만큼 바꾸기]
[y좌표를 y축에 대한 속도 만큼 바꾸기]

④ [클릭했을 때]
[y축에 대한 속도 ▼ 을(를) 0 로 정하기]
[벽 ▼ 에 닿았는가? 까지 반복하기]
[x축에 대한 속도 ▼ 을(를) 1 만큼 바꾸기]
[y좌표를 y축에 대한 속도 만큼 바꾸기]

04 'x축에 대한 속도' 변수를 만들 때 '모든 스프라이트에서 사용'과 '이 스프라이트에서만 사용'을 각각 만들어보고 그 차이점에 대해 설명하시오.

새로운 변수		새로운 변수
변수 이름 [ ]		변수 이름 [ ]
● 모든 스프라이트에서 사용 ○ 이 스프라이트에서만 사용		○ 모든 스프라이트에서 사용 ● 이 스프라이트에서만 사용
확인 취소		확인 취소

(   )

여러 가지 도형 그리기

이번 섹션에서는 펜 기능을 활용하여 여러 가지 도형을 그리게 됩니다. 도형 그리기는 단순히 스크래치 블록뿐만 아니라 다양한 수학적 개념을 활용해야 합니다. 여기서는 특히 내각과 외각의 개념을 활용한 정다각형 그리기를 학습하게 됩니다. 수학적 개념을 이해하는 것도 중요하지만 그것을 어떻게 스크립트로 구성하여 표현할 것인지도 중요합니다. 아이디어를 효율적인 알고리즘으로 구현하는 방법에 대해서도 함께 고민해봅시다.

| 완성 파일 | section6.sb2
| 웹 주소 | https://scratch.mit.edu/projects/31163644/

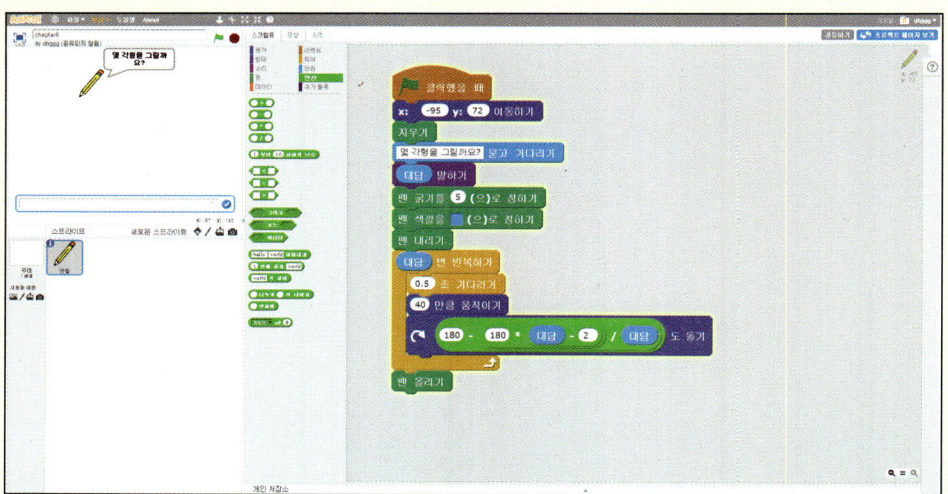

스프라이트 불러오기와 모양 중심 설정하기 — Step 01

01 » 메인 화면에서 [만들기] 메뉴를 클릭한 후 기본 스프라이트인 'Sprite1'을 삭제합니다. 스프라이트 저장소의 '물건' 항목을 클릭하여 이번 프로젝트에서 사용할 'Pencil' 스프라이트를 클릭하고 [확인] 버튼을 클릭합니다.

02 » 불러온 'Pencil' 스프라이트의 이름을 '연필'로 변경해 줍니다.

03 >> 툴바에서 축소(🔳) 아이콘을 여러 번 클릭해 '연필' 을 적당한 크기로 축소합니다.

04 >> '연필' 스프라이트를 선택 후 [모양] 탭을 클릭하면 그림판 모드가 나타납니다. 그림판의 오른쪽 위에 있는 [모양 중심 설정(➕)]을 클릭하면 스프라이트의 중심점을 수정할 수 있습니다. 중심 설정을 드래그하여 연필 끝으로 조정합니다.

사각형, 삼각형 그리기

Step 02

01 » 이벤트(이벤트) 카테고리에서 클릭했을 때 를 가져와 [스크립트] 창에 놓습니다. 동작(동작) 카테고리에서 x: ● y: ● 이동하기 를 가져와 결합하고 숫자를 x좌표를 '-95', y좌표를 '72' 로 초기화합니다.

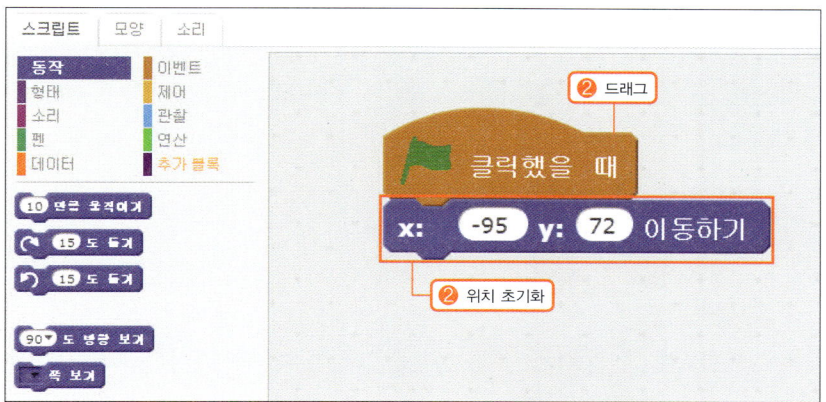

위치 초기화에 대해서는 Setion 3에서 이미 소개한 바 있습니다. 이 프로젝트에서 위치 초기화가 필요한 이유는 도형을 그리던 중간에 프로젝트가 중단되었을 경우, 재시작할 때는 임의의 위치에 있는 펜을 원래 시작 위치로 옮겨 시작하기 위해서입니다.

01 » 펜(펜) 카테고리에서 지우기 , 펜 굵기를 ● (으)로 정하기 , 펜 색깔을 ■ (으)로 정하기 를 가져와 차례대로 결합합니다. 이 블록들은 모두 펜 그리기의 초기화에 해당하는 블록입니다. 마지막으로 펜 내리기 를 결합합니다. 이제 펜 그리기를 위한 준비가 끝났습니다.

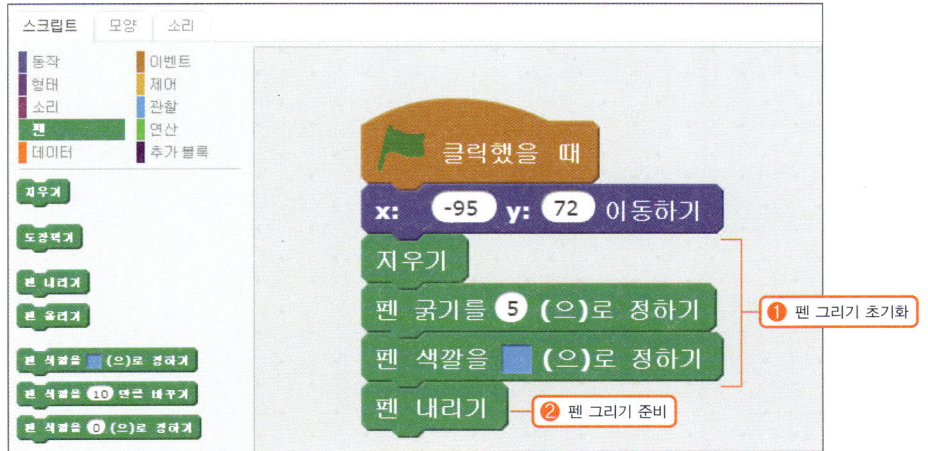

펜 기능

- 펜 기능을 사용하는 데 있어서도 초기화가 필요합니다. 실행 창에 그려진 펜 효과를 지우기 위한 [지우기] , 펜 굵기를 지정하기 위한 [펜 굵기를 ●(으)로 정하기] , 펜 색깔을 지정하기 위한 [펜 색깔을 ■(으)로 정하기] 등이 사용됩니다.

- [펜 색깔을 ■(으)로 정하기] 에서 펜 색깔을 변경하려면 어떻게 해야 할까요?

  [펜 색깔을 ■(으)로 정하기] 의 □ 부분을 클릭하면 마우스 포인터가 손가락 모양으로 변합니다. 이때 바꾸고자 하는 색을 찾아 클릭하면, □ 부분이 클릭한 색으로 변합니다.

- 펜 그리기를 하기 위해서는 [펜 내리기] 를 먼저 실행해야 합니다. 펜 내리기는 펜을 사용하기 위해 종이에 '펜을 내린다'는 의미입니다. 펜을 내린 후에야 펜 그리기 효과가 나타납니다. [펜 올리기] 를 실행하면 종이로부터 '펜을 올린다'는 의미로 더 이상 펜 그리기 효과가 나타나지 않습니다.

03 ›› 제어([제어]) 카테고리에서 [● 번 반복하기] , [● 초 기다리기] 를 동작([동작]) 카테고리에서 [● 만큼 움직이기] , [↻ ● 도 돌기] 를 가져와 아래와 같이 결합합니다. [● 번 반복하기] 는 선분을 그리는 횟수를 의미합니다. 사각형을 그리기 위해서는 숫자 '4'를 입력합니다. [● 만큼 움직이기] 는 한 변의 길이를 의미합니다. '100'을 입력합니다. [↻ ● 도 돌기] 는 한 변을 그린 후 회전하는 각도를 의미합니다. '90'을 입력합니다. 마지막에 [펜 올리기] 를 결합합니다.

04 >> 이번에는 삼각형을 그릴 차례입니다. 사각형에서  의 숫자만 변경해주면 됩니다.  의 숫자는 '3'이라는 것을 쉽게 알 수 있습니다.  의 숫자는 몇 도로 바꿔야 할까요. 정답은 '120'입니다.

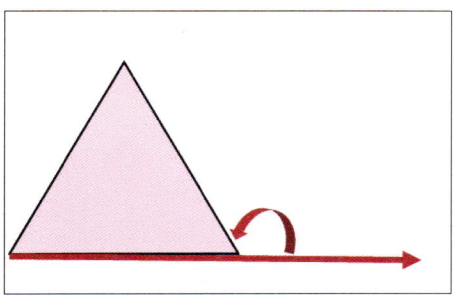

왜 60도가 아닌 120도를 돌아야 할까요?

많은 사람들이 삼각형을 그리기 위해서는 60도를 돌아야 한다고 착각합니다. 하지만 60도가 아닌 120도를 돌아야 온전한 삼각형을 그릴 수 있습니다. 정다각형을 그리기 위해서는 한 내각의 크기만큼 회전하는 것이 아니라 한 외각의 크기만큼 회전해야 합니다. 삼각형을 그리기 위해서는 삼각형의 한 내각인 60도가 아니라 한 외각의 크기인 120도를 돌아야 하는 것이죠.

완성한 프로젝트를 실행시키면 문제없이 원하는 도형을 그릴 수 있습니다. 하지만 프로젝트를 실행하는 도중에 정지시키고 다시 프로젝트를 실행하면 오류가 발생하는 것을 볼 수 있습니다. 이것은 방향 초기화가 되지 않아서 생기는 오류로 그리고자 하는 도형이 복잡할수록 더 큰 오류가 발생할 수 있습니다. 따라서 항상 방향을 초기화 해주어야 합니다. 이 프로젝트에서는 90도 방향으로 초기화하도록 하겠습니다.

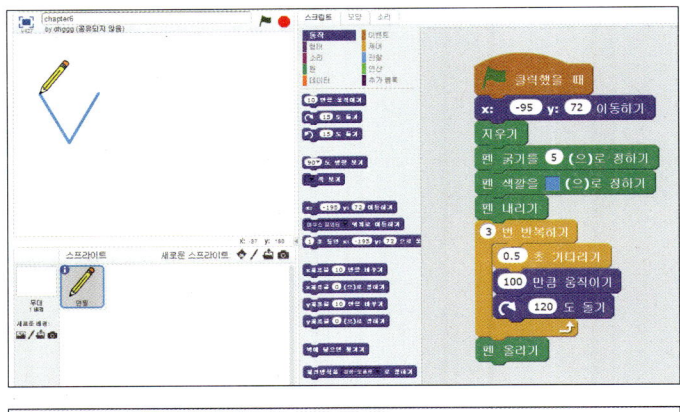

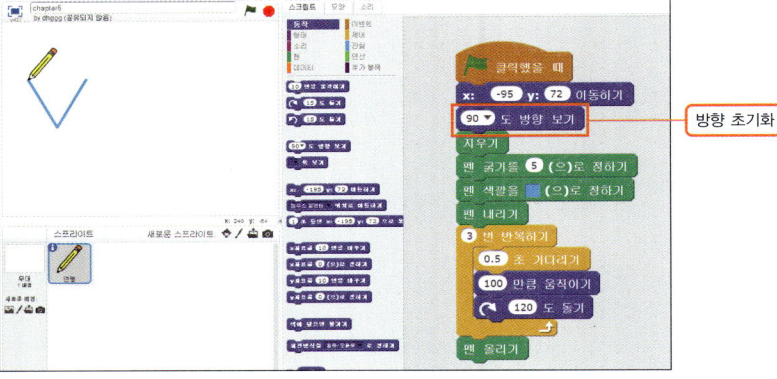

방향 초기화

정다각형 그리기

01 》 관찰(관찰) 카테고리에서 묻고 기다리기 를 가져와 지우기 다음에 결합합니다. 말하기 와 대답 을 결합하여 사용자가 입력한 숫자를 확인하도록 해줍니다.

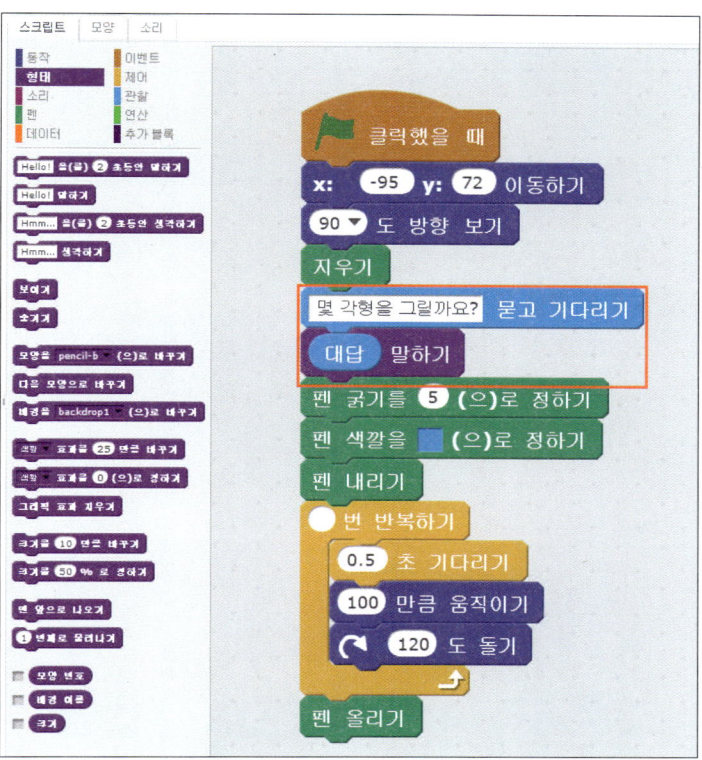

묻고 기다리기 와 대답 은 한 쌍!

두 블록은 항상 같이 사용합니다. 묻고 기다리기 가 실행되면 질문을 말하고, 사용자가 대답을 입력할 수 있는 입력 창이 나타납니다. 사용자가 키보드로 입력한 값은 대답 에 저장됩니다.

사칙 연산 블록

• 사칙 연산 블록을 결합할 때는 연산의 우선 순위(괄호, 곱셈, 나눗셈 등)에 주의해야 합니다. 어떤 연산을 먼저 수행해야 하는 지를 판단해서 결합합니다.

• 180 - 180 • 대답 - 2 / 대답 를 계산해서 정리하면 360 / 대답 으로 간단하게 표현할 수 있습니다. 모든 외각의 합은 360도 라는 공식을 떠올려 보면 쉽게 이해할 수 있습니다.

02 ››  을 가져와 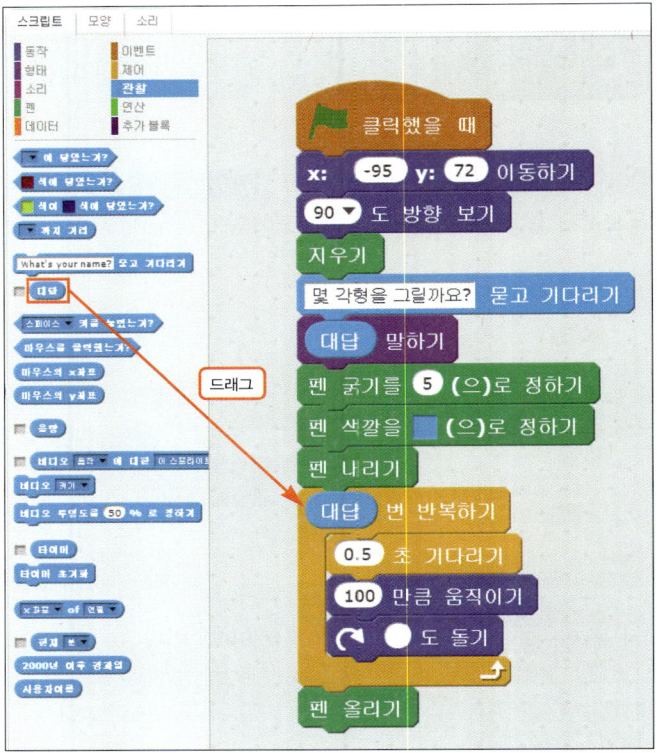 의

조건 영역에 결합합니다. 대답 에 입력된
값만큼 변을 그리게 됩니다.

03 ›› 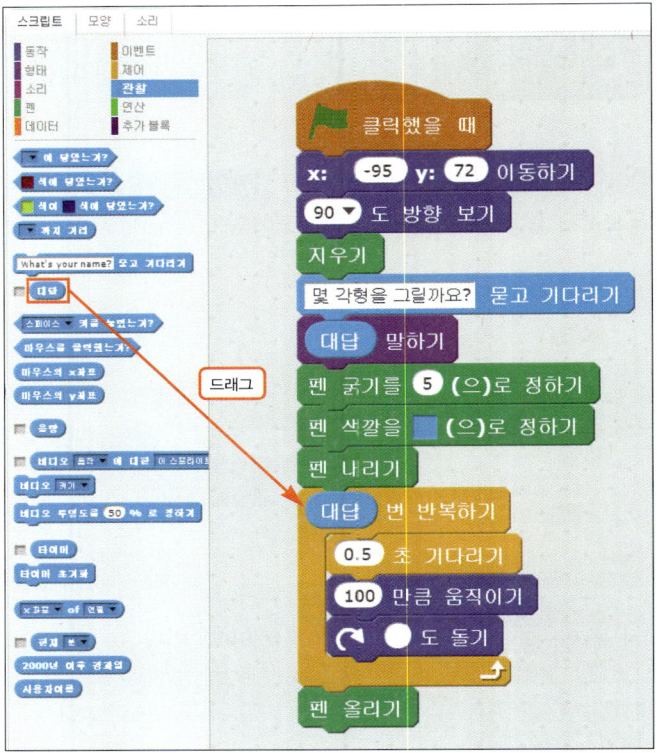 에는 정다각형의 한
외각의 크기가 들어가야 합니다. 연산(연산)
카테고리에 있는 사칙 연산 블록 (○-○,
○*○, ○/○)을 활용하여 외각 공식
을 완성한 후 ↻ ○ 도 돌기 에 결합합니다.

정n각형의 한 외각의 크기를 구하는 공식은
180-{180*(n-2)/n}입니다.

118

프로젝트 완성

01 》 '사각형 그리기' 스크립트

02 》 '삼각형 그리기' 스크립트

```
클릭했을 때
x: -95 y: 72 이동하기
90 ▼ 도 방향 보기
지우기
펜 굵기를 5 (으)로 정하기
펜 색깔을 ■ (으)로 정하기
펜 내리기
4 번 반복하기
    0.5 초 기다리기
    100 만큼 움직이기
    ↻ 90 도 돌기
펜 올리기
```

```
클릭했을 때
x: -95 y: 72 이동하기
90 ▼ 도 방향 보기
지우기
펜 굵기를 5 (으)로 정하기
펜 색깔을 ■ (으)로 정하기
펜 내리기
3 번 반복하기
    0.5 초 기다리기
    100 만큼 움직이기
    ↻ 120 도 돌기
펜 올리기
```

03 》 '정다각형 그리기' 스크립트

```
클릭했을 때
x: -95 y: 72 이동하기
90 ▼ 도 방향 보기
지우기
몇 각형을 그릴까요? 묻고 기다리기
대답 말하기
펜 굵기를 5 (으)로 정하기
펜 색깔을 ■ (으)로 정하기
펜 내리기
대답 번 반복하기
    0.5 초 기다리기
    40 만큼 움직이기
    ↻ 180 - 180 * 대답 - 2 / 대답 도 돌기
펜 올리기
```

학 습 정 리

❶ 펜 내리기 는 펜을 사용하기 위해 종이에 '펜을 내린다' 는 의미로 펜 기능을 사용하기 위해서 먼저 실행해야 하는 블록입니다.

❷ 펜 올리기 를 실행하면 종이로부터 '펜을 올린다' 는 의미로 더 이상 펜 그리기 효과가 나타나지 않습니다.

❸ 펜 기능을 사용하는 데 있어서도 초기화가 중요합니다. 펜 위치, 굵기, 색깔 등을 초기화해주어야 항상 같은 상태에서 프로젝트를 시작할 수 있습니다.

- x: ● y: ● 이동하기 : 그리기의 시작 위치를 설정합니다.
- 펜 굵기를 ● (으)로 정하기 : 펜의 굵기를 설정합니다.
- 펜 색깔을 ■ (으)로 정하기 : 펜의 색깔을 설정합니다.

❹ 펜 기능을 활용하여 다각형을 그릴 때는 내각의 각도가 아닌 외각의 각도만큼 회전해야 합니다.

❺ □ 묻고 기다리기 가 실행되면 스프라이트가 입력된 질문을 말하고, 사용자가 대답을 입력할 수 있는 입력 창이 나타납니다. 사용자가 키보드로 입력한 값은 대답 에 저장되어 변수처럼 활용할 수 있습니다.

❻ 연산(연산) 카테고리에 있는 사칙 연산 블록(●+● , ●-● , ●*● , ●/●)을 결합할 때는 연산의 우선 순위에 주의해야 합니다. 특히 괄호가 먼저 계산된다는 점에 유의해서 블록을 결합해야 합니다.

01 계산한 결과 값이 동일하지 않은 것은? (   )

① `2 * 3 - 8 / 4`   ② `6 + 4 / 2 - 5`

③ `4 * 5 - 8 / 3`   ④ `12 / 4 / 2 + 1`

02 삼각형을 그리는 스크립트로 옳은 것은? (   )

①
```
클릭했을 때
지우기
펜 내리기
4 번 반복하기
   100 만큼 움직이기
   90 도 돌기
펜 올리기
```

②
```
클릭했을 때
지우기
펜 내리기
3 번 반복하기
   100 만큼 움직이기
   120 도 돌기
펜 올리기
```

③
```
클릭했을 때
지우기
펜 내리기
3 번 반복하기
   100 만큼 움직이기
   60 도 돌기
펜 올리기
```

④
```
클릭했을 때
지우기
펜 내리기
3 번 반복하기
   100 만큼 움직이기
   90 도 돌기
펜 올리기
```

03 다음 스크립트를 실행 했을 때 그려지는 도형으로 알맞은 것은? (   )

```
클릭했을 때
지우기
펜 내리기
5 번 반복하기
   100 만큼 움직이기
   144 도 돌기
펜 올리기
```

① 정오각형   ② 정육각형   ③ 정육면체   ④ 별

04 도형 그리기 프로젝트와 관련한 설명 중 옳게 서술한 것을 모두 고르시오. (   )

① `펜 내리기` 는 펜 그리기 모드를 종료하는 블록이다.

② 펜 그리기 모드에서는 스프라이트의 모양 중심을 기준으로 선이 그려진다.

③ 모양 중심을 기준으로 스프라이트의 x, y좌표가 설정된다.

④ `묻고 기다리기` 블록을 실행 후 사용자가 입력한 값은 `대답` 에 저장된다.

정답
1. ② 2. ② 3. ④ 4. ②, ③, ④

Section

07

번개 피하기 게임

이번 섹션에서는 외계인이 하늘에서 떨어지는 번개를 피하고 별을 먹기 위해 좌우로 움직이는 게임프로젝트를 만들게 됩니다. 이 게임에는 난수 블록이 많이 활용되고, 복제하기와 방송하기 등의 블록도 많이 사용됩니다. 또한 그림판을 활용하여 배경 그림의 색상을 바꾸는 활동도 포함 되어 있습니다. 다양한 스크래치의 기능을 활용하여 게임적 요소를 구현하는 방법을 학습하도 록 하겠습니다.

| 완성 파일 | section7.sb2
| 웹 주 소 | https://scratch.mit.edu/projects/32287518/

배경 설정하기와 스프라이트 불러오기 Step 01

■ 배경 설정하기

01 ›› 메인 화면에서 [만들기] 메뉴를 클릭한 후 기본 스프라이트인 'Sprite1'을 삭제합니다. 이번 프로젝트
에서 사용할 배경을 불러옵니다. [배경 정보] 창의 [새로운 배경] 메뉴에서 [저장소에서 배경 선택(🖼)]을 클릭
합니다. 좌측 카테고리 메뉴에서 '우주' 항목을 클릭하고 'space' 배경을 선택한 뒤 [확인] 버튼을 누릅니다.

02 ›› '무대'를 선택한 후 [배경] 탭을 누릅니다. 'space' 배경에 마우스 포인터를 올려놓은 후, 마우스 오
른쪽 단추를 클릭하고 '복사'를 선택하면 동일한 배경이 하나 더 추가됩니다. 동일한 배경이 'space2'라는 이
름으로 만들어집니다.

03 >> 동일한 방법으로 배경이 모두 5개가 될 때까지 복사합니다.

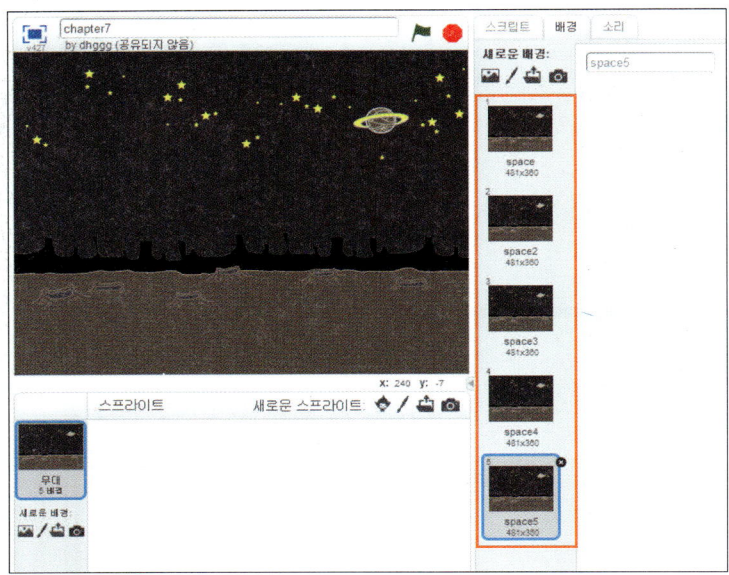

04 >> 5개의 배경이 구분될 수 있도록 색상을 변경해주려고 합니다. 먼저 2번째 배경인 'space2'를 클릭하고 툴 모음에서 [색칠하기( )]를 선택합니다. 왼쪽 아래 그라데이션 효과에서 위로 갈수록 색상이 진해지는 3번째 아이콘을 누른 뒤, 색상을 고릅니다. 색상을 선택한 후 마우스 포인터를 배경의 하늘 부분에 가져간 뒤 클릭하면 배경 색상이 변경됩니다.

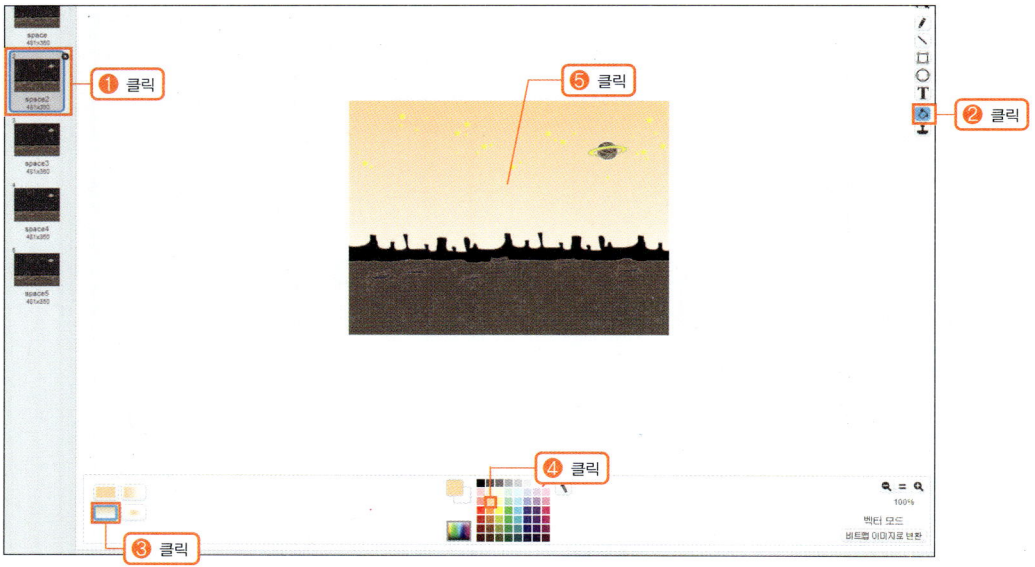

그림판에서 작업 시 오른쪽 아래에서 벡터 모드인지를 확인하고 작업하도록 합니다. 벡터 모드에서는 툴 모음이 화면의 오른쪽에 나타나고, 비트맵 모드에서는 툴 모음이 화면의 왼쪽에 나타납니다.

05 ›› 5개의 배경이 모두 구분될 수 있도록 적절한 색상을 선택하여 변경해줍니다.

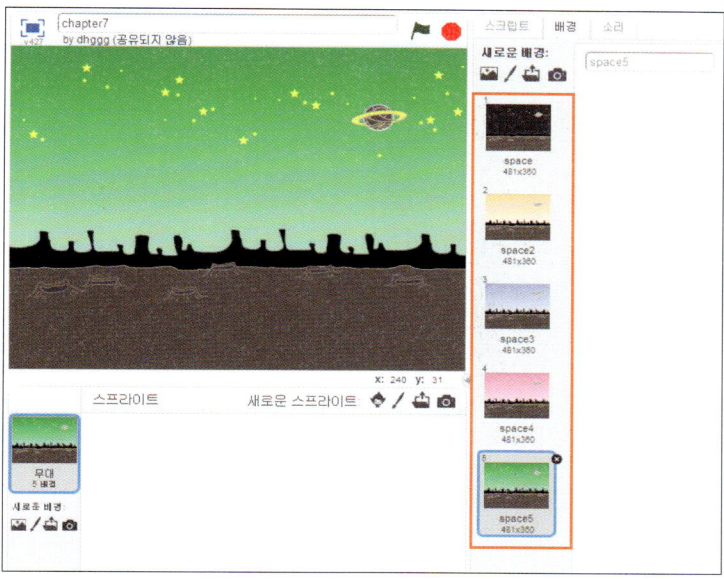

06 ›› 4번째 배경인 'space4'를 선택하고 툴 모음에서 [텍스트(**T**)]를 클릭합니다. 색상을 검은색으로 정하고 배경을 클릭하면 선택한 색상으로 텍스트를 입력할 수 있습니다. 'Game Over'를 입력합니다.

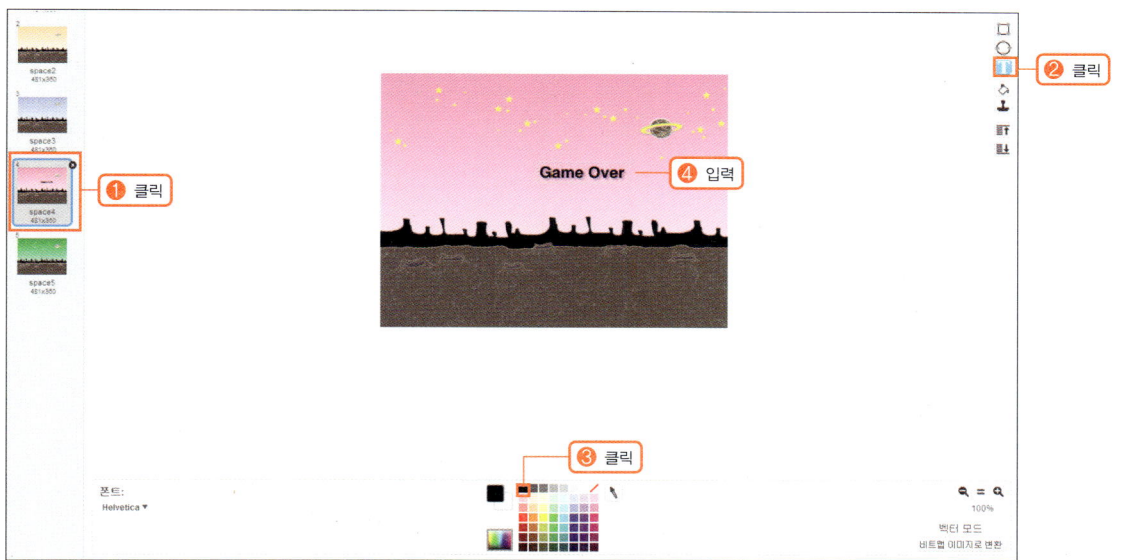

그림판에서 텍스트를 입력할 때는 한글 지원이 되지 않습니다. 영문으로 하여 텍스트를 입력합니다.

07 ›› 텍스트의 크기나 위치를 수정하고자 한다면 툴 모음에서 [선택하기( )]를 클릭 후 텍스트를 클릭합니다. 텍스트 주변으로 수정할 수 있는 테두리가 나타납니다. 이제 텍스트의 위치나 크기를 자유롭게 수정할 수 있습니다.

08 ›› 동일한 방법으로 'space5'를 선택하여 배경에 'Game Clear' 텍스트를 삽입합니다. 이제 필요한 배경이 모두 완성되었습니다.

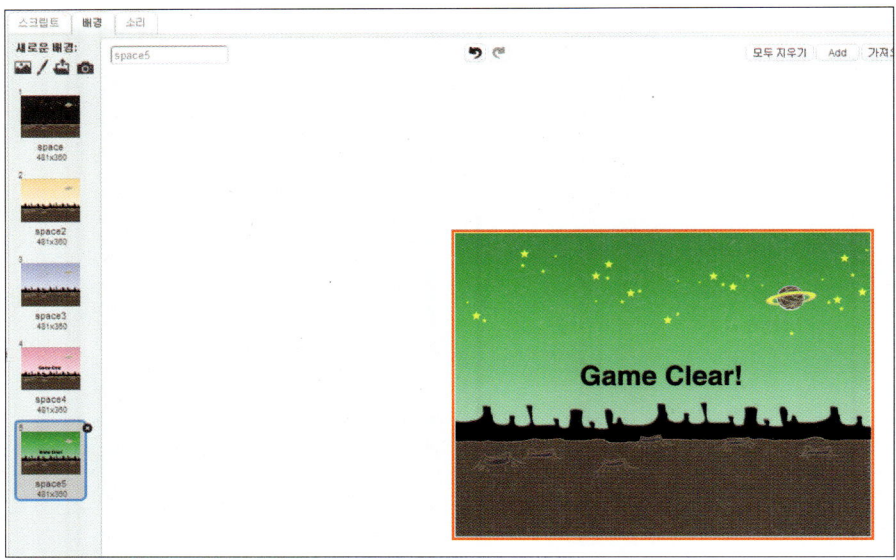

■ 스프라이트 불러오기와 모양 추가하기

01 ≫　이제 프로젝트에서 사용할 스프라이트를 불러올 차례입니다. [스프라이트] 창의 [새로운 스프라이트]-[저장소에 스프라이트 선택(◈)]을 클릭하여 스프라이트를 불러올 수 있습니다. 'Gobo', 'Star1', 'Lightning' 스프라이트를 불러옵니다.

02 ≫　스프라이트의 이름을 변경합니다. 스프라이트에서 ⓘ를 클릭해 [스프라이트 정보] 창에서 스프라이트 이름을 수정할 수 있습니다. 'Gobo'는 '외계인'으로, 'Star1'은 '별'로, 'Lightning'는 '번개'로 수정합니다.

127

03 ›› '번개' 스프라이트에도 여러 가지 모양을 추가해줍니다. '번개' 스프라이트를 클릭한 후 [모양] 탭을 클릭합니다. 기존의 번개 모양을 여러 개 복사한 후 각각의 색상을 변경하여 구별되도록 만듭니다.

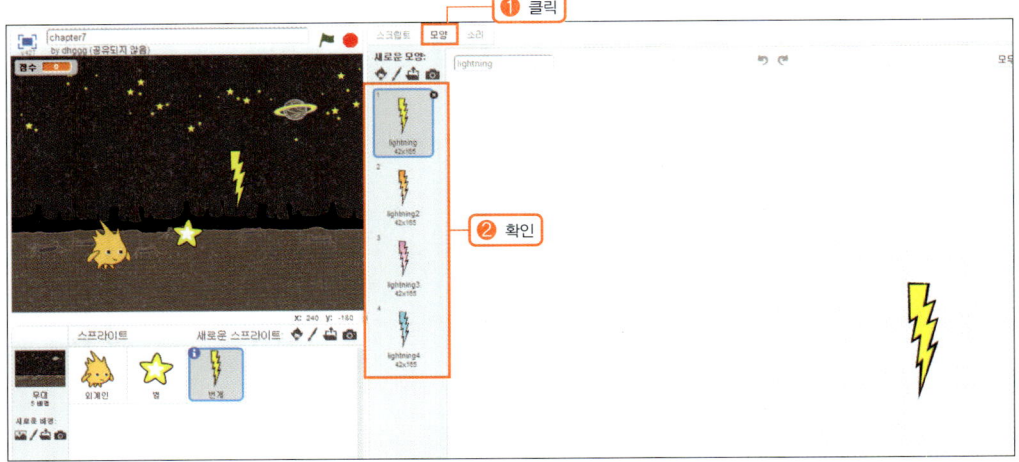

외계인 좌우로 움직이기   Step 02

01 ›› 축소( ) 아이콘을 사용하여 외계인 스프라이트의 크기를 줄여줍니다. 다른 스프라이트의 크기도 적당한 크기로 축소시킵니다.

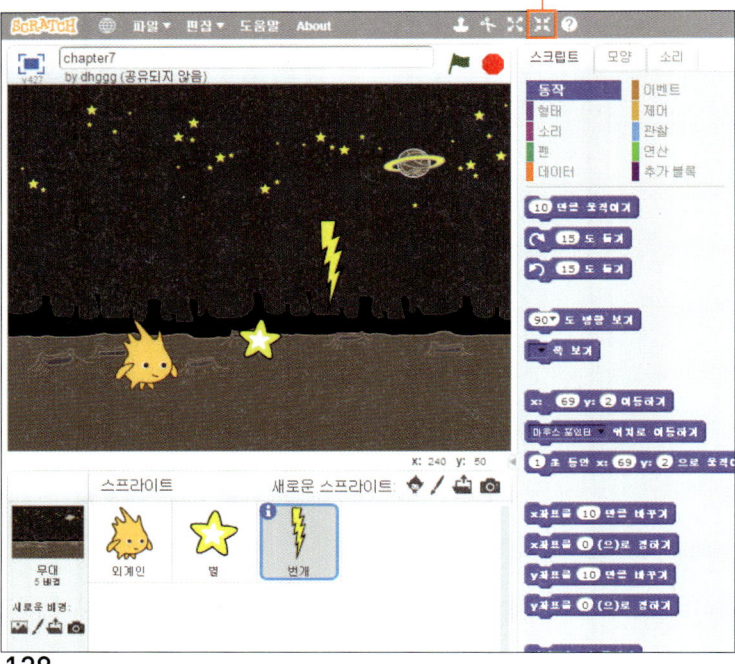

02 >> 키보드의 →, ←를 통해 외계인 스프라이트가 움직이도록 만들어야 합니다. 먼저 외계인 스프라이트를 선택합니다. `무한 반복하기` 로 반복문을 만들고, 반복문의 실행 영역에 `만약 라면` 을 삽입하여 조건문을 만들어 줍니다. 조건문의 조건 영역에는 `스페이스 키를 눌렀는가?` 를 결합하고 선택 항목을 '오른쪽 화살표'로 변경합니다. 조건문의 실행 영역에는 `x좌표를 ● 만큼 바꾸기` 와 `다음 모양으로 바꾸기` 를 연결합니다.

03 >> 키보드의 ←를 눌렀을 때는 외계인이 왼쪽으로 움직이도록 만듭니다.

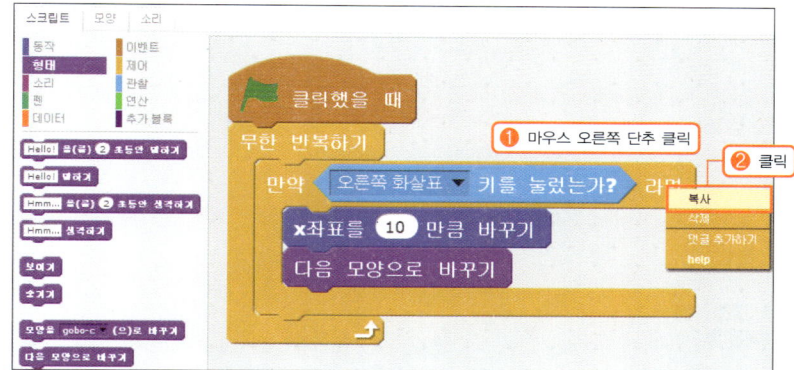

04 >> 앞에서 만든 조건문을 복사하여 아래쪽에 연결합니다.

05 〉〉 복사된 블록을 아래에 연결한 뒤 조건 영역의 선택 항목을 '왼쪽 화살표'로 변경합니다. 실행 영역에서 x좌표를 ● 만큼 바꾸기 의 빈칸에는 숫자 '-10'을 입력합니다.

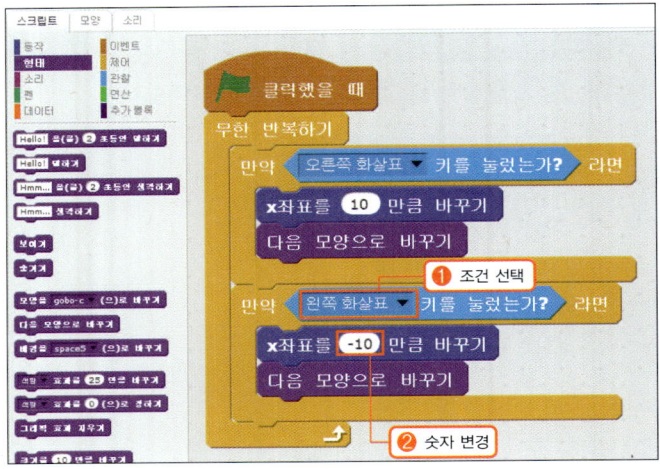

06 〉〉 '외계인' 스프라이트의 시작 위치를 초기화합니다. '외계인' 스프라이트를 직접 마우스로 움직여 시작 위치에 옮겨놓고, x: ● y: ● 이동하기 를 가져와 클릭했을 때 바로 다음에 연결합니다.

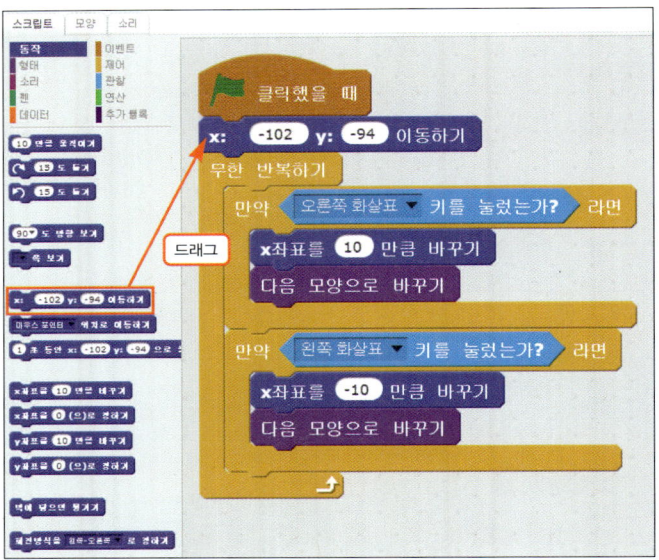

블록 모음에서 x: ● y: ● 이동하기 의 좌표값은 해당 스프라이트를 이동할 때마다 변경됩니다. 따라서 스프라이트를 원하는 초기화 위치로 이동시키면 x: ● y: ● 이동하기 의 값이 해당 좌표 값으로 변하기 때문에 별도의 숫자 입력 없이 바로 드래그해 연결하면 됩니다.

하늘에서 떨어지는 별 만들기

01 ›› 프로젝트를 시작하면 별 스프라이트는 처음에 모습을 숨기고 있다가 일정 시간이 경과된 후에 모습을 드러내야 합니다. 먼저 '별' 스프라이트를 선택하고 클릭했을 때 다음에 숨기기 와 초 기다리기 를 연결합니다. 초 기다리기 의 빈칸에는 부터 사이의 난수 를 넣고 숫자 '0.5'와 '3'을 입력합니다.

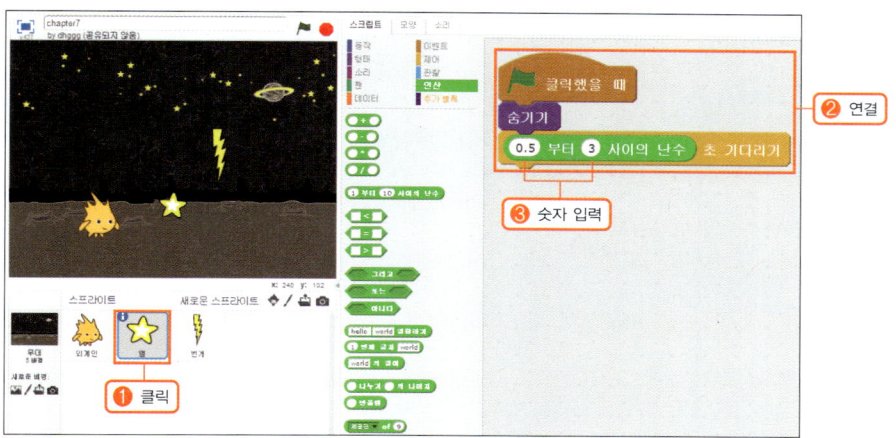

02 ›› '별 스프라이트'를 실행 창 위쪽으로 보내기 위해 x: ● y: ● 이동하기 를 연결하고 y좌표에는 '180'을 입력합니다. [실행] 창의 위쪽에서 좌우로 나타나는 위치를 랜덤하게 설정하기 위해서 x: ● y: ● 이동하기 의 x 좌표는 부터 사이의 난수 를 활용하여 '–240~240'으로 설정합니다. 위쪽으로 이동한 후에는 숨겨진 별 이 다시 나타날 수 있도록 보이기 를 연결합니다.

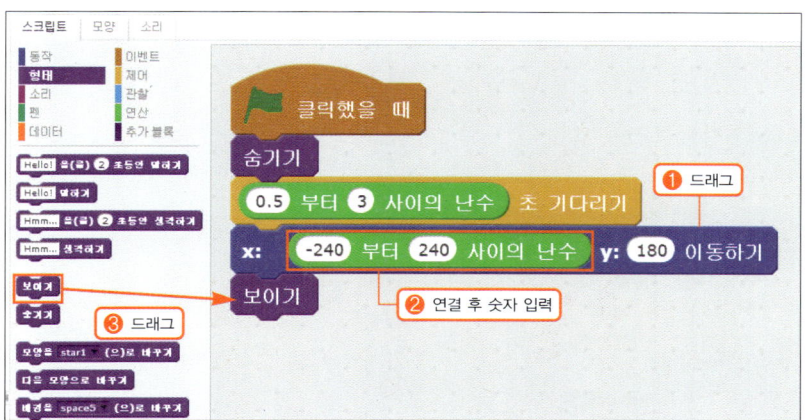

03 ›› 이제 [실행] 창 위에서 나타난 별이 아래로 떨어지도록 합니다. 별의 y좌표를 −7만큼 바뀌는 것이 반복 실행될 수 있도록 반복문을 연결하고 반복문의 실행 영역에 `y좌표를 ● 만큼 바꾸기` 를 넣어야 합니다. 이때 반복문은 `까지 반복하기` 를 활용합니다. 반복문의 조건 영역에는 `◁ █ < █ ▷` 와 `y 좌표` 를 활용하여 '별' 의 y 좌표가 −170보다 작아질 때까지 반복문이 실행되도록 합니다.

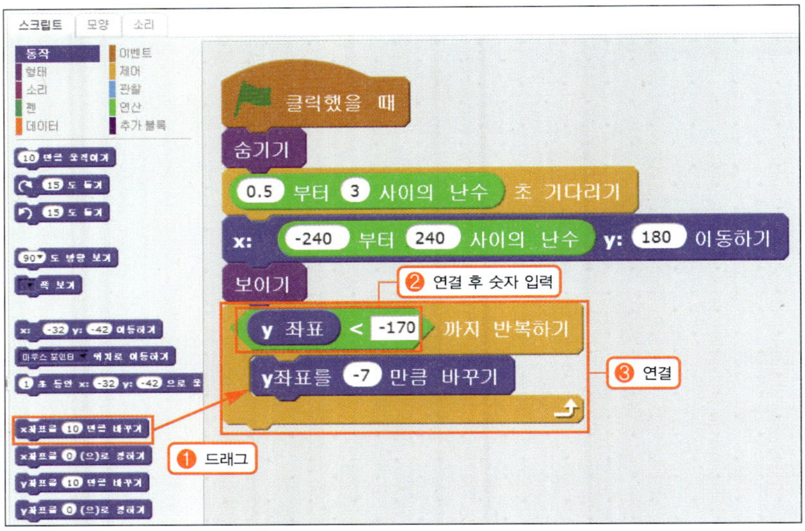

04 ›› 별이 떨어지면서 조금씩 회오리처럼 변하는 모양이 연출될 수 있도록 `색깔 ▼ 효과를 ● 만큼 바꾸기` 를 연결하고 선택 항목을 '소용돌이' 로 변경합니다. 빈칸에는 숫자 '−7' 을 입력합니다. `보이기` 실행 전에는 프로젝트가 새로 시작될 때마다 소용돌이 효과가 초기화될 수 있도록 `그래픽 효과 지우기` 을 넣어줍니다.

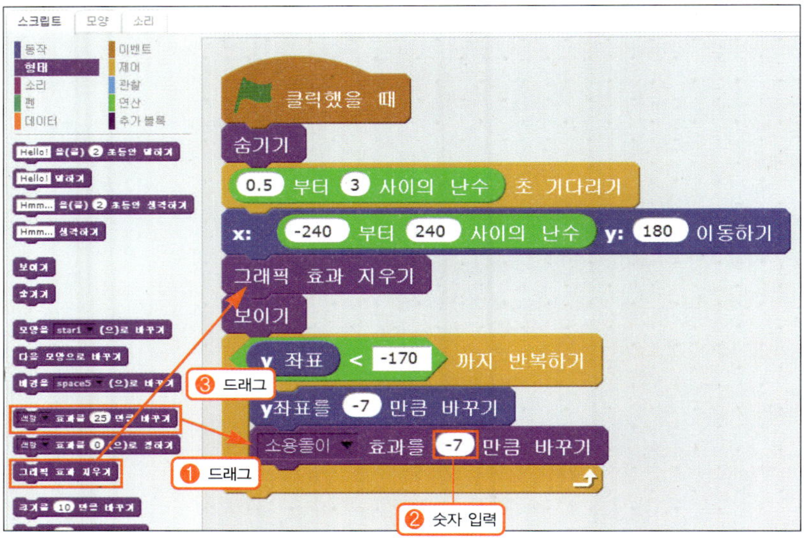

05 >> 별의 y좌표가 −170보다 작아지면 반복문이 종료됩니다. 이 때 별이 다시 [실행] 창의 윗부분으로 올라가 다시 떨어지도록 하기 위해서 `x: -240 부터 240 사이의 난수 y: 180 이동하기` 부터 마지막까지를 `무한 반복하기` 로 감싸도록 합니다.

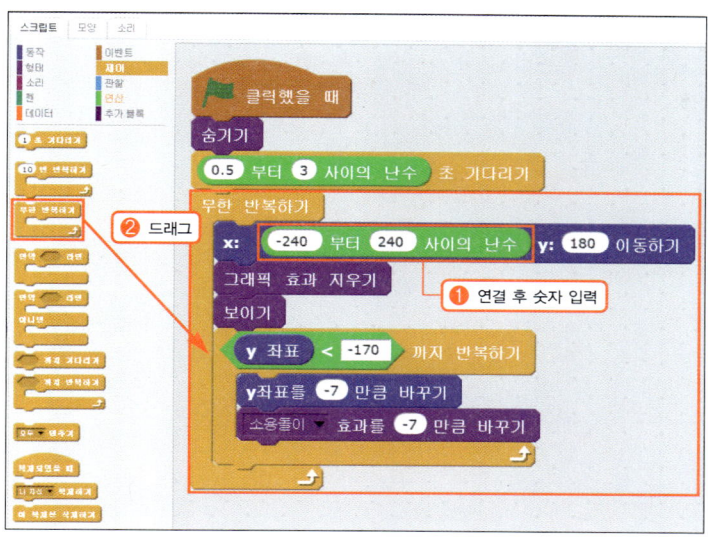

06 >> 아래로 떨어지던 '별' 이 '외계인' 에 닿으면 사라지도록 만듭니다. `무한 반복하기` 로 반복문을 만들고,

반복문의 실행 영역에는 `만약 라면` 으로 조건문을 만듭니다. 조건문의 조건 영역에는 `에 닿았는가?` 를

넣어 '외계인' 에 닿았는지를 체크하고, 실행 영역에 `숨기기` 를 넣어 '외계인' 에 닿았을 경우 사라지도록 합니다.

07 》 별이 외계인에 닿으면, 점수를 1점 바꾸고 닿았다는 것을 외계인이 알 수 있도록 별에서 신호를 보냅니다. '점수'라는 변수를 생성한 후 점수▼ 을(를) ● 만큼 바꾸기 를 연결합니다. 또한 점수획득▼ 방송하기 를 사용하여 점수가 획득되었다는 신호를 외계인에게 보내줍니다.

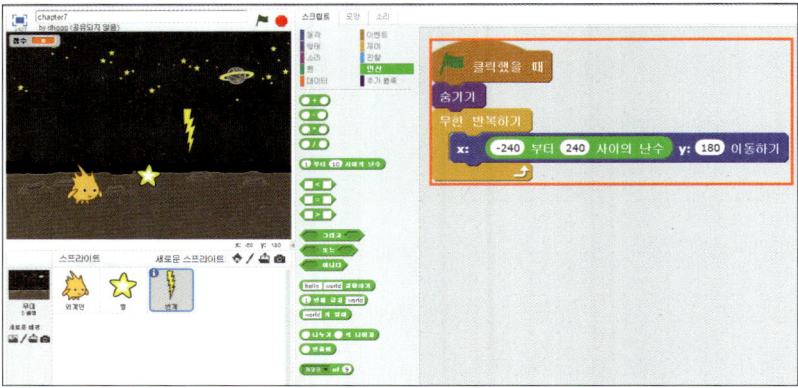

여러 개의 복제된 번개가 떨어지도록 만들기 **Step 04**

■ '번개' 스프라이트 원본 조작하기

01 》 '번개' 스프라이트는 [실행] 창 위쪽을 좌우로 움직이면서 스스로를 복제합니다. 그리고 복제된 번개가 아래로 떨어지게 됩니다. 우선 [실행] 창 위쪽을 좌우로 움직이는 번개를 만듭니다. '번개' 스프라이트를 클릭하고 [스크립트] 창에서 숨기기 로 보이지 않게 초기화한 후 계속 이동할 수 있도록 무한 반복하기 로 반복문

을 만듭니다. 반복문의 실행 영역에는 x: ● y: ● 이동하기 와 ● 부터 ● 사이의 난수 를 결합하고 x좌표는 '-240~240', y좌표는 '180'으로 입력하여 넣습니다.

02 ›› [실행] 창 위쪽을 좌우로 움직이는 '번개' 스프라이트는 위치를 이동할 때마다 스스로를 복제합니다. 제어(제어) 카테고리에서 나 자신 복제하기 를 가져와 반복문의 실행 영역에 결합시킵니다.

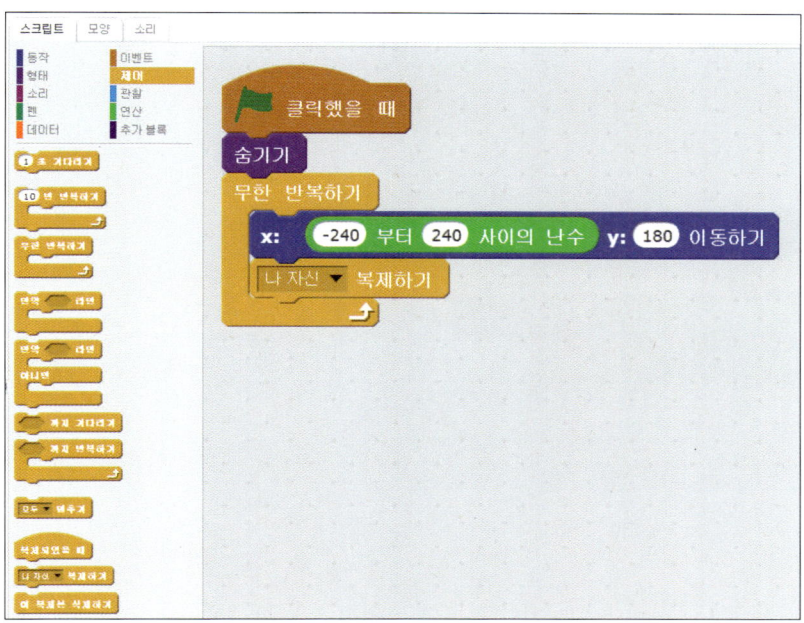

03 ›› 나 자신 복제하기 를 실행한 후 랜덤으로 모양이 변하도록 만듭니다. 모양을 (으)로 바꾸기 와 ◯ 부터 ◯ 사이의 난수 를 결합하고 ◯ 부터 ◯ 사이의 난수 의 빈칸에 숫자 '1'과 '4'를 입력합니다. 이제 번개는 복제하기를 실행한 후, 자신의 모양을 '모양1~모양4' 중에서 임의의 모양으로 변경합니다.

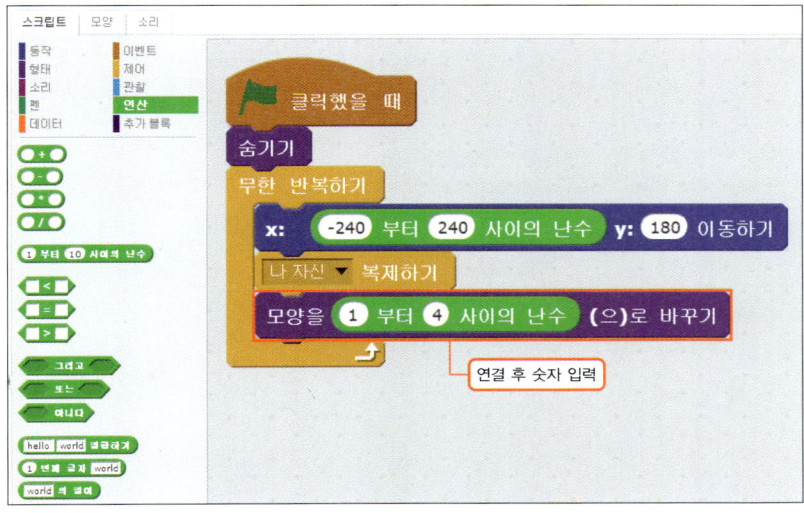

연결 후 숫자 입력

135

04 >> '번개' 스프라이트가 모양을 변경한 뒤에는 다시 이동해서 복제하기 전까지 간격을 주도록 합니다.
○ 초 기다리기 와 ○ 부터 ○ 사이의 난수 을 결합하여 '0.5~1' 초의 대기 시간을 부여합니다.

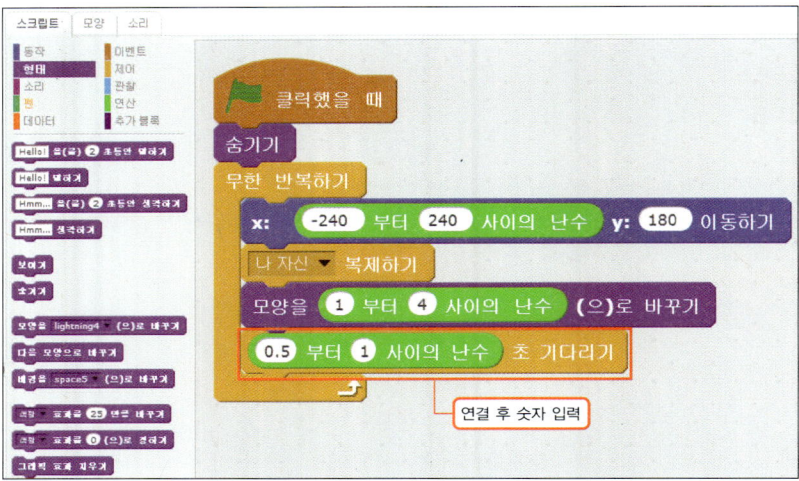

■ '번개' 스프라이트 복제본 조작하기

01 >> 이제 '번개' 스프라이트의 복제본이 아래로 떨어지도록 만들 차례입니다. 제어(█ 제어 █) 카테고리에서
복제되었을 때 를 [스크립트] 창으로 가져옵니다. 복제되었을 때 아래로 연결된 블록들은 스프라이트의 원본이 아
닌 복제본을 조작하게 됩니다.

02 》　'번개' 스프라이트의 복제본들이 아래로 떨어지는 속력을 조절하기 위한 '속력' 변수를 생성합니다. 데이터(데이터) 카테고리에서 [변수 만들기] 메뉴를 클릭하면 [변수 생성] 창이 나타납니다. 변수 이름에 '속력'을 입력하고 '이 스프라이트에서만 사용'을 클릭합니다. 마지막으로 [확인] 버튼을 클릭하면 변수가 생성됩니다.

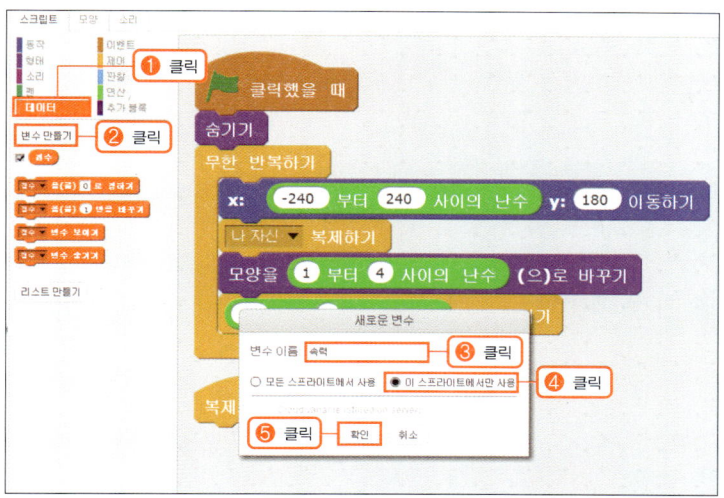

> 　여러 개의 복제본에 각각 서로 다른 속력을 부여하기 위해 '속력' 변수를 만들었습니다. 이때 주의할 점은 변수 생성 시 '모든 스프라이트에서 사용'이 아닌 '이 스프라이트에서만 사용'을 선택해야 한다는 점입니다. '이 스프라이트에서만 사용'을 선택해야 복제본들에게 각각 다르게 적용되는 변수 기능을 활용할 수 있습니다.

03 》　속력 을(를) ☐ 로 정하기 와 ○ 부터 ○ 사이의 난수 을 결합하여 복제본의 속력을 '5~10' 사이의 난수로 정합니다. 속력이 정해진 후에는 보이기 를 연결하여 숨겨진 번개 스프라이트의 복제본이 실행 창에 나타나도록 합니다.

137

04 >> 앞에서 다룬 '별' 스프라이트와 마찬가지로 [＿까지 반복하기] 로 반복문을 만들고, 반복문의 조건 영역에는 [＜]와 [y 좌표] 를 결합하여 '번개' 스프라이트 복제본의 y좌표가 −170보다 작아질 때까지 떨어지는 것을 반복 실행하게 만듭니다.

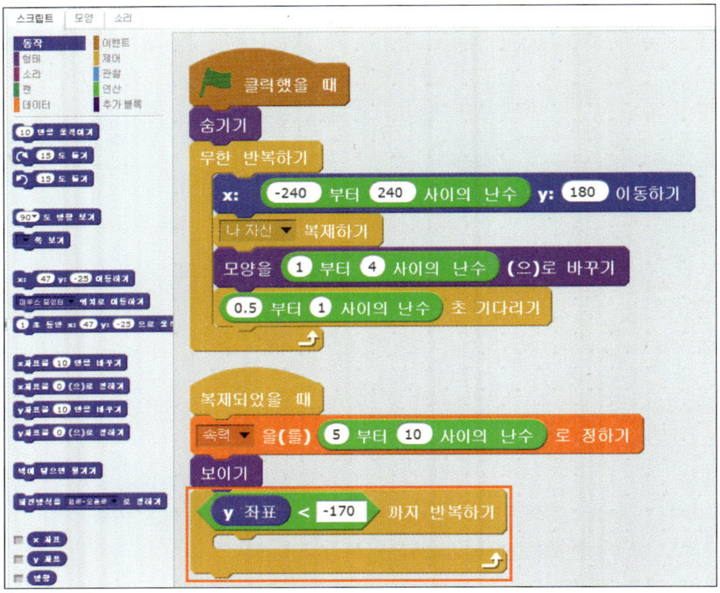

05 >> '번개' 스프라이트 복제본의 y좌표가 −170보다 작아질 때까지 y좌표의 값을 속력 변수 값만큼 작아지게 하는 것을 반복 실행합니다. 이때 속력 변수를 5~10 사이의 양수값으로 정했기 때문에 y좌표가 작아지기 위해서는 [y좌표를 ◯ 만큼 바꾸기] 의 빈칸에는 [◯＊◯]을 활용하여 [속력]에 '−1'이 곱해지도록 만듭니다.

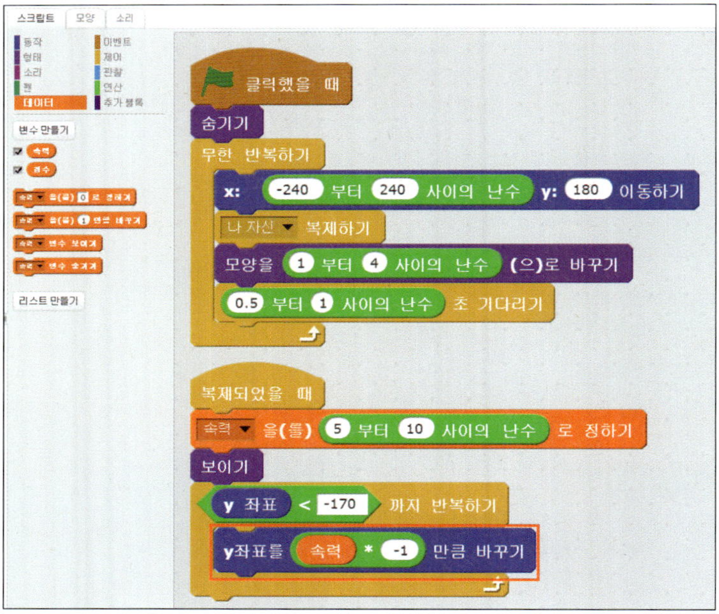

06 >> '번개' 스프라이트 복제본의 y좌표가 −170보다 작아지면 반복문의 실행이 중지되고, 복제본이 삭제되도록 합니다. 제어(제어) 카테고리에서 이 복제본 삭제하기 를 가져와 연결합니다.

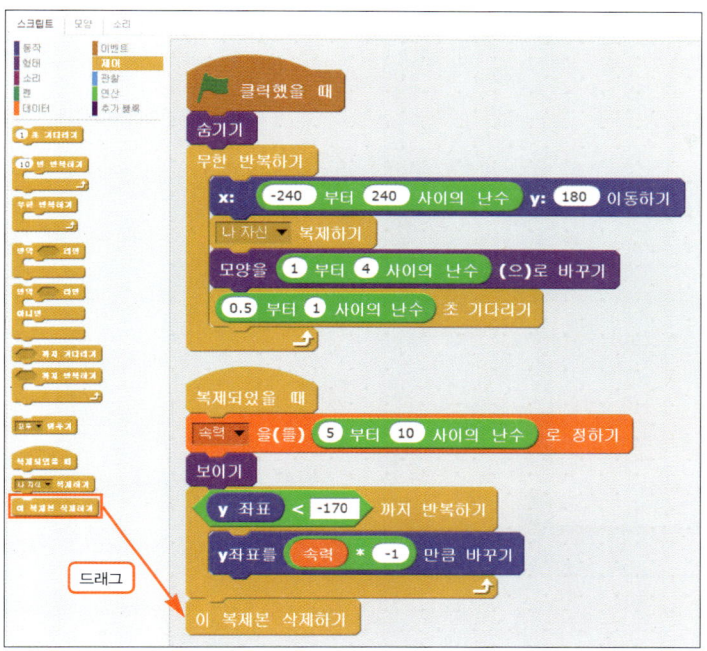

07 >> 복제된 '번개' 스프라이트는 아래로 떨어지면서 외계인과 닿았는지를 체크합니다. 복제되었을 때 다음에 무한 반복하기 로 반복문을 만들고, 반복문의 실행 영역에는 만약 라면 와 에 닿았는가? 를 결합하여 계속해서 외계인에 닿았는지를 체크합니다. 조건문의 실행 영역에는 숨기기 를 넣어 외계인에 닿으면 '번개' 스프라이트의 복제본이 실행 창에서 사라지도록 합니다.

08 ›› 외계인의 목숨을 표시할 '목숨' 변수를 생성합니다. 변수 이름을 '목숨' 으로 하고 '모든 스프라이트
에서 사용' 을 선택한 후 [확인] 버튼을 클릭합니다.

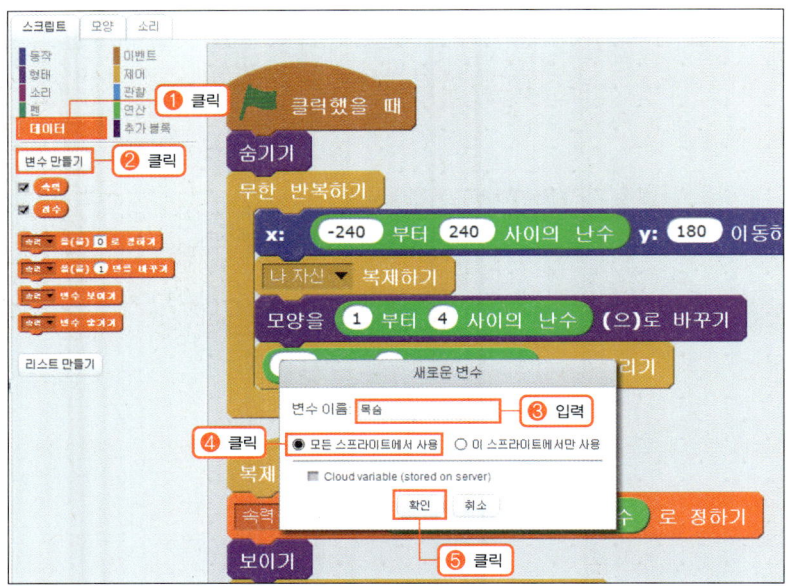

09 ›› 을(를) ● 만큼 바꾸기 을 활용해서 '번개' 스프라이트 복제본이 외계인에 닿으면 목숨이 '1' 감소하
도록 빈칸에 '–1' 을 입력합니다. 이제 외계인에 닿았다는 것을 외계인 스프라이트에 전달하기 위해
맞았다! 방송하기 를 연결합니다.

방송하기 블록을 연결한 후 선택 항목에서 '새 메시지...' 를 클릭해 '맞았다!' 라는 새 메시지를 만듭니다.

10 ›› 잠시 외계인 스프라이트로 돌아가서 방송하기 메시지를 받았을 때의 기능을 만들어줍니다. 외계인 스프라이트를 선택합니다. 맞았다! 을(를) 받았을 때 와 □ 을(를) ● 초동안 말하기 를 연결하여 '맞았다!' 메시지를 받을 경우 '으악!' 이라고 1초동안 말하도록 합니다.

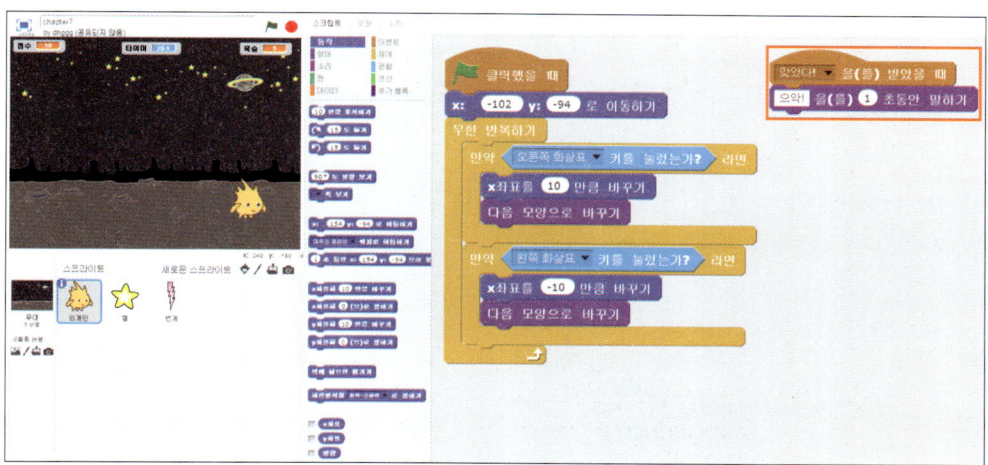

11 ›› 점수 획득! 을(를) 받았을 때 와 □ 을(를) ● 초동안 말하기 을 결합하여 '점수 획득!' 메시지를 받을 경우 '오예!' 라고 1초 동안 말하도록 합니다.

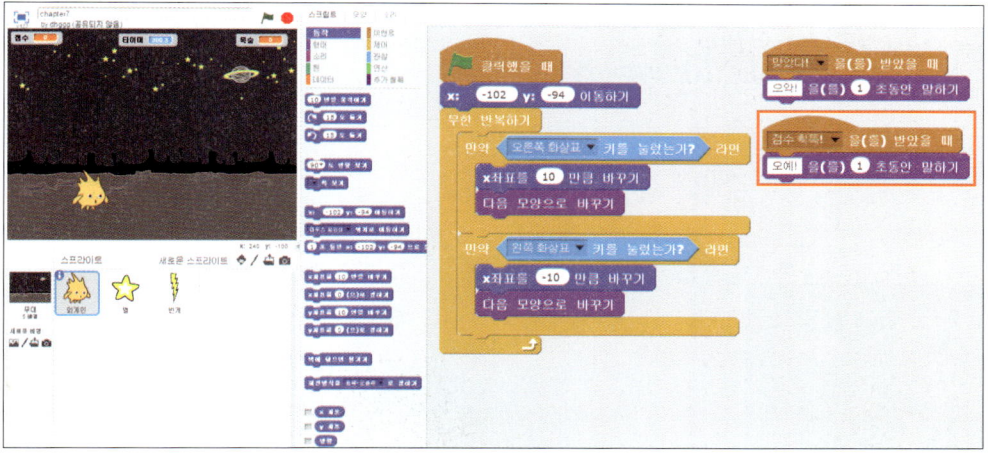

변수 초기화와 조건에 따른 배경 설정하기　Step 05

01 ›› 　[무대 정보] 창을 선택합니다. 관찰(관찰) 카테고리를 클릭하면 타이머 를 찾을 수 있습니다. 타이머 왼쪽의 체크 박스를 클릭하여 타이머를 활성화시킵니다. 타이머가 활성화되면 실행 창에 타이머 정보가 나타납니다. 타이머 초기화 를 사용하여 프로젝트가 시작되면 타이머가 초기화되도록 합니다.

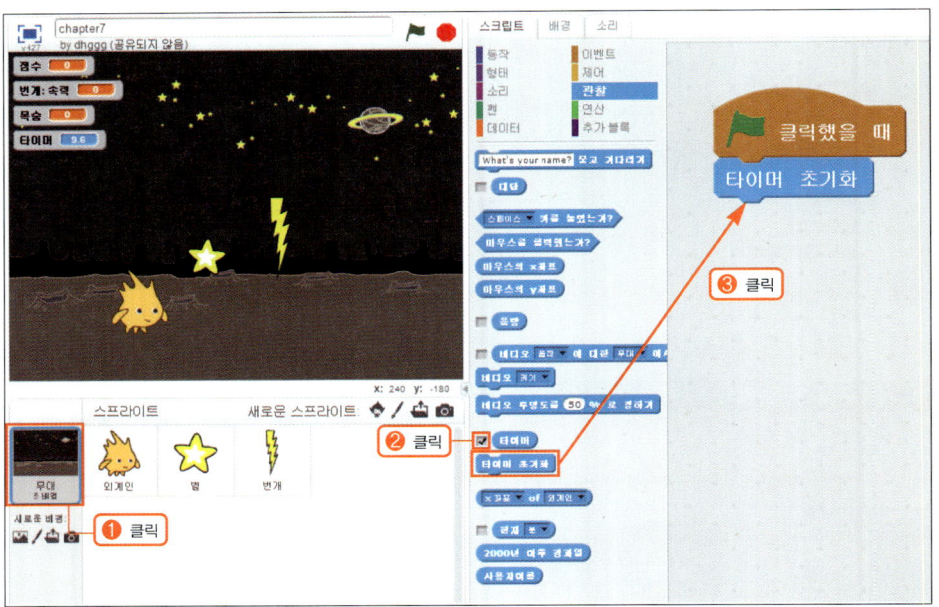

02 ›› 　타이머 초기화 다음에는 목숨 변수를 '5'로, 점수 변수를 '0'으로 정하여 초기화합니다.

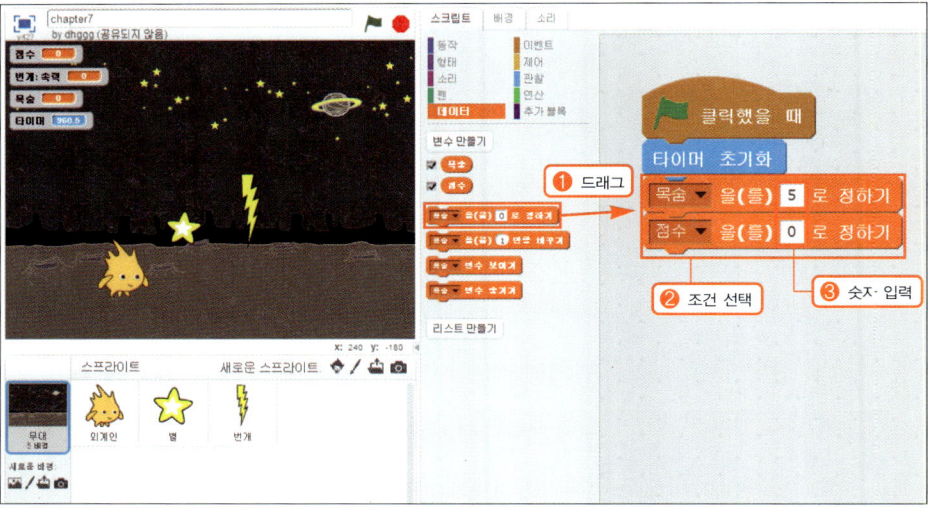

03 ›› 타이머와 목숨, 점수 변수의 초기화가 완료되면 배경을 ▼ (으)로 바꾸기 를 사용하여 배경을 'space'로 초기화합니다. 점수가 3점을 넘으면 배경을 'space2'로, 점수가 6점을 넘으면 배경을 'space3'으로 바뀌도록 합니다. 이때 제어(제어) 카테고리에 있는 까지 기다리기 를 활용합니다.

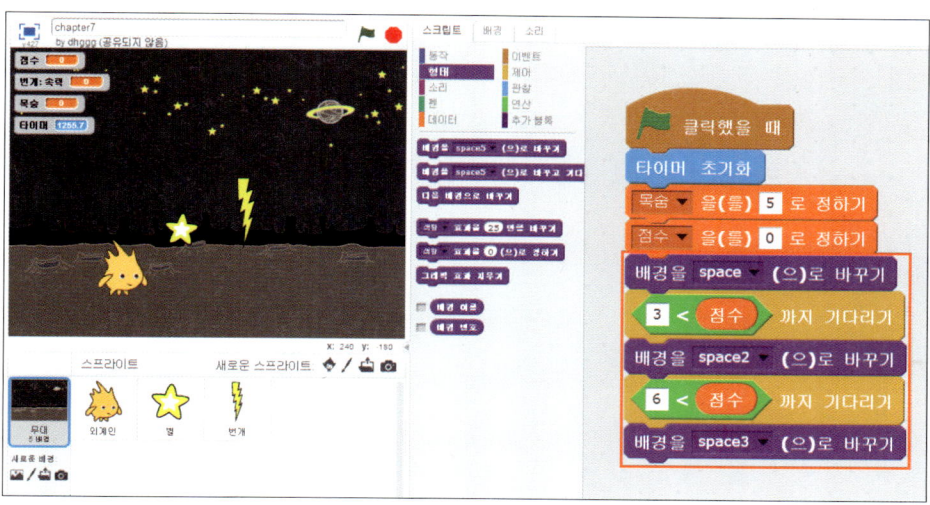

까지 기다리기 는 조건 영역이 참이 될 때까지 다음 블록을 실행하지 않고 대기하는 기능을 가지고 있습니다. 만약 조건 영역이 참이 되면 대기 상태가 풀리고 다음에 연결된 블록이 실행됩니다.

04 ›› 프로젝트의 종료 조건(Game Over)을 설정합니다. 목숨이 1보다 작아지거나 타이머가 30초를 넘으면 종료되도록 합니다. 무한 반복하기 로 반복문을 만들고, 반복문의 실행 영역에는 만약 ◇ 라면 로 조건문을 만듭니다. 조건문의 조건 영역에는 ◇ 또는 ◇ 와 ▢ < ▢ 를 결합하여 원하는 조건을 만들어 줍니다.

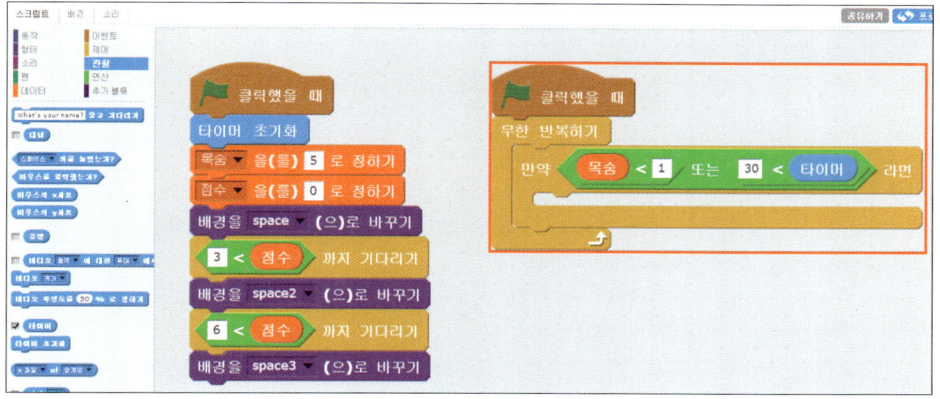

05 〉〉 종료 조건이 충족되면 실행될 조건문의 실행 영역에서는 배경을 'space4'로 바꾸고, 모두 멈추기가 들어갑니다. [배경을 ▼ (으)로 바꾸기] 를 넣어 선택 항목을 'space4'로 변경하고, [모두 ▼ 멈추기] 를 연결합니다.

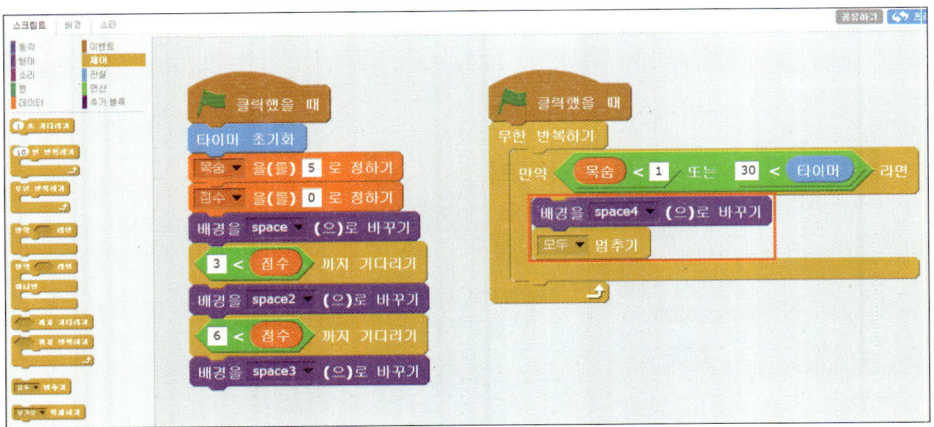

06 〉〉 타이머가 30초가 되기 전에, 점수가 9점을 넘으면 Game Clear가 되도록 만듭니다. 앞과 동일한 방법으로 해당 조건이 충족되면 배경이 'space5'로 바뀌고 모두 멈추기가 실행되도록 합니다. [그리고] 을 사용하여 타이머와 점수 조건이 모두 만족할 때만 조건문이 실행되도록 합니다.

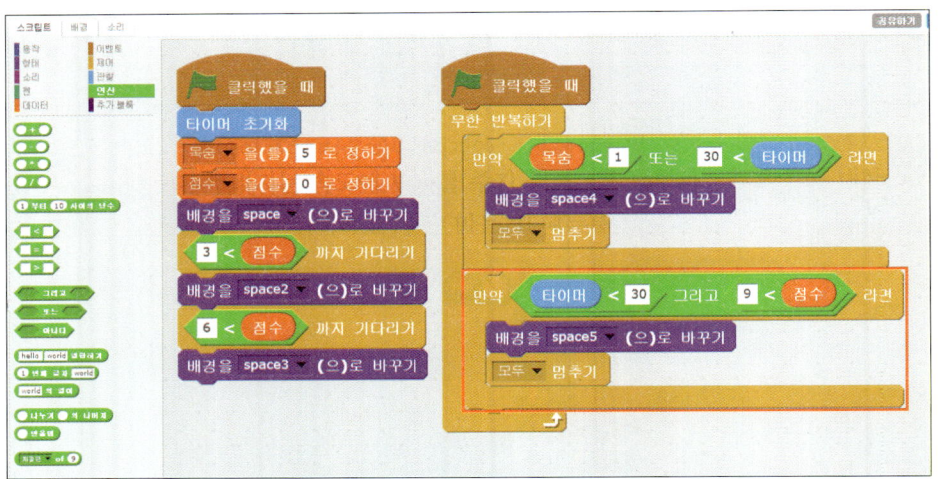

'Game over'와 'Game Clear'의 조건을 설정하는 데 있어서 주의해야 할 점은 [또는] 와 [그리고] 의 차이를 명확하게 이해하고 구별하여 사용해야 한다는 점입니다.

[또는] 는 앞과 뒤의 조건 중 어느 1개 이상만 만족하면 전체가 참이 됩니다. 'Game Over'가 되기 위한 조건은 목숨이 1보다 작아지거나, 타이머가 30초를 넘는 것입니다. 여기에서는 둘 중 하나 이상만 만족하면 조건 전체가 참이 됩니다.

[그리고] 는 앞과 뒤의 조건이 모두 만족해야만 전체가 참이 됩니다. 'Game Clear'가 되기 위한 조건은 타이머가 30초를 넘지 않아야 하고, 점수가 9점을 넘어야 합니다. 이 두 가지 조건이 모두 충족되어야만 전체 조건이 참이 됩니다.

07 ›› [점수]와 [타이머], [목숨 정보] 창을 드래그하여 [실행] 창 위쪽에 배치합니다. [속력 정보] 창은 마우스 오른쪽 단추를 클릭하여 '숨기기'를 클릭해 [실행] 창에서 사라지도록 합니다.

08 ›› [속력 정보] 창이 [실행] 창에서 사라지고 '번개 피하기 게임' 프로젝트가 완성되었습니다.

프로젝트 완성

Step 06

01 ›› '외계인' 스크립트

깃발 클릭했을 때
x: -102 y: -94 이동하기
무한 반복하기
  만약 오른쪽 화살표 ▼ 키를 눌렀는가? 라면
    x좌표를 10 만큼 바꾸기
    다음 모양으로 바꾸기
  만약 왼쪽 화살표 ▼ 키를 눌렀는가? 라면
    x좌표를 -10 만큼 바꾸기
    다음 모양으로 바꾸기

맞았다! ▼ 을(를) 받았을 때
으악! 을(를) 1 초동안 말하기

점수 획득! ▼ 을(를) 받았을 때
오예! 을(를) 1 초동안 말하기

02 ›› '별' 스크립트

깃발 클릭했을 때
숨기기
0.5 부터 3 사이의 난수 초 기다리기
무한 반복하기
  x: -240 부터 240 사이의 난수 y: 180 이동하기
  그래픽 효과 지우기
  보이기
  y 좌표 < -170 까지 반복하기
    y좌표를 -7 만큼 바꾸기
    소용돌이 ▼ 효과를 -7 만큼 바꾸기

깃발 클릭했을 때
무한 반복하기
  만약 외계인 ▼ 에 닿았는가? 라면
    숨기기
    점수 을(를) 1 만큼 바꾸기
    점수 획득! ▼ 방송하기

03 ›› '번개' 스크립트

04 ›› '무대' 스크립트

학 습 정 리

❶ 그림판에서 텍스트를 입력할 때는 툴 모음에서 [텍스트(**T**)]를 클릭한 후 텍스트를 입력합니다.

❷ 블록 모음에서 `x: ● y: ● 이동하기` 의 좌표값은 해당 스프라이트를 이동할 때마다 스프라이트의 현재 좌표 값으로 변경됩니다.

❸ 스프라이트의 위치를 초기화시킬 때는 먼저 스프라이트를 원하는 초기화 위치로 이동시킨 후 블록 모음에서 `x: ● y: ● 이동하기` 를 드래그하여 [스크립트] 창으로 가져와 연결하면 별도의 좌표 입력 없이 초기화할 수 있습니다.

❹ `● 부터 ● 사이의 난수` 는 지정한 두 수를 포함하여 사이에 있는 수 중 임의의 수 하나를 저장하고 있는 블록입니다. 만약 '1부터 10사이의 난수' 라고 한다면 1~10 중 하나의 자연수를 임의로 지정하여 저장합니다.

❺ 복제하기는 현재 스프라이트와 동일한 상태의 스프라이트를 복제하는 기능입니다. 만약 현재 스프라이트가 '숨기기' 상태라면 복제된 스프라이트도 '숨기기' 상태로 복제됩니다.

❻ `타이머` 와 `타이머 초기화` 는 프로젝트에서 시간을 체크할 수 있는 블록입니다. `타이머 초기화` 를 실행하면 타이머가 초기화되어 0부터 다시 시작되고, 타이머의 값은 `타이머` 에 담기게 됩니다.

❼ `까지 기다리기` 는 조건 영역이 참이 될 때까지 다음 블록을 실행하지 않고 대기하는 기능을 가지고 있습니다. 만약 조건 영역이 참이 되면 대기 상태가 풀리고 다음에 연결된 블록이 실행됩니다.

❽ `또는` 는 앞과 뒤의 조건 중 어느 1개 이상만 만족하면 전체가 참이 됩니다.

❾ `그리고` 는 앞과 뒤의 조건 중 어느 1개 이상만 만족하면 전체가 참이 됩니다.

01 조건 영역이 참이 될 때까지 다음 블록을 실행하지 않고 대기하는 기능을 가진 블록은? (   )

① 까지 반복하기

② ◯ 초 기다리기

③ 까지 기다리기

④ ◯ 번 반복하기

02 블록의 실행 결과가 참(true)인 것은? (   )

① 0 < 0 그리고 0 = 0   ② 0 < 0 또는 0 = 1

③ 0 < 1 가(이) 아니다   ④ 1 < 0 또는 1 = 0 가(이) 아니다

03 번개 피하기 프로젝트에 관한 설명 중 옳지 않은 것은? (   )

① 모양을 바꿀 때 난수 블록을 사용할 수 있다.

② 복제본을 삭제할 때는 숨기기 를 사용하는 것이 좋다.

③ '번개' 스프라이트의 원본을 숨기면 복제되었을 때도 숨기기 상태로 유지 된다.

④ 새로 생기는 복제본마다 각기 다른 속력 변수값을 주려면 '이 스프라이트에서만 사용'을 체크하고 변수를 만들어야 한다.

04 가운데(x:0, y:0)에서 아래로 계속해서 떨어지게 하려면 ①

무한 반복하기
x: 0 y: 0 로 이동하기
x좌표 < -180 까지 반복하기
y좌표를 -10 만큼 바꾸기

스크립트나 ②

x: 0 y: 0 로 이동하기
무한 반복하기
y좌표를 -10 만큼 바꾸기
만약 벽 ▼ 에 닿았는가? 라면
x: 0 y: 0 로 이동하기

스크립트를 사용할 수 있다. ①번 스크립트로 만들

때 간혹 원하는 대로 실행되지 않을 때가 있는데 이 때 주의해야 할 점은 무엇인지 설명하시오. (   )

정답

1. ③ 2. ④ 3. ② 4. 스프라이트의 모양 중심 설정에 유의해야 한다. 모양 중심 설정이 위로 되어 있다면 스프라이트의 y좌표가 −180보다 작아지지 않기에 스프라이트가 다시 가운데로 이동하지 않고 아래에 멈춰있게 된다.

학 교 에 서 통 하 는 Scratch

다양한 특수 기능을 활용한 중급 프로젝트 제작

스크래치에는 소리, 복제하기, 그림판 등과 같은 다양한 특수 기능들이 있습니다. 이러한 다양한 특수 기능을 활용하면 좀 더 수준 높은 응용프로그램, 애니메이션, 게임 등을 만들 수 있습니다. 이번 챕터에서는 다양한 블록들을 활용하여 많은 수의 스프라이트에 복잡한 스크립트를 구성하여 프로젝트를 만들 예정입니다. 자신이 생각한 것이 스크래치를 통해 실제 프로젝트로 만들어져 가는 과정을 함께 학습할 수 있습니다.

Section
08

전자 키보드 프로그램

이번 섹션에서는 키보드를 통해 직접 연주가 가능한 전자 키보드를 스크래치를 통해 만들어 봅니다. 이를 위해 [소리] 블록 모음의 여러 가지 블록들을 활용하게 됩니다. 악기 선택과 음량 설정, 저장소에서 소리 선택하기 등이 포함됩니다. 또한 많은 스프라이트가 등장하는 프로젝트에서 초기화를 통해서 위치를 배열하고, 기본 조건을 설정하는 방법 등도 학습하게 됩니다.

Section 08 | Section 09 | Section 10 | Section 11

| 예제 파일 | A.sprite2, B.sprite2, Bb.sprite2, C#.sprite2, C.sprite2, C2.sprite2, D.sprite2, E.sprite2, Eb.sprite2, F#.sprite2, F.sprite2, Flute.sprite2, G#.sprite2, G.sprite2, Guitar.sprite2, music1.sprite2, music2.sprite2, music3.sprite2, music4.sprite2, Piano.sprite2, Trumbone.sprite2

| 완성 파일 | sectionr8.sb2

| 웹 주소 | https://scratch.mit.edu/projects/32082370/

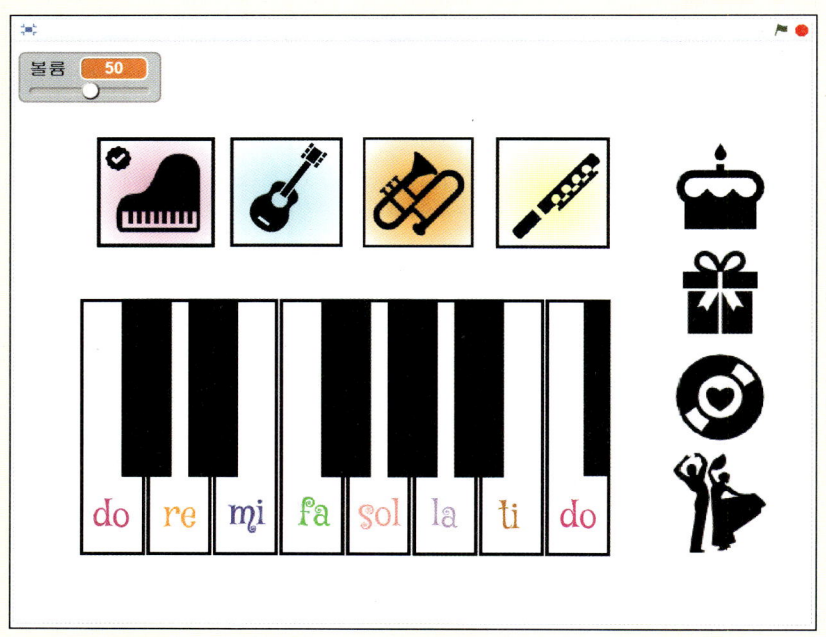

스프라이트 불러오기와 위치 초기화하기 Step 01

01 ›› 메인 화면에서 [만들기] 메뉴를 클릭한 후 기본 스프라이트인 'Sprite1'을 삭제합니다. [스프라이트] 창의 [새로운 스프라이트]-[스프라이트 파일 업로드하기(📤)]를 클릭합니다. 제공된 파일에서 이번 프로젝트에 사용할 총 21개의 스프라이트를 불러옵니다.

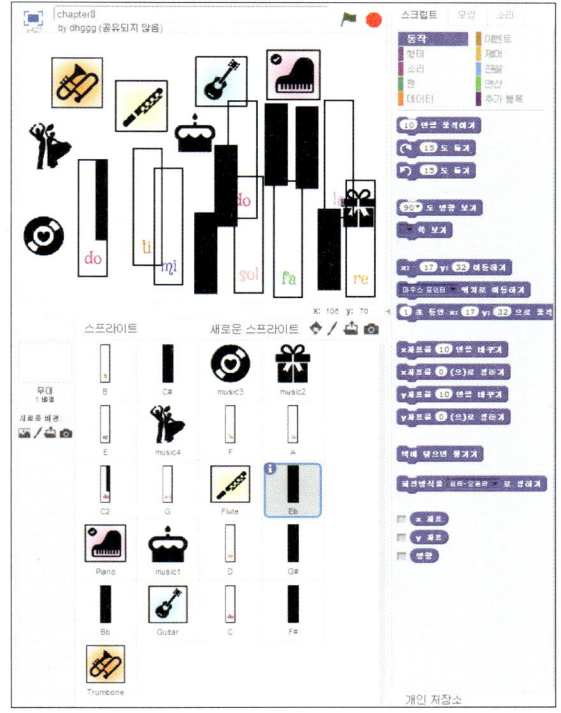

02 ›› 여러 개의 스프라이트를 키보드 모양으로 가지런히 배열하기 위해서는 모양 중심 설정을 정확하게 해야 합니다. 제공된 스프라이트는 모두 왼쪽 위 모서리에 중심 설정이 되어 있습니다. 직접 스프라이트를 그림판으로 그려서 만들 경우에도 모양 중심 설정에 주의해야 합니다.

03 ›› 프로젝트를 만들기 쉽도록 여러 개의 스프라이트를 다음과 같은 순서로 정리합니다. 하얀 건반은 'C(도) → D(레) → E(미) → F(파) → G(솔) → A(라) → B(시) → C2(높은 도)' 순으로 정리합니다. 검은 건반은 'C#(도#) → Eb(미b) → F#(파#) → G#(솔#) → Bb(시b)' 순으로 정리합니다.

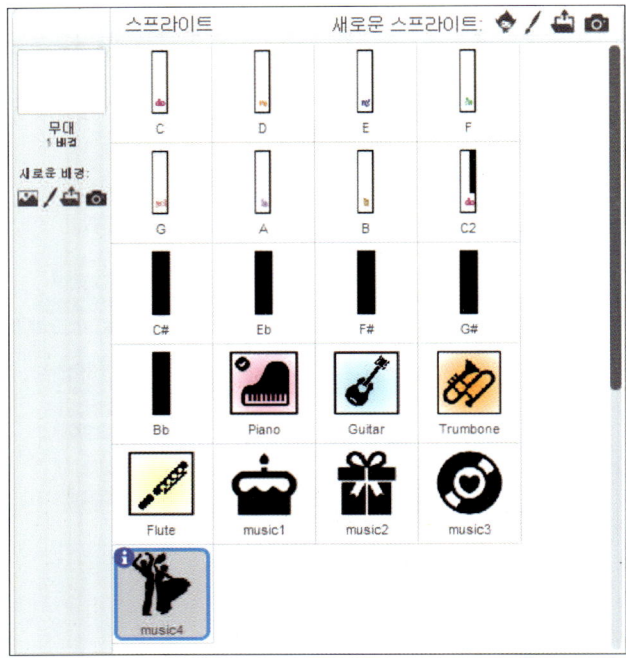

04 ›› 프로젝트 시작 시의 각 스프라이트의 위치를 정해줍니다. 먼저 'C(도)' 스프라이트를 선택하고 x: 0 y: 0 이동하기 로 스프라이트의 위치를 초기화합니다. x좌표는 '-200', y좌표는 '20' 으로 입력합니다.

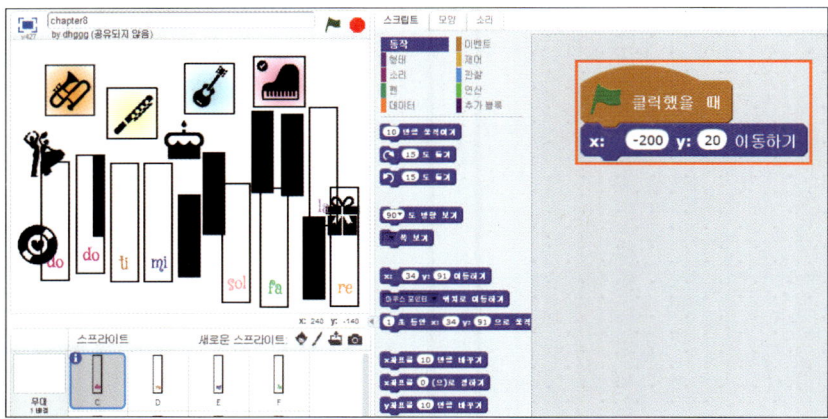

05 ›› 흰 건반에 해당하는 'D, E, F, G, A, B, C2' 스프라이트를 'C' 스프라이트와 동일한 방법으로 위치 초기화시켜줍니다. 각 스프라이트의 y좌표는 'C' 스프라이트의 y좌표와 동일하게 '20'으로 입력합니다. 각 스프라이트의 x좌표는 'C' 스프라이트의 x좌표에서 40씩 증가하도록 합니다. 'D는 −160, E는 −120, F는 −80, G는 −40, A는 0, B는 40, C2는 80'을 입력합니다.

▲ 'D' 스프라이트 위치 초기화

▲ 'E' 스프라이트 위치 초기화

▲ 'F' 스프라이트 위치 초기화

▲ 'G' 스프라이트 위치 초기화

▲ 'A' 스프라이트 위치 초기화

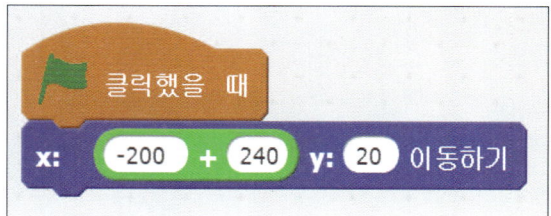

▲ 'B' 스프라이트 위치 초기화

▲ 'C2' 스프라이트 위치 초기화

건반의 위치를 초기화하기 위해서 x: 0 y: 0 이동하기 을 사용하였습니다. 각 건반의 y좌표는 모두 동일하고, x좌표는 일정 크기만큼 증가하고 있습니다. x좌표의 경우 단순히 각 스프라이트의 해당 좌표를 계산하여 입력하기 보다는 이를 좀 더 이해하기 쉽도록 ◯+◯를 사용하여 표시합니다.

06 ›› 검은 건반인 'C#, Eb, F#, G#, Bb' 스프라이트의 위치를 초기화합니다. 먼저 'C#' 스프라이트의 위치를 x좌표 '-175', y좌표 '20'으로 정한 뒤, 차례대로 다음 스프라이트의 x좌표를 40씩 증가시켜 나갑니다. 이 때, 'Eb'와 'F#' 사이에는 1칸의 간격이 더 존재하기 때문에 80이 커지는 것에 주의해야 합니다. 흰 건반과 마찬가지로 검은 건반 스프라이트의 y좌표 값은 모두 '20'으로 통일합니다. 각 스프라이트의 좌표값은 다음과 같습니다. 'C#(-175, 20), Eb(-135, 20), F#(-55, 20), G#(-15, 20), Bb(25, 20)'.

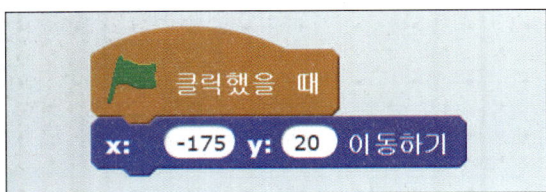
▲ 'C#' 스프라이트 위치 초기화

▲ 'Eb' 스프라이트 위치 초기화

▲ 'F#' 스프라이트 위치 초기화

▲ 'G#' 스프라이트 위치 초기화

▲ 'Bb' 스프라이트 위치 초기화

07 ›› 4가지 종류의 악기 스프라이트의 위치를 초기화합니다. 각 스프라이트의 y좌표는 120으로 동일하고, x좌표의 간격은 80입니다. 각 스프라이트의 위치 좌표값은 다음과 같습니다. 'Piano(-190, 120), Guitar(-110, 120), Trumbone(-30, 120), Flute(50, 120)'.

▲ 'Piano' 스프라이트 위치 초기화

▲ 'Guitar' 스프라이트 위치 초기화

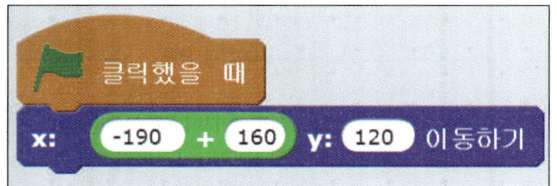
▲ 'Trumbone' 스프라이트 위치 초기화

▲ 'Flute' 스프라이트 위치 초기화

08 ›› 4가지 종류의 자동 음악연주 스프라이트의 위치를 초기화합니다. 각 스프라이트의 x좌표는 185으로 동일하고, y좌표의 간격은 65입니다. 각 스프라이트의 위치 좌표값은 다음과 같습니다. 'music1(185, 90), music2(185, 25), music3(185, -40), music4(185, -105)'.

▲ 'music1' 스프라이트 위치 초기화

▲ 'music2' 스프라이트 위치 초기화

▲ 'music3' 스프라이트 위치 초기화

▲ 'music4' 스프라이트 위치 초기화

09 ›› [실행] 창 오른쪽 윗부분의 ▶를 클릭하면 모든 스프라이트가 가지런하게 정렬됩니다.

건반 스프라이트 완성하기

01 >> 흰 건반과 검은 건반 스프라이트들은 각각 2가지 모양을 가지고 있습니다. 모양1은 기본 상태의 모양이고, 모양2는 건반이 눌려졌을 때의 모양입니다. 모양1과 모양2의 색깔이 조금 다른 것을 확인할 수 있습니다.

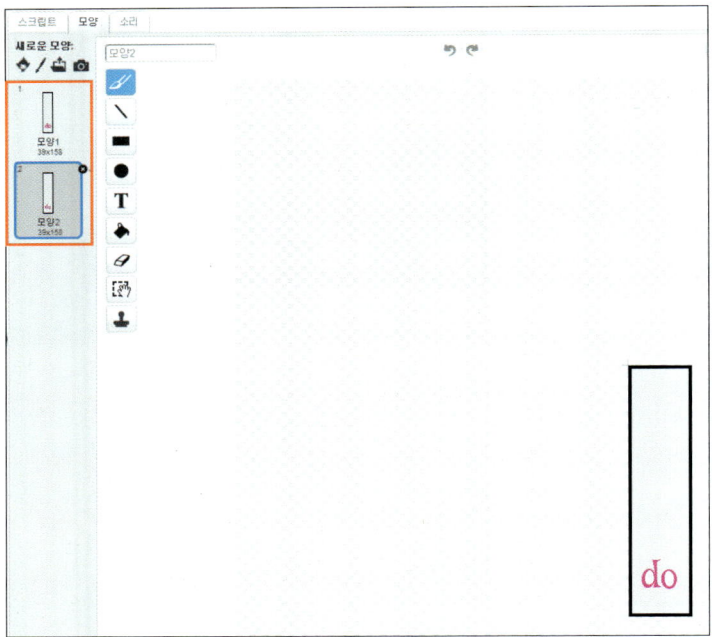

02 >> 건반의 모양을 모두 초기화시켜 주기 위해서 모든 건반 스프라이트의 스크립트에서 x: 0 y: 0 이동하기 다음에 형태(형태) 카테고리에 있는 모양을 모양1 (으)로 바꾸기 를 가져와 연결합니다. 이제 모든 건반 스프라이트는 시작과 동시에 '모양1'로 초기화됩니다.

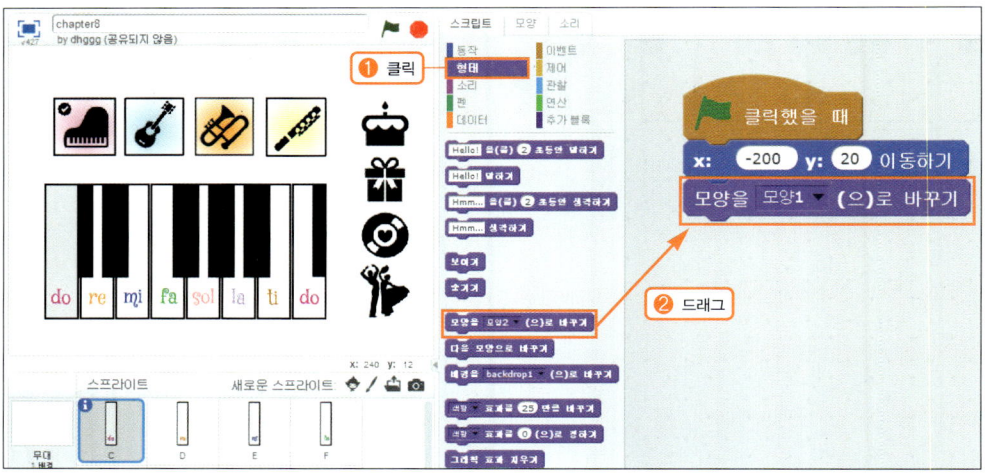

03 >> 이 프로젝트에서 사용할 2개의 변수를 생성합니다. 변수의 이름은 각각 '볼륨'과 '악기선택'으로 하고 생성 시 선택 사항은 '모든 스프라이트에서 사용'으로 설정합니다.

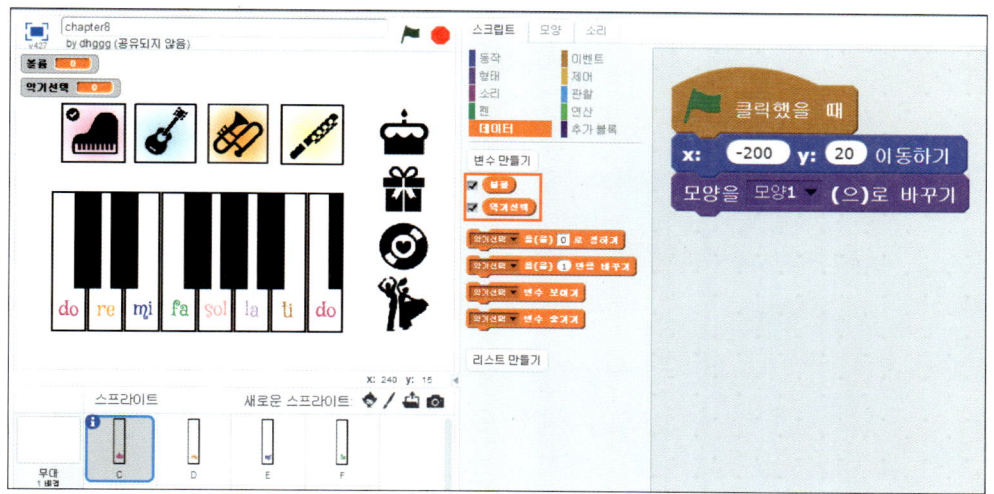

04 >> 이제 건반 스프라이트마다 키보드의 키 값을 지정해서 해당 키를 누르면 음에 맞는 악기가 연주되도록 하려고 합니다. 먼저 키보드의 A를 누르면 'C' 스프라이트의 스크립트가 작동하면서 '도'음이 연주되도록 만들도록 합니다. 이벤트(이벤트) 카테고리에서 스페이스 키를 눌렀을 때 을 가져와 선택 항목을 'a'로 변경합니다. 'C' 스프라이트의 음량 크기를 정하기 위해 소리(소리) 카테고리의 음량을 ○ % (으)로 정하기 와 데이터(데이터) 카테고리에서 생성한 변수인 볼륨 을 결합하여 연결합니다.

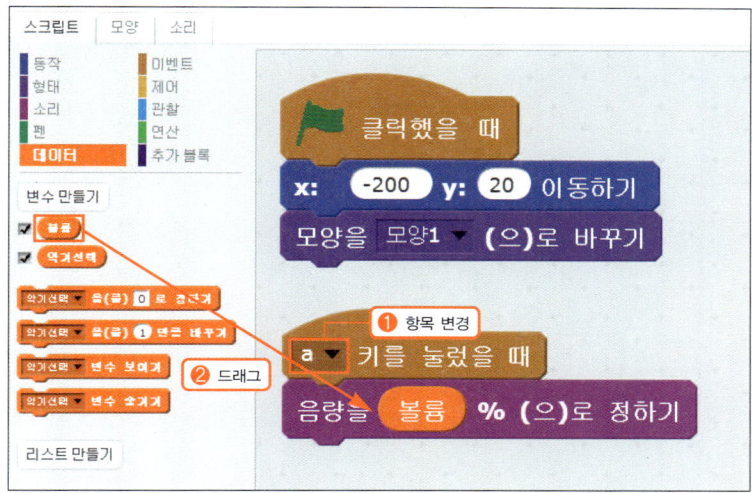

05 ›› 4개의 악기 아이콘에서 선택한 악기가 연주되도록 하기 위해서 소리(소리) 카테고리의
💿번 악기로 정하기 를, 데이터(데이터) 카테고리에서 생성한 변수인 악기선택 을 가져와 결합한 뒤 연결합니다.

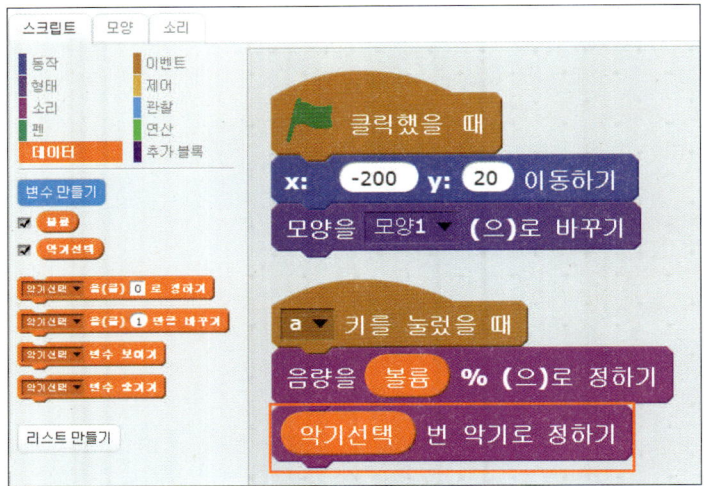

💿번 악기로 정하기 는 스크래치에서 제공하는 여러 가지 악기를 설정할 수 있는 블록입니다. 스크래치에서는 20여개의 다양한 악기 소리 효과를 연출할 수 있습니다.

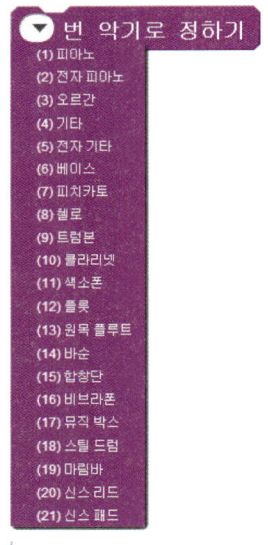

06 〉〉 음량과 악기를 정하고 나면 실제 악기를 연주할 차례입니다. 소리(소리) 카테고리의 ▼ 번 음을 ● 박자로 연주하기 를 [스크립트] 창으로 가져와 연결합니다. 선택 항목에서 '도' 음인 '60' 번을 선택하고 '0.2' 박자로 연주하도록 합니다.

07 〉〉 키보드를 누르면 건반이 눌려지는 효과를 주기 위해 ▼ 번 음을 ● 박자로 연주하기 의 앞과 뒤에 각각 모양을 모양1 ▼ (으)로 바꾸기 을 연결합니다. 앞쪽은 선택 항목을 '모양2' 로 뒤쪽은 선택 항목을 '모양1' 로 선택합니다.

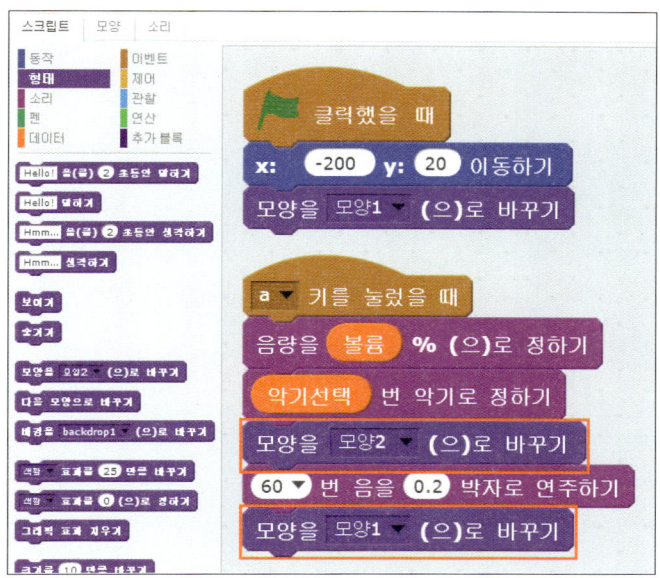

박자가 커질수록 연주되는 음의 길이가 길어집니다.

이번 프로젝트에서 건반 스프라이트는 키보드의 키를 누름으로써 작동합니다.

건반의 배열에 맞춰서 흰 건반은 C(도) = **A**, D(레) = **S**, E(미) = **D**, F(파) = **F**, G(솔) = **G**, A(라) = **H**, B(시) = **J**, C2(높은 도) = **K** 로 설정됩니다. 검은 건반은 C#(도#) = **W**, Eb(미b) = **E**, F#(파#) = **T**, G#(솔#) = **Y**, Bb(시b) = **U** 로 설정됩니다.

08 》 'C' 스프라이트에서 만든 연주 부분 스크립트를 그대로 'D' 스프라이트로 복사합니다.

스페이스 ▼ 키를 눌렀을 때 의 선택 항목은 's' 로, ◐번 음을 ◯박자로 연주하기 의 선택 항목은 '62' 로 변경합니다.

▲ 'D' 스프라이트 연주 부분 스크립트

09 ›› 'C'와 'D' 스프라이트와 마찬가지로 다른 건반 스프라이트도 동일한 방식을 적용하여 연주 부분의
스크립트를 완성합니다.

▲ 'E' 스프라이트 연주 부분 스크립트

▲ 'F' 스프라이트 연주 부분 스크립트

▲ 'G' 스프라이트 연주 부분 스크립트

▲ 'C2' 스프라이트 연주 부분 스크립트

▲ 'B' 스프라이트 연주 부분 스크립트

▲ 'A' 스프라이트 연주 부분 스크립트

▲ 'C#' 스프라이트 연주 부분 스크립트

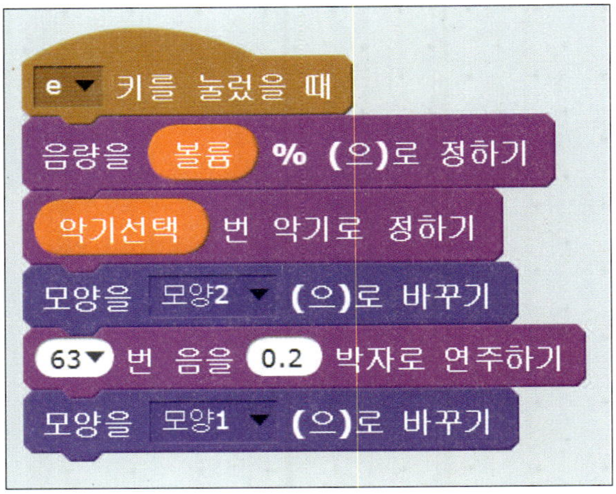

▲ 'Eb' 스프라이트 연주 부분 스크립트

▲ 'F#' 스프라이트 연주 부분 스크립트

▲ 'G#' 스프라이트 연주 부분 스크립트

▲ 'Bb' 스프라이트 연주 부분 스크립트

10 〉〉 검은 건반은 흰 건반과 겹쳐져 있을 때 항상 흰 건반보다 위쪽에 위치하도록 해주어야 합니다. 초기화 스크립트에 형태(▌형태) 카테고리에 있는 맨 앞으로 나오기 를 결합합니다. 검은 건반인 'C#(도#), Eb(미b), F#(파 #), G#(솔#), Bb(시b)' 스프라이트를 모두 동일하게 처리합니다.

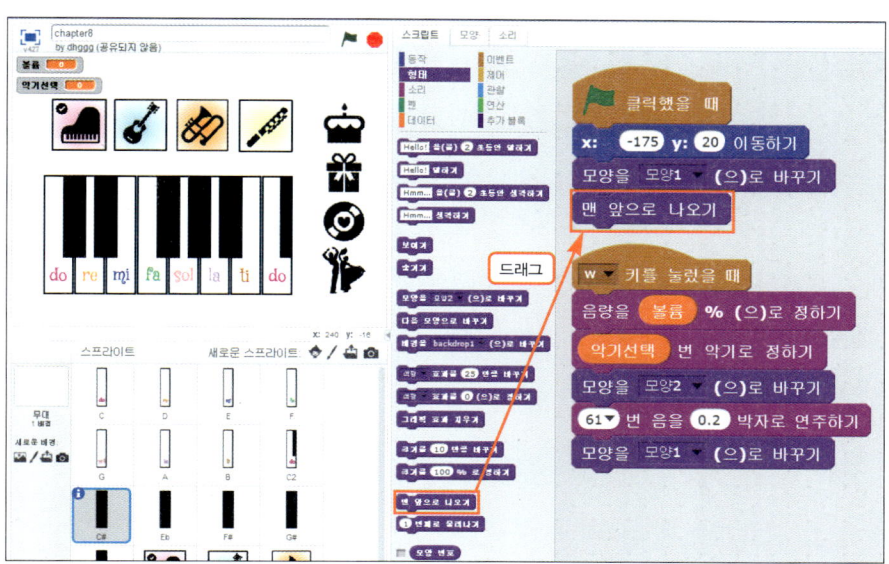

악기 변경 기능 완성하기 　　Step 03

01 〉〉　악기를 변경하기 위해서는 '악기' 스프라이트를 눌렀을 때 '악기선택'이라는 변수를 해당 악기의 번호에 맞도록 정해주고, 선택되었음을 알려줄 수 있는 체크 표시된 모양(piano2)으로 변경해주어야 합니다.

이 스프라이트를 클릭했을 때 를 가져오고, 악기선택 ▼ 을(를) ☐ 로 정하기 와 모양을 piano2 ▼ (으)로 바꾸기 를 결합합니다.

악기선택 ▼ 을(를) ☐ 로 정하기 에는 피아노 악기 번호인 '1'을 입력합니다.

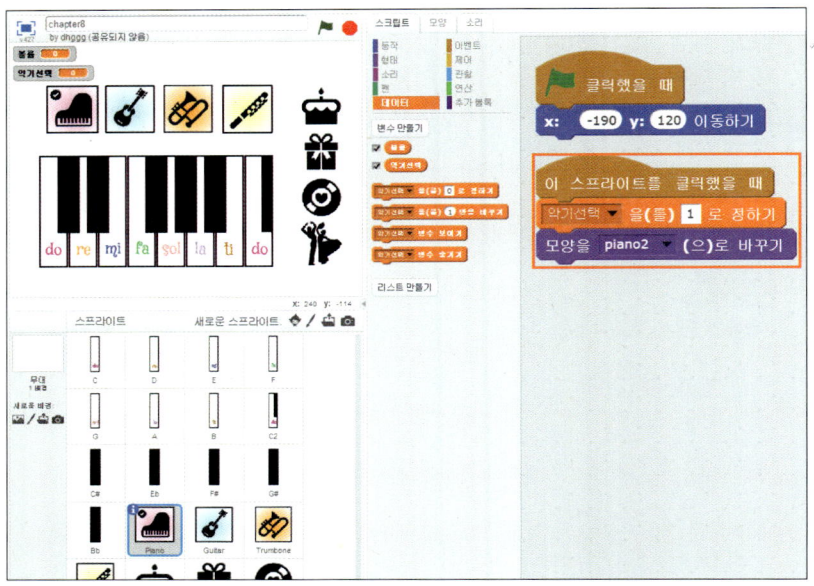

스크래치의 모든 스프라이트는 각각의 소리와 악기, 음량 등을 독립적으로 선택할 수 있습니다. 즉, 한 스프라이트에서 특정 악기를 선택했다더라도, 다른 스프라이트의 악기 선택은 독립적이기 때문에 영향을 미치지 않습니다. '악기 변경' 스프라이트를 클릭하였을 때 이것이 실제 연주되는 건반 스프라이트의 악기 변경에 영향을 주기 위해서는 '악기 선택' 변수의 변수값을 변경함으로써 제어해야 합니다.

02 ›› 'Piano' 스프라이트와 동일한 방식으로 'Guitar, Trumbone, Flute' 스프라이트의 악기선택 변수를 변경시키고, 모양을 2번째 모양으로 바꾸어줍니다. Guitar의 악기 번호는 4번이고, Trumbone의 악기 번호는 9번, Flute의 악기 번호는 19번입니다.

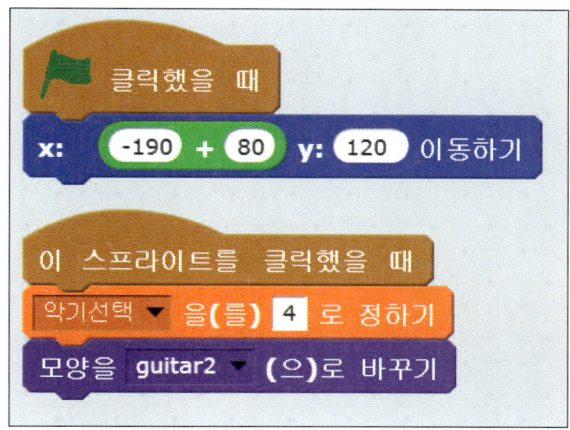

▲ 'Guiter' 스프라이트 스크립트

▲ 'Trumbone' 스프라이트 스크립트

▲ 'Flute' 스프라이트 스크립트

03 ›› 어떤 악기 스프라이트를 클릭하면 해당 악기는 체크표시 모양으로 바뀌고, 다른 악기들은 체크 표시가 해제되도록 합니다. 각각의 스크립트에 '악기명 mode'라는 방송하기 블록을 만들어 연결합니다. piano의 경우에는 'piano mode 방송하기', Guitar는 'guitar mode 방송하기', Trumbcne은 'trumbone mode 방송하기', Flute는 'flute mode 방송하기' 블록을 연결합니다.

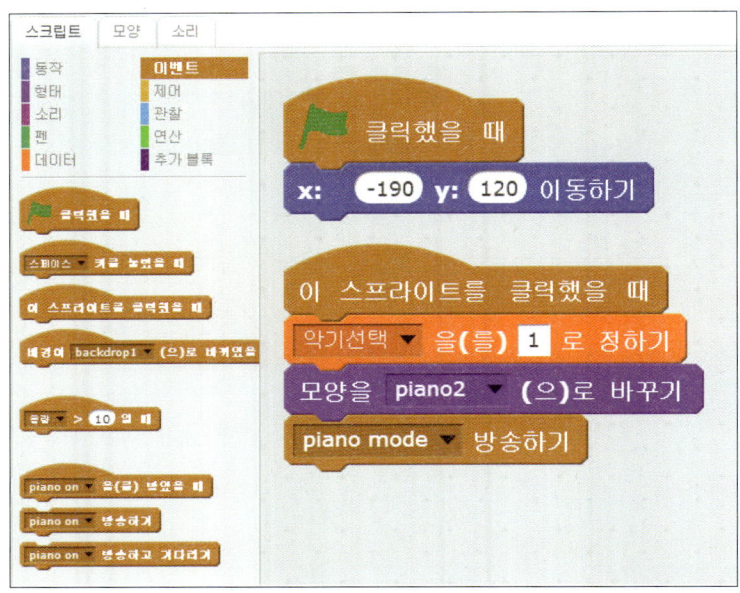

04 ›› 어떤 악기의 모드가 실행되면(방송하기 메시지가 전달되면) 실행된 악기를 제외한 다른 악기들은 체크표시가 해제된 '1번 모양'으로 모양을 바꿔야 합니다. guitar mode 을(를) 받았을 때 와 모양을 piano1 (으)로 바꾸기 를 연결합니다. 자신을 제외한 나머지 3개의 악기들로부터 모두 신호를 받을 수 있기 때문에 각 악기에 대해 3개의 스크립트를 만듭니다. 'Piano, Guitar, Trumbone, Flute' 스프라이트 모두 동일한 방식으로 스크립트를 만들어줍니다.

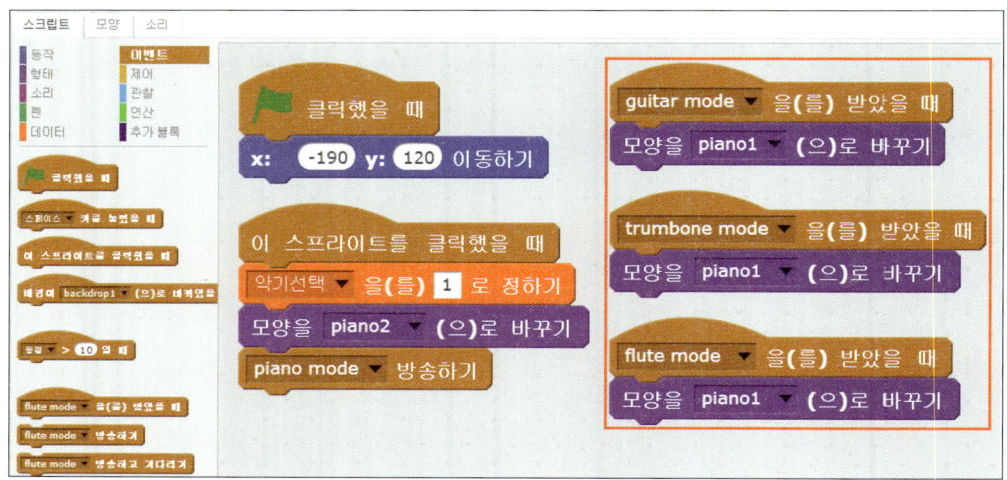

'악기' 스프라이트는 각각 2가지 모양으로 구성되어 있습니다. '모양1'은 체크표시가 없는 일반 악기 모양이고, '모양2'는 체크표시가 있는 모양입니다. 악기가 선택되었을 때는 선택된 악기만 '모양2'로 바뀌고 나머지 악기는 '모양1'로 변합니다. 이것은 방송하기 기능을 통해서 쉽게 구현할 수 있습니다.

05 ›› 'Piano' 스프라이트에서 처음 시작 시의 모양을 초기화해주기 위해 모양을 piano2 ▼ (으)로 바꾸기 를 x: 0 y: 0 이동하기 다음에 연결합니다.

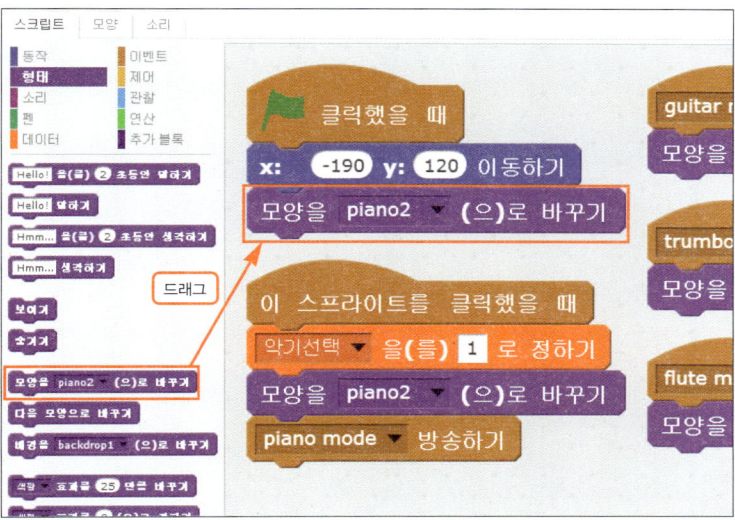

06 ›› 'Piano'를 제외한 다른 악기 스프라이트는 '모양2'가 아닌 '모양1'로 초기화합니다.

```
[깃발] 클릭했을 때
x: ( -190 + 80 ) y: 120 이동하기
모양을 guitar1 (으)로 바꾸기

이 스프라이트를 클릭했을 때
악기선택 을(를) 4 로 정하기
모양을 guitar2 (으)로 바꾸기
guitar mode 방송하기
```

```
piano mode 을(를) 받았을 때
모양을 guitar1 (으)로 바꾸기

trumbone mode 을(를) 받았을
모양을 guitar1 (으)로 바꾸기

flute mode 을(를) 받았을 때
모양을 guitar1 (으)로 바꾸기
```

```
[깃발] 클릭했을 때
x: ( -190 + 160 ) y: 120 이동하기
모양을 trombone1 (으)로 바꾸기

이 스프라이트를 클릭했을 때
악기선택 을(를) 9 로 정하기
모양을 trombone2 (으)로 바꾸기
trumbone mode 방송하기
```

```
piano mode 을(를) 받았을 때
모양을 trombone1 (으)로 바꾸기

flute mode 을(를) 받았을 때
모양을 trombone1 (으)로 바꾸기

guitar mode 을(를) 받았을 때
모양을 trombone1 (으)로 바꾸기
```

```
[깃발] 클릭했을 때
x: ( -190 + 240 ) y: 120 이동하기
모양을 flute1 (으)로 바꾸기

이 스프라이트를 클릭했을 때
악기선택 을(를) 19 로 정하기
모양을 flute2 (으)로 바꾸기
flute mode 방송하기
```

```
piano mode 을(를) 받았을 때
모양을 flute1 (으)로 바꾸기

guitar mode 을(를) 받았을 때
모양을 flute1 (으)로 바꾸기

trumbone mode 을(를) 받았을 때
모양을 piano1 (으)로 바꾸기
```

악기 스프라이트 중 piano는 시작 시 체크 표시 상태이기 때문에 '모양2'로 초기화하고, 다른 악기 스프라이트는 시작 시 체크 표시가 아닌 상태이기 때문에 '모양1'로 초기화합니다.

'music' 스프라이트 기능 완성하기와 변수 초기화하기 Step 04

01 》 'music1' 스프라이트를 선택합니다. 스프라이트를 클릭했을 때 볼륨 변수를 활용해 음량을 정하고, 스크래치에서 제공하는 기본 음악을 연주하려고 합니다. 이 스프라이트를 클릭했을 때 를 가져오고, 음량을 ● % (으)로 정하기 와 볼륨 을 결합해 연결합니다. 마지막에는 birthday ▼ 끝까지 소리내기 를 연결하고 원하는 음악을 선택합니다.

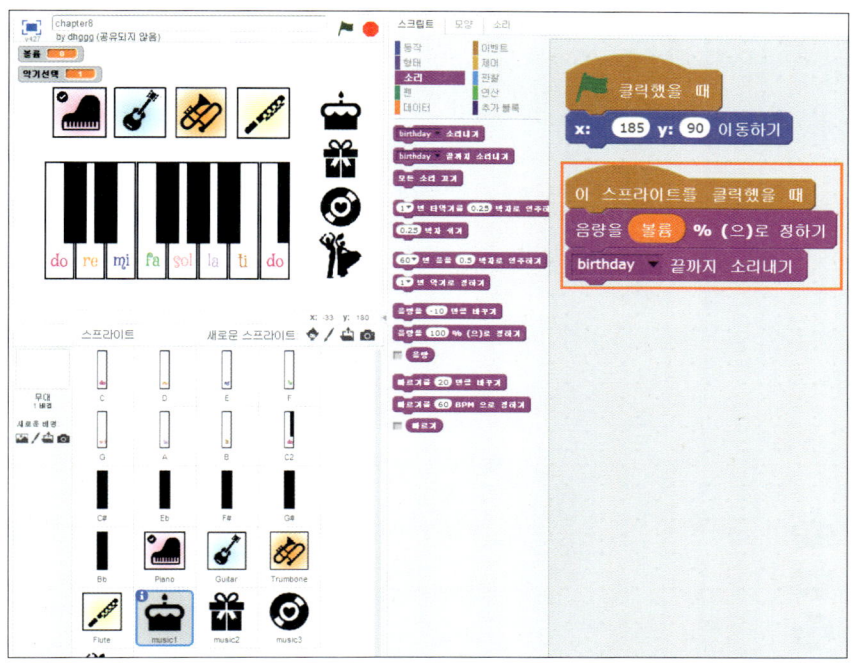

birthday ▼ 끝까지 소리내기 블록의 선택 항목에 여러 음악이 나오도록 하기 위해서는 [소리] 탭에서 소리를 추가해야 합니다. 스크래치에서 제공하는 기본 효과음이나 음악, 악기음 등을 추가할 수도 있고, 자신이 가지고 있는 음악 파일 등을 추가할 수도 있습니다.

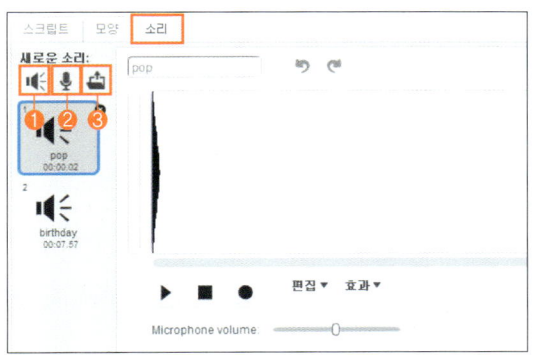

❶ 저장소에서 소리 선택 : 스크래치에서 제공하는 기본 소리를 불러옵니다.

❷ 새로운 소리 기록하기 : 마이크를 활용하여 새로운 스리를 녹음합니다.

❸ 소리 파일 업로드하기 : 자신이 가지고 있는 소리나 음악 파일을 업로드합니다.

02 ›› 'music2, music3, music4' 스프라이트에도 각각 다른 소리를 추가하여 music1과 동일한 형태의 스크립트를 만듭니다.

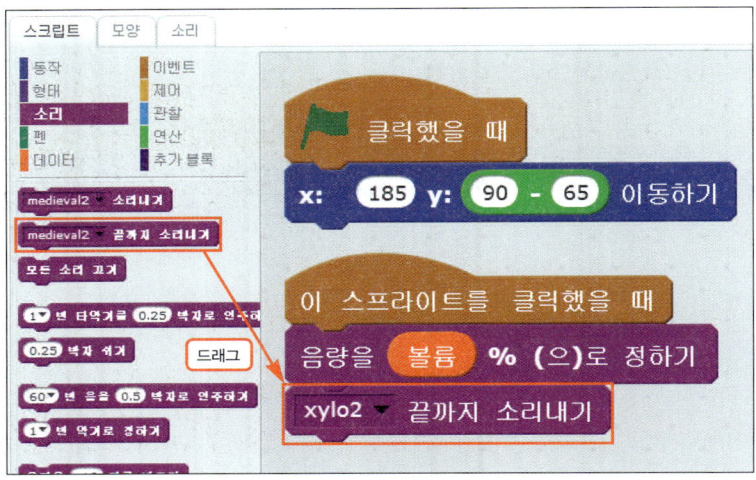

03 ›› 마지막으로 프로젝트에서 생성한 '볼륨'과 '악기선택' 변수에 대한 초기화를 해줄 차례입니다. 악기선택 을(를) □ 로 정하기 를 연결하고 악기를 피아노로 정하기 위해 숫자 '1'을 입력합니다. 볼륨 을(를) □ 로 정하기 를 연결하고 숫자 '50'을 입력합니다.

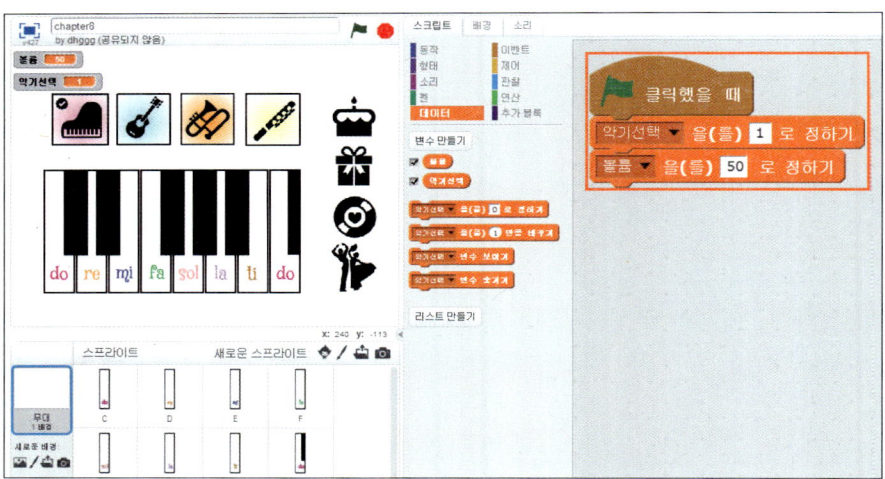

04 ≫   데이터(데이터) 카테고리를 클릭하고 '악기선택' 변수 블록 앞에 있는 박스를 클릭하여 체크 표시를 해제합니다. 실행창에서 '악기선택' 변수 창이 사라지고, '볼륨' 변수 창만 남아있는 것을 확인할 수 있습니다.

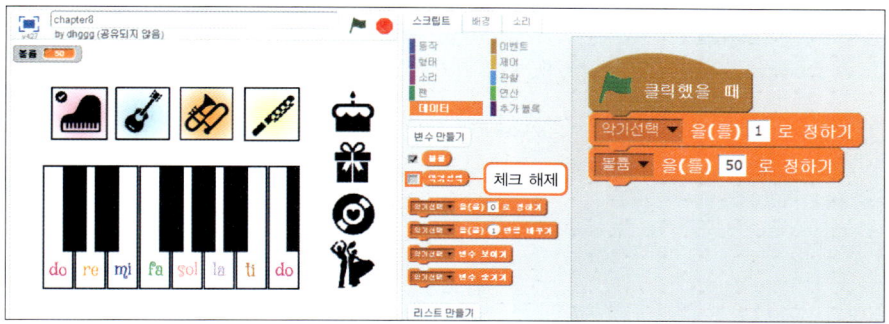

05 ≫   [실행] 창의 '볼륨' 변수 창을 더블 클릭하면 모양이 바뀌는 것을 확인할 수 있습니다. 총 3가지 종류의 변수 창 중 하나를 정할 수 있는데 변수 값을 임의로 수정할 수 있는 아래 모양이 되도록 합니다.

프로젝트 완성

01 〉〉 흰 건반 스프라이트의 스크립트('C, D, E, F, G, A, B, C2' 순)

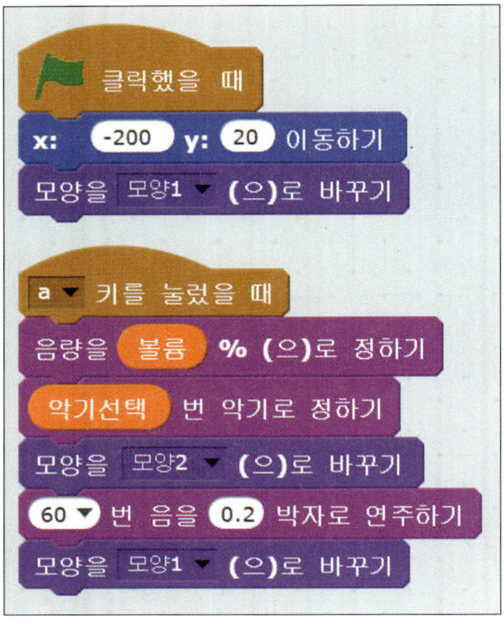

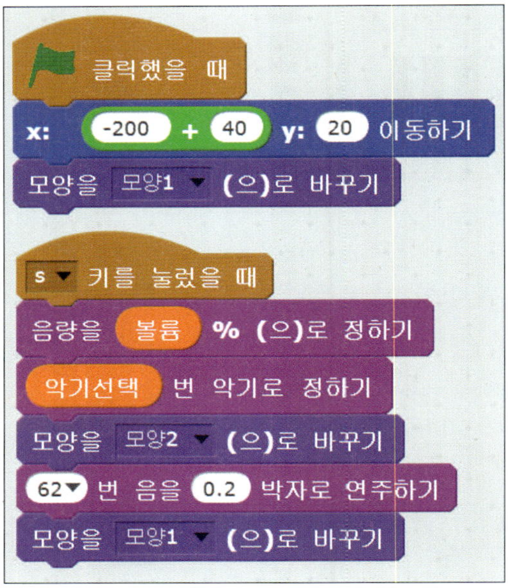

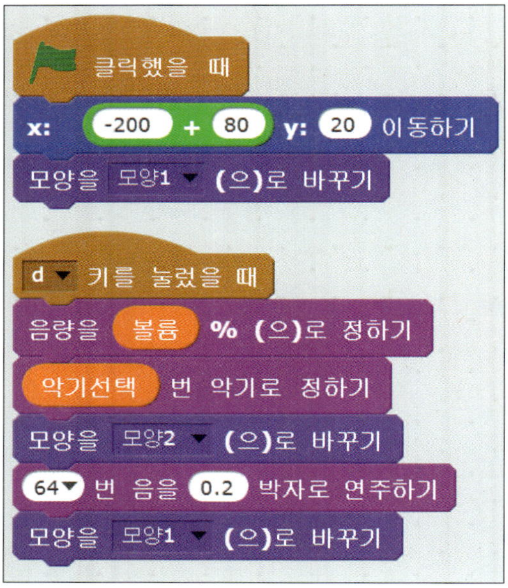

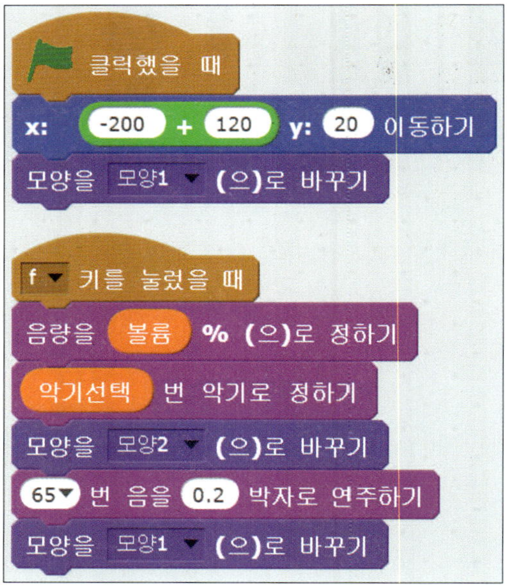

클릭했을 때

x: -200 + 160 y: 20 이동하기

모양을 모양1 ▼ (으)로 바꾸기

g ▼ 키를 눌렀을 때

음량을 볼륨 % (으)로 정하기

악기선택 번 악기로 정하기

모양을 모양2 ▼ (으)로 바꾸기

67 ▼ 번 음을 0.2 박자로 연주하기

모양을 모양1 ▼ (으)로 바꾸기

클릭했을 때

x: -200 + 200 y: 20 이동하기

모양을 모양1 ▼ (으)로 바꾸기

h ▼ 키를 눌렀을 때

음량을 볼륨 % (으)로 정하기

악기선택 번 악기로 정하기

모양을 모양2 ▼ (으)로 바꾸기

69 ▼ 번 음을 0.2 박자로 연주하기

모양을 모양1 ▼ (으)로 바꾸기

클릭했을 때

x: -200 + 240 y: 20 이동하기

모양을 모양1 ▼ (으)로 바꾸기

j ▼ 키를 눌렀을 때

음량을 볼륨 % (으)로 정하기

악기선택 번 악기로 정하기

모양을 모양2 ▼ (으)로 바꾸기

71 ▼ 번 음을 0.2 박자로 연주하기

모양을 모양1 ▼ (으)로 바꾸기

클릭했을 때

x: -200 + 280 y: 20 이동하기

모양을 모양1 ▼ (으)로 바꾸기

k ▼ 키를 눌렀을 때

음량을 볼륨 % (으)로 정하기

악기선택 번 악기로 정하기

모양을 모양2 ▼ (으)로 바꾸기

72 ▼ 번 음을 0.2 박자로 연주하기

모양을 모양1 ▼ (으)로 바꾸기

175

02 》 검은 건반 스프라이트의 스크립트('C#, Eb, F#, G#, Bb' 순)

[첫 번째 스크립트]

```
클릭했을 때
x: -175 y: 20 이동하기
모양을 모양1 ▼ (으)로 바꾸기
맨 앞으로 나오기

w ▼ 키를 눌렀을 때
음량을 볼륨 % (으)로 정하기
악기선택 번 악기로 정하기
모양을 모양2 ▼ (으)로 바꾸기
61 ▼ 번 음을 0.2 박자로 연주하기
모양을 모양1 ▼ (으)로 바꾸기
```

[두 번째 스크립트]

```
클릭했을 때
x: -175 + 40 y: 20 이동하기
모양을 모양1 ▼ (으)로 바꾸기
맨 앞으로 나오기

e ▼ 키를 눌렀을 때
음량을 볼륨 % (으)로 정하기
악기선택 번 악기로 정하기
모양을 모양2 ▼ (으)로 바꾸기
63 ▼ 번 음을 0.2 박자로 연주하기
모양을 모양1 ▼ (으)로 바꾸기
```

[세 번째 스크립트]

```
클릭했을 때
x: -175 + 120 y: 20 이동하기
모양을 모양1 ▼ (으)로 바꾸기
맨 앞으로 나오기

t ▼ 키를 눌렀을 때
음량을 볼륨 % (으)로 정하기
악기선택 번 악기로 정하기
모양을 모양2 ▼ (으)로 바꾸기
66 ▼ 번 음을 0.2 박자로 연주하기
모양을 모양1 ▼ (으)로 바꾸기
```

[네 번째 스크립트]

```
클릭했을 때
x: -175 + 160 y: 20 이동하기
모양을 모양1 ▼ (으)로 바꾸기
맨 앞으로 나오기

y ▼ 키를 눌렀을 때
음량을 볼륨 % (으)로 정하기
악기선택 번 악기로 정하기
모양을 모양2 ▼ (으)로 바꾸기
68 ▼ 번 음을 0.2 박자로 연주하기
모양을 모양1 ▼ (으)로 바꾸기
```

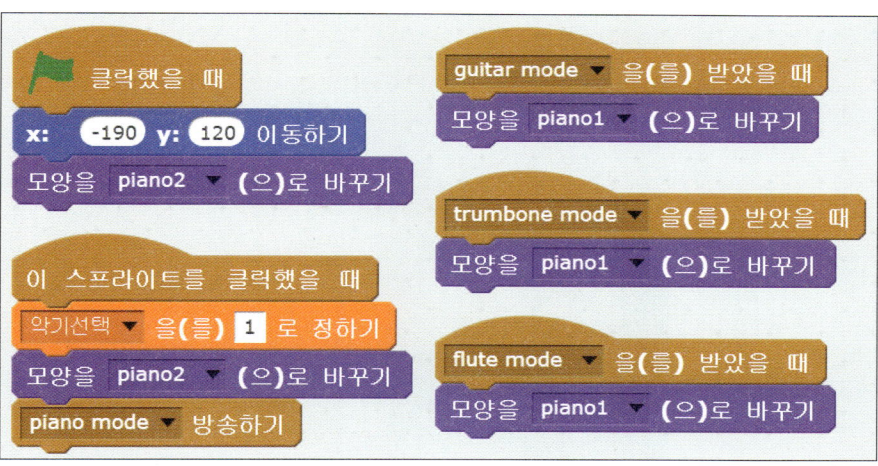

03 ›› 악기 스프라이트의 스크립트('Piano, Guitar, Trumbone, Flute' 순)

04 ›› music 스프라이트의 스크립트('music1, music2, music3, music4' 순)

05 》 '무대' 스크립트

학 습 정 리

❶ 여러 개의 스프라이트를 가지런히 배열하기 위해서는 위치 초기화 이전에 스프라이트 모양의 중심설정을 먼저 해주어야 합니다. 특히 스프라이트의 중심점을 잡기 어려운 모양일 경우 한쪽 모서리를 중심으로 설정하는 것이 좋습니다.

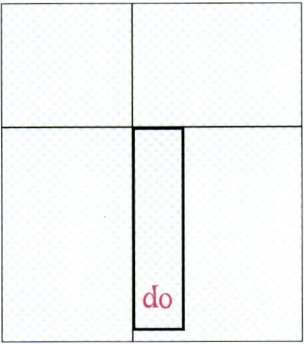

❷ 동일한 간격만큼 떨어져 있는 스프라이트의 위치 초기화는 `x: 0 y: 0 이동하기` 에 연산 블록인 `○ + ○` 를 결합하여 하도록 합니다.

❸ `▼번 악기로 정하기` 는 스크래치에서 제공하는 여러 가지 악기를 설정할 수 있는 블록입니다. 스크래치에서는 20여개의 다양한 악기 소리 효과를 연출할 수 있습니다.

❹ `▼번 음을 ●박자로 연주하기` 는 선택한 악기의 지정 음을 지정한 박자로 연주하는 블록입니다. `▼번 악기로 정하기` 로 악기를 선택한 후 `▼번 음을 ●박자로 연주하기` 로 어떤 음을 어떤 박자로 연주할 것인지를 선택합니다. 박자가 커질수록 연주되는 음의 길이가 길어집니다.

❺ `birthday ▼ 끝까지 소리내기` 는 [소리] 탭에 불러온 소리를 연주할 수 있는 블록입니다. [소리] 탭에는 스크래치에서 제공하는 기본 효과음이나 음악, 악기음 등을 추가할 수도 있고, 자신이 가지고 있는 음악 파일 등을 추가할 수도 있습니다.

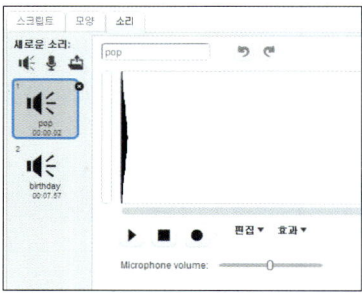

•퀴즈 및 실습 문제•

01 [소리] 탭에 관한 설명 중 옳지 않은 것은? (   )

① 소리를 편집하거나 효과를 낼 수 있다.

② 피아노, 기타, 클라리넷 등 20여 종류의 악기 소리가 제공된다.

③ 스크래치에서 제공되는 소리 외에 용량이 큰 다른 음악은 사용할 수 없다.

④ 스프라이트의 모양이나 위치처럼 소리 또한 스프라이트마다 각기 적용된다.

02 전자 키보드 프로젝트에서 '악기 선택'이나 '볼륨'이라는 변수를 사용하는 이유는?

(   )

03 의 스크립트를 실행한 결과로 옳은 것은? (   )

① M을 눌렀을 때, 50%의 음량으로 8번(첼로) 악기를 도, 미, 솔, 시, 도 순으로 0.5 박자씩 연주한다.

② M을 눌렀을 때, 50%의 음량으로 8번(트럼본) 악기로 도, 레, 미, 파, 도 순으로 0.5 박자씩 연주한다.

③ M을 눌렀을 때, 100%의 음량으로 8번(트럼본) 악기로 도, 미, 솔, 시, 도 순으로 0.5 박자씩 연주한다.

④ M을 눌렀을 때, 50%의 음량으로 8번(첼로) 악기를 도, 레, 미, 파, 도 순으로 0.5 박자씩 연주한다.

04 전자 키보드 프로젝트에서 생일 축하곡이 나오는 도중에 볼륨 크기를 조절하고 싶을 때 추가해야 할 블록으로 알맞은 것은? (   )

① [클릭했을 때 / 무한 반복하기 / 음량을 볼륨 % (으)로 정하기] ② [클릭했을 때 / 무한 반복하기 / 음량을 볼륨 만큼 바꾸기]

Section

09

빙글빙글 마법봉 게임

이번 섹션에서는 마법사의 마법봉에서 별을 쏴서 날아다니는 마녀를 맞추는 게임을 제작합니다. 이 프로젝트를 통해 그림판을 활용하여 스프라이트를 분리하는 방법에 대해 배우게 됩니다. 하나의 스프라이트를 분리시켜 2가지 기능을 구현하고자 할 때 그림판을 사용하면 효과적입니다. 또한 복제하기 기능에 대해서도 학습합니다. 스프라이트를 복제하여 다양한 기능을 연출하는 방법에 대해 알아봅니다.

Section 08   **Section 09**   Section 10   Section 11

| 완성 파일 | section9.sb2
| 웹 주 소 | https://scratch.mit.edu/projects/31376012/

배경과 스프라이트 설정하기

01 » 메인 화면에서 [만들기] 메뉴를 클릭한 후 기본 스프라이트인 'Sprite1'을 삭제합니다. 이번 프로젝트에서 사용할 배경을 불러옵니다. [배경 정보] 창의 [새로운 배경]–[저장소에서 배경 선택(🖼)]을 클릭합니다. 좌측 카테고리 메뉴에서 '실외' 항목을 클릭하고 'woods' 배경을 선택한 후 [확인] 버튼을 클릭하세요.

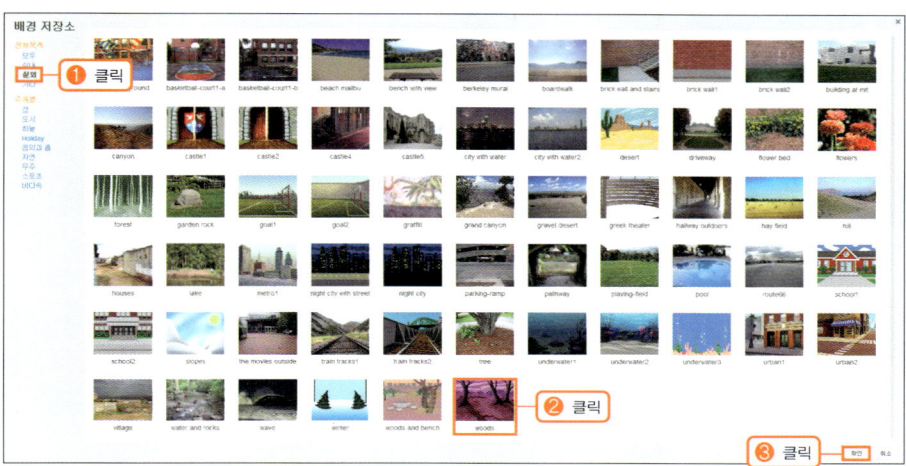

02 » [저장소에서 스프라이트 선택(◆)]을 클릭해 'Wizard', 'Witch', 'Star1' 스프라이트를 불러옵니다. 각 스프라이트의 이름을 변경합니다. 'Wizard'는 '마법사'로, 'Witch'는 '마녀'로, 'Star1'은 '별'로 변경합니다.

03 » 마법사 스프라이트를 마법사와 마법봉으로 분리합니다. 마법사 스프라이트를 복사한 뒤, 복사한 스프라이트의 이름을 '마법봉' 으로 변경합니다.

04 » 마법사 스프라이트를 선택하고 [모양] 탭을 클릭합니다. 그림판 화면이 나오면 오른쪽 아래에 있는 '비트맵 이미지로 변환' 을 클릭합니다.

05 >> 비트맵 모드로 변경하면 그림판의 왼쪽에 툴바가 나타나고, 오른쪽 아래가 '비트맵 모드'로 표시됩니다.

06 >> [지우개(✐)]를 선택한 후, 왼쪽 아래 '크기 조절 바'에서 지우개의 크기를 조절합니다. 지우개의 크기를 적당하게 바꾼 뒤 마법사 스프라이트의 팔과 마법봉 부분을 지워줍니다.

185

스크래치에서 제공하는 기본 이미지 중 '벡터 이미지'는 이미지의 분해가 가능합니다. 이미지를 불러온 후 [모양] 탭을 눌러 그림판으로 이동합니다. 그림판을 '벡터 모드'로 설정하고, [선택하기(↖)]를 클릭합니다. 그림판의 이미지를 클릭한 뒤 [그룹화 해제(⬚)]를 클릭하면 이미지를 분해하여 각 요소별로 분리할 수 있습니다.

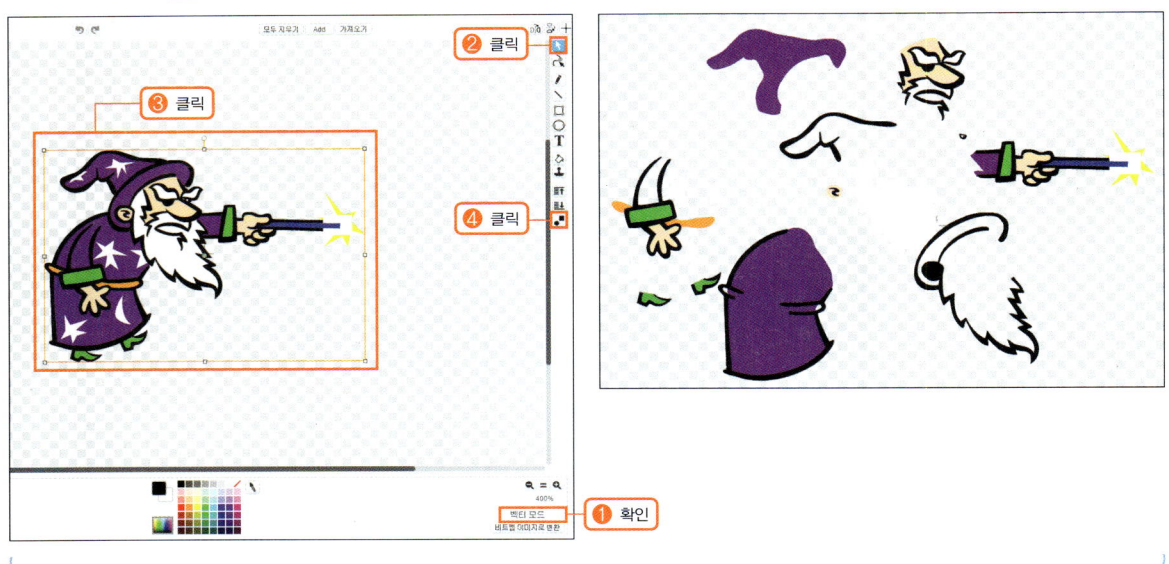

07 ≫ [모양 중심 설정(✛)]을 클릭한 후 마법사의 중심을 몸통 부분으로 맞춰줍니다.

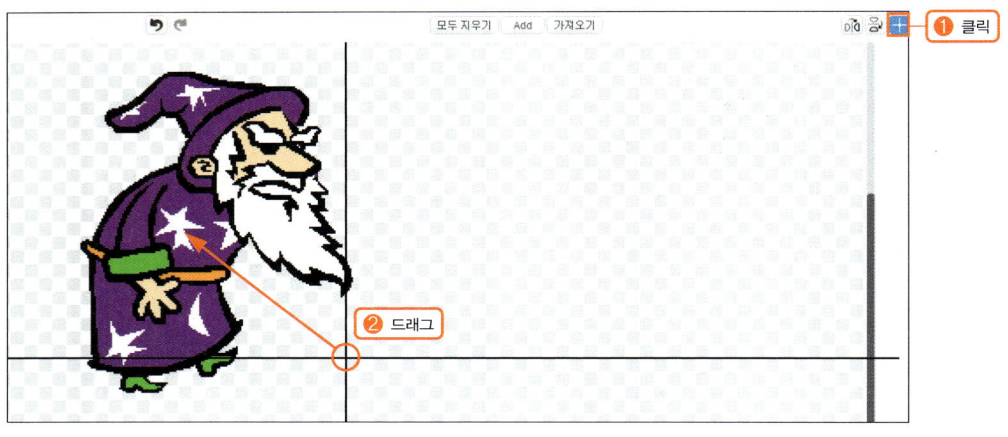

08 ›› 마법봉 스프라이트를 선택하고 [모양] 탭을 클릭합니다. 마법사와 동일한 방법으로 몸통 부분을 지워 줍니다. [모양 중심 설정(+)]에서 스프라이트의 중심을 약간 왼쪽으로 맞춥니다.

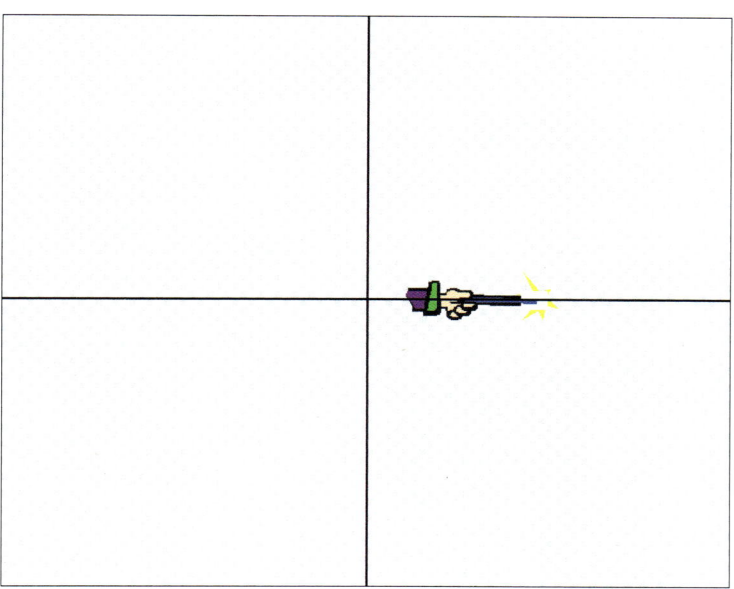

 마법봉 스프라이트의 중심 설정을 가운데가 아닌 왼쪽으로 맞추는 이유는?
마법봉 스프라이트는 각도 설정에 따라 360도 회전하는 기능을 합니다. 회전할 때 마법사 스프라이트와 자연스럽게 붙어 있는 것처럼 보이도록 하기 위해서는 중심 설정을 가운데가 아닌 약간 왼쪽으로 맞춰야 합니다.

마법사와 마법봉 설정하기　　　　Step 02

01 ≫　　마법사 스프라이트를 선택한 후, 이벤트(이벤트) 카테고리에서 클릭했을 때 를 형태(형태) 카테고리에서 맨 앞으로 나오기 를, 동작(동작) 카테고리에서 x: ● y: ● 이동하기 를 가져와 차례대로 결합합니다. 마법사의 위치를 초기화하기 위해서 마법사를 실행 창의 왼쪽 아래 부분으로 이동시킨 후 해당하는 좌표값을 x: ● y: ● 이동하기 에 입력합니다.

> 맨 앞으로 나오기 를 사용하는 이유는?
> 맨 앞으로 나오기 는 여러 스프라이트가 겹쳐있을 경우 해당 스프라이트를 가장 위의 층에 배치되도록 하는 블록입니다. 이 프로젝트에서는 '마법사'와 '마법봉', '마녀' 스프라이트가 겹칠 수 있는데, 이때 가장 위에는 '마법사' 스프라이트가 위치해야 합니다.

02 ›› [실행] 창에서 마법봉 스프라이트를 드래그해 마법사 스프라이트 옆으로 이동시킵니다. 이때 마법사와 마법봉을 분리하기 이전의 모양이 되도록 조절합니다.

03 ›› 클릭했을 때 와 x: ● y: ● 이동하기 , 90 도 방향 보기 를 순서대로 결합합니다. x: ● y: ● 이동하기 에는 현재 좌표값을 입력합니다. 마법봉은 각도에 따라 회전하기 때문에 처음에는 90도 방향을 보도록 초기화합니다.

04 >> 데이터(데이터) 카테고리에서 '각도'라는 변수를 새로 만듭니다. 새로 만들어진 각도 와 90 ▼ 도 방향 보기을 결합하여 무한 반복하기 안에 끼워넣어 기존의 블록에 연결합니다. 이제 마법봉은 각도의 변화에 따라서 계속 회전하게 됩니다.

05 >> 이제 각도를 조절하는 기능을 만들 차례입니다. 클릭했을 때 와 무한 반복하기 를 가져와 결합합니다.

06 ›› 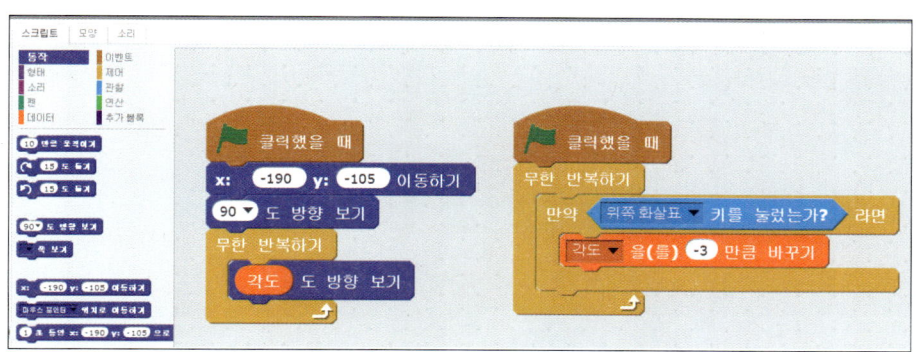으로 조건문을 만들어야 합니다. 화살표 키를 누르면 각도 변수의 값이 조금씩 변화하도록 하기 위해서입니다. 스페이스 ▼ 키를 눌렀는가? 를 조건문의 조건 영역에 결합하고, 선택사항을 '위쪽 화살표'로 바꾸어줍니다. 데이터(데이터) 카테고리에서 각도 ▼ 을(를) ● 만큼 바꾸기 를 가져와 조건문의 실행 영역에 결합하고, 숫자를 '-3'으로 변경합니다. 이제 위쪽 화살표를 누를 때마다 각도 변수 값이 -3만큼 변경됩니다.

07 ›› 앞에서 만든 조건문의 전체를 복사하여 바로 아래에 연결합니다. 조건 영역의 스페이스 ▼ 키를 눌렀는가? 를 '아래쪽 화살표'로 변경하고 각도 ▼ 을(를) ● 만큼 바꾸기 의 숫자를 '03'으로 변경합니다.

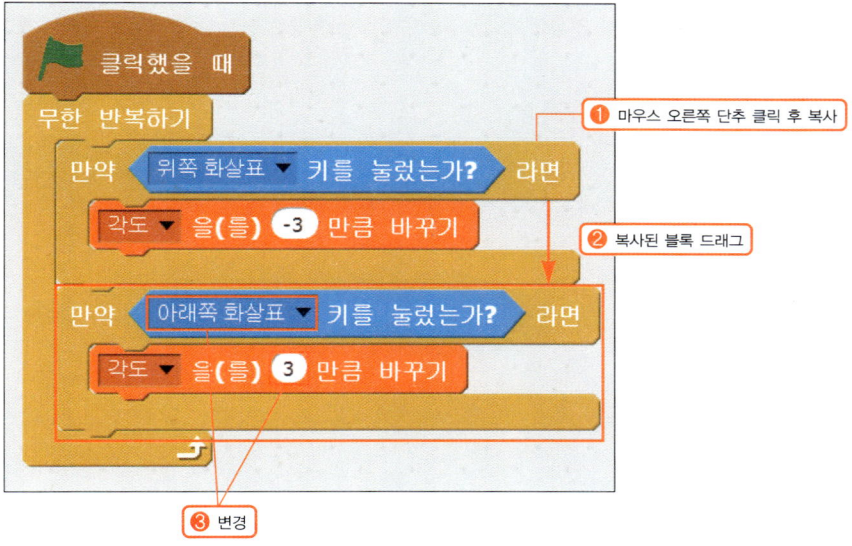

❶ 마우스 오른쪽 단추 클릭 후 복사

❷ 복사된 블록 드래그

❸ 변경

08 ›› 각도 변수 값을 조절하다보면 변수의 값이 무한대로 커지거나 작아질 수 있습니다. 이렇게 커지는 것을 방지하기 위해 각도 변수 값을 항상 0~360도 사이로 조정해주어야 합니다. [각도 ▼ 을(를) ☐ 로 정하기] 를 가져옵니다. [◯ 나누기 ◯ 의 나머지] 의 앞부분에 [각도] 를 결합합니다. 각도 변수값이 항상 0~360도 사이의 값을 가지도록 하려면 각도 변수 값을 360으로 나눈 나머지로 정해줍니다.

[◯ 나누기 ◯ 의 나머지] 의 활용

[◯ 나누기 ◯ 의 나머지] 블록은 특정한 수를 다른 특정한 수로 나누었을 때의 나머지를 계산하는 연산 블록입니다. 나머지는 항상 0또는 양수의 값으로 표현됩니다. 특히 각도처럼 일정한 순환주기를 가진 수를 순환주기 내의 범위로 한정하여 표현하고자 할 때 유용하게 사용될 수 있습니다.

마법봉에서 발사되는 별 만들기 Step 03

01 〉〉 `Space Bar`를 누르면 마법봉에서 별이 발사되는 효과를 연출하고자 합니다. 별 스프라이트를 선택한 후 `클릭했을 때`와 `무한 반복하기`를 가져와 결합합니다. 반복문 안에는 `만약 ~ 라면`으로 조건문을 만듭니다. 조건문의 조건 영역에는 `스페이스 키를 눌렀는가?`를 결합합니다.

02 〉〉 `Space Bar`를 누르면 별은 마법봉 위치로 이동한 뒤, 스스로를 복제합니다. 원본은 그대로 있고 복제된 별이 각도 방향으로 나아가게 됩니다. 먼저 조건문의 실행 영역에 `마우스 포인터 위치로 이동하기`를 결합한 뒤 선택항목을 '마우스 포인터'에서 '마법봉'으로 변경합니다. `나 자신 복제하기`를 차례로 연결하고 복제하기 블록 실행에 제한 시간을 두기 위해 `초 기다리기`를 결합한 뒤 '0.3' 초를 입력합니다.

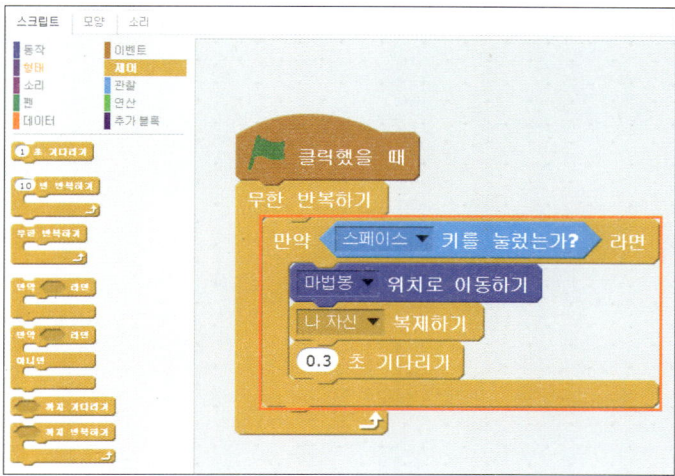

193

03 ›› 처음 시작했을 때 별은 [실행] 창에 보이지 않는 상태여야 합니다. 마법봉에서 발사될 때 비로소 모습을 나타내게 되기 때문입니다. 즉 원본은 초기화 설정으로 `숨기기` 를 `클릭했을 때` 바로 다음에 연결해주고, 이후에 복제본이 만들어지면 복제본에 보이기를 초기화해 줍니다.

04 ›› 이제 복제되었을 때 복제본이 '각도' 변수 값 방향으로 별이 날아가는 것을 만들 차례입니다. 제어 (`제어`) 카테고리에서 `복제되었을 때` 를 가져옵니다. `복제되었을 때` 이후에 연결되는 블록은 원본이 아닌 복제된 스프라이트에만 해당되는 블록입니다. 복제되었을 때 숨기기 상태였던 별에서 그 복제본이 [실행] 창에 나타날 수 있도록 `보이기` 를, 별이 각도 변수 값 방향을 바라보도록 `각도` 와 `90 도 방향 보기` 를 결합해 연결합니다. 이제 별이 복제되었을 때 복제본이 [실행] 창에 나타나고 방향을 각도 변수 값으로 변경하게 됩니다.

05 ›› 발사된 별은 각도 방향으로 움직이기를 반복합니다. 별의 움직임은 별이 벽에 닿을 때까지 계속되며, 벽에 닿아 반복이 끝나면 다시 실행창에서 보이지 않도록 숨기기가 실행됩니다. ⬚까지 반복하기 를 연결하고 조건 영역에는 ⬚에 닿았는가? 를, 실행 영역에는 ⬚만큼 움직이기 를 결합합니다. ⬚에 닿았는가? 의 선택 항목은 '벽'으로 변경하고, ⬚만큼 움직이기 에는 '10'을 입력합니다. 별이 벽에 닿으면 반복문이 중단되고 [실행] 창에서 복제본이 사라지도록 끝부분에 이 복제본 삭제하기 를 연결합니다.

06 ›› 별이 벽에 닿기 전에 마녀에게 닿을 수도 있습니다. 만약 벽에 닿기 전에 마녀에 닿았다면 별은 먼저 실행 창에서 사라져야 합니다. 만약 ⬚ 라면 를 반복문 안에 결합합니다. 조건문의 조건 영역에는 ⬚에 닿았는가? 를 넣고, 선택 항목을 '마녀'로 변경합니다. 실행 영역에는 숨기기 를 넣습니다.

07 ››   점수를 표시할 변수를 하나 더 생성합니다. 변수 만들기에서 '점수' 라는 변수를 만듭니다. 이제 별이 마녀에 닿으면 숨기기 후 점수가 1점 올라가도록 합니다. 조건문의 조건 영역에 `점수 을(를) ⬤ 만큼 바꾸기` 를 결합하고 숫자 '1' 을 입력합니다.

08 ››   별이 마녀에 닿으면 점수가 1점 올라가는 것 외에도 마녀가 사라지도록 해주어야 합니다. 마녀가 사라지는 것은 별 스프라이트에서 이루어지는 일이 아닌, 마녀 스프라이트에서 이루어지는 기능입니다. 따라서 다른 스프라이트에게 메시지를 보내는 '방송하기' 기능을 활용해야 합니다. `message1 방송하기` 를 조건문의 실행 영역에 결합하고 선택항목에서 '새 메시지' 를 클릭하여 '명중' 이라는 새 방송하기 블록을 생성합니다.

날아다니는 마녀 만들기

Step **04**

01 〉〉 마녀 스프라이트를 선택하고, 축소( ) 기능으로 마녀 스프라이트를 적당한 크기로 줄여줍니다.

02 〉〉 클릭했을 때 를 가장 처음에 놓고, x: ◯ y: ◯ 이동하기 를 사용해 마녀의 처음 시작 위치를 초기화합니
다. 다른 스프라이트와 겹쳐졌을 때 마녀 스프라이트가 가장 뒤로 가도록하기 위하여 ◯ 번째로 물러나기 를 연결하
고 숫자 '2'를 입력합니다. 90 ▼ 도 방향 보기 로 시작 방향을 초기화합니다.

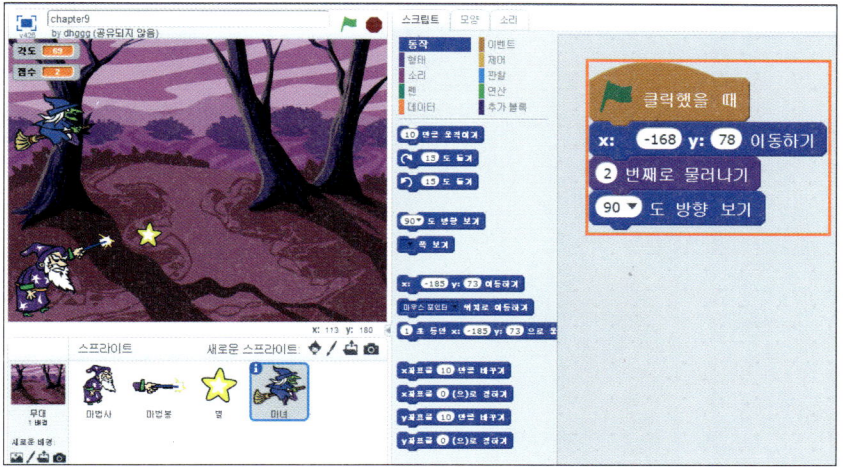

번째로 물러나기 는 2개 이상의 스프라이트가 겹쳐졌을 때 아래층으로 물러나도록 하는 블록입니다. 숫자 '2'를 입력하는 이유는 '마녀' 스프라이트가 '마법사', '마법봉' 스프라이트와 함께 겹쳐졌을 때 그 2개의 스프라이트보다 뒤에 위치하도록 하기 위해서입니다.

03 ≫ 마녀가 계속해서 움직이도록 하기 위해서 무한 반복하기 와 그 실행 영역에 만큼 움직이기 를 결합하고

숫자 '10'을 입력합니다. 벽에 닿으면 반대 방향으로 계속해서 움직이도록 하기 위해서 벽에 닿으면 튕기기 를 함께 결합합니다.

04 ≫ 마녀가 벽에 닿으면, 튕기기 전에 y좌표를 먼저 변경해 주려고 합니다. 마녀의 움직임에 의외성을 부여하면 좀 더 흥미로운 프로젝트를 만들 수 있기 때문이죠. 만약 라면 의 조건 영역에 에 닿았는가?

을 넣고 선택 항목을 '벽'으로 변경합니다. 조건문의 실행 영역에는 y좌표를 만큼 바꾸기 와 부터 사이의 난수 를 결합해 연결합니다. 난수 블록에는 숫자 '-50'과 '100'을 각각 입력합니다.

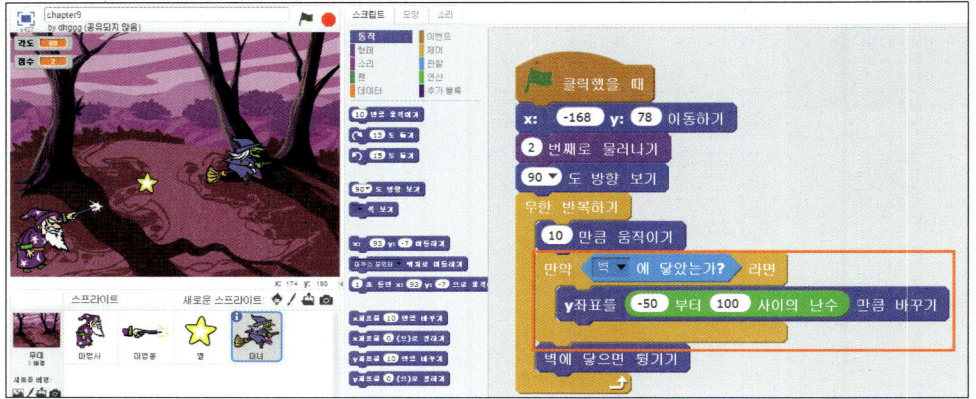

05 》 이제 마녀가 별에 맞았을 때 사라지게 하는 효과를 만들 차례입니다. '별' 스프라이트에서 스크립트를 만들 때 별이 마녀에 닿으면 '명중' 이라는 신호를 보내도록 만들었습니다. 이제 마녀는 별이 보낸 신호를 받아잠시 사라지도록 만듭니다. 이벤트(이벤트) 카테고리에서 명중▼ 을(를) 받았을 때 를 가져오고 차례대로 숨기기 , ○초 기다리기 , 보이기 를 연결합니다. ○초 기다리기 에는 숫자 '2' 를 입력합니다. 이제 마녀는 별에서 신호를 받아 2초간 사라졌다가 다시 나타나게 됩니다.

06 》 별에서 신호를 받고 2초가 사라졌던 마녀가 다시 나타나기 전에 마녀의 위치를 임의의 좌표로 이동시키려고 합니다. x: ○ y: ○ 이동하기 에 ○ 부터 ○ 사이의 난수 2개를 각각 결합하고 ○초 기다리기 다음에 연결합니다. ○ 부터 ○ 사이의 난수 에는 각각 '-240~240' 과 '0~180' 을 입력합니다.

변수 초기화와 별 스프라이트 오류 수정 | Step 05

01 >> 프로젝트가 새로 시작될 때마다 각도와 점수가 초기화될 수 있도록 설정을 해야 합니다. 무대를 선택하고 `클릭했을 때`와 `점수 ▼ 을(를) □ 로 정하기`, `각도 ▼ 을(를) □ 로 정하기`를 가져와 연결합니다. `점수 ▼ 을(를) □ 로 정하기`에는 숫자 '0'을 `각도 ▼ 을(를) □ 로 정하기`에는 숫자 '90'을 입력합니다.

02 >> `Space Bar`를 눌러 별이 발사되는 모습을 보면 한 가지 오류사항을 발견할 수 있습니다. 아래 그림처럼 별이 마법봉 끝에서 발사되는 것이 아니라 마법사의 몸에서 발사되는 것처럼 보이는 현상입니다. 이것은 '마법봉' 스프라이트가 회전할 수 있도록 모양 중심 설정을 왼쪽으로 조정하였기 때문입니다. 여기에 맞춰 '별' 스프라이트의 모양 중심도 다시 설정이 필요합니다.

03 ›› '별' 스프라이트를 선택한 후 [모양] 탭을 클릭합니다. [모양 중심 설정(⊞)]을 클릭한 후 별의 중심을 약간 왼쪽으로 옮겨줍니다. 마법봉의 중심을 왼쪽으로 이동시킨 것처럼 별의 중심도 왼쪽으로 이동시키면 둘의 중심이 비슷해져 마법봉 끝에서 별이 발사되는 것과 같은 효과가 나타납니다.

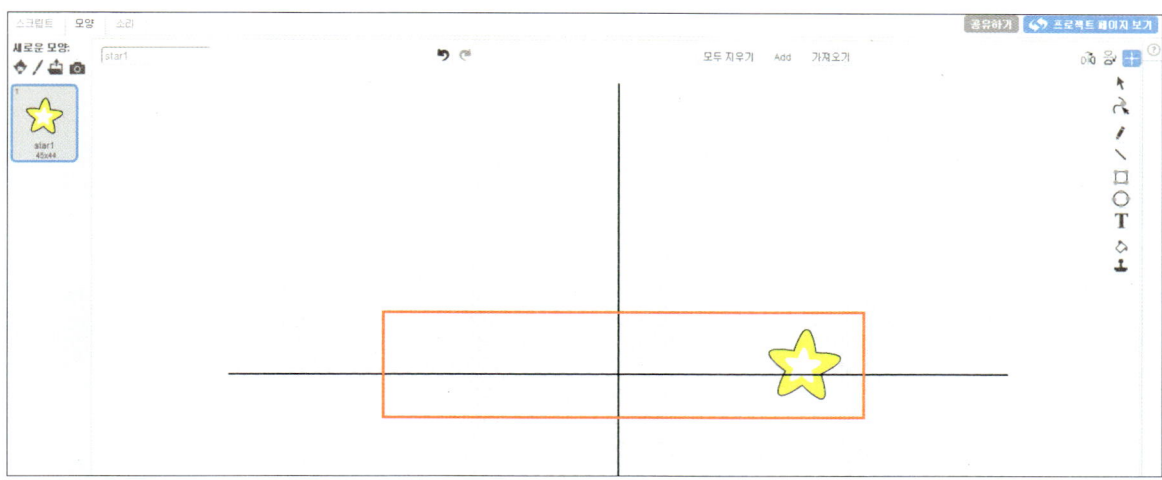

04 ›› 적절한 위치로 모양 중심이 잘 이동되었다면 아래와 같이 마법봉 끝에서 별이 발사되는 모습이 연출됩니다.

프로젝트 완성

01 ›› '마법사' 스크립트

02 ›› '마법봉' 스크립트

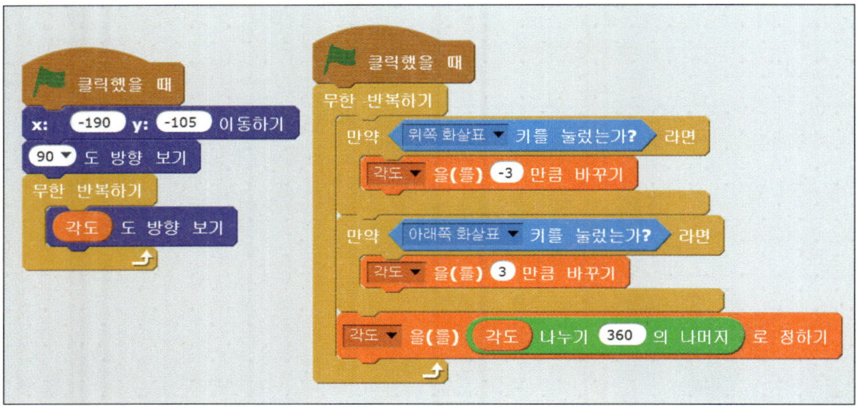

03 ›› '별' 스크립트

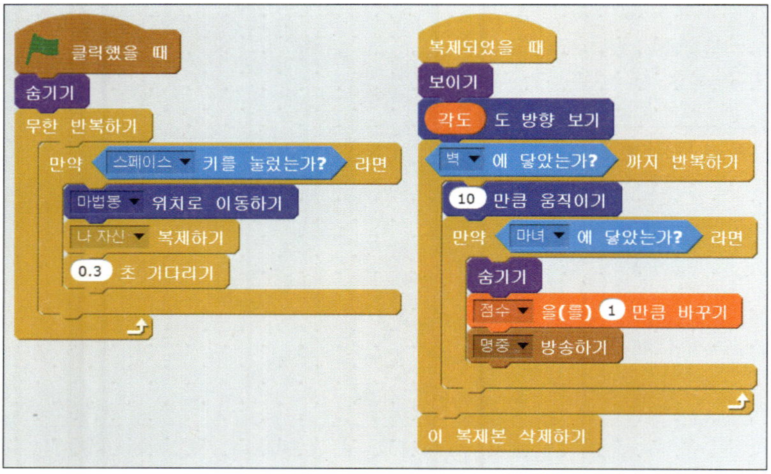

04 >> '마녀' 스크립트

```
클릭했을 때
x: -168 y: 78 이동하기
2 번째로 물러나기
90 ▼ 도 방향 보기
무한 반복하기
  10 만큼 움직이기
  벽에 닿으면 튕기기
  만약 벽 ▼ 에 닿았는가? 라면
    y좌표를 -50 부터 100 사이의 난수 만큼 바꾸기
```

```
명중 ▼ 을(를) 받았을 때
숨기기
2 초 기다리기
x: -240 부터 240 사이의 난수 y: 0 부터 180 사이의 난수 이동하기
보이기
```

05 >> '무대' 스크립트

```
클릭했을 때
점수 ▼ 을(를) 0 로 정하기
각도 ▼ 을(를) 90 로 정하기
```

학 습 정 리

❶ 이미지를 분리시키기 위해서는 '비트맵 모드'에서는 [지우개()] 기능을 활용하고, '벡터 모드'에서는 [그룹화 해제( )] 기능을 활용합니다.

❷ 스프라이트의 기능에 따라 [모양 중심 설정(+)]을 각각 다르게 해주어야 합니다. 마법 봉 스프라이트의 경우 각도 설정에 따라 360도 회전하는 기능을 합니다. 회전할 때 마법사 스프라이트와 자연스럽게 붙어 있는 것처럼 보이도록 하기 위해서는 중심 설정을 가운데가 아닌 약간 왼쪽으로 해주어야 합니다.

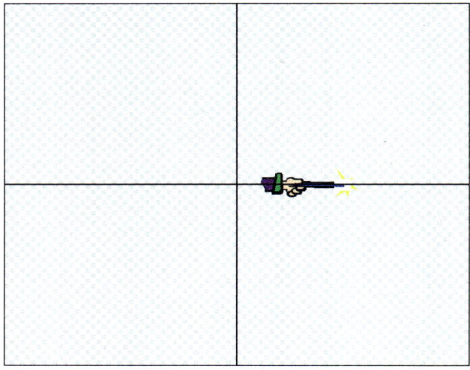

❸ 맨 앞으로 나오기 는 여러 스프라이트가 겹쳐있을 경우 해당 스프라이트를 가장 위의 층에 배치되도록 하는 블록입니다. 이 프로젝트에서는 '마법사'와 '마법봉', '마녀' 스프라이트가 겹칠 수 있는데, 이때 가장 위에는 마법사 스프라이트가 위치해야 합니다. 이를 위해 '마법사' 스프라이트에서 맨 앞으로 나오기 를 실행하도록 합니다.

❹ ○ 번째로 물러나기 는 2개 이상의 스프라이트가 겹쳐졌을 때 아래층으로 물러나도록 하는 블록입니다.

❺ ○ 나누기 ○ 의 나머지 블록은 특정한 수를 다른 특정한 수로 나누었을 때의 나머지를 계산하는 연산 블록입니다. 나머지는 항상 0또는 양수의 값으로 표현됩니다. 특히 각도 나 시간처럼 일정한 순환주기를 가진 수를 순환주기 내의 범위로 한정하여 표현하고자 할 때 유용하게 사용될 수 있습니다.

01 〈보기〉의 특성에 해당하는 그림판 툴로 알맞은 것은? (　　)

〈보기〉

- 왼쪽 스프라이트를 오른쪽 그림처럼 만들 때 사용
- 스크래치에서 제공하는 벡터이미지 스프라이트를 분리할 때 사용

① ⬧　　　　② ⬧　　　　③ ⬧　　　　④ ⬧

02 마법봉 프로젝트 관한 설명 중 옳지 않은 것은? (　　)

① 그림판의 '벡터 모드'에서는 지우개 기능을 활용하여 이미지를 수정할 수 있다.

② 2개 이상의 스프라이트가 겹쳐져 있을 때, 다른 스프라이트 아래로 물러나기 위해서는 ⬤번째로 물러나기 를 사용한다.

③ 2개의 스프라이트가 겹쳐져 있을 때, 아래에 있는 스프라이트가 위로 나오게 하기 위해서는 -1 번째로 물러나기 블록을 사용해도 된다.

④ 마녀와 별이 닿았을 경우 각 스프라이트에서  라면 와

만약 별 에 닿았는가? 라면 로 각각 닿았는지를 따로 체크하는 것이 좋다.

03 스프라이트가 계속해서 마우스가 있는 방향으로 바라보도록 하는 스크립트로 옳은 것은? (　　)

① 　　　②

③ 　　　④

04 각도 을(를) 각도 나누기 360 의 나머지 로 정하기 블록을 사용할 때 '각도' 변수 값이 될 수 있는 것을 모두 고르면? (　　)

① −30　　　② 0　　　③ 240　　　④ 360

정답
1. ② 2. ① 3. ② 4. ②, ③

205

Section

10

아기돼지 삼형제 애니메이션

이번 섹션에서는 스크래치를 활용해 '아기돼지 삼형제' 애니메이션을 제작하도록 합니다. 애니메이션 제작에 있어서 가장 중요한 것은 대사와 행동이 서로 어긋나지 않고 조화롭게 실행될 수 있도록 하는 것입니다. 이를 위해서는 〈~초 기다리기〉와 〈방송하기〉를 적절히 활용하는 것이 필요합니다. 애니메이션을 제작하기 전에 미리 스토리보드를 작성하면 좀 더 논리적으로 스크립트를 구성할 수 있습니다. 이번 섹션에서는 아기돼지 삼형제 이야기의 앞부분인 첫째돼지 집이 날아가는 장면까지 함께 만들어 보도록 하겠습니다.

| 완성 파일 | 나무집.sprite2, 늑대.sprite2, 둘째돼지.sprite2, 막내돼지.sprite2, 벽돌집.sprite2, 엄마돼지.sprite2, 지푸라기집.sprite2, 첫째돼지.sprite2, 회오리바람.sprite2, 배경1.svg, 배경2.svg, 배경3.svg, 배경4.svg, 배경5.svg

| 완성 파일 | section10.sb2

| 웹 주소 | https://scratch.mit.edu/projects/36433896/

스프라이트와 배경 초기화하기 　Step 01

01 ≫　새로운 프로젝트를 생성합니다. 기본 설정 스프라이트인 'Sprite1'을 삭제합니다. 제공된 파일에서 프로젝트에 사용될 스프라이트를 모두 불러옵니다. 엄마돼지, 첫째돼지, 둘째돼지, 막내돼지, 늑대, 회오리바람, 지푸라기집 등 총 7개의 스프라이트가 [스프라이트] 창에 나타나는지 확인합니다.

02 ≫　제공된 파일에서 프로젝트에 사용할 배경을 불러옵니다. 무대를 선택하고 [새로운 배경]-[배경 파일 업로드하기(📤)]를 클릭하여 배경1, 배경2, 배경3 파일을 불러옵니다.

03 ›› 무대를 클릭하고 [스크립트] 탭을 선택해 프로젝트가 시작했을 때 무대 배경을 초기화해줍니다.
클릭했을 때 다음에 배경을 backdrop1 ▼ (으)로 바꾸기 를 연결하고 선택 항목을 '배경1'로 설정합니다.

04 ›› 엄마돼지 스프라이트를 클릭하고 초기화 설정을 해줍니다. 클릭했을 때 다음에 크기를 100 % 로 정하기
를 연결하고 숫자를 '35'로 정합니다. 크기를 초기화한 뒤에는 x: 0 y: 0 이동하기 를 연결하여 위치를 'x :
181, y : −113'으로 정해줍니다. 마지막으로 보이기 를 사용하여 실행 창에 등장하도록 해줍니다.

05 》 첫째돼지를 초기화하기 위해 첫째돼지 스프라이트를 클릭합니다. 첫째돼지는 `크기를 100 % 로 정하기` 에서 크기를 '35'%로 초기화합니다. `모양을 costume2 (으)로 바꾸기`를 연결하여 모양을 '첫째돼지1'로 초기화하고, `x: 0 y: 0 이동하기`에서 x와 y를 각각 '19', '-97'로 설정합니다. `보이기`를 사용하여 실행 창에 등장하도록 해줍니다.

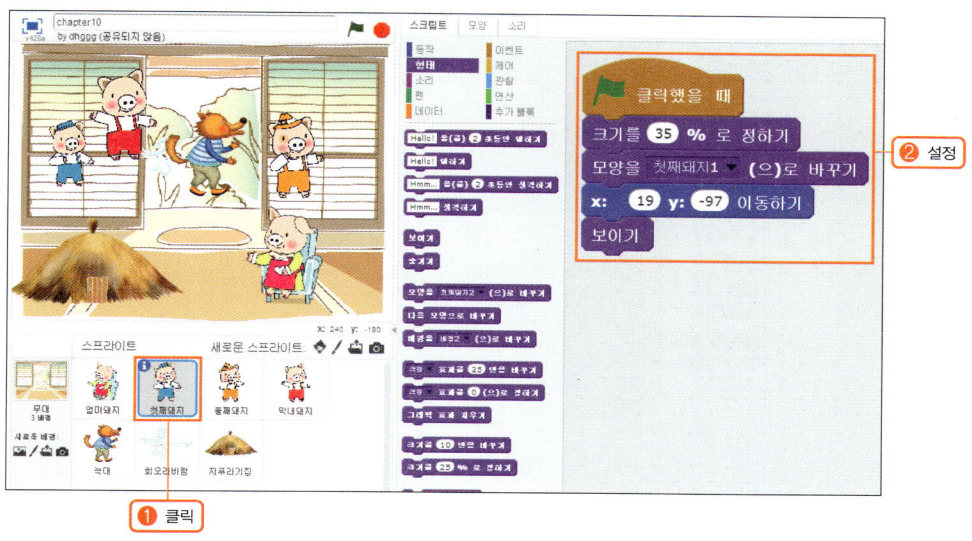

06 》 첫째돼지의 스크립트를 둘째돼지로 복사합니다. 둘째돼지 스프라이트를 선택한 후 모양을 '둘째돼지 1'로 변경하고, 초기화 위치를 'x : -88, y : -75'로 정합니다.

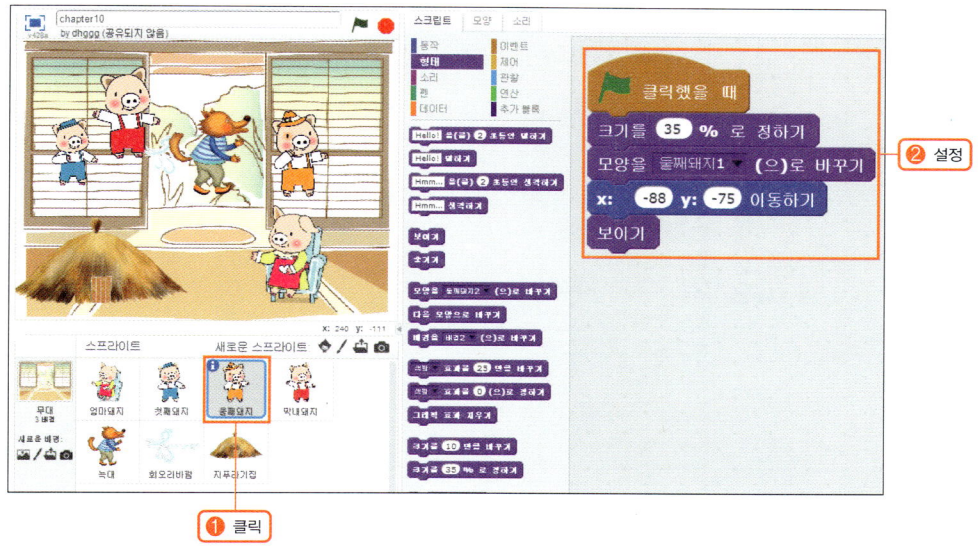

07 » 둘째돼지의 스크립트를 그대로 막내돼지에게 복사합니다. '막내돼지' 스프라이트를 클릭한 후 모양을 '막내돼지1'로 변경합니다. 초기화 위치는 'x : −192, y : −111'로 정합니다.

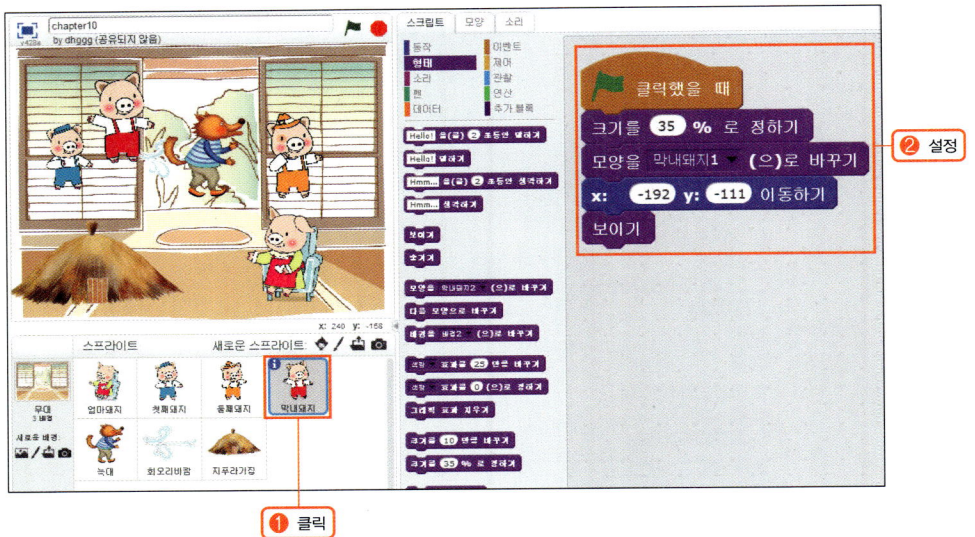

08 » 늑대와 회오리바람, 지푸라기집은 첫 장면에 등장하지 않습니다. 숨기기 를 연결하여 프로젝트가 처음 시작할 때는 [실행] 창에서 사라지도록 만듭니다.

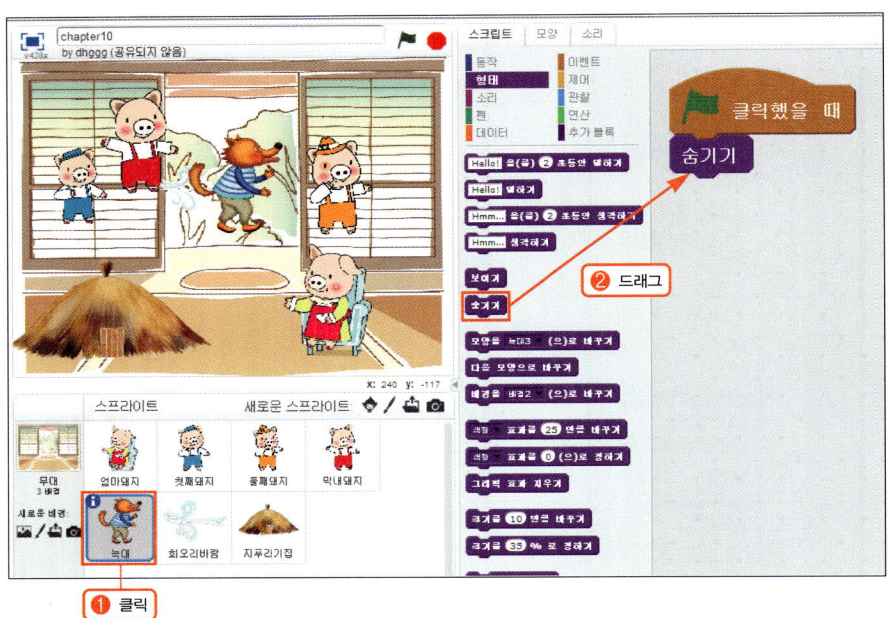

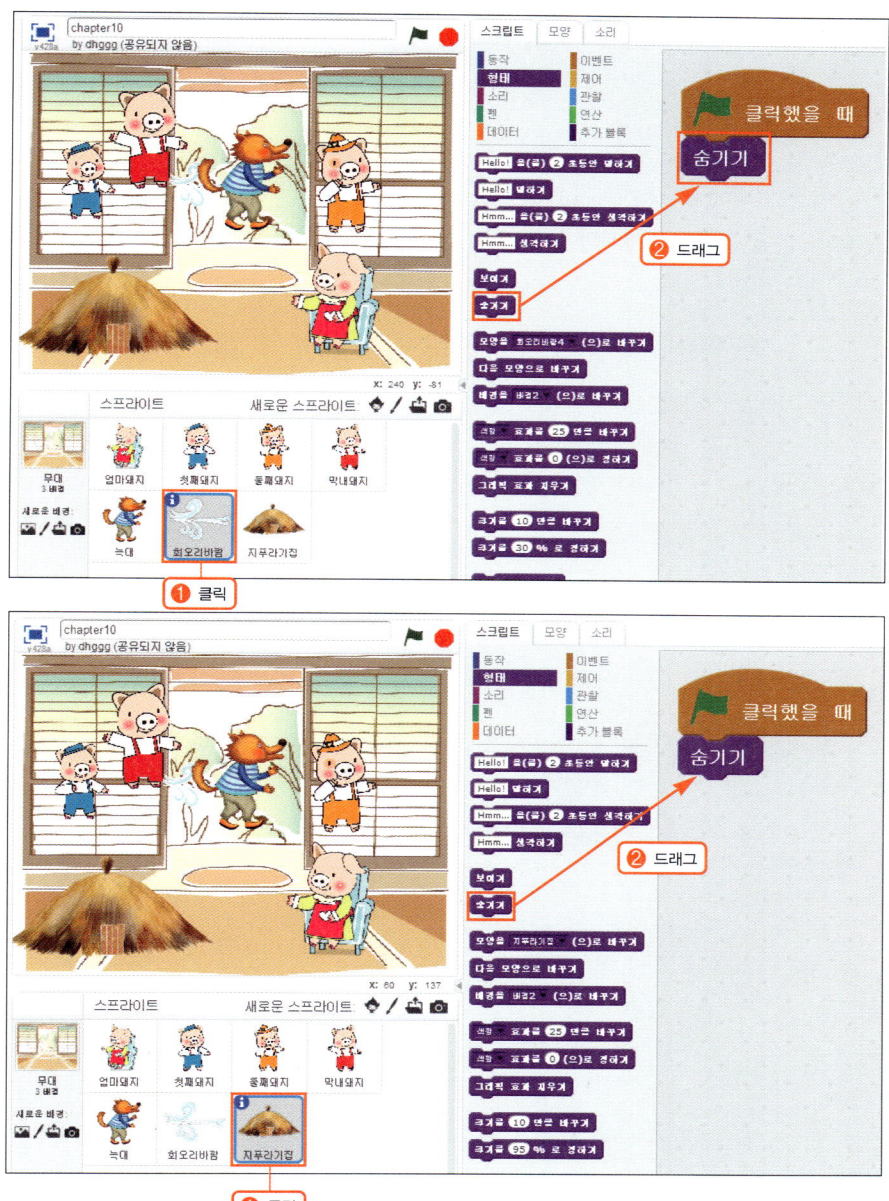

'장면1' 완성하기

01 》 첫 장면을 스크래치로 만들기 전에 첫 장면을 요약한 스토리보드를 먼저 작성합니다. 첫 장면에 등장하는 엄마돼지, 첫째돼지, 둘째돼지, 막내돼지의 대사와 행동, 대기시간을 먼저 구성하면 프로젝트를 손쉽게 만들 수 있습니다.

〈아기돼지 삼형제 장면1 스토리보드〉

시 간	엄마돼지	첫째돼지	둘째돼지	막내돼지
시작	〈위치, 모양, 보이기 초기화하기〉			
2초	"얘들아~ 이제 너희도 다 컸으니"	〈6초 기다리기〉	〈10초 기다리기〉	〈12초 기다리기〉
2초	"모두 각자 나가서 집을 짓고 살거라"			
2초	"요즘 늑대가 많다고 하니 조심하도록 하고"			
2초	〈30초 기다리기〉	"어머니 걱정하지 마세요"		
2초		"저는 지푸라기로 집을 만들겠어요"		
2초		〈6초 기다리기〉	"난 나무로 집을 만들겠어~!"	
2초			〈12초 기다리기〉	"형들 그러지 말고~"
2초				"우리 같이 벽돌로 튼튼한 집을 만들자"
2초		"같이 만들자고? 홋, 각자 만들어야지"		〈14초 기다리기〉
2초		"내가 1등으로 집을 짓겠어!"		
2초		"저 먼저 갑니다~"		
2초		〈문으로 이동하기〉 〈모양 바꾸기〉 〈숨기기〉		
2초			"그래, 나도 혼자 만들겠어"	
2초			"어머니 건강히 지내세요~"	

			〈문으로 이동하기〉 〈모양 바꾸기〉 〈숨기기〉	
2초				
2초				"아이, 형들도 츤…"
2초				"튼튼한 집이 얼마나 중요한데!"
2초				"오래 걸리더라도 혼자서 만들어 볼까?"
2초	"그래, 막내야, 혼자서라도 열심히 만들어보렴"			〈2초 기다리기〉
2초				"네 어머니, 안녕히 계세요 ~"
2초	〈4초 기다리기〉			〈문으로 이동하기〉 〈모양 바꾸기〉 〈숨기기〉
2초	"다들 잘 해낼 수 있겠지?" 〈숨기기〉			
장면1 종료, 장면2 방송하기				

02 ›› 먼저 엄마돼지 스크립트부터 작성하도록 합니다. 엄마돼지의 스크립트는 대사 3회 후 30초 기다리기, 대사 1회 후 4초 기다리기, 마지막 대사 1회로 구성되어 있습니다. 스토리보드를 따라서 스크립트를 만들어 나갑니다. `Hello! 을(를) 2 초동안 말하기` 와 `1 초 기다리기` 를 적절히 결합하여 대사를 처리합니다.

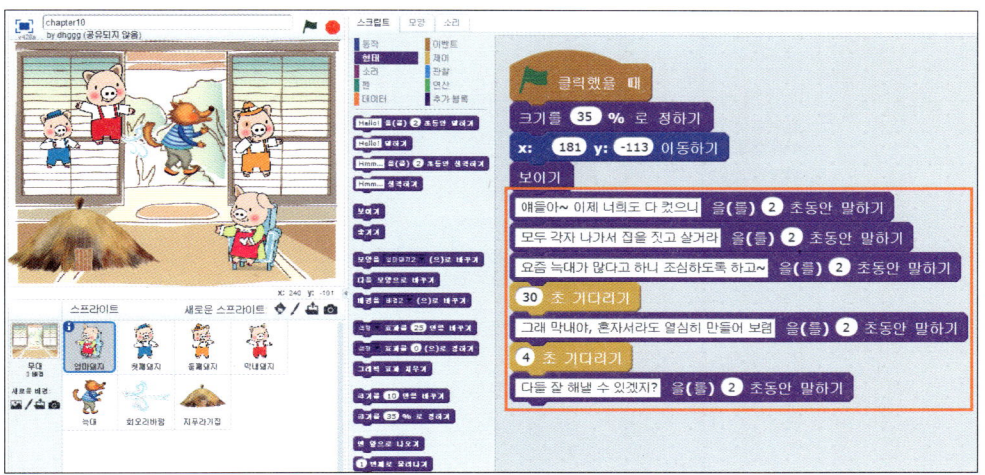

03 >> 대사가 끝난 후에는 다음 장면에 등장하지 않도록 숨기기 를 연결합니다. 마지막에는 '장면1'이 종료
되고 '장면2'가 시작됨을 알려주는 '방송하기' 블록을 연결합니다.

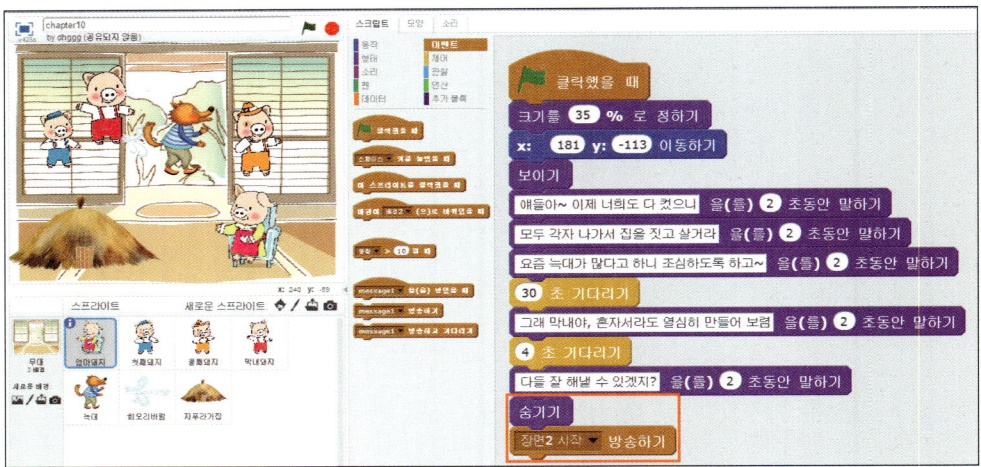

04 >> '첫째돼지' 스프라이트를 클릭하고, '장면1'에 해당하는 첫째돼지 대사를 완성합니다.
Hello! 을(를) 2 초동안 말하기 와 1 초 기다리기 를 적절히 결합하여 '6초 기다리기 후 대사 2회, 다시 6초 기다리기
후 대사 3회'에 해당하는 내용을 만들어 줍니다.

05 » 대사가 종료된 후에는 '첫째돼지' 스프라이트가 문 쪽으로 이동하고 [실행] 창에서 사라지도록 합니다. `1 초 동안 x: 0 y: 0 으로 움직이기` 를 연결한 뒤 '2' 초 동안 'x : 5, y : 26' 으로 움직이도록 숫자를 바꿔줍니다. 다음에는 `숨기기` 를 연결하여 실행 창에서 보이지 않게 해줍니다.

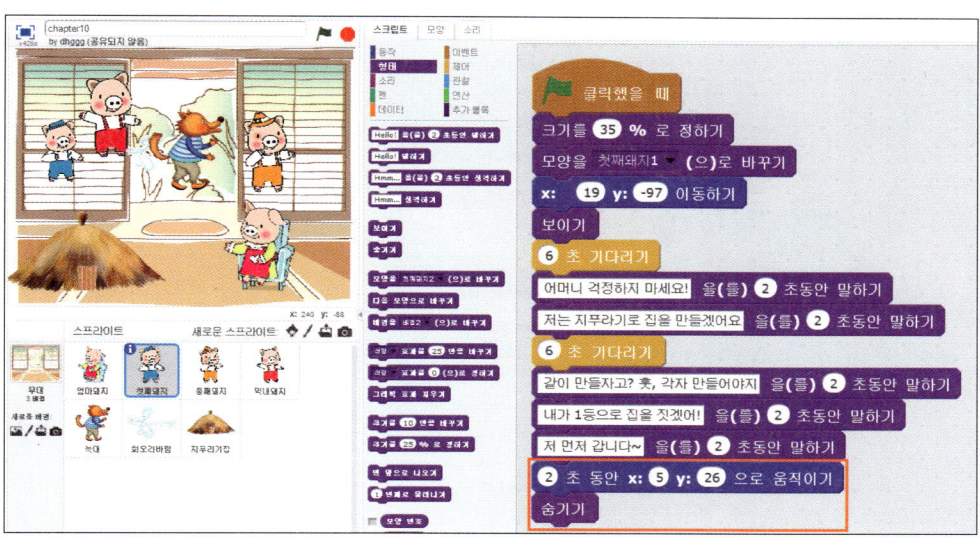

06 » 첫째돼지가 문으로 움직일 때 걷는 듯한 효과를 연출하기 위해서 '다음 모양으로 바꾸기' 를 활용합니다. 움직이는 타이밍에 맞추기 위하여 `1 초 기다리기` 를 사용해 '22' 초를 기다리고, `10 번 반복하기` 로 반복

문을 만들어 줍니다. 반복문의 실행 영역에는 `1 초 기다리기` 와 `다음 모양으로 바꾸기` 를 결합하여, '0.2' 초 간격으로 모양이 변경되도록 만듭니다.

07 ›› '둘째돼지' 스프라이트를 클릭하여 스토리보드에 맞게 대사와 기다리기를 적절하게 구성해줍니다.
10초 기다리기 후 대사 1회, 12초 기다리기 후 대사 2회로 스크립트를 만들어 줍니다.

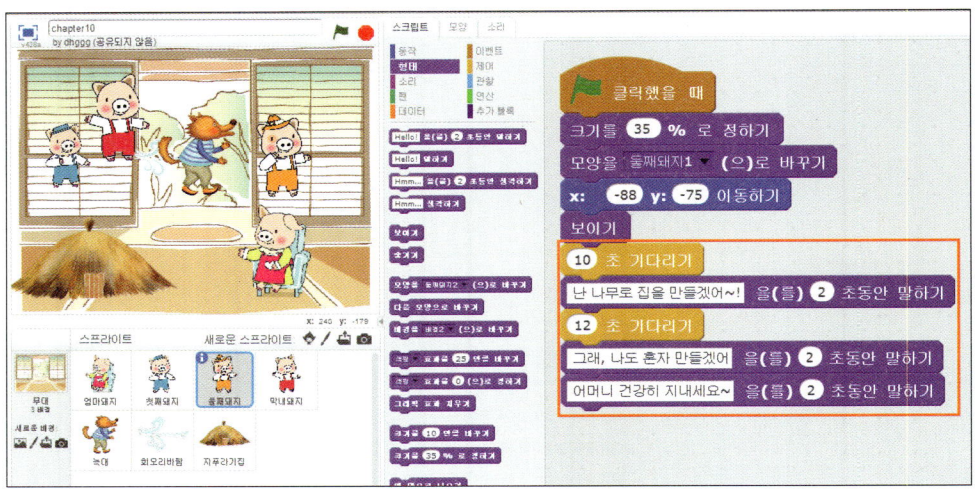

08 ›› 대사가 마무리되면 `1 초 동안 x: 0 y: 0 으로 움직이기` 를 연결해 '2' 초 동안 'x : 5, y : 26'에 있는 문으
로 이동하도록 합니다. 이동 후에는 `숨기기` 를 연결하여 [실행] 창에서 보이지 않게 해줍니다.

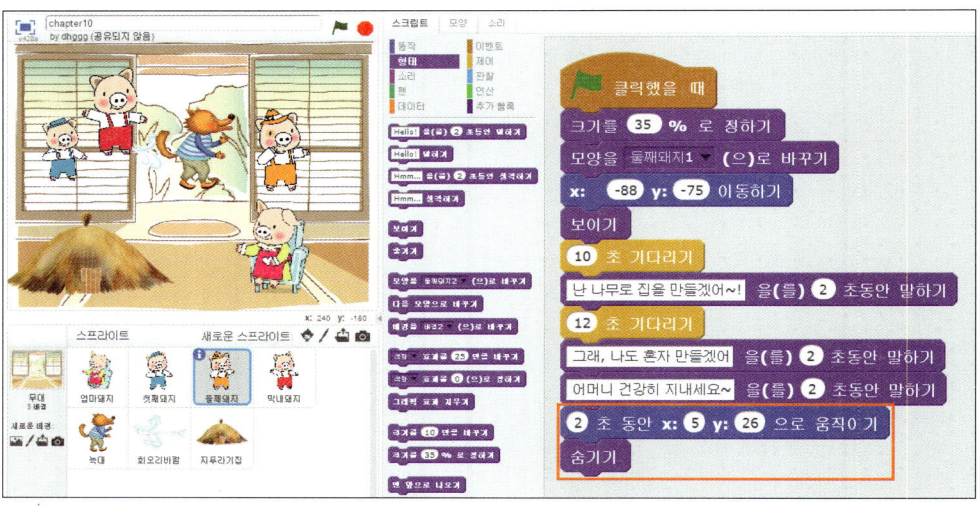

09 ›› 둘째돼지도 문으로 이동할 때 걷는 모양이 연출되도록 [1 초 기다리기] 를 사용해 '28' 초를 기다리고, [10 번 반복하기] 로 반복문을 만들어 줍니다. 반복문의 실행 영역에는 [1 초 기다리기] 와 [다음 모양으로 바꾸기] 를 결합하여 0.2초 간격으로 모양을 10회 바꾸도록 해줍니다.

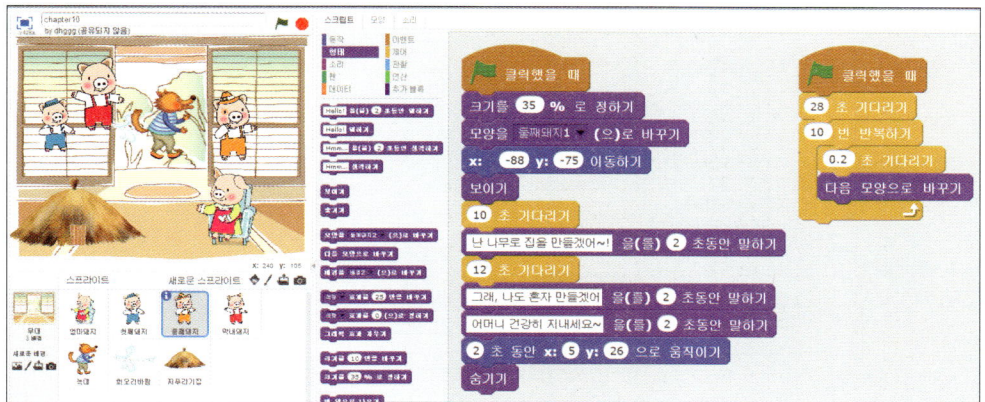

10 ›› 장면 1에 등장하는 마지막 '아기돼지' 스크립트를 완성할 차례입니다. '아기돼지' 스프라이트를 클릭하고, [Hello! 을(를) 2 초동안 말하기] 와 [1 초 기다리기] 를 적절히 결합하여 '12초 기다리기, 대사 2회, 14초 기다리기, 대사 3회, 2초 기다리기, 대사 1회' 의 스크립트를 만들어 줍니다.

11 ›› 대사 후에는 문으로 이동하여 사라지도록 만듭니다. 1 초 동안 x: 0 y: 0 으로 움직이기 를 연결해 '2' 초 동안 'x : 5, y : 26'에 있는 문으로 이동하고, 숨기기 를 연결하여 [실행] 창에서 사라지도록 합니다.

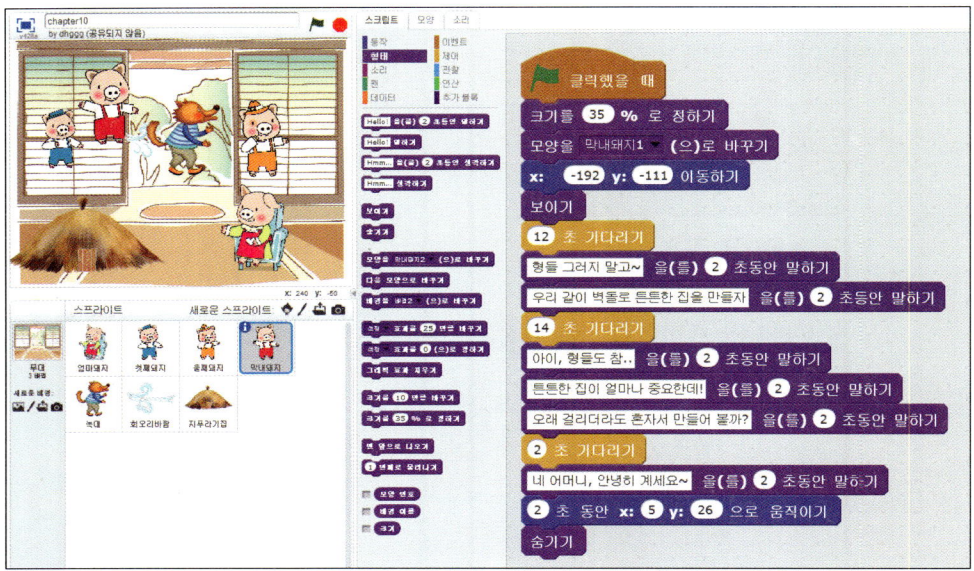

12 ›› 아기돼지도 문으로 이동할 때 걷는 모양이 연출되도록 만들어 줍니다. 1 초 기다리기 를 사용해 '40' 초를 기다리고, 10 번 반복하기 로 반복문을 만들어 줍니다. 반복문의 실행 영역에는 1 초 기다리기 와

다음 모양으로 바꾸기 를 결합하여 0.2초 간격으로 모양을 10회 바꾸도록 해줍니다.

'장면2' 완성하기   Step 03

01 ››   '장면2'에 맞는 스토리보드를 새로 구성합니다. '장면2'에서는 늑대 혼자만 등장하여 간단한 대사와 이동하기가 이루어집니다. 스토리보드 구성이 완료되면 본격적인 스크립트를 만들어 봅니다.

〈아기돼지 삼형제 장면2 스토리 보드〉

시 간	늑 대
시 작	〈위치, 모양, 보이기 초기화하기〉
2초	"슬슬 배가 고픈데~"
2초	"아기 돼지 사냥이나 해볼까!"
4초	〈왼쪽에서 오른쪽으로 이동하기〉, 〈모양 바꾸기〉
장면2 종료, 장면3 방송하기	

02 ››   '장면1'에서 마지막으로 엄마돼지의 대사가 끝난 후, 엄마돼지 스크립트에 '장면2 시작' 방송하기 블록을 결합하였습니다. 이제 이 신호를 받아 장면2에 맞는 대사와 행동 등이 진행되도록 합니다. 먼저 무대를 클릭합니다. 무대는 '장면2 시작'이라는 신호를 받아 배경을 '배경2'로 변경합니다. `message1 ▼ 을(를) 받았을 때` 를 [스크립트] 창에 가져오고 선택 항목을 '장면2 시작'으로 설정합니다. `다음 모양으로 바꾸기`을 연결하고 선택 항목을 '배경2'로 설정합니다.

03 ›› 　여기까지 완성된 프로젝트를 실행하면 [실행] 창이 '배경2'로 바뀌고 모든 스프라이트가 [실행] 창에서 사라진 것을 확인할 수 있습니다. 이제 '장면2'에 등장하는 늑대 스크립트를 만들 차례입니다. 먼저 대사를 하기 전에 크기, 모양, 위치 초기화를 해줍니다. 　message1 　을(를) 받았을 때 에서 선택 항목을 '장면2 시작'으로 맞추고, 크기를 100 % 로 정하기 를 연결하여 크기를 '50'%로 초기화합니다. 모양을 costume2 ▼ (으)로 바꾸기 를 연결하여 모양을 '늑대1'로 초기화하고, x: 0 y: 0 이동하기 에서 x와 y를 각각 '-183', '-95'로 설정합니다. 보이기 를 통해 [실행] 창에 등장하도록 합니다.

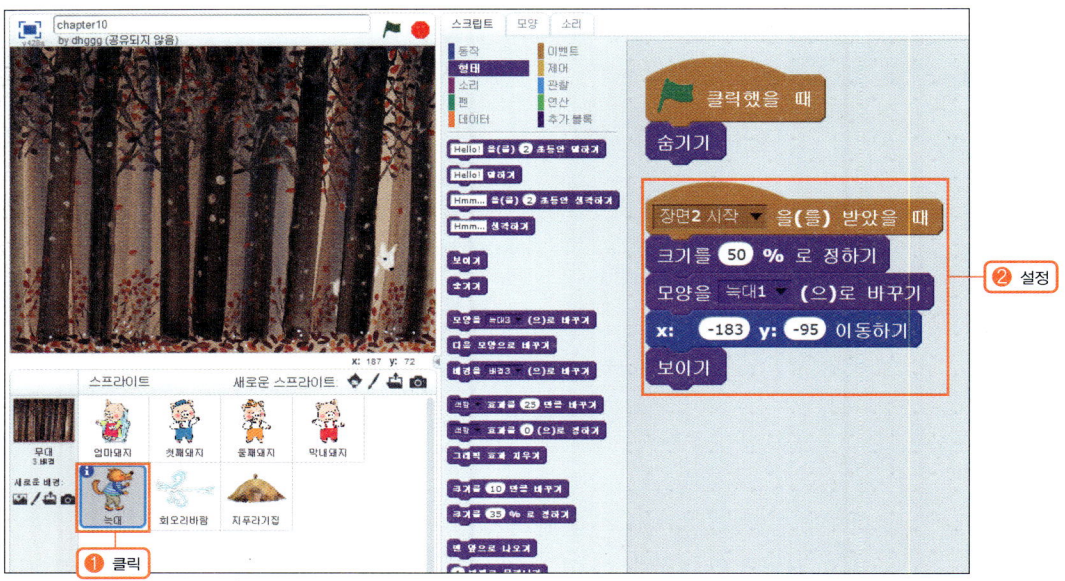

애니메이션 프로젝트에서는 장면 전환이 자주 발생합니다. 장면 전환을 위해서는 '방송하기' 블록을 적절하게 활용하는 것이 중요합니다. 이때 방송하기의 메시지 이름을 설정할 때 의미가 정확하게 전달될 수 있는 이름을 정하는 것이 좋습니다.

04 ›› 초기화 후에는 스토리보드의 구성에 따라 대사와 행동을 처리합니다. '대사 2회 후 4초간 이동'을 표현하기 위해 Hello! 을(를) 2 초동안 말하기 와 1 초 동안 x: 0 y: 0 으로 움직이기 를 적절하게 결합합니다. 이동하는 위치는 'x : 240, y : -95'로 설정합니다. 이동 후에는 [실행] 창에서 사라지도록 숨기기 를 연결해줍니다.

05 ›› 늑대가 이동하는 순간에도 걷는 모양이 나타날 수 있도록 스크립트를 만들어 줍니다. 1 초 기다리기 를 사용해 '4'초를 기다리고, 10 번 반복하기 로 반복문을 만들어 줍니다. 반복문의 조건 영역은 숫자 '8'로 변경합니다. 실행 영역에는 1 초 기다리기 와 모양을 costume2 (으)로 바꾸기 를 결합하여 0.2초를 간격으로 모양이 '2'와 '늑대3'으로 변하도록 합니다.

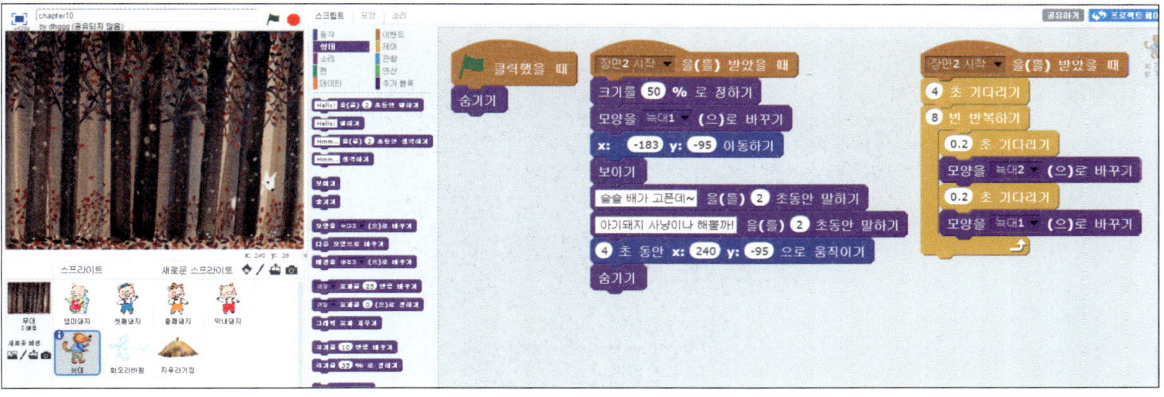

늑대가 걷는 모양을 연출하기 위해서는 '다음 모양으로 바꾸기' 블록을 사용하는 대신에 '늑대1'과 '늑대2'로 모양을 직접 지정하여 바꾸어 줍니다. '늑대' 스프라이트는 총 3가지 모양을 가지고 있으므로 '다음 모양으로 바꾸기'를 사용할 경우 어색한 모습이 연출되는 것에 주의해야 합니다.

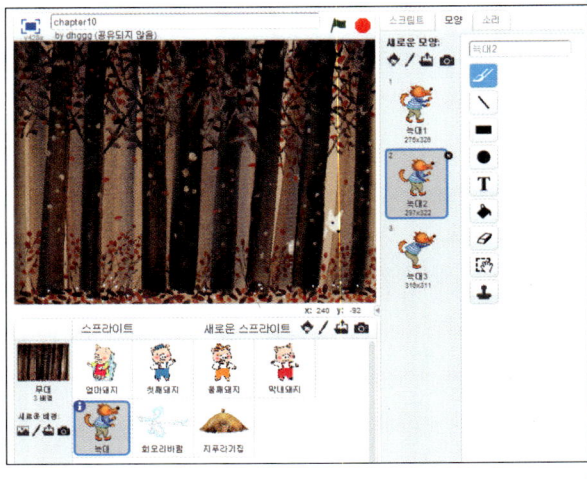

06 ›› '장면2'가 끝나면 '장면3 시작 방송하기' 블록을 연결해 '장면3'이 시작된다는 새로운 메시지를 다른 스프라이트와 무대에 전달합니다.

'장면3' 전반부 완성하기 Step 04

01 >> '장면3'은 늑대와 첫째돼지가 등장하는 전반부와 늑대가 회오리바람으로 지푸라기집을 날려버리는 후반부로 구분됩니다. '장면3' 전체의 스토리보드를 먼저 구성하고 스크립트를 만들어 가도록 합니다.

〈아기돼지 삼형제 장면3 스토리보드〉

시 간	늑대	첫째돼지
시 작	〈위치, 모양, 보이기 초기화하기〉	
2초	"후후후~ 착한 아기돼지야! 나랑 놀자~"	〈2초 기다리기〉
2초		"으악~ 늑대다!"
2초	〈5초 기다리기〉	"얼른 집으로 숨어야해!"
2초		〈집으로 이동하기〉〈숨기기〉
2초	"지푸라기집에 숨어봤자 어림도 없다!"	
1초	〈집 옆으로 이동하기〉〈크기를 점차 작게 바꾸기〉	
2초	"회오리바람 맛 좀 봐라!"〈모양 바꾸기〉	

〈회오리바람 시작 방송하기〉		
〈회오리바람 시작 받았을 때〉		

시 간	회오리바람	지푸라기 집	첫째 돼지
시 작	〈위치, 모양, 보이기 초기화하기〉		
1초	〈모양 바꾸기〉 〈숨기기〉	〈1초 기다리기〉	〈1초 기다리기〉
2초		〈오른쪽 위로 이동하기〉 〈15도 돌기〉〈숨기기〉	〈보이기〉

〈회오리바람 끝 방송하기〉		
〈회오리바람 끝 받았을 때〉		

시 간	늑대	첫째돼지
2초	〈3초 기다리기〉	"으악 도망가자! 첫째돼지 살려~"
1초		〈오른쪽으로 이동하기〉〈숨기기〉
2초	"후후후~ 도망가도 소용없지"	
2초	〈오른쪽으로 이동하기〉〈숨기기〉	

02 >> 먼저 무대를 클릭합니다. '장면3'에 맞게 배경도 '배경3'으로 변경합니다.

03 >> 장면이 배경3으로 전환되었다면 무대 중간에 지푸라기집을 등장시킵니다. 먼저 '지푸라기집' 스프라이트를 클릭합니다. '장면3'이 시작되면 x: 0 y: 0 이동하기 의 숫자를 '82'와 '6'으로 입력해 위치를 초기화시킵니다. 90 도 방향 보기 로 방향을 초기화하고, 마지막으로 보이기 를 연결해 [실행] 창에 등장하도록 합니다.

04 » '장면3'이 시작되면 첫째돼지가 다시 등장합니다. <kbd>x: 0 y: 0 이동하기</kbd> 를 연결해 'x : 169, y : −95'로 위치를 초기화한 뒤, <kbd>맨 앞으로 나오기</kbd> 를 연결합니다. 다음으로 <kbd>보이기</kbd> 를 연결해 [실행] 창에 등장하도록 합니다.

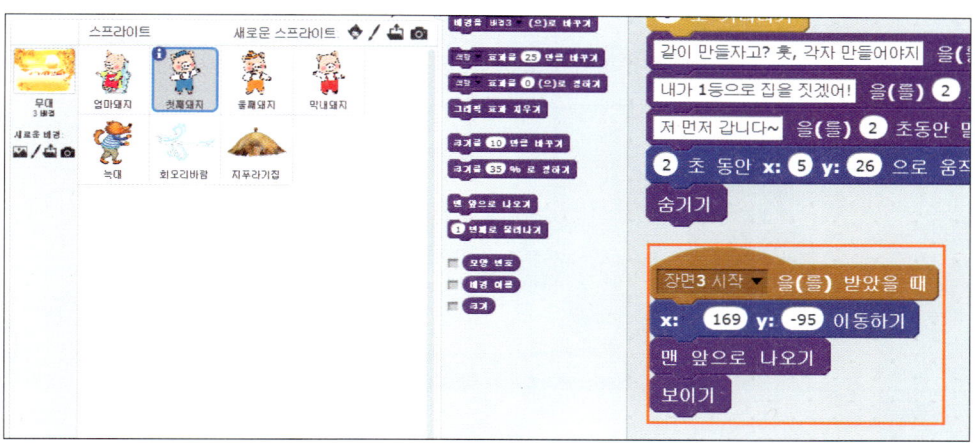

애니메이션에서는 스프라이트끼리 겹쳐지는 상황이 많이 등장합니다. 이때 이야기의 구성이나 흐름상 앞으로 나와서 보여져야 할 스프라이트가 있고, 다른 스프라이트 뒤로 물러나 보여져야 할 스프라이트가 있습니다. '장면3'에서 첫째돼지는 '지푸라기집' 스프라이트와 겹쳐지게 됩니다. 이때 첫째돼지가 지푸라기집보다 앞에 나와있도록 만들어주기 위해서 <kbd>맨 앞으로 나오기</kbd> 를 꼭 사용해야 합니다.

05 » 첫째돼지의 초기화가 완료되면, 대사와 행동을 처리해 줍니다. 먼저 2초간 기다린 후, 대사 2개를 실행합니다. 대사가 끝나면, 첫째돼지는 지푸라기집 앞으로 이동합니다. <kbd>1 초 동안 x: 0 y: 0 으로 움직이기</kbd> 를 연결하여 1초 동안 'x : 85, y : −5'로 이동하게 만들어 줍니다. 이동 후에는 [실행] 창에서 사라지도록 <kbd>숨기기</kbd> 를 연결해줍니다.

06 ›› 첫째돼지가 이동할 때 크기가 점점 작아지는 효과를 연출합니다. '장면3'이 시작되면 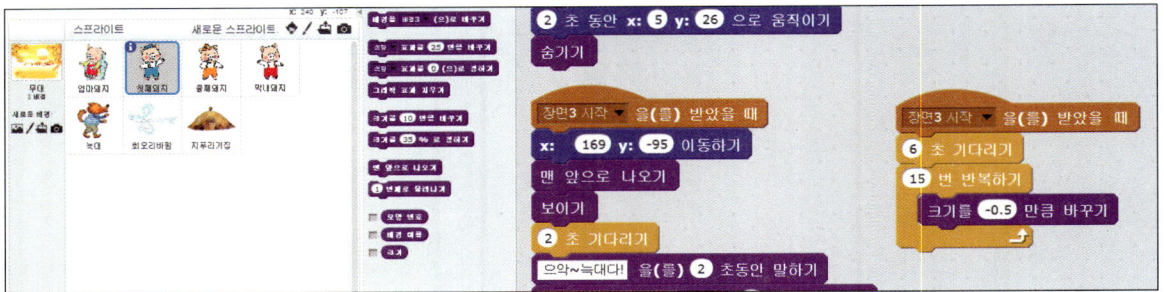를 사용해 '6'초 동안 기다리고 15회에 걸쳐 크기를 '-0.5'씩 변경해가도록 합니다. 와

를 활용해 쉽게 구현할 수 있습니다.

07 ›› '늑대' 스프라이트를 클릭합니다. 늑대는 장면 3이 시작되면 왼쪽 아래 부분에서 등장합니다. 을 연결하고 x, y값을 각각 '-173', '-87'로 초기화합니다. 다음으로 를 연결해 [실행] 창에 등장하도록 합니다.

08 ›› 늑대의 대사를 처리합니다. 장면3의 스토리보드를 참고하여 대사 1회 후, 5초간 기다리기, 그리고 대사 1회가 진행되도록 스크립트를 구성합니다.

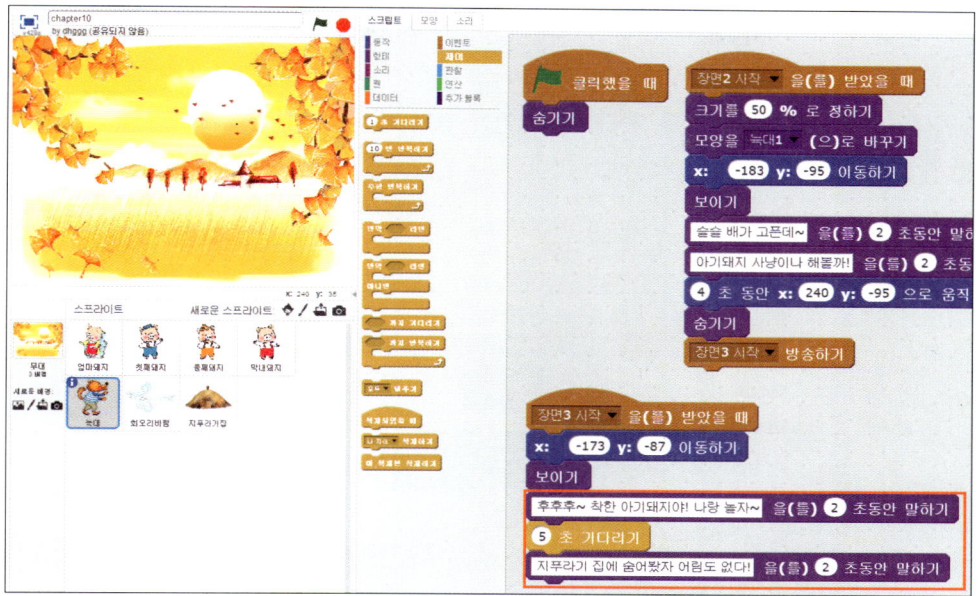

09 ›› 대사가 끝나면 다시 지푸라기집 앞으로 이동합니다. 1초 동안 x: 0 y: 0 으로 움직이기 를 이용하여 1초 동안 'x : −93, y : −12'로 이동하게 만들어 줍니다. 이동한 후에는 Hello! 을(를) 2 초동안 말하기 를 연결해 대사 1회를 처리합니다. 마지막으로 모양을 costume2 (으)로 바꾸기 로 모양을 '늑대3'으로 변경합니다.

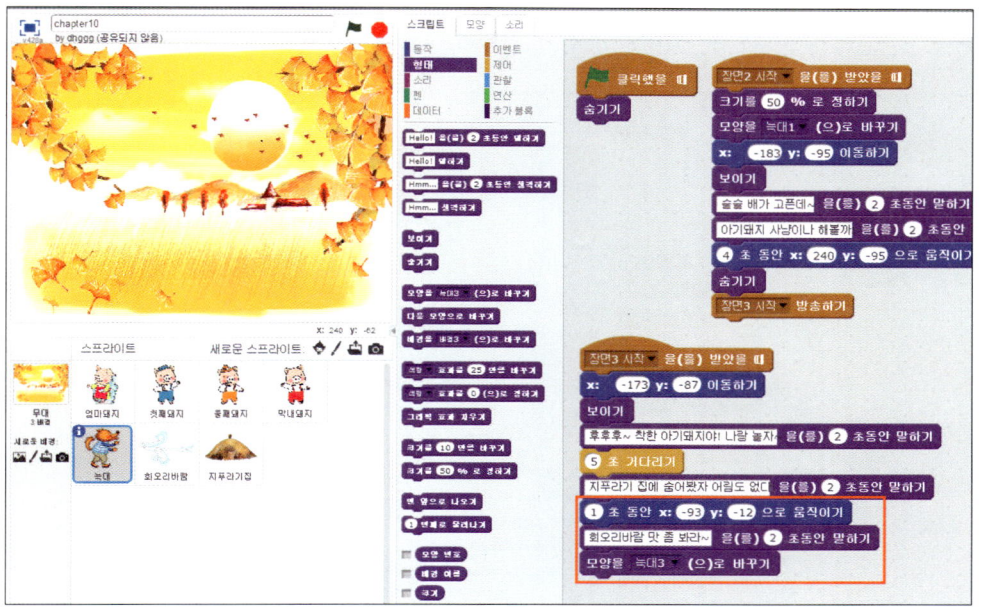

장면3 후반부에서는 늑대가 회오리 바람으로 지푸라기집을 날려버리는 장면이 연출됩니다. 늑대가 회오리바람을 불 때 더 자연스러운 모습으로 바꾸기 위해 마지막에 `모양을 costume2 (으)로 바꾸기` 를 사용하여 모양을 '늑대3' 으로 바꾸어 주어야 합니다.

10 ›› 늑대도 첫째돼지처럼 지푸라기집으로 이동할 때 크기가 점점 작아지는 효과를 연출하게 만듭니다. '장면3' 이 시작되면 `1 초 기다리기` 를 사용해 '9' 초 동안 기다리고 `10 번 반복하기` 와 `크기를 10 만큼 바꾸기` 를 결합하여 25회에 걸쳐 크기를 '-0.5' 씩 변경해가도록 합니다.

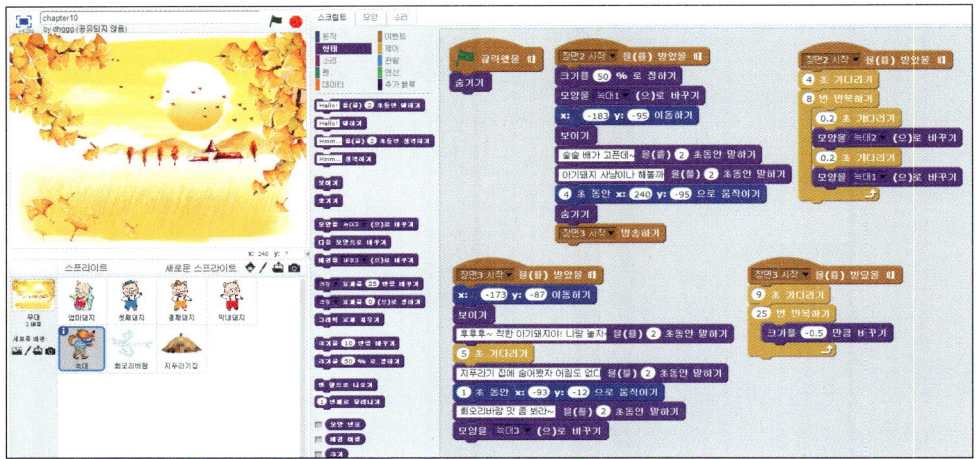

11 ›› '장면3' 의 전반부가 완료되면 '회오리바람 시작' 이라는 메시지를 방송합니다. 이제 '장면3' 의 후반부가 시작되는 메시지가 다른 스프라이트와 무대에 전달됩니다.

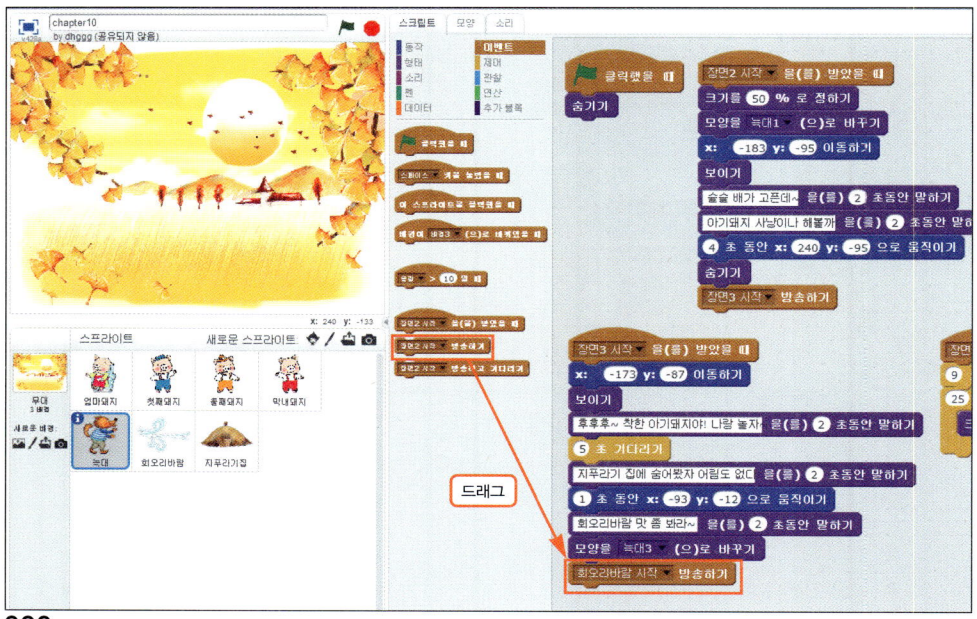

'장면3' 후반부 완성하기

**01 ›› ** '회오리바람 시작' 메시지를 전달 받으면 회오리 바람이 불고 집이 날아가는 효과가 연출됩니다. 먼저 회오리바람 스프라이트를 클릭합니다. '회오리바람 시작' 메시지를 받으면 크기를 100 % 로 정하기 를 연결하고 숫자를 '40'으로 변경해 크기 초기화를 해줍니다. x: 0 y: 0 이동하기 의 빈 칸에 각각 '39'와 '4'를 넣어 위치를 초기화합니다. 맨 앞으로 나오기 를 연결해 스프라이트가 겹칠 때 맨 앞으로 나오도록 하고, 보이기 로 실행 창에 나타나도록 합니다.

이 장면에서는 회오리바람과 지푸라기집, 첫째돼지까지 총 3개의 스프라이트가 겹쳐지는 상황이 나타납니다. 이때 회오리바람이 가장 위로 올라올 수 있도록 맨 앞으로 나오기 를 연결해줍니다.

02 ›› 회오리바람 스프라이트는 총 4가지 모양으로 이루어져 있습니다. 이 모양이 빠르게 바뀌면서 마치 회오리바람이 실제로 부는 것과 같은 효과가 연출됩니다. 모양을 costume2 (으)로 바꾸기 로 처음 모양을 '회오리바람1' 로 설정합니다. 10 번 반복하기 로 반복문을 만들고 조건 영역의 숫자를 '15' 로 변경합니다. 실행 영역에는 1 초 기다리기 와 다음 모양으로 바꾸기 를 결합하여 0.1초 간격으로 모양을 15회 바꾸도록 해줍니다. 마지막에는 숨기기 를 연결해 [실행] 창에서 보이지 않도록 합니다.

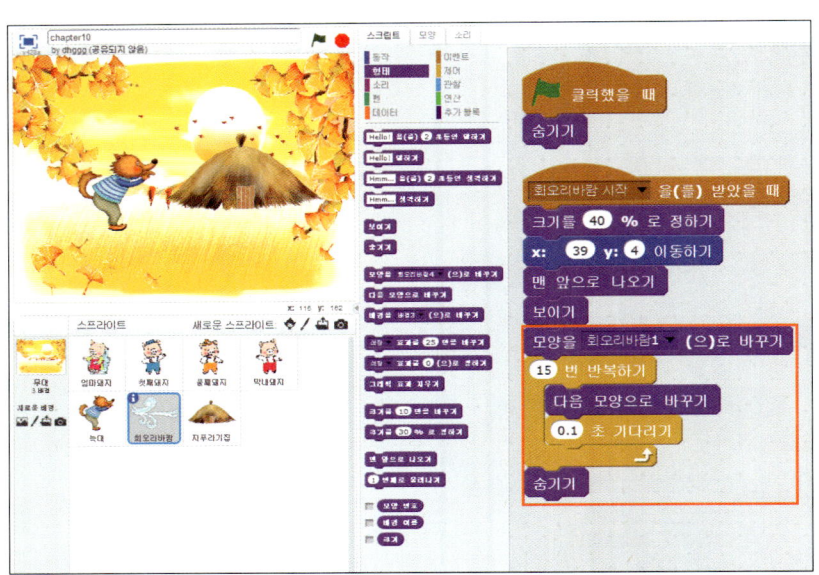

03 ›› 지푸라기집은 회오리바람을 맞으면 1초간 버티다가 화면 오른쪽 위로 날아갑니다. 1 초 기다리기 다음에 1 초 동안 x: 0 y: 0 으로 움직이기 를 연결하여 'x : 350, y : 160' 으로 이동하도록 해줍니다. 이동한 후에는 숨기기 를 연결해 [실행] 창에서 보이지 않도록 합니다.

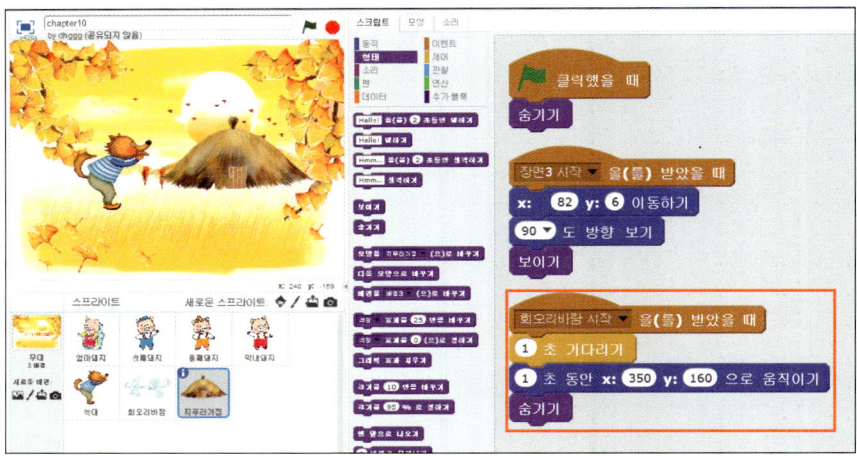

04 >> 지푸라기집이 날아갈 때 빙글빙글 도는 효과를 연출하기 위해서 '돌기' 블록을 활용할 수 있습니다. 1 초 기다리기 다음에 무한 반복하기 를 연결하여 반복문을 만들고, 반복문의 실행 영역에 15 도 돌기 를 넣어줍니다.

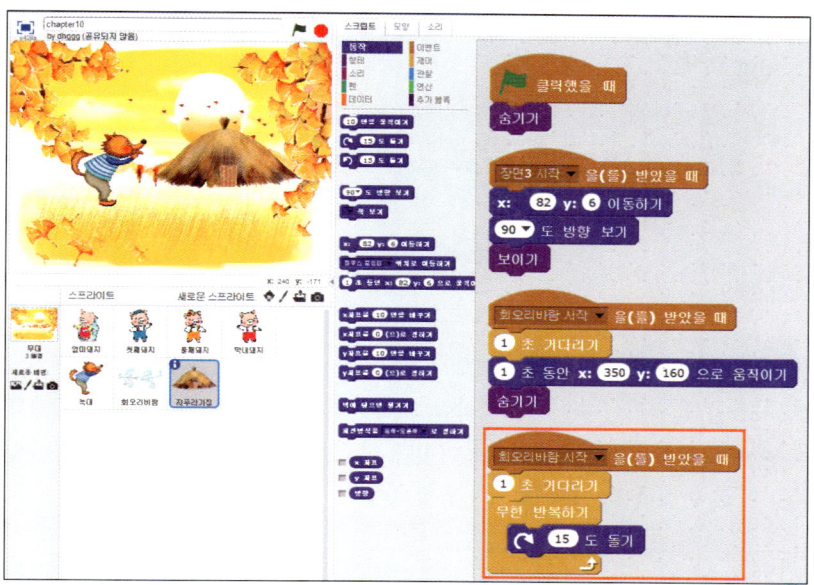

05 >> 지푸라기집이 실행 창 밖으로 나가면 '돌기' 블록의 실행이 멈추도록 합니다. 만약 라면 으로 조건문을 만들고, 조건 영역에는 < 를 넣어 지푸라기집의 x좌표가 290을 넘는 지를 체크합니다. 실행 영역에는 모두 멈추기 를 넣고 선택 항목을 '이 스크립트'로 설정합니다. 조건이 만족되면 무한 반복문이 포함된 이 스크립트의 실행이 중지됩니다.

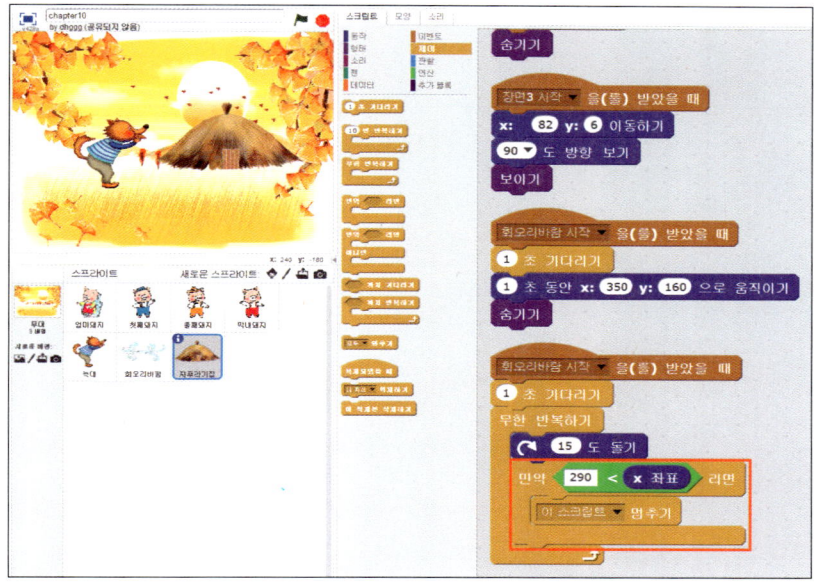

23

06 ›› 지푸라기집이 사라지면 '회오리바람 끝' 이라는 메시지를 방송합니다.

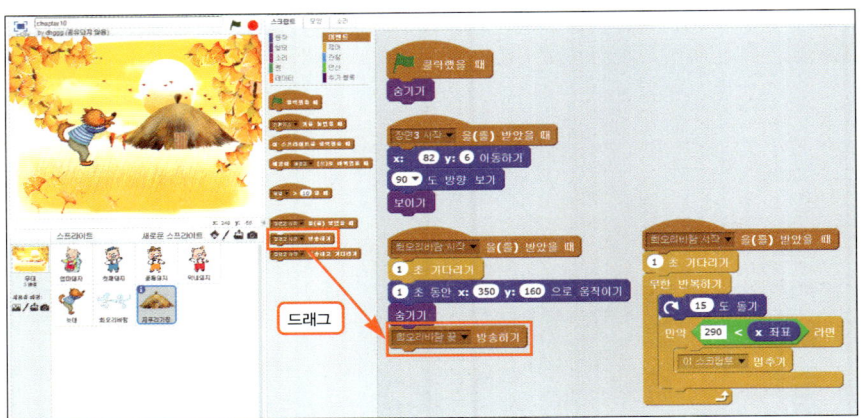

07 ›› 첫째돼지는 회오리바람이 시작되면 집이 날아가길 기다렸다가 집이 날아가는 순간 화면에 나타나도록 합니다. 먼저 '첫째돼지' 스프라이트를 클릭합니다. '회오리바람 시작' 메시지를 받으면 [1 초 기다리기] 를 실행해 1초간 집이 날아가는 것을 기다립니다. 첫째돼지가 지푸라기집과 회오리바람 뒤에서 등장하기 위해서 [1 번째로 물러나기] 를 연결하고 숫자를 '2' 로 변경한 뒤, [보이기] 을 연결합니다.

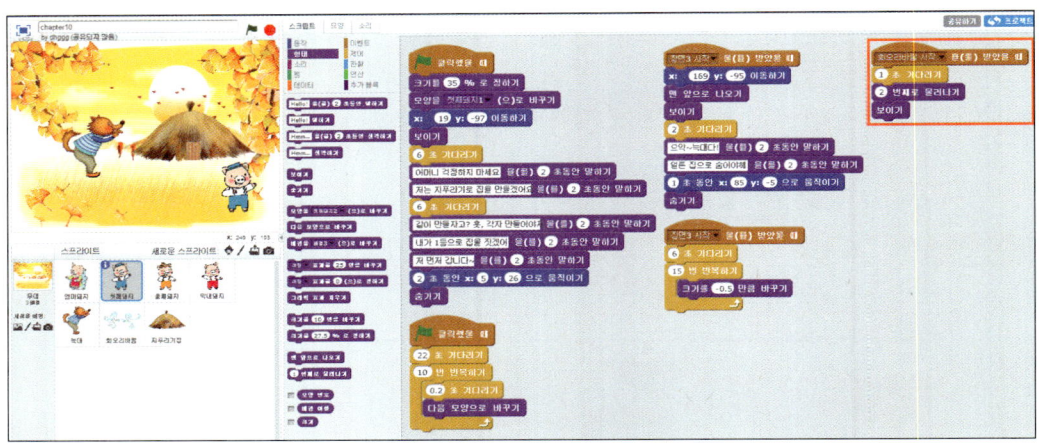

08 >> 첫째돼지는 '회오리바람 끝' 메시지를 받으면 대사를 1회하고 1초동안 화면 오른쪽으로 이동합니다. 스토리보드를 참고하여 `Hello! 을(를) 2 초동안 말하기` 와 `1 초 동안 x: 0 y: 0 으로 움직이기` 를 적절하게 결합합니다. 마지막에 `숨기기` 를 연결해 실행 창에서 사라지도록 합니다.

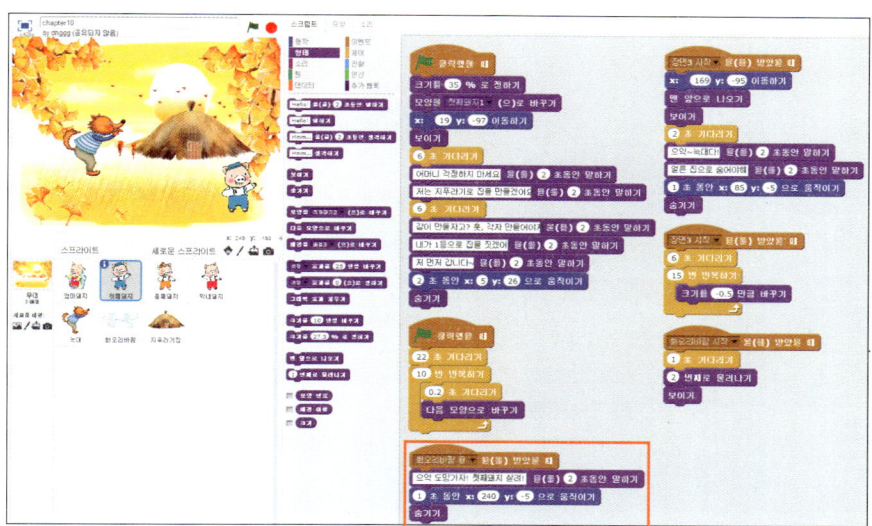

09 >> 첫째돼지가 마지막에 이동할 때 걷는 모양을 연출하기 위해서 앞에서 사용한 방법을 다시 활용합니다. 먼저 대사가 진행되는 2초간 기다린 후 0.2초의 간격을 두고 모양을 5번 바꾸도록 합니다.

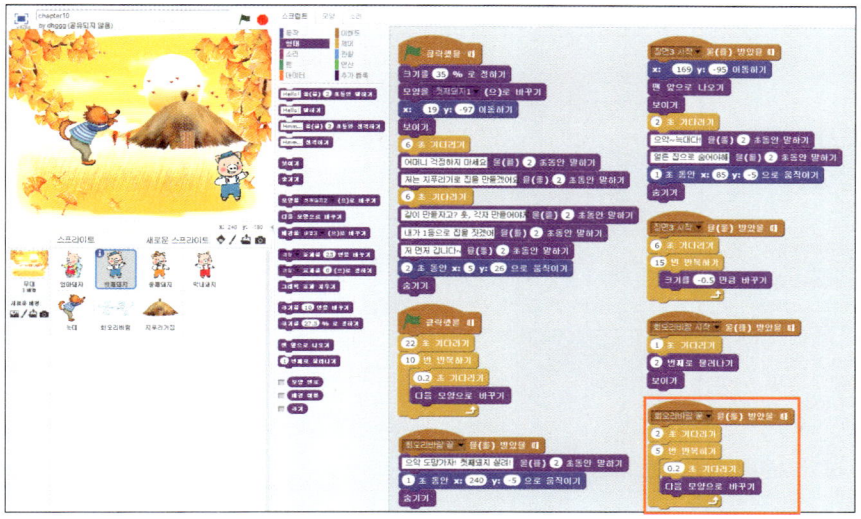

233

10 ≫   회오리바람이 끝나면 늑대는 첫째돼지의 대사와 행동이 끝나기를 기다렸다가, 자신의 대사와 행동을 수행합니다. 먼저 '늑대' 스프라이트를 클릭하고 '회오리바람 끝' 메시지를 받으면 1 초 기다리기 로 3초간 기다립니다. Hello! 을(를) 2 초동안 말하기 와 1 초 동안 x: 0 y: 0 으로 움직이기 를 적절하게 결합해 스토리보드 상의 대사를 하도록 만들고, 화면 오른쪽 끝으로 이동하게 합니다. 마지막에는 숨기기 를 연결해 [실행] 창에서 사라지도록 합니다.

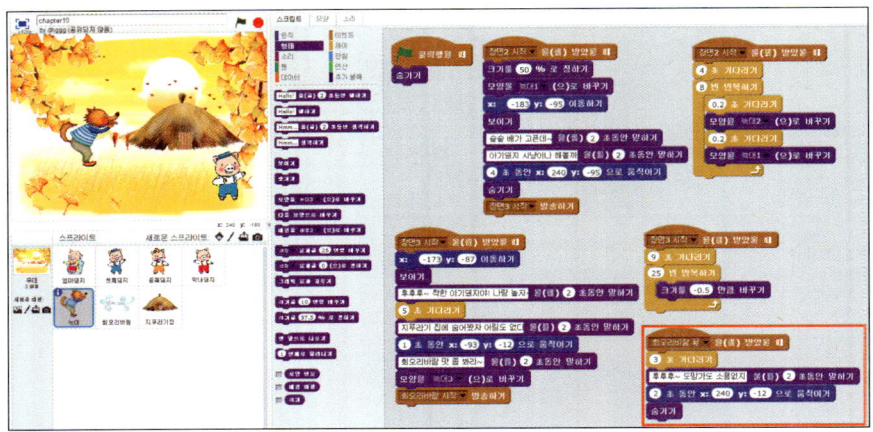

11 ≫   늑대가 이동할 때 걷는 모양을 연출하기 위해 '장면2'에서 사용한 스크립트를 복사해 옵니다. 중간에 기다리는 시간을 '5'초로 설정하고, 0.2초를 간격으로 '늑대2' 모양과 '늑대1' 모양을 5회 변경하도록 해줍니다.

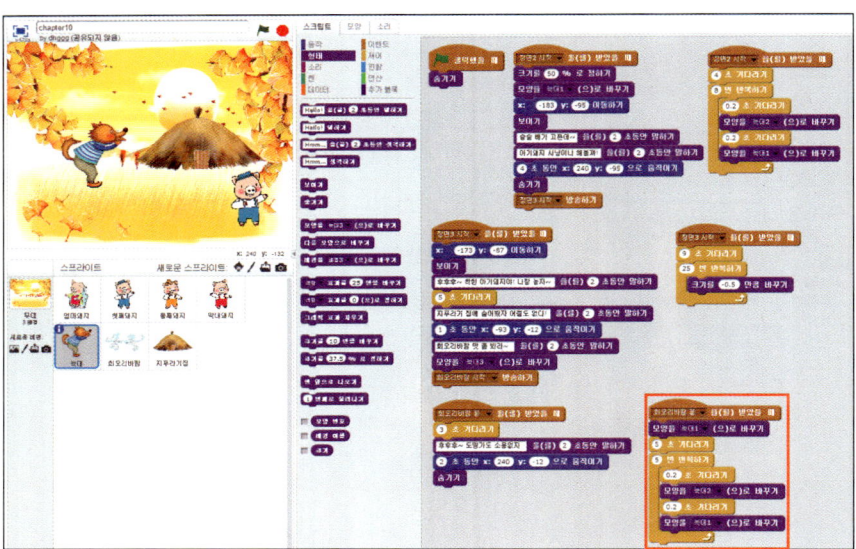

프로젝트 완성

01 ›› '무대' 스크립트

02 ›› '엄마돼지' 스크립트

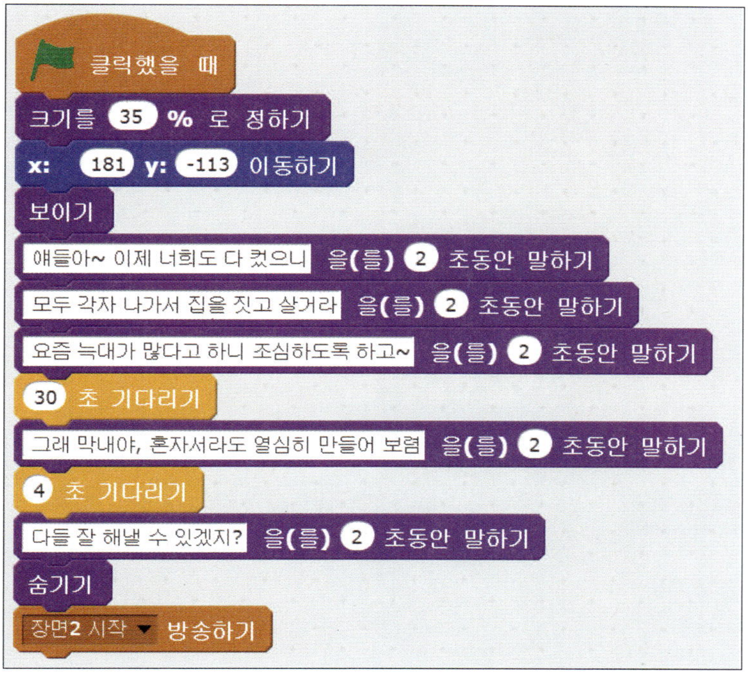

03 >> '첫째돼지' 스크립트

```
클릭했을 때                              장면3 시작 ▼ 을(를) 받았을 때
크기를 35 % 로 정하기                    x: 169 y: -95 이동하기
모양을 첫째돼지1 ▼ (으)로 바꾸기          맨 앞으로 나오기
x: 19 y: -97 이동하기                    보이기
보이기                                  2 초 기다리기
6 초 기다리기                           으악~늑대다! 을(를) 2 초동안 말하기
어머니 걱정하지 마세요 을(를) 2 초동안 말하기   얼른 집으로 숨어야해 을(를) 2 초동안 말하기
저는 지푸라기로 집을 만들겠어요 을(를) 2 초동안 말하기   1 초 동안 x: 85 y: -5 으로 움직이기
6 초 기다리기                           숨기기
같이 만들자고? 흥, 각자 만들어야지 을(를) 2 초동안 말하기
내가 1등으로 집을 짓겠어 을(를) 2 초동안 말하기   장면3 시작 ▼ 을(를) 받았을 때
저 먼저 갑니다~ 을(를) 2 초동안 말하기      6 초 기다리기
2 초 동안 x: 5 y: 26 으로 움직이기        15 번 반복하기
숨기기                                     크기를 -0.5 만큼 바꾸기


클릭했을 때                              회오리바람 시작 ▼ 을(를) 받았을 때
22 초 기다리기                          1 초 기다리기
10 번 반복하기                          2 번지로 물러나기
  0.2 초 기다리기                       보이기
  다음 모양으로 바꾸기

                                        회오리바람 끝 ▼ 을(를) 받았을 때
회오리바람 끝 ▼ 을(를) 받았을 때           2 초 기다리기
으악 도망가자! 첫째돼지 살려! 을(를) 2 초동안 말하기   5 번 반복하기
1 초 동안 x: 240 y: -5 으로 움직이기        0.2 초 기다리기
숨기기                                     다음 모양으로 바꾸기
```

04 >> '둘째돼지' 스크립트

```
클릭했을 때                              클릭했을 때
크기를 35 % 로 정하기                    28 초 기다리기
모양을 둘째돼지1 ▼ (으)로 바꾸기          10 번 반복하기
x: -88 y: -75 이동하기                    0.2 초 기다리기
보이기                                     다음 모양으로 바꾸기
10 초 기다리기
난 나무로 집을 만들겠어~! 을(를) 2 초동안 말하기
12 초 기다리기
그래, 나도 혼자 만들겠어 을(를) 2 초동안 말하기
어머니 건강히 지내세요~ 을(를) 2 초동안 말하기
2 초 동안 x: 5 y: 26 으로 움직이기
숨기기
```

05 ›› '막내돼지' 스크립트

```
클릭했을 때
크기를 35 % 로 정하기
모양을 막내돼지1 ▾ (으)로 바꾸기
x: -192 y: -111 이동하기
보이기
12 초 기다리기
형들 그러지 말고~ 을(를) 2 초동안 말하기
우리 같이 벽돌로 튼튼한 집을 만들자 을(를) 2 초동안 말하기
14 초 기다리기
아이, 형들도 참.. 을(를) 2 초동안 말하기
튼튼한 집이 얼마나 중요한데! 을(를) 2 초동안 말하기
오래 걸리더라도 혼자서 만들어 볼까? 을(를) 2 초동안 말하기
2 초 기다리기
네 어머니, 안녕히 계세요~ 을(를) 2 초동안 말하기
2 초 동안 x: 5 y: 26 으로 움직이기
숨기기
```

```
클릭했을 때
40 초 기다리기
10 번 반복하기
  0.2 초 기다리기
  다음 모양으로 바꾸기
```

06 ›› '늑대' 스크립트

```
클릭했을 때
숨기기
```

```
장면2 시작 ▾ 을(를) 받았을 때
크기를 50 % 로 정하기
모양을 늑대1 ▾ (으)로 바꾸기
x: -183 y: -95 이동하기
보이기
슬슬 배가 고픈데~ 을(를) 2 초동안 말하기
아기돼지 사냥이나 해볼까 을(를) 2 초동안 말하기
4 초 동안 x: 240 y: -95 으로 움직이기
숨기기
장면3 시작 ▾ 방송하기
```

```
장면2 시작 ▾ 을(를) 받았을 때
4 초 기다리기
8 번 반복하기
  0.2 초 기다리기
  모양을 늑대2 ▾ (으)로 바꾸기
  0.2 초 기다리기
  모양을 늑대1 ▾ (으)로 바꾸기
```

```
장면3 시작 ▾ 을(를) 받았을 때
x: -173 y: -87 이동하기
보이기
후후후~ 착한 아기돼지야! 나랑 놀자 을(를) 2 초동안 말하기
5 초 기다리기
지푸라기 집에 숨어봤자 어림도 없디 을(를) 2 초동안 말하기
1 초 동안 x: -93 y: -12 으로 움직이기
회오리바람 맛 좀 봐라~ 을(를) 2 초동안 말하기
모양을 늑대3 ▾ (으)로 바꾸기
회오리바람 시작 ▾ 방송하기
```

```
장면3 시작 ▾ 을(를) 받았을 때
9 초 기다리기
25 번 반복하기
  크기를 -0.5 만큼 바꾸기
```

```
회오리바람 끝 ▾ 을(를) 받았을 때
3 초 기다리기
후후후~ 도망가도 소용없지 을(를) 2 초동안 말하기
2 초 동안 x: 240 y: -12 으로 움직이기
숨기기
```

```
회오리바람 끝 ▾ 을(를) 받았을 때
모양을 늑대1 ▾ (으)로 바꾸기
5 초 기다리기
5 번 반복하기
  0.2 초 기다리기
  모양을 늑대2 ▾ (으)로 바꾸기
  0.2 초 기다리기
  모양을 늑대1 ▾ (으)로 바꾸기
```

07 >> '회오리바람' 스크립트

```
[초록 깃발] 클릭했을 때
숨기기

회오리바람 시작 ▼ 을(를) 받았을 때
크기를 40 % 로 정하기
x: 39 y: 4 이동하기
맨 앞으로 나오기
보이기
모양을 회오리바람1 ▼ (으)로 바꾸기
15 번 반복하기
    다음 모양으로 바꾸기
    0.1 초 기다리기
숨기기
```

08 >> '지푸라기집' 스크립트

```
[초록 깃발] 클릭했을 때
숨기기

장면3 시작 ▼ 을(를) 받았을 때
x: 82 y: 6 이동하기
90 ▼ 도 방향 보기
보이기

회오리바람 시작 ▼ 을(를) 받았을 때
1 초 기다리기
1 초 동안 x: 350 y: 160 으로 움직이기
숨기기
회오리바람 끝 ▼ 방송하기

회오리바람 시작 ▼ 을(를) 받았을 때
1 초 기다리기
무한 반복하기
    ↻ 15 도 돌기
    만약 290 < x 좌표 라면
        이 스크립트 ▼ 멈추기
```

학습정리

① 애니메이션을 제작할 때는 프로젝트를 만들기 전에 '스토리보드'를 미리 작성하는 것이 좋습니다. 스토리보드에 따라 대사하는 시간과 기다리는 시간을 설정해야 하기 때문입니다. 스토리보드에는 각 스프라이트의 시간에 따른 대사와 행동을 명시하여 효율적인 스크립트를 구현할 수 있도록 합니다.

② 애니메이션 제작에서도 각 스프라이트의 초기화는 중요합니다. 위치와 모양, 크기, 방향 등을 초기화해주어야 합니다. 특히 애니메이션의 첫 장면에 등장하지 않는 스프라이트는 숨기기 로 초기화하여 [실행] 창에 보이지 않도록 합니다.

③ 애니메이션에서 스프라이트의 움직임은 1 초 동안 x: 0 y: 0 으로 움직이기 를 사용하여 처리합니다. 설정한 시간에 따라 스프라이트가 빨리 움직이는 것처럼 보이거나 느리게 움직이는 것처럼 보입니다.

④ 애니메이션에서 장면의 전환은 방송하기 블록을 사용합니다. 장면이 전환되는 시점에서 방송하기 블록을 실행하여 모든 스프라이트와 무대에게 장면이 전환되었다는 메시지를 전달합니다.

01 다음 중 특정 스크립트의 실행을 중지시키는 블록이 아닌 것은? (　　)

① 모두 ▼ 멈추기

② 이 스크립트 ▼ 멈추기

③ 숨기기

④ 스프라이트에 있는 다른 스크립트 ▼ 멈추기

02 각 블록에 대한 설명으로 옳지 않은 것은? (　　)

① 크기 는 스프라이트의 크기 정보를 담고 있다.

② ☐ 을(를) ● 초동안 말하기 를 실행하면 입력한 문자를 스프라이트가 직접 소리내어 말한다.

③ 색깔 효과, 어안렌즈 등의 특수 효과 실행을 중지하고 원래 스프라이트의 모습으로 돌아가기 위해서는 그래픽 효과 지우기 를 사용해야 한다.

④ 여러 스프라이트가 겹쳐 있을 경우 ● 번째로 물러나기 로 어떤 스프라이트가 위로 올라올지를 결정할 수 있다.

03 다음 중 스크래치를 활용한 애니메이션 제작 시 참고할 사항으로 옳지 않은 것은? (　　)

① '스토리보드'를 미리 작성한 후 스크립트를 작성한다.

② 각 스프라이트의 위치와 모양, 크기, 방향 등에 대한 초기화 설정에 주의해야 한다.

③ 스프라이트의 이동이 자연스럽게 표현될 수 있도록 x: ● y: ● 로 이동하기 를 활용하여 움직임을 연출한다.

④ 장면의 전환은 '방송하기' 기능을 사용하여 구현한다.

04 다음은 '방송하기를 받았을 때' 지푸라기집이 회전하면서 날아가도록 구성한 스크립트이다. 스크립트의 표시된 빈 칸에 결합될 블록으로 적절한 것은? (　　)

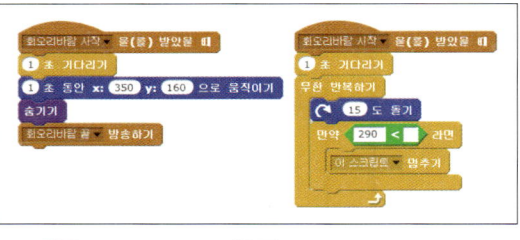

① 크기　　② x좌표　　③ 대답　　④ 빠르기

Section

11

팩맨 게임

이번 섹션에서는 우리에게 익숙한 게임인 '팩맨'을 조금 변형하여 새로운 게임으로 제작합니다. 마우스 포인터를 따라 움직이는 팩맨이 여러 가지 괴물을 잡아먹으면, 괴물에 따라 점수가 변화하거나 특수 기능이 실행되는 게임입니다. 이 프로젝트를 통해 변수를 활용한 다양한 기능 구현 방법과 특정 조건에 따른 배경전환을 학습하게 됩니다. 또한 스프라이트가 마우스 포인터를 따라 움직일 때 자연스럽게 이동하는 방법에 대해서도 학습합니다.

| Section 08 | Section 09 | Section 10 | **Section 11** |

| 예제 파일 | level 1.svg, level 2.svg, 끝.png, 클리어.png, 보라.sprite2, 분홍.sprite2, 빨강.sprite2, 초록.sprite2, 파랑.sprite2, 팩맨.sprite2, 하양.sprite2
| 완성 파일 | section11.sb2
| 웹 주 소 | https://scratch.mit.edu/projects/35868684/

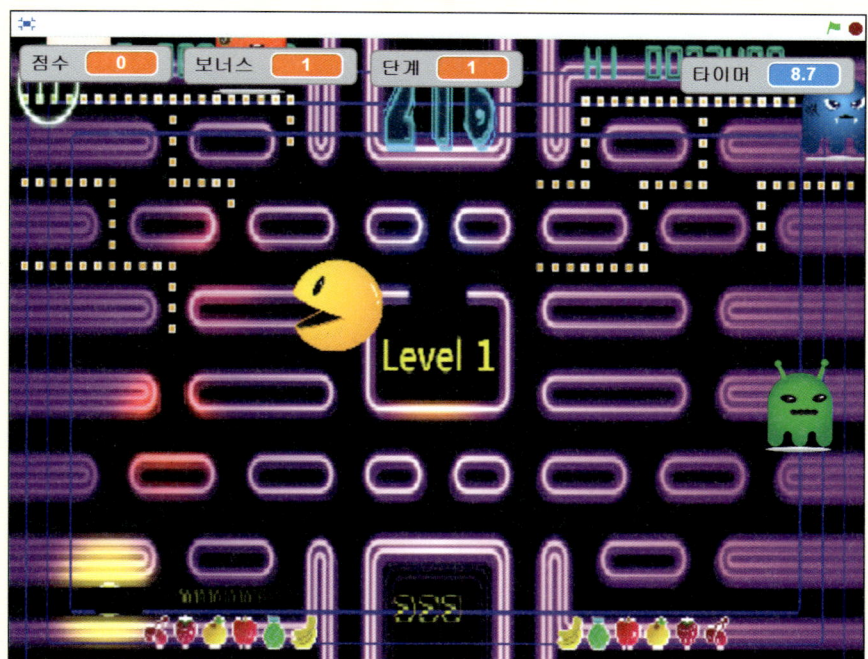

프로젝트 제작 기본 사항 설정하기 Step 01

01 » 프로젝트를 만들기 전에 게임 룰과 캐릭터별 효과를 설정합니다. 어떤 조건일 때 단계가 올라가고 어떤 조건에서 게임이 종료되거나 클리어되는지를 결정합니다. 또한 팩맨이 특정 괴물을 잡아 먹었을 때 나타나는 점수 변동과 특수 효과에 대해서도 결정합니다.

게임 클리어	제한시간 50초 내에 점수 150점 이상 획득
게임 오버	제한시간 50초 초과
보라	1점 획득
빨강	10점 감점
파랑	5점 감점 + 팩맨 크기가 10초 동안 작아지는 특수 효과 발동
초록	20점 획득 + 팩맨 크기가 5초 동안 커지는 특수 효과 발동
하양	10점 획득 + '보너스 타임' 특수 효과 발동 ※ 보너스 타임 : 팩맨이 5초 동안 반짝거리면서 모든 획득 · 감점 점수가 모두 2배가 됨
분홍	2단계로 진출

02 ›› 새로운 프로젝트를 생성합니다. 기본 설정 스프라이트인 'Sprite1'을 삭제합니다. 제공된 파일에서 프로젝트에 사용될 스프라이트를 모두 불러옵니다. 팩맨과 보라, 빨강, 파랑, 초록, 하양, 분홍 등 총 7가지 스프라이트가 [스프라이트] 창에 나타나는지 확인합니다.

03 ›› 스프라이트의 크기를 적당하게 조절합니다. 툴바에 있는 확대( )나 축소( ) 아이콘을 클릭하여 스프라이트를 클릭하면 스프라이트의 크기를 변경할 수 있습니다.

스프라이트의 크기를 변경할 때는 [모양] 탭을 클릭하여 스프라이트가 여러 가지 모양을 가지고 있는 지 확인해야 합니다. 이 프로젝트에서는 '팩맨' 스프라이트가 2가지 모양을 가지고 있습니다. 이때에는 2가지 모양을 모두 동일한 크기로 변경해 주어야 합니다.

04 ›› 각 스프라이트를 선택하여 중심을 스프라이트 중앙으로 맞춰줍니다. [모양] 탭을 클릭하면 그림판 화면이 나오고 오른쪽 윗 부분에 [모양 중심 설정(➕)]을 클릭하여 스프라이트의 중심을 설정합니다.

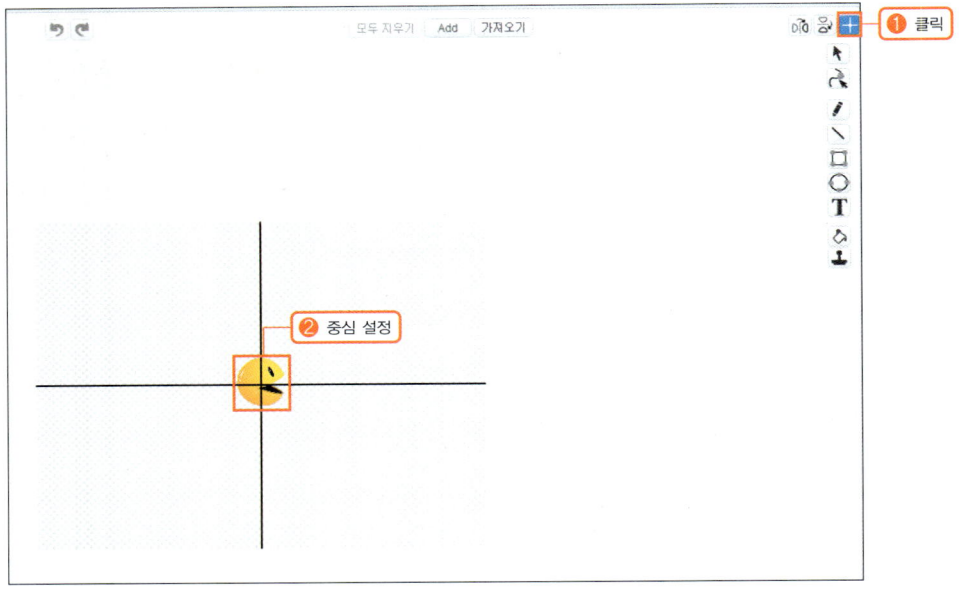

05 ›› 제공된 파일에서 프로젝트에 사용할 배경을 불러옵니다. 무대를 선택하고 [새로운 배경]−[배경 파일 업로드하기(⬆)]를 클릭하여 'level1', 'level2', '끝', '클리어' 4가지 배경을 불러옵니다.

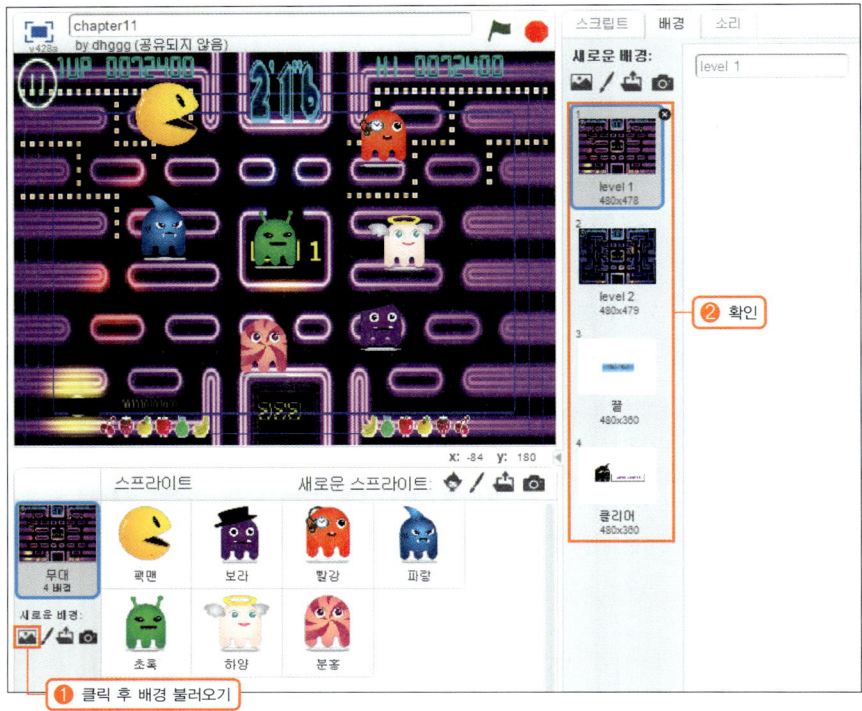

스프라이트 움직임 구현하기 | Step 02

■ 마우스 포인터를 따라서 팩맨 움직이기

01 ›› '팩맨' 스프라이트를 클릭합니다. 팩맨이 마우스 포인터에 가까이 다가갈 때까지 계속 움직이도록 만들어 줍니다. 클릭했을 때 밑에 무한 반복하기 를 결합해 반복문을 만들어 줍니다. 반복문 내부에 까지 반복하기 를 삽입하여 또 하나의 반복문을 만들어줍니다.

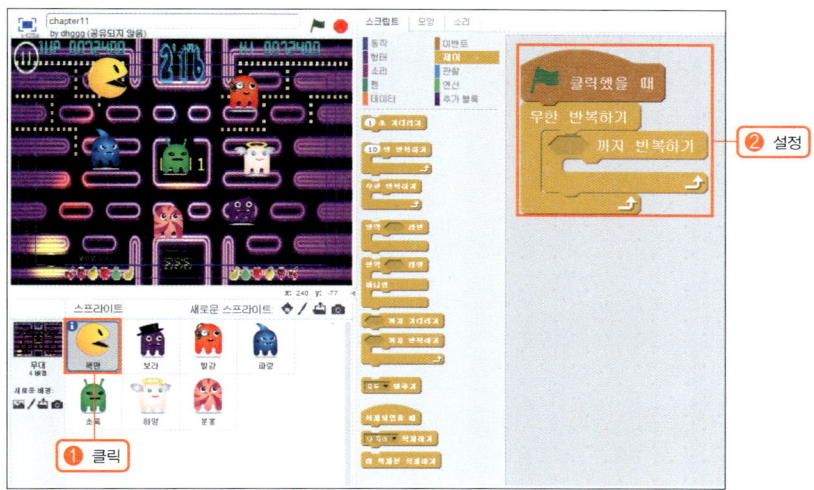

02 ›› 팩맨은 마우스 포인터와의 거리를 체크하여 마우스 포인터 방향으로 움직이도록 만듭니다. 연산 (연산) 카테고리에서 ◢ < ▶ 를 가져와 까지 반복하기 의 조건 영역에 결합합니다. ◢ < ▶ 의 앞부분에는 관찰(관찰) 카테고리의 ▼ 까지 거리 를 넣고 선택 항목을 '마우스 포인터'로 설정합니다. ◢ < ▶ 의 뒷부분에는 숫자 10을 넣습니다.

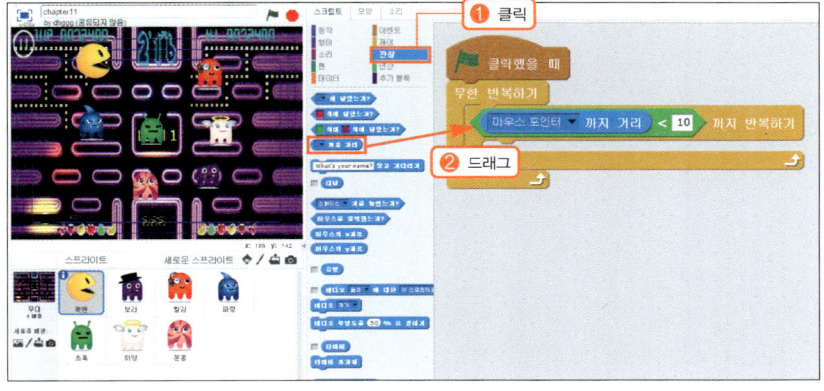

03 ›› 팩맨은 마우스 포인터와의 거리가 10미만이 될 때까지 반복해서 마우스 포인터 쪽을 바라보고 10만큼
움직이기를 반복하도록 합니다. 까지 반복하기 의 실행 영역에 쪽 보기 와 10 만큼 움직이기 를 결합하여

넣습니다.

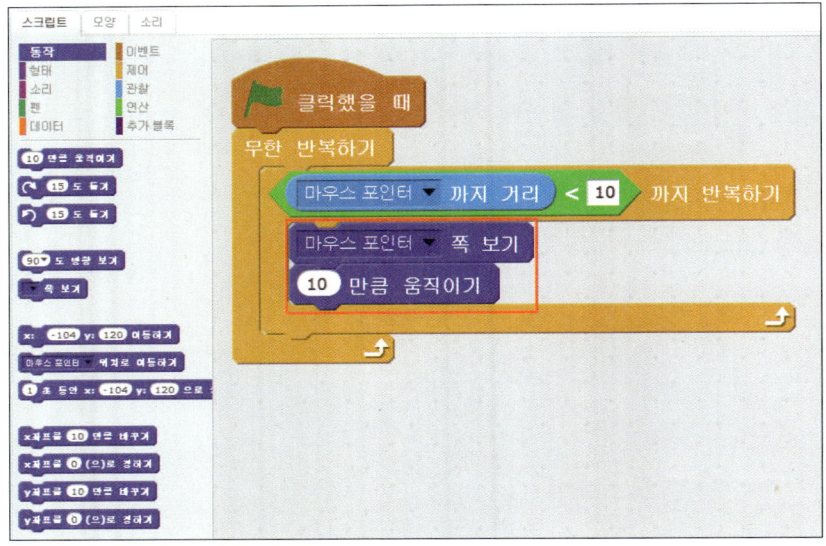

04 ›› 팩맨이 입을 뻐끔거리도록 만듭니다. 클릭했을 때 밑에 무한 반복하기 를 연결해 반복문을 만들고,

반복문의 실행 영역에 다음 모양으로 바꾸기 과 1 초 기다리기 를 결합합니다. 1 초 기다리기 의 숫자는 0.2로 변경합
니다.

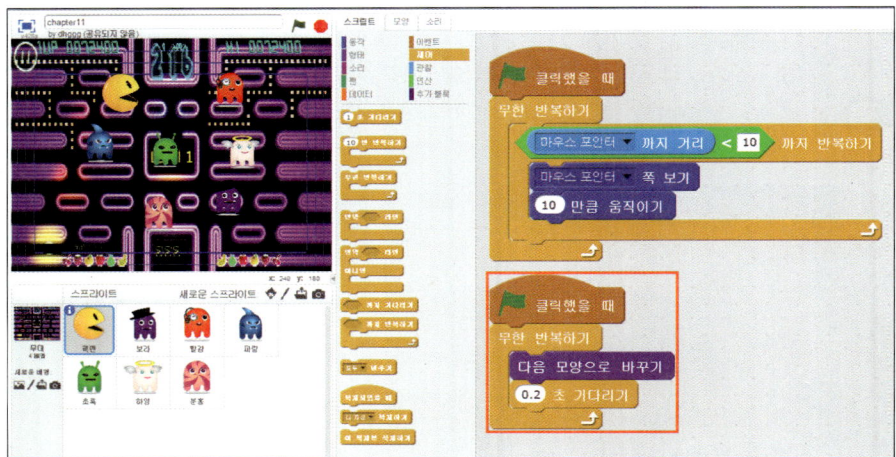

■ 나타났다 사라지는 보라 괴물 만들기

01 ›› 먼저 보라 괴물은 [실행] 창 전체에 랜덤하게 나타나면서 자기 자신을 복제합니다. 따라서 원본 자체는 보이지 않고 숨어 있도록 해줍니다. 클릭했을 때 에 숨기기 를 연결합니다. 다음에는 무한 반복하기 를 연결해 반복문을 만들어 줍니다.

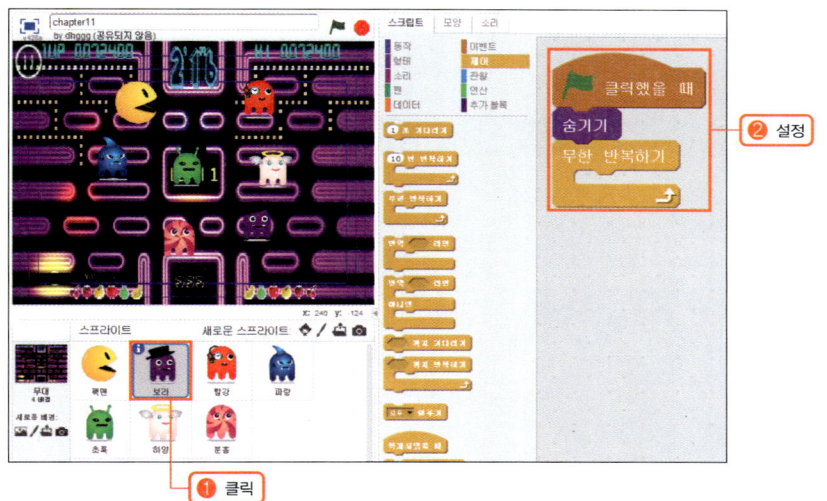

02 ›› 보라 괴물이 자신을 복제하는 시간 간격을 랜덤하게 두기 위해 반복문의 실행 영역에 1 초 기다리기 를 넣고, 1 초 기다리기 에 1 부터 10 사이의 난수 를 결합한 뒤 숫자를 '0.5' 와 '3' 으로 변경합니다.

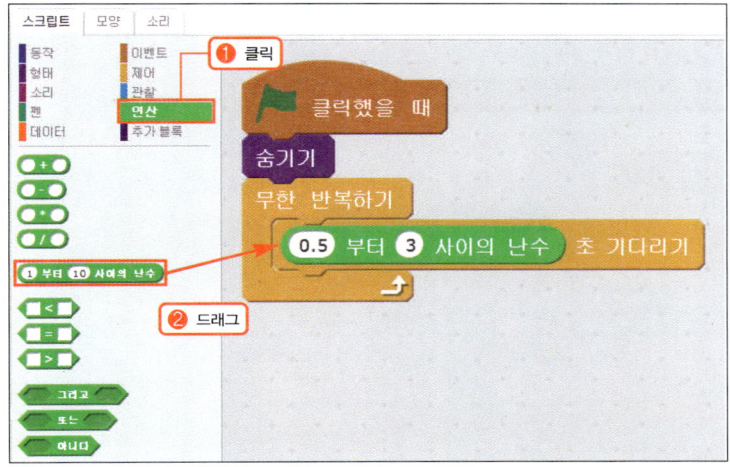

03 ›› 0.5~3초를 기다린 후에는 실행 창의 임의의 위치로 옮겨가도록 합니다. x: 0 y: 0 이동하기 를 결합하고, x와 y의 범위를 [실행] 창 전체로 해주기 위해 1 부터 10 사이의 난수 를 활용합니다. x 값의 범위는 '-240 ~240'으로, y값의 범위는 '-180~180'으로 설정합니다.

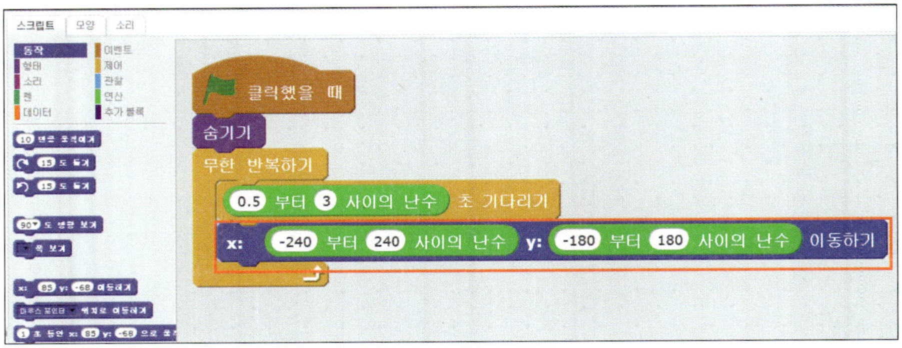

04 ›› [실행] 창에서 임의의 위치로 이동한 후에는 제어(제어) 카테고리에 있는 나 자신 복제하기 를 사용하여 자신의 복제본이 만들어지도록 해줍니다.

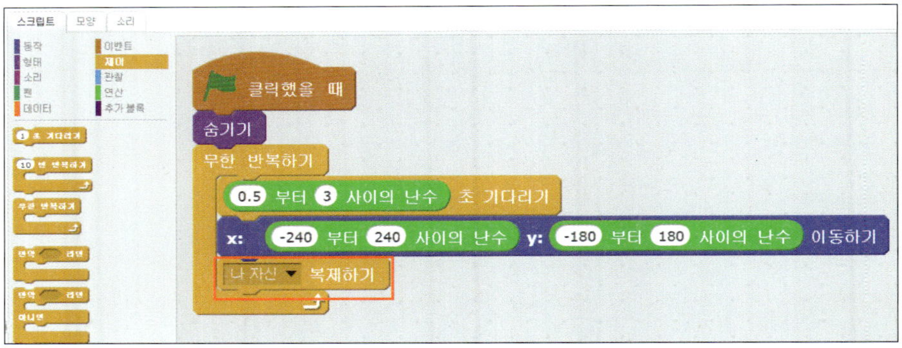

05 ›› 복제본을 통제하기 위해서는 복제되었을 때 를 사용합니다. 생성된 복제본이 [실행] 창에 보이도록 보이기 를 연결합니다. 복제본이 [실행] 창에 나타나면 0.5~3초 정도를 기다린 후 이 복제본 삭제하기 를 통해 삭제시킵니다.

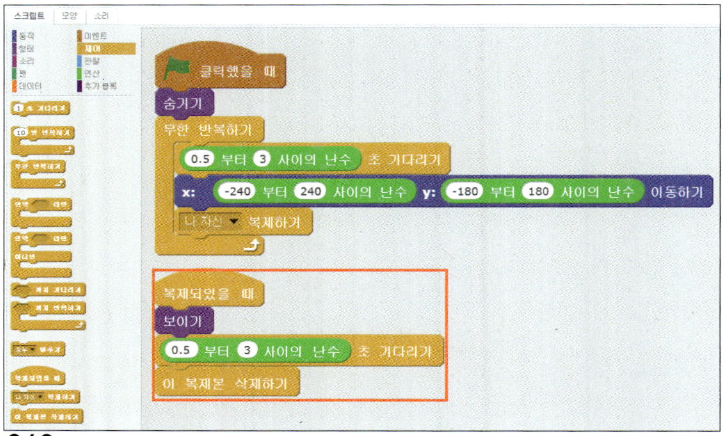

■ 빨강, 파랑, 초록, 하양, 분홍 괴물이 움직이도록 만들기

01 》 다른 괴물들의 움직임은 앞에서 만들어 본 보라 괴물의 스크립트와 유사합니다. 먼저 빨강 스프라이트를 선택합니다. 프로젝트가 시작하면 숨겨졌다가 '~초 기다리기'와 '임의의 위치로 이동하기'는 보라 스크립트와 동일하게 처리합니다. 이동 후에는 보이기 가 실행되고 '1~5'초간 보이기 상태가 지속되도록 1 초 기다리기 와 1 부터 10 사이의 난수 를 결합한 후 숫자를 변경합니다. 마지막으로 숨기기 를 결합해 다시 실행 창에서 사라지도록 합니다.

02 》 파랑과 초록 괴물은 빨강 괴물의 움직임과 동일합니다. 빨강의 스크립트를 그대로 드래그 해 파랑과 초록에 복사합니다. 파랑과 초록의 스크립트를 보면 빨강의 스크립트와 완전히 동일하게 구성되어 있는 것을 확인할 수 있습니다.

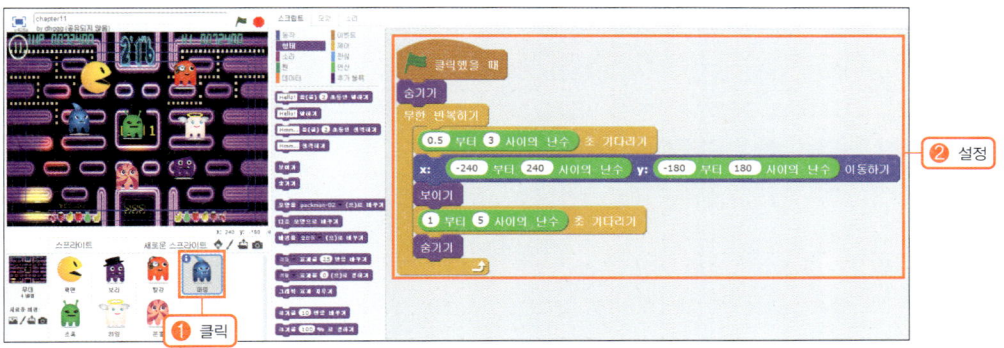

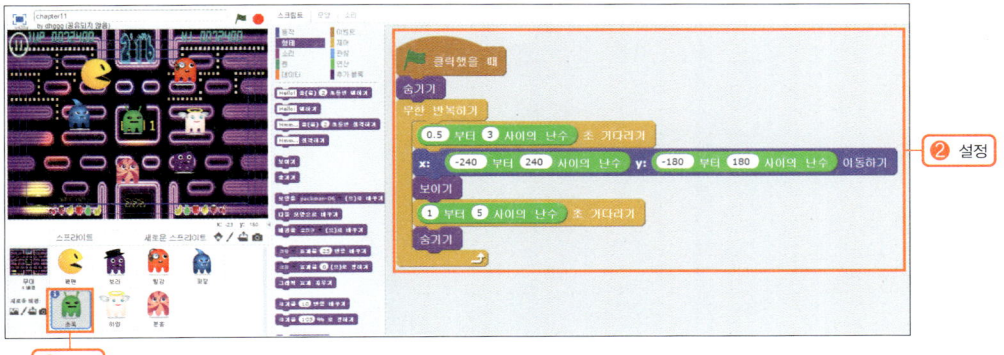

03 ≫ '하양' 스크립트는 빨강, 파랑, 초록과 동일하게 복사한 후 윗 부분은 1 부터 10 사이의 난수 의 숫자를 '5~10'으로, 아래 부분은 1 부터 10 사이의 난수 의 숫자를 '1~5'로 변경합니다. 분홍도 나머지 스크립트는 동일하게 처리하고 1 초 기다리기 에 들어갈 숫자만 '5~10'과 '1~2'로 변경합니다.

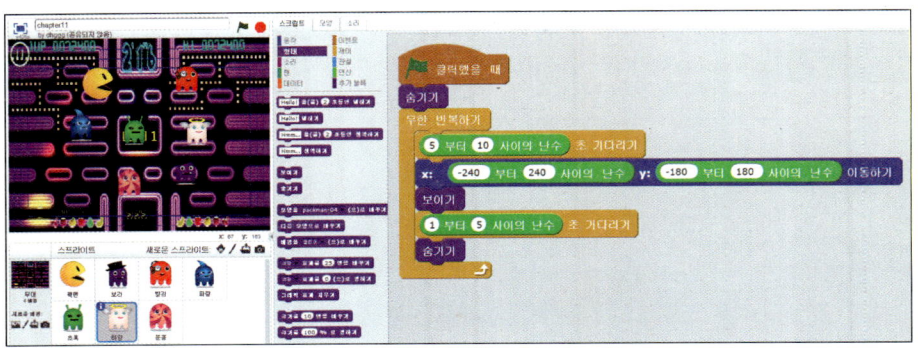

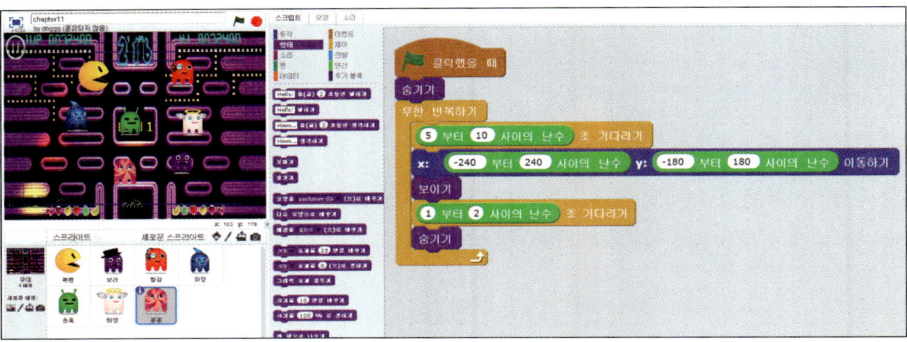

각각 괴물에 해당하는 점수와 특수 기능이 좋을수록 숨겨진 상태에서 기다리는 시간은 길게 설정하고, 보여진 상태에서 기다리는 시간은 짧게 설정합니다. 보너스 타임이 실행되는 하양과 2단계로 넘어가는 분홍은 보여진 상태에서 기다리는 시간을 짧게 설정하여 팩맨과 잘 닿지 않도록 만듭니다.

괴물의 점수와 특수 기능 만들기

01 ›› '보라' 스프라이트를 선택합니다. 보라의 복제본은 팩맨에 닿으면 점수를 1점 올려주고 사라지게 됩니다. 이 기능을 만들기 위해서 복제되었을 때 다음에 무한 반복하기 를 연결해 반복문을 만듭니다. 반복문의 실행 영역에는 만약 라면 을 넣어 조건문을 만듭니다. 조건문의 조건 영역에는 ▼ 에 닿았는가? 를 넣어 팩맨에 닿았는지를 반복해서 체크하도록 해줍니다.

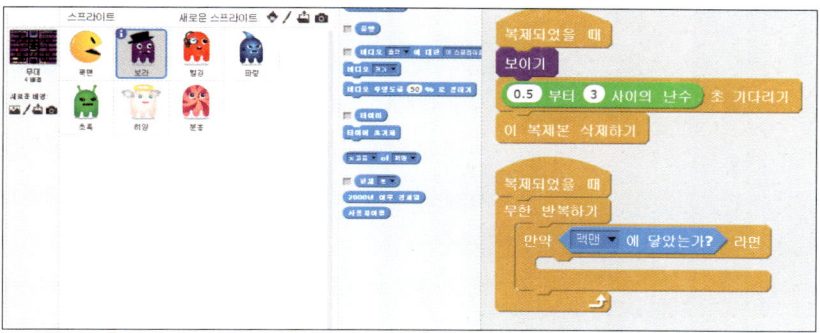

02 ›› 이 프로젝트에서 사용할 변수를 생성합니다. 데이터(데이터) 카테고리에서 [변수 만들기] 버튼을 클릭하고 변수 이름에 '점수'를 입력한 후 [확인] 버튼을 클릭합니다. 점수 변수가 만들어졌다면 이제 동일한 방법으로 '보너스' 변수도 생성합니다.

03 ›› 조건문의 실행 영역에는 `점수▼ 을(를) 1 만큼 바꾸기` 를 넣어 보라가 팩맨에 닿을 때마다 점수를 1점 획득하도록 만들어줍니다.

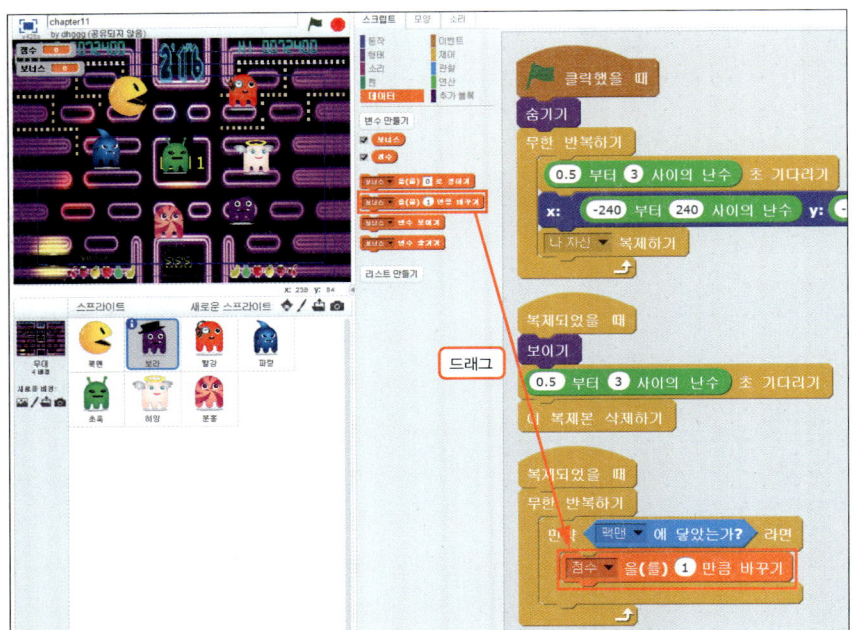

04 ›› 평소 상태에서 보라를 잡아 먹으면 1점을 획득하지만, '보너스 타임'에서는 2배인 2점을 획득하게 됩니다. 이러한 특성을 '보너스'라는 변수를 활용해 프로젝트에 반영할 수 있습니다. `◯ * ◯` 을 `점수▼ 을(를) 1 만큼 바꾸기` 에 결합한 후 두 빈칸 중 한 곳에는 숫자 '1'을 입력하고, 다른 한 곳에는 `보너스` 를 입력합니다.

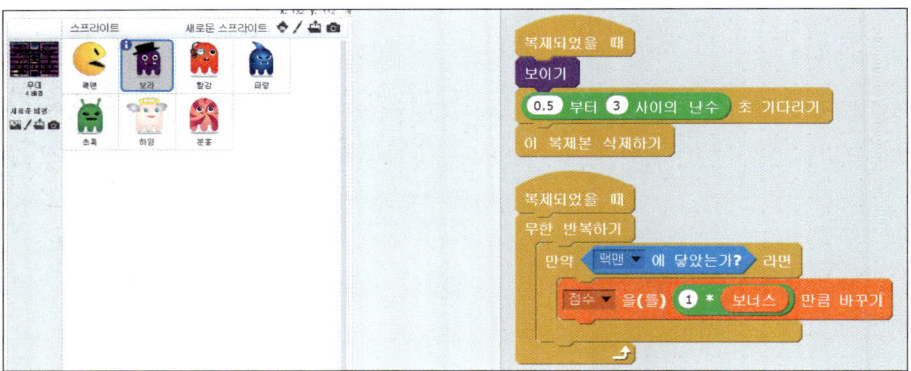

'보너스' 변수를 생성하여 프로젝트 시작 시에는 보너스 변수를 '1'로 초기화해주고, 보너스 타임이 시작되면 보너스 변수의 값을 '2'로 변경해 줍니다. 각 괴물들의 스크립트를 하나하나 변경할 필요 없이 단순히 변수값을 변경해 주는 것만으로 점수값을 2배로 만들어 줄 수 있습니다.

05 >> 점수를 변경한 후에는 `이 복제본 삭제하기` 를 사용해 보라의 복제본을 삭제합니다.

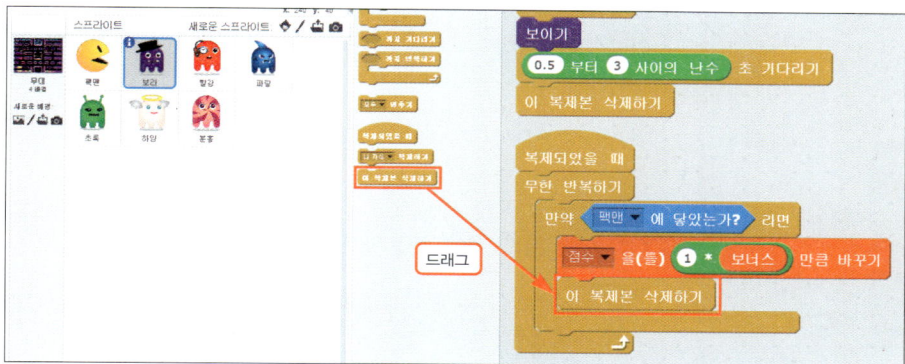

06 >> '빨강' 스크립트도 보라와 유사하게 구성됩니다. `복제되었을 때` 를 `클릭했을 때` 로 변경하고 `이 복제본 삭제하기` 대신 `숨기기` 를 넣습니다. 빨강은 10점을 감점시키는 괴물이므로 점수 변수 값을 '-10 * 보너스' 만큼 변경하도록 만들어줍니다.

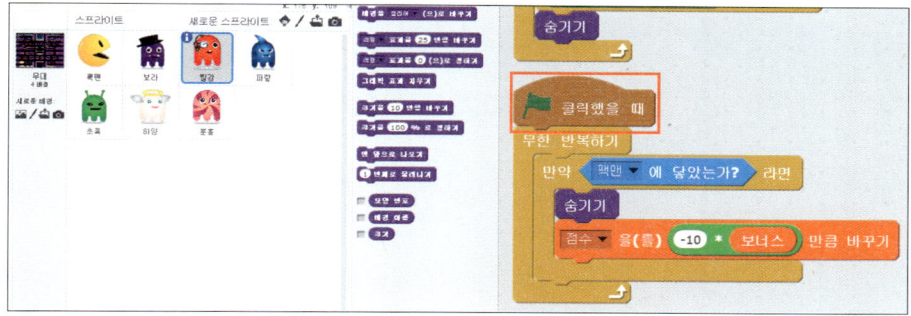

07 >> '빨강' 스크립트를 파랑으로 복사해 와 필요한 부분을 변경합니다. 파랑에서는 팩맨에 닿으면 점수 변수를 '-5 * 보너스' 만큼 변경하도록 해줍니다.

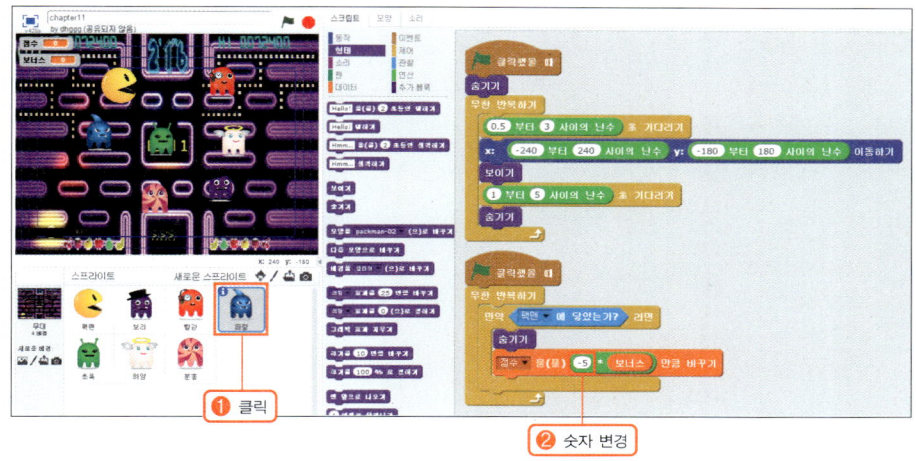

08 >> 점수를 변경한 뒤 팩맨의 크기가 작아질 수 있도록 팩맨에게 메시지를 전달합니다. 이벤트(이벤트) 카테고리에서 message1 방송하기 를 가져와 연결한 후 새 메시지를 선택하여, '작아져라' 라는 메시지 이름을 입력해줍니다.

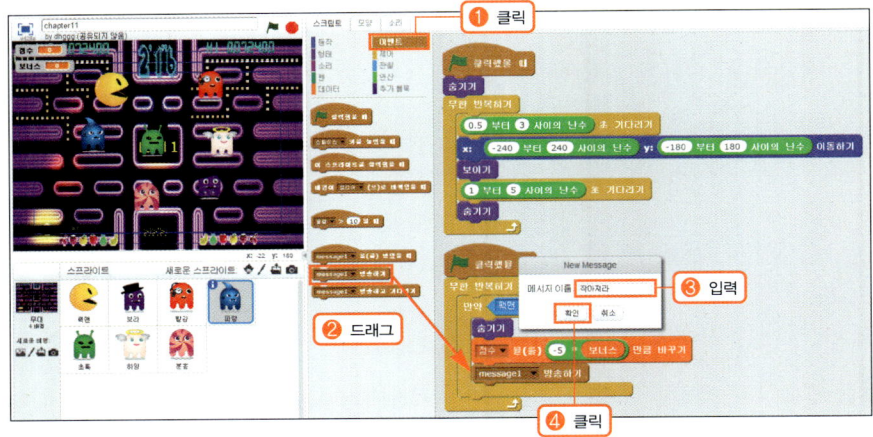

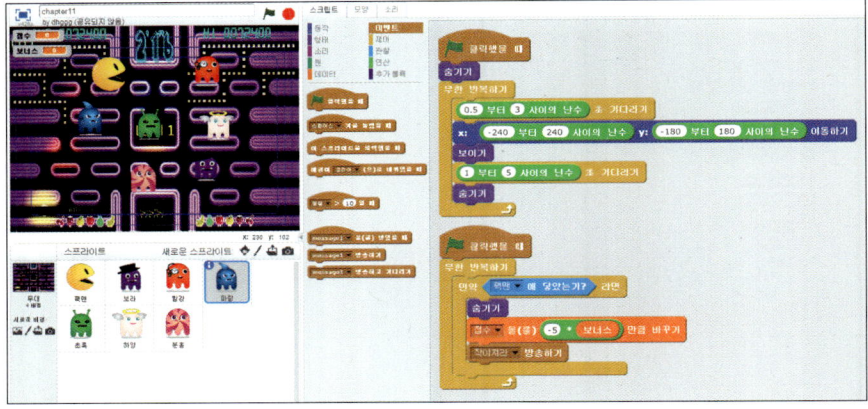

09 >> '파랑' 스크립트를 초록에게 복사해 옵니다. 초록을 선택한 후 '점수' 변수 바꾸기 블록의 숫자를 '20' 으로 변경하고, message1 방송하기 는 '커져라' 라는 메시지 이름을 새로 만들어 줍니다.

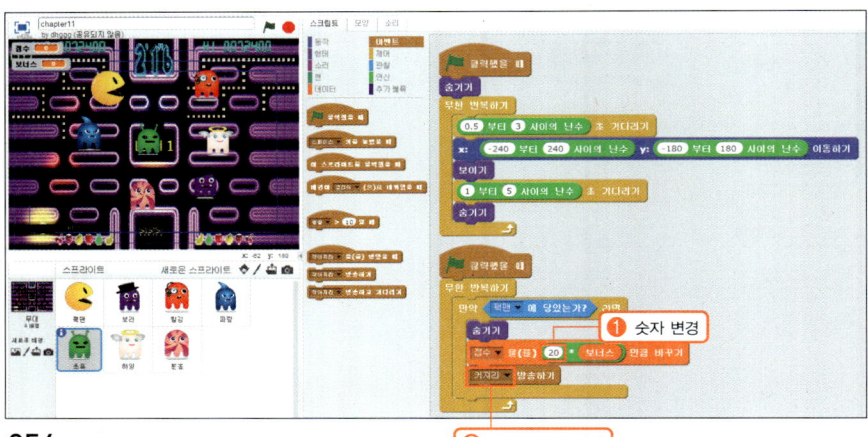

10 » 하양도 초록과 동일하게 스크립트를 복사해 옵니다. '점수' 변수 바꾸기 블록의 숫자를 '10' 으로 변경하고, 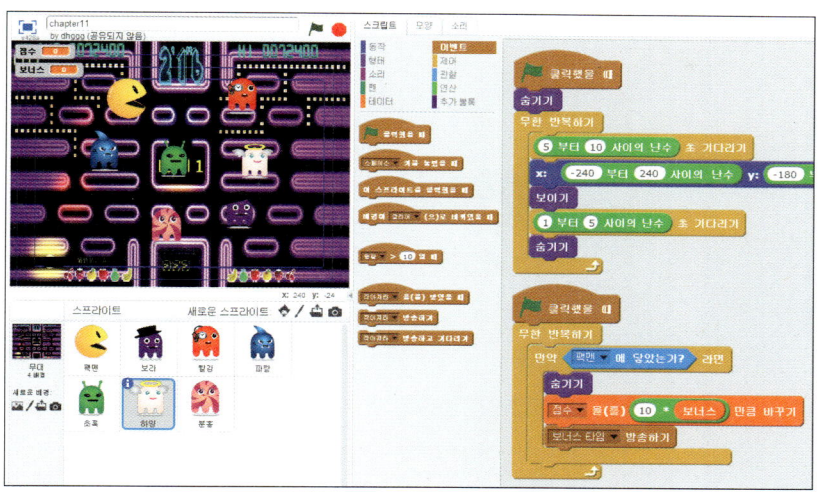 는 '보너스 타임' 이라는 메시지 이름을 새로 만들어 줍니다.

11 » 분홍도 하양의 스크립트를 그대로 복사해 옵니다. '분홍' 스프라이트를 선택한 후 '점수' 변수 바꾸기 블록의 숫자를 '20' 으로 변경한 후, 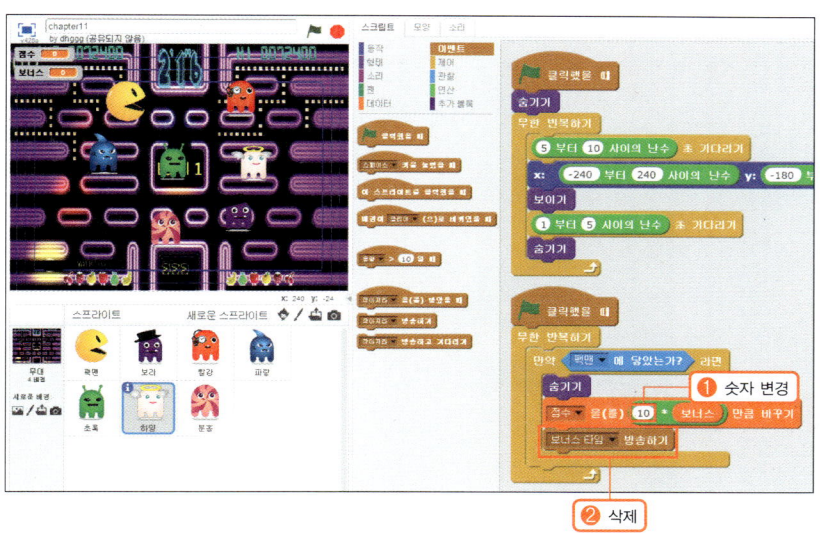 는 삭제합니다.

① 숫자 변경

② 삭제

12 ›› 분홍은 팩맨과 닿으면 2단계로 넘어가는 특수 능력을 가지고 있습니다. 데이터(데이터) 카테고리에서 '변수 만들기'를 클릭하여 '단계'라는 새로운 변수를 생성합니다. 새로 만들어진 단계 을(를) 0 로 정하기 를 가져와 연결한 뒤 숫자를 '2'로 변경합니다.

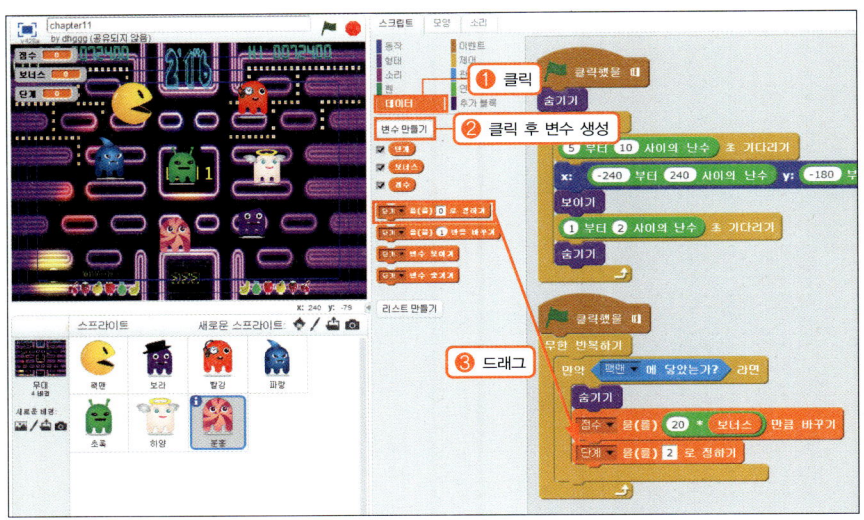

13 ›› 게임이 2단계가 되면 분홍은 더 이상 등장하지 않아야 합니다. 제어(제어) 카테고리에서 모두 멈추기 를 가져와 연결합니다. 선택 항목에서 '스프라이트에 있는 다른 스크립트'를 선택합니다. 이 블록이 실행되면 분홍은 '숨기기'가 실행된 상태에서 위에 이동하는 스크립트의 실행이 중지되기 때문에 더 이상 실행 창에 나타나지 않습니다.

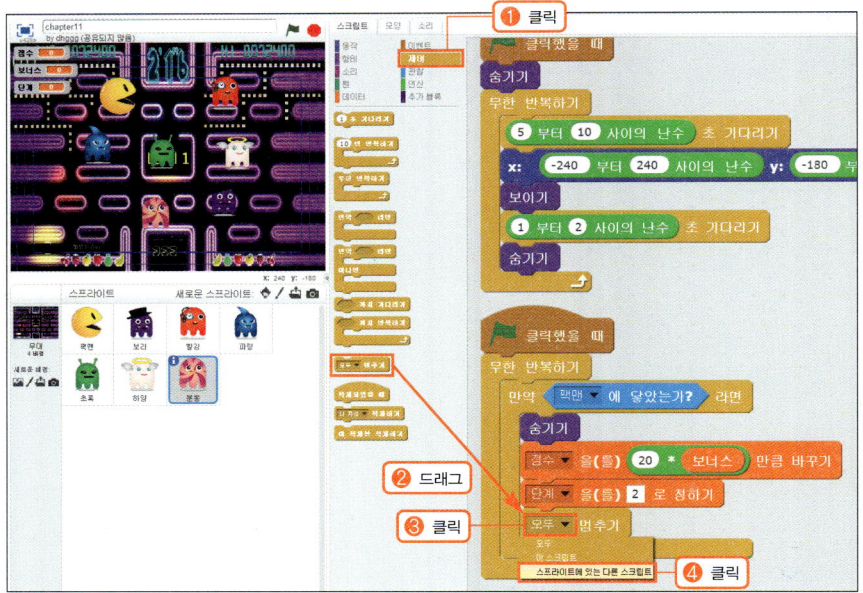

특수 효과에 반응하는 팩맨 만들기 Step 04

01 〉〉 각 괴물들이 팩맨과 닿았을 때 나타나는 여러 가지 특수 효과를 방송하기를 통해 팩맨에게 알려줍니다. 먼저 방송하기 신호를 체크하기 위해 [message1 을(를) 받았을 때] 를 [스크립트] 창에 가져오고 선택 항목을 '작아져라' 로 설정합니다. [크기를 10 만큼 바꾸기] 를 결합하고, 숫자를 '-20' 으로 변경합니다. 크기가 작아진 후에는 [1 초 기다리기] 로 10초간 기다린 후 [크기를 100 % 로 정하기] 로 크기를 다시 원래 상태로 돌려 놓습니다. 이때 중간에 프로젝트가 멈추었다 다시 시작하는 경우를 대비하여 [▶ 클릭했을 때] 밑에도 [크기를 100 % 로 정하기] 를 넣어 초기화합니다.

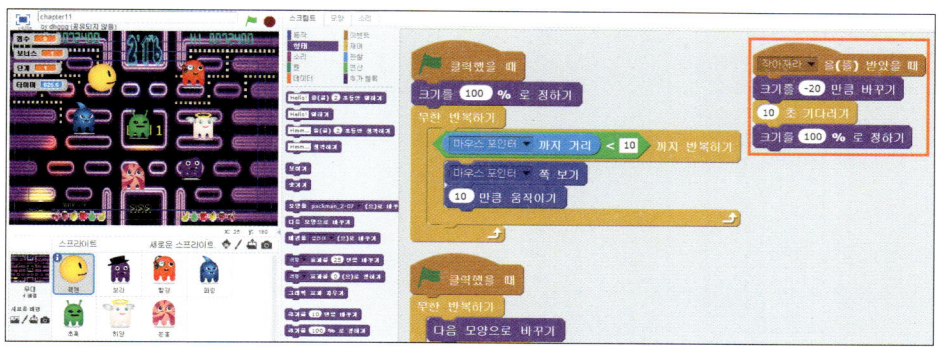

팩맨이 파랑을 잡아 먹으면 크기가 -20만큼 바뀌도록 하기 위해 [크기를 10 만큼 바꾸기] 를 활용하였습니다. 이때 [크기를 100 % 로 정하기] 가 아니라 [크기를 10 만큼 바꾸기] 를 사용한 것은 크기가 작아지는 효과가 계속 누적되어 적용되도록 하기 위해서입니다. 뒤에서 다루게 되는 팩맨이 커지는 경우는 누적 효과가 나타나지 않도록 [크기를 100 % 로 정하기] 가 만을 사용하여 팩맨의 크기를 변경합니다.

02 〉〉 팩맨이 초록을 잡아먹으면 커지는 특수 효과를 연출하기 위해 앞에서 만든 '작아져라를 받았을 때' 와 결합된 스크립트를 복사합니다.

03 >> 복사된 스크립트에서 message1 ▼ 을(를) 받았을 때 의 선택 항목을 '커져라' 로 설정하고 크기를 10 만큼 바꾸기 를 크기를 100 % 로 정하기 로 변경한 뒤 숫자를 '150' 으로 변경합니다. 1 초 기다리기 의 숫자는 '5' 로 설정하여 팩맨이 커진 상태가 5초간 지속되도록 만듭니다. 5초가 경과된 후에는 크기를 100 % 로 정하기 를 사용해 크기가 원래 상태로 돌아오도록 합니다.

04 >> 팩맨이 하양과 닿으면 '보너스 타임' 이 시작됩니다. message1 ▼ 을(를) 받았을 때 를 [스크립트] 창에 가져와 선택 항목을 '보너스 타임' 으로 설정합니다. 다음에는 보너스 ▼ 을(를) 0 로 정하기 를 연결한 후 숫자를 '2' 로 바꾸어 줍니다. 보너스 타임이 시작되면 보너스 변수가 '1' 에서 '2' 로 변경되면서 모든 획득, 감점 점수가 2배가 됩니다.

258

05 ›› 5초 동안 보너스 타임이 지속되면서 그 시간 동안 팩맨이 반짝거리는 효과를 줍니다. 먼저 10 번 반복하기 를 연결하고 숫자를 '25'로 변경합니다. 반복문의 실행 영역에는 색깔 ▼ 효과를 25 만큼 바꾸기 오-

1 초 기다리기 를 결합하여 넣습니다. 1 초 기다리기 의 숫자는 '0.2'로 변경합니다.

06 ›› 보너스 타임이 끝나면 색깔 효과를 0으로 초기화하고 보너스 변수 값을 다시 1로 변경합니다.

무대 완성하기

01 ›› 이제 무대 스크립트를 만들 차례입니다. 무대를 클릭합니다. 클릭했을 때 를 먼저 [스크립트] 창에 가져다 놓고, 타이머 기능을 적용하기 위해 관찰(관찰) 카테고리에서 타이머 앞에 체크 박스를 클릭합니다. 체크 표시가 생기면서 실행 창에 타이머 정보 창이 나타납니다. 타이머 초기화 를 클릭했을 때 다음에 연결합니다.

02 ›› 프로젝트를 처음 시작하면 타이머가 초기화된 이후, 이 프로젝트에서 사용되는 3가지 변수에 대해서도 초기화가 이루어져야 합니다. '점수'는 '0'으로, '단계'는 '1'로, '보너스'는 '1'로 각각 초기화해 줍니다.

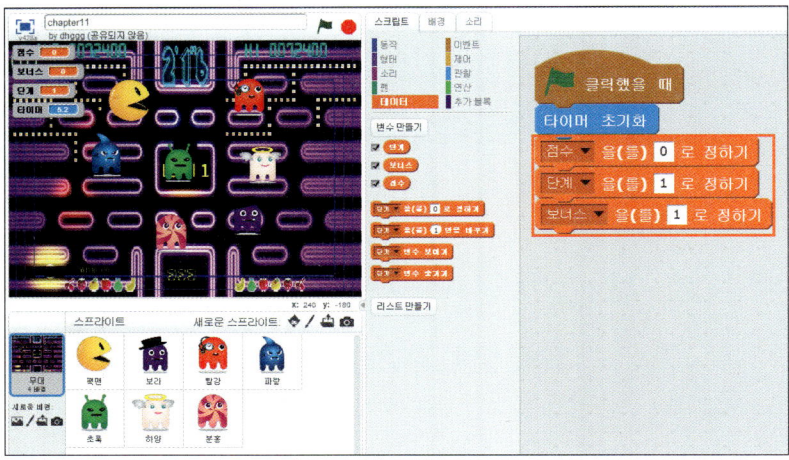

03 ›› 배경을 backdrop1 ▾ (으)로 바꾸기 를 연결해 배경을 'level1'로 초기화합니다. 이제 2단계가 될 때까지 배경이 바뀌지 않고 기다리도록 만들어줍니다. 까지 기다리기 를 연결하고, 조건 영역에 ◁ = ▷ 을 결합하여 '단계=2'일 때까지 기다린 후에 2단계가 되면, 배경을 backdrop1 ▾ (으)로 바꾸기 로 배경이 'level2'로 변경되도록 만듭니다.

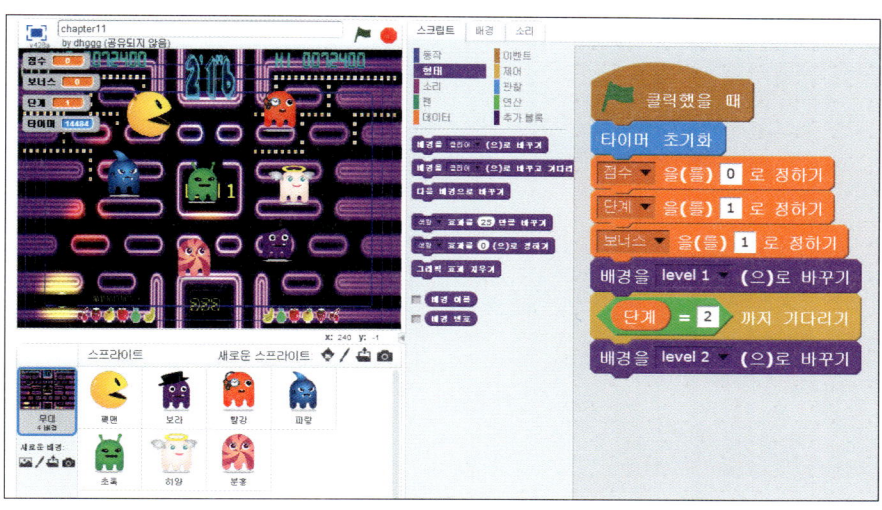

04 ›› 종료 조건을 설정해 줍니다. 종료 조건은 2가지로 구분됩니다. 제한시간이 지나 '게임 오버'로 끝나거나, 제한시간 내에 목표 점수를 얻어 '게임 클리어'로 끝나게 됩니다. 두 조건을 계속해서 체크하도록 하기 위해서 🏴 클릭했을 때 다음에 만약 ◁ ▷ 라면 을 연결해 반복문을 만들어 줍니다.

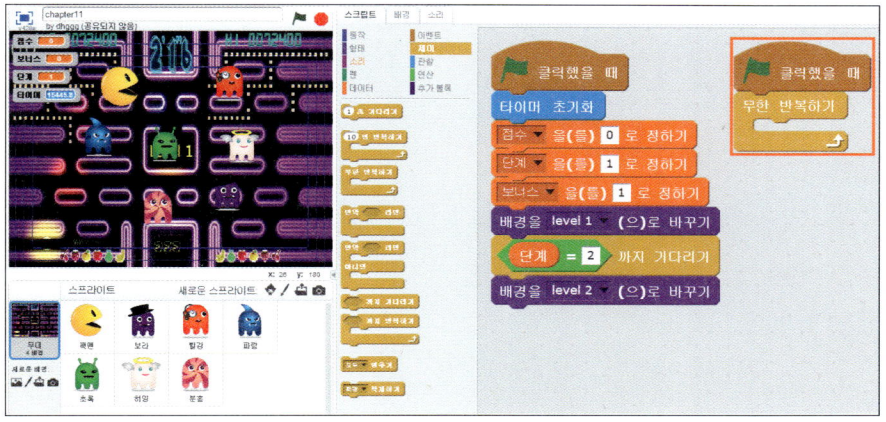

05 ▷▷ 먼저 제한 시간(50초)을 초과하면 게임이 종료되도록 만듭니다. 반복문의 실행 영역에 [만약 ◯ 라면]

을 넣어 조건문을 만들고 타이머가 50초를 초과하면 배경을 '끝' 으로 바꾸고 프로젝트가 종료되도록 합니다.
[◯ < ◯]로 타이머가 50초를 초과하는 지를 체크합니다. 조건이 성립하면 [배경을 backdrop1 ▾ (으)로 바꾸기]를 사
용해 배경을 '끝' 으로 바꾸고 [모두 ▾ 멈추기]를 실행하도록 만들어 줍니다.

06 ▷▷ 두 번째 종료 조건인 '클리어' 를 만듭니다. 게임을 클리어하기 위해서는 제한 시간(50초) 내에 획득
한 점수가 150점을 넘어야 합니다. 게임 오버와 동일하게 [만약 ◯ 라면]으로 조건문을 만들고 조건 영역에는

[◯ < ◯]와 [◯ 그리고 ◯]를 결합하여 '타이머 < 50', '150 < 점수' 라는 두 조건을 모두 만족하는 지를
체크합니다. 조건이 만족되었다면 [배경을 backdrop1 ▾ (으)로 바꾸기]를 사용해 배경을 '클리어' 로 바꾸고
[모두 ▾ 멈추기]를 실행하도록 합니다.

262

07 ≫ [실행] 창의 [변수 정보] 창과 [타이머 정보] 창을 드래그하여 적절한 위치로 이동시킵니다.

08 ≫ '보너스' 변수는 [블록 모음] 창에서 체크 박스를 해제하여 [실행] 창에 나타나지 않도록 해줍니다. 이제 프로젝트가 완성되었습니다.

프로젝트 완성

01 》 '팩맨' 스크립트

클릭했을 때
크기를 100 % 로 정하기
무한 반복하기
　마우스 포인터▼ 까지 거리 < 10 까지 반복하기
　마우스 포인터▼ 쪽 보기
　10 만큼 움직이기

클릭했을 때
무한 반복하기
　다음 모양으로 바꾸기
　0.2 초 기다리기

잡아쳐라▼ 을(를) 받았을 때
크기를 -20 만큼 바꾸기
10 초 기다리기
크기를 100 % 로 정하기

커져라▼ 을(를) 받았을 때
크기를 150 % 로 정하기
5 초 기다리기
크기를 100 % 로 정하기

보너스타임▼ 을(를) 받았을 때
보너스▼ 을(를) 2 로 정하기
25 번 반복하기
　색깔▼ 효과를 25 만큼 바꾸기
　0.2 초 기다리기
색깔▼ 효과를 0 (으)로 정하기
보너스▼ 을(를) 1 로 정하기

02 》 '보라' 스크립트

클릭했을 때
숨기기
무한 반복하기
　0.5 부터 3 사이의 난수 초 기다리기
　x: -240 부터 240 사이의 난수 y: -180 부터 180 사이의 난수 이동하기
　나 자신▼ 복제하기

복제되었을 때
보이기
0.5 부터 3 사이의 난수 초 기다리기
이 복제본 삭제하기

복제되었을 때
무한 반복하기
　만약 팩맨▼ 에 닿았는가? 라면
　　점수▼ 을(를) 1 * 보너스 만큼 바꾸기
　　이 복제본 삭제하기

03 >> '빨강' 스크립트

04 >> '초록' 스크립트

05 >> '초록' 스크립트

```
클릭했을 때
숨기기
무한 반복하기
    0.5 부터 3 사이의 난수 초 기다리기
    x: -240 부터 240 사이의 난수 y: -180 부터 180 사이의 난수 이동하기
    보이기
    1 부터 5 사이의 난수 초 기다리기
    숨기기

클릭했을 때
무한 반복하기
    만약 팩맨 에 닿았는가? 라면
        숨기기
        점수 을(를) 20 * 보너스 만큼 바꾸기
        커져라 방송하기
```

06 >> '하양' 스크립트

```
클릭했을 때
숨기기
무한 반복하기
    5 부터 10 사이의 난수 초 기다리기
    x: -240 부터 240 사이의 난수 y: -180 부터 180 사이의 난수 이동하기
    보이기
    1 부터 5 사이의 난수 초 기다리기
    숨기기

클릭했을 때
무한 반복하기
    만약 팩맨 에 닿았는가? 라면
        숨기기
        점수 을(를) 10 * 보너스 만큼 바꾸기
        보너스 타임 방송하기
```

07 >> '분홍' 스크립트

08 >> '무대' 스크립트

학 습 정 리

❶ 하나의 스프라이트가 여러 개의 모양을 가질 경우, 스프라이트의 크기를 변경하기 위해서는 툴바에 있는 확대(✖)나 축소(✖) 아이콘을 사용합니다. 확대나 축소 아이콘으로 스프라이트의 크기를 조절할 경우 해당 스프라이트의 모든 모양의 크기가 동일하게 변경됩니다.

❷ 관찰(관찰) 카테고리의 (▼ 까지 거리)는 해당 스프라이트와 다른 대상 간의 거리 값을 가지고 있는 블록입니다. (▼ 까지 거리)를 반복문과 결합하여 마우스 포인터를 따라 다니는 '팩맨' 스프라이트를 구현할 수 있습니다.

❸ (1 부터 10 사이의 난수)와 (1 초 기다리기)를 결합하여 다양한 괴물 스프라이트가 [실행] 창에 나타나는 시간을 조절할 수 있습니다. 낮은 점수를 획득하는 괴물은 작은 난수가 생성되도록 하여 자주 나타나도록 하고, 높은 점수를 획득하는 괴물은 높은 난수가 생성되도록 하여 자주 나타나지 않도록 합니다.

❹ 게임이 종료 조건을 만족하면 (모두▼ 멈추기)가 실행되도록 하여 프로젝트를 종료합니다. (모두▼ 멈추기)는 프로젝트에서 실행중인 모든 스크립트를 중지시키는 블록으로 프로젝트를 종료시키는 기능을 가집니다.

❺ 스프라이트의 크기를 변경할 수 있는 블록은 (크기를 ● 만큼 바꾸기)와 (크기를 ● % 로 정하기)가 있습니다. 게임 프로젝트 제작 시 어떤 기능을 구현하는가에 따라서 사용하는 블록이 달라질 수 있습니다. 스프라이트의 크기가 누적되어 계속 변화되는 기능을 사용한다면 (크기를 ● 만큼 바꾸기)를 활용하고, 일정 크기에서 더 이상 변화되지 않도록 하고자 한다면 (크기를 ● % 로 정하기)를 사용합니다.

```
커져라 ▼ 을(를) 받았을 때        작아져라 ▼ 을(를) 받았을 때
크기를 150 % 로 정하기         크기를 -20 만큼 바꾸기
5 초 기다리기                  10 초 기다리기
크기를 100 % 로 정하기         크기를 100 % 로 정하기
```

01 〈보기〉는 스프라이트가 마우스 포인터를 향해서 따라가도록 만든 스크립트이다. 다음 중 빈 칸에 결합하기에 적절한 블록을 고르시오. (   )

① 마우스 포인터 ▼ 까지 거리

② 마우스를 클릭했는가?

③ 마우스 포인터 ▼ 에 닿았는가?

④ 스페이스 ▼ 키를 눌렀는가?

〈보기〉

클릭했을 때
무한 반복하기
　　▢ < 10 까지 반복하기
　　마우스 포인터 ▼ 쪽 보기
　　10 만큼 움직이기

02 해당 블록 아래에 다른 블록을 연결시켜 스크립트를 구성하는 것이 가능한 블록은?

① 무한 반복하기   ② 모두 ▼ 멈추기   ③ 나 자신 ▼ 복제하기   ④ 이 복제본 삭제하기

03 블록에 대한 설명으로 옳은 것을 모두 고르시오. (   )

① 마우스 포인터 ▼ 까지 거리 는 마우스 포인터와 해당 스프라이트의 모양 중심까지의 거리 값을 담고 있다.

② 비디오 투명도를 ● % 로 정하기 는 스프라이트의 투명도를 조절하는 블록이다.

③ 색깔 ▼ 효과를 ● 만큼 바꾸기 는 스프라이트의 색깔을 변화시킨다.

04 다음 중 스프라이트와 마우스 포인터 사이의 거리가 10보다 크거나 같으면 스프라이트가 마우스 포인터를 따라가도록 만든 스크립트를 고르시오. (   )

① 클릭했을 때
무한 반복하기
　　마우스 포인터 ▼ 까지 거리 > 10 까지 반복하기
　　마우스 포인터 ▼ 쪽 보기
　　10 만큼 움직이기

② 클릭했을 때
무한 반복하기
　　10 > 마우스 포인터 ▼ 까지 거리 까지 반복하기
　　마우스 포인터 ▼ 쪽 보기
　　10 만큼 움직이기

③ 클릭했을 때
무한 반복하기
　　마우스 포인터 ▼ 까지 거리 > 10 까지 반복하
　　마우스 포인터 ▼ 위치로 이동하기
　　10 만큼 움직이기

④ 클릭했을 때
무한 반복하기
　　10 > 마우스 포인터 ▼ 까지 거리 까지 반복하기
　　마우스 포인터 ▼ 쪽 보기
　　x좌표를 10 (으)로 정하기

학 교 에 서 통 하 는 S c r a t c h

정의하기와 리스트를
활용한 고급 프로젝트 제작

정의하기와 리스트는 스크래치에서 비교적 난이도가 높은 어려운 기능입니다. 함수 기능을 가지는 정의하기를 통해 다양한 수학적 개념을 프로젝트에 적용시키는 과정을 함께 학습합니다. 또한 갑자력이나 모스부호 같은 응용 프로그램도 리스트를 활용하면 쉽게 구현할 수 있습니다. 이번 챕터에서는 정의하기와 리스트를 학습함으로써 고급 프로젝트를 함께 만들어보도록 하겠습니다.

Section
12

프렉탈 그리기

이번 섹션에서는 프렉탈을 이해하고 스크래치를 통해 직접 프렉탈을 그려보도록 합니다. 우주에서 행성을 클릭하면 각각 다른 프렉탈이 그려지는 프로젝트를 만들게 됩니다. 프렉탈이란 전체 구조와 비슷한 형태로 작은 구조가 끊임없이 반복되는 형태를 의미합니다. 프렉탈을 표현하기 위해서는 연속적인 반복문을 활용해야 합니다. 하지만 '추가 블록'의 '정의하기' 기능을 활용하면 이를 간단하게 해결할 수 있습니다. '정의하기' 기능의 활용과 '재귀' 개념의 이해를 통해 프렉탈 그리기에 도전해 보겠습니다.

| **Section 12** | Section 13 | Section 14 | Section 15 |

| 예제 파일 | Jupiter.sprite2, Neptune.sprite2, Saturn.sprite2, Star.sprite2, Uranus.sprite2
| 완성 파일 | section12-1.sb2, section12-2.sb2, section12-3.sb2
| 웹 주 소 | https://scratch.mit.edu/projects/36888166/
　　　　　　https://scratch.mit.edu/projects/36914376/
　　　　　　https://scratch.mit.edu/projects/36938408/

기본 개념 이해하기(1) : 프렉탈

01 » 프렉탈은 전체 구조와 동일한 작은 구조가 계속해서 반복되는 형태입니다. 전체 삼각형 구조와 동일한 작은 삼각형이 반복되는 형태나 전체 눈송이 구조와 동일한 작은 눈송이가 반복되는 형태 모두 프렉탈의 예입니다.

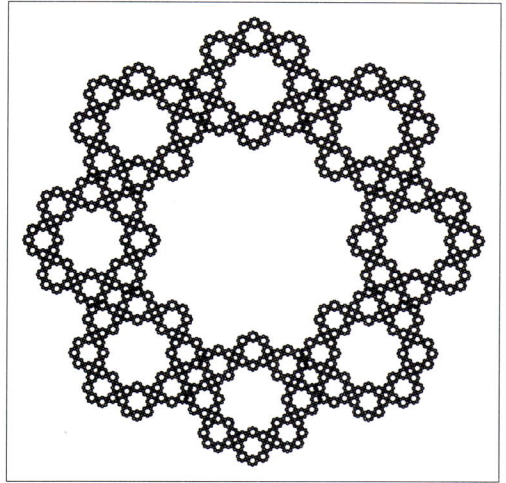

02 ›› 　프렉탈은 자연에서도 쉽게 찾아볼 수 있습니다. 나뭇잎의 구조나 소라집의 구조, 해안선 등이 모두 프렉탈의 예입니다. 인간의 폐나 모세혈관도 프렉탈의 구조를 가지고 있습니다.

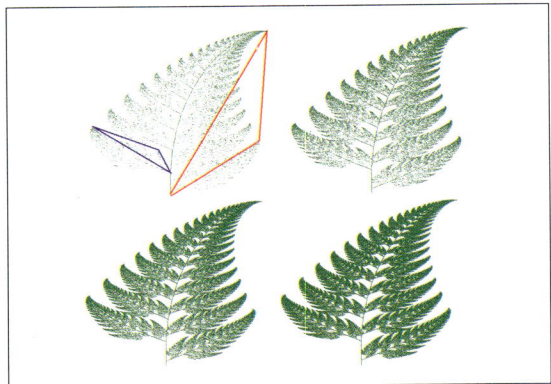

03 ›› 　프렉탈은 동일한 구조가 크기를 변화하면서 계속 반복되는 원리입니다. 프렉탈을 스크래치로 표현하기 위해서는 반복문을 중첩시켜야만 합니다. 프로그래밍에서는 이런 번거로운 과정을 간단하게 표현하기 위해 '재귀함수' 라는 개념을 사용하고 있습니다. 재귀함수는 자기 자신을 재참조한다는 의미입니다. 스크래치에서는 이 함수 기능을 정의하기 블록을 통해 구현할 수 있습니다.

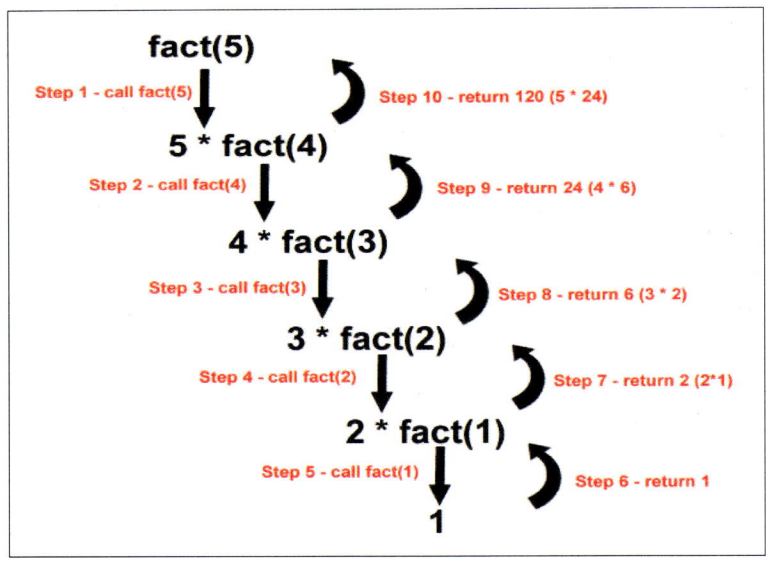

기본 개념 이해하기(2) : 정의하기

01 〉〉 '정의하기'는 사용자가 직접 여러 블록을 조합하여 특정 기능을 가진 하나의 특수 블록을 만드는 것입니다. 블록 모음에서 추가 블록(■추가 블록) 카테고리를 클릭하고, [블록 만들기] 버튼을 클릭하면 새로운 블록 생성 창이 나타납니다. 여기에 블록 이름을 입력하고 [확인] 버튼을 클릭하면 새로운 블록을 정의할 수 있습니다.

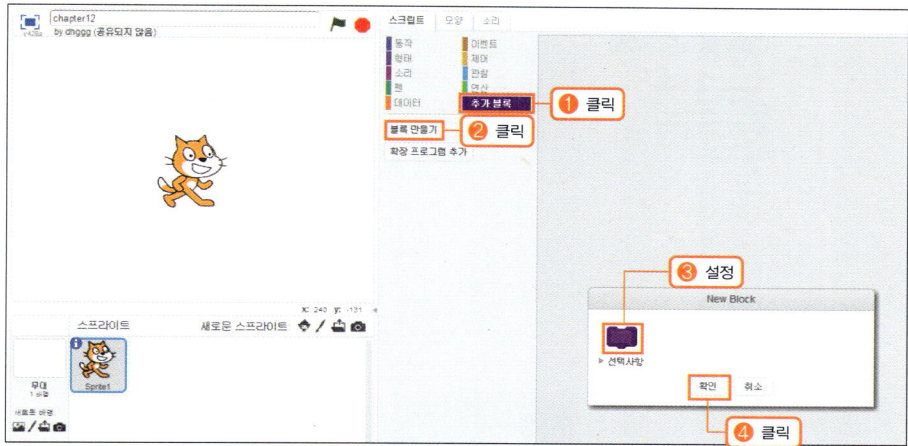

02 〉〉 블록 모음에는 조금 전에 새로 만든 블록이 생겨나고, 이 블록의 기능을 만들 수 있는 '정의하기' 블록이 [스크립트] 창에 나타납니다.

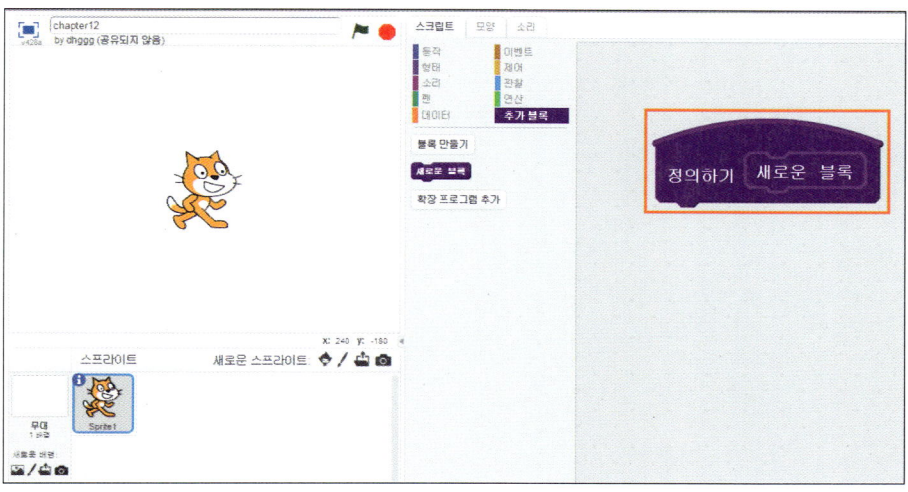

03 ›› '정의하기' 블록 밑에 만들고 싶은 기능을 수행할 블록들을 연결합니다.

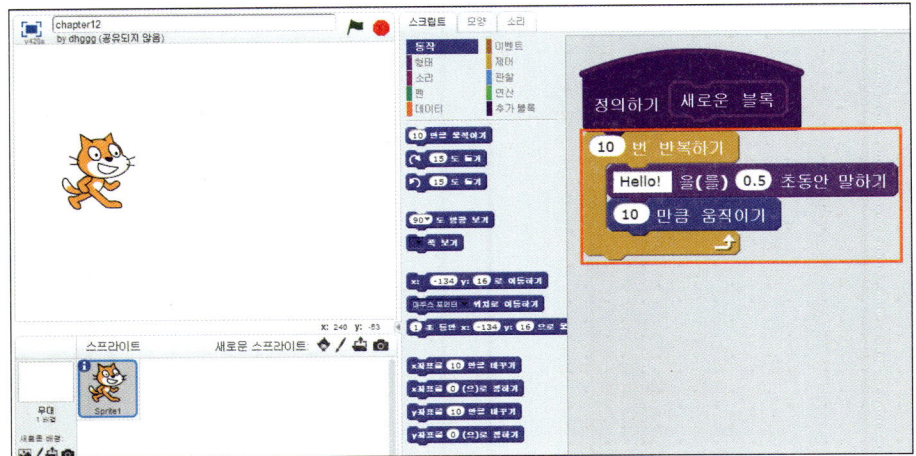

04 ›› 스크립트의 중간에 새로 만든 블록(새로운 블록)을 넣으면, 새로운 블록 순서에 '정의하기' 블록이 실행됩니다. '정의하기' 블록의 실행이 모두 완료된 뒤에는 원래의 블록으로 돌아와 나머지 블록을 실행합니다.

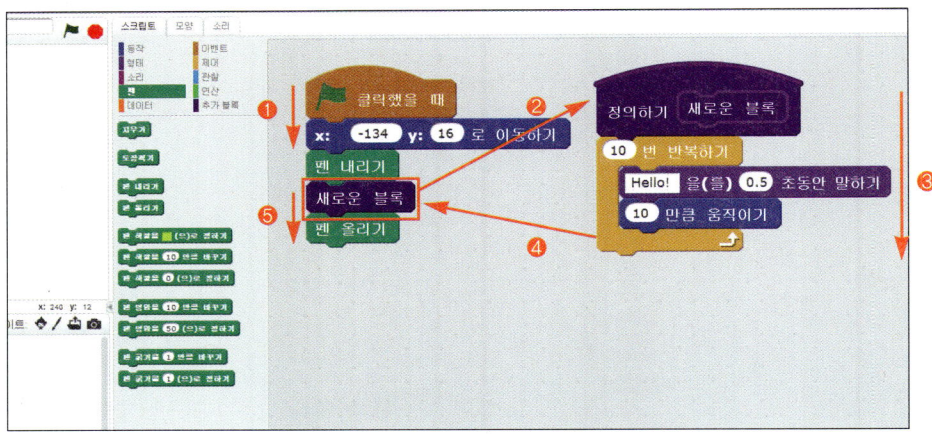

05 ≫ 앞에서처럼 정의하기 블록을 단순하게 만들 수도 있지만 좀 더 복잡한 정의하기 블록도 만들 수 있습니다. [블록 만들기] 버튼에서 '선택사항'을 클릭하면 여러 가지 매개변수를 추가할 수 있습니다. 여기에서는 '숫자 매개변수'를 활용한 간단한 덧셈 프로그램을 만들어 보도록 하겠습니다. 숫자 매개변수를 2개 추가한 후 'SUM'이라는 블록을 만듭니다.

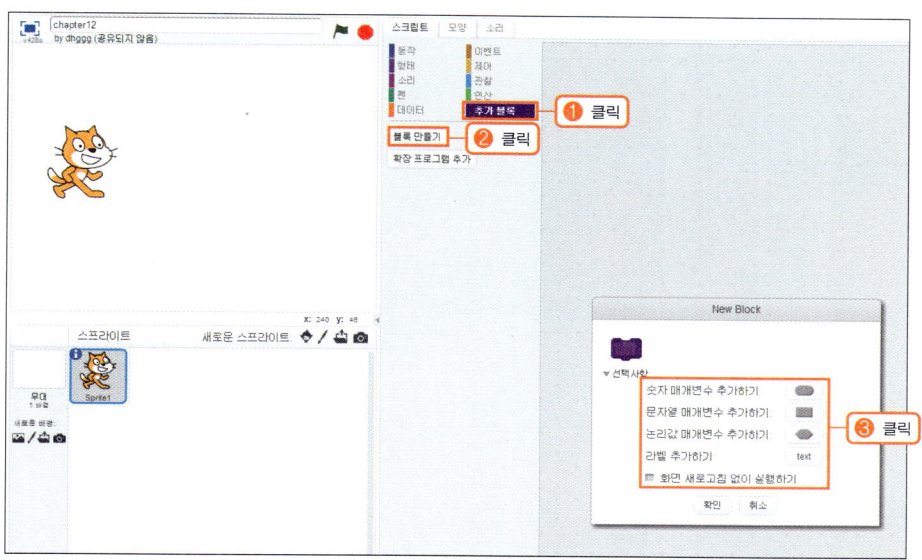

매개변수는 함수를 연결하는 변수입니다. 스크립트에서 정의하기 블록을 실행할 때 매개변수 값을 함께 전달해주면 함수는 그 매개변수 값을 받아 함수 내에서 처리합니다. 원래 스크립트는 정의하기에서 처리한 매개변수 값을 다시 받아 활용할 수 있습니다.

06 ≫ 임의의 숫자 'number1'과 임의의 숫자 'number2'를 포함하여 두 수 사이에 있는 모든 자연수의 합을 구하는 프로그램을 만들려고 합니다. 먼저 여기에 사용될 변수를 생성합니다. 데이터(데이터) 카테고리어서 [변수 만들기] 버튼을 클릭하여 '합계'와 '임시 공간', 'number1'과 'number2'라는 총 4개의 변수를 만들어 줍니다.

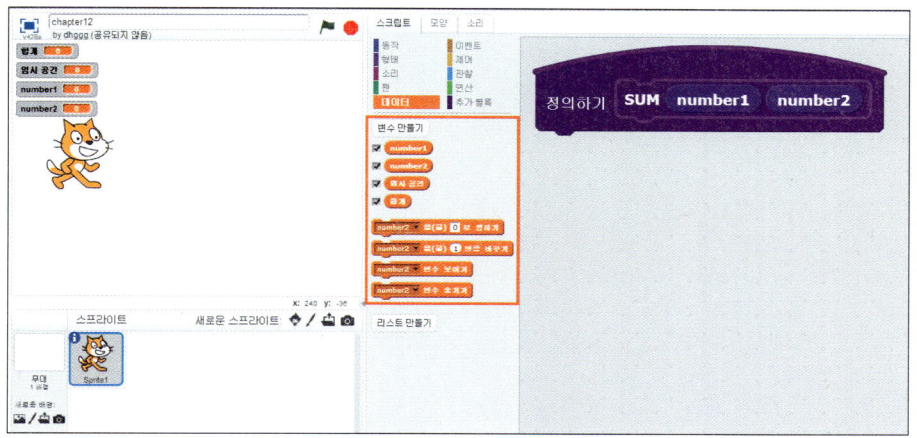

07 ›› 스프라이트의 위치를 초기화하고, number1과 number2 변수의 값을 각각 '1~5 사이의 난수'와 '5~10 사이의 난수'로 초기화합니다. What's your name? 묻고 기다리기 를 활용하여 number1부터 number2까지의 합을 묻도록 합니다. 사용자가 입력한 답은 대답 에 저장됩니다. 이제 정의하기 블록을 활용하여 number1부터 number2까지의 합을 구하도록 해줍니다. 이때 합을 구하기 위해서 필요한 number1과 number2를 매개변수로 사용합니다.

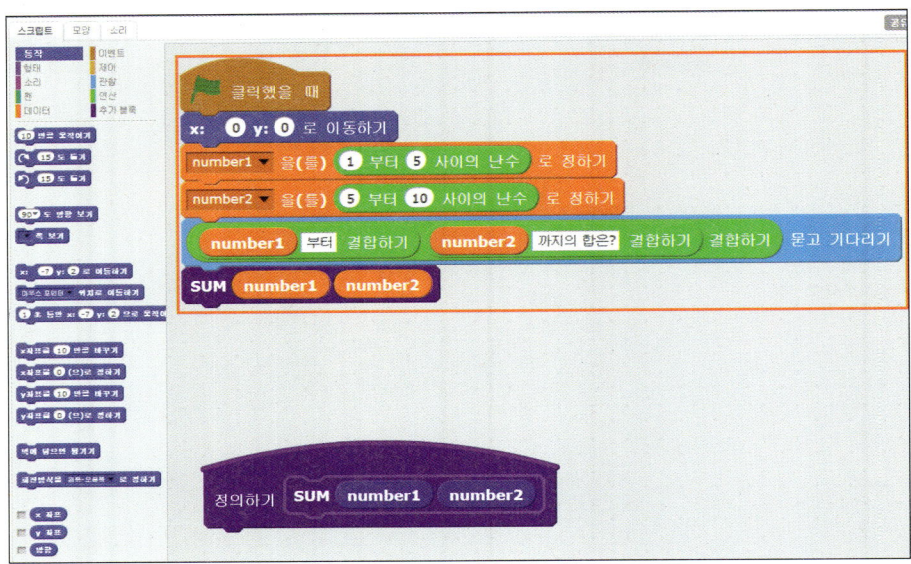

08 ›› 'number1'과 'number2' 매개변수가 전달되면 정의하기에서는 이 두 수를 받아서 합을 구하는 계산을 시작합니다. 먼저 '합계' 변수를 '0'으로 초기화하고, '임시공간' 변수는 'number1'의 값으로 초기화합니다. 이제 합계에 임시공간 변수의 값을 더하고, 임시공간 변수의 값을 1 증가시키는 작업을 반복합니다. 이 반복 작업은 임시공간 변수의 값이 1씩 커져서 'number2'의 값보다 커질 때까지 계속됩니다.

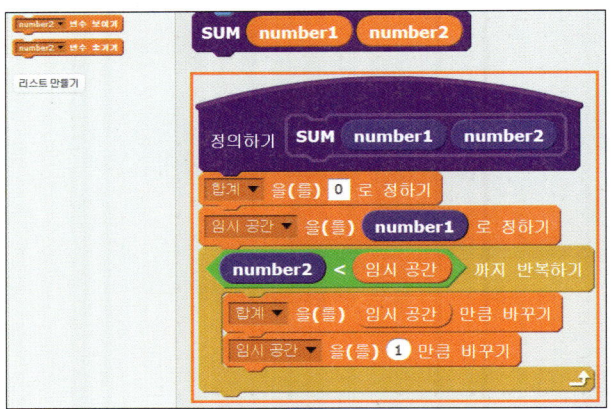

위에서 정의하기 블록의 실행이 끝나고 나면 '합계' 변수에는 number1에서부터 number2까지의 모든 자연수를 더한 결과가 저장되게 됩니다.

278

09 >> 다시 원래 스크립트로 되돌아와 '합계'에 저장된 값과 사용자가 입력한 '대답'의 값이 맞는지를 확인하여 정답인지 오답인지를 알려주도록 합니다.

10 >> 프로젝트의 실행 순서를 다시 한 번 살펴보면 다음과 같습니다. 스크립트를 처음부터 실행하다가 서로 만든 블록이 나오면 정의하기 블록을 먼저 실행합니다. 정의하기 블록이 실행 완료되면 다시 원래 스크립트로 돌아와 남은 블록들을 실행합니다. 정의하기 블록을 활용함으로써 특정 기능을 지닌 블록을 따로 분리하여 관리할 수 있습니다.

프로젝트에서 특정 두 수 사이의 모든 자연수의 합을 구하는 기능이 많이 활용될수록 앞에서 만든 정의하기 기능을 통해 더욱 효율적인 스크립트를 만들 수 있습니다.

기본 개념 이해하기(3) : 재귀함수 　Step 03

01 》　재귀함수는 정의하기로 만든 함수가 다시 자신을 재참조하도록 하는 함수입니다. 이 재귀함수 개념을 활용하여 피보나치 수열을 구하는 프로젝트를 만들어보도록 하겠습니다. 피보나치 수열은 다음과 같습니다.

피보나치 수열 = 이전 2개의 항의 값을 더한 값이 현재의 항의 값이 된다.

> 1, 1, 2, 3, 5, 8, 13, 21, …

1항 = 1
2항 = 1
3항 = 2항 + 1항 = 1 + 1 = 2
4항 = 3항 + 2항 = 2 + 1 = 3
5항 = 4항 + 3항 = 3 + 2 = 5
·
·
·
N항 = (N−1)항 + (N−2)항

---

02 》　피보나치 수열을 구하는 프로젝트를 만들기 위해 추가 블록(추가 블록) 카테고리에서 '피보나치' 라는 정의하기 블록을 만듭니다. '숫자1, 숫자2, 결과' 변수를 각각 만들어 '1, 1, 1' 으로 초기화합니다. 초기화 후에는 정의하기 블록을 실행하고, 정의하기 블록의 실행이 종료되면 결과값을 말하도록 스크립트를 구성합니다.

03 》　 대답 을 매개변수로 하여 정의하기 블록으로 넘어온 값은 N항 에 담기게 됩니다. 만약 매개변수가 3이상이면 매개변수의 값을 1씩 줄이면서 다시 정의하기 함수를 호출하도록 만들어 줍니다. 바로 이 부분에서 '재귀' 라는 개념이 사용됩니다. 자기 자신이 다시 자기를 참조하는 것이 바로 재귀이기 때문입니다. 계속 자신을 참조하면서 매개변수 값이 2가 되면 차례대로 항을 더하면서 돌아옵니다.

04 ›〉 만약 대답 이 4라고 가정한다면 실행 순서는 다음과 같습니다. 먼저 전달된 매개변수가 4이기 때문에 N항의 값은 4입니다. 이 경우에는 곧바로 정의하기 블록이 다시 실행되며, 이때 전달되는 매개변수는 'N항–1' 의 값인 3이 됩니다. 다시 정의하기 블록이 실행되고, 이때 전달되는 매개변수는 다시 'N항–1' 의 값인 2가 됩니다. 이번에는 조건문이 실행되지 않기 때문에 바로 이전 정의하기 블록으로 돌아가 남은 블록을 실행합니다. 틀톤 실행 후 또다시 이전 정의하기 블록으로 돌아가 남은 블록을 실행하면 모든 정의하기 블록의 실행이 종료됩니다.

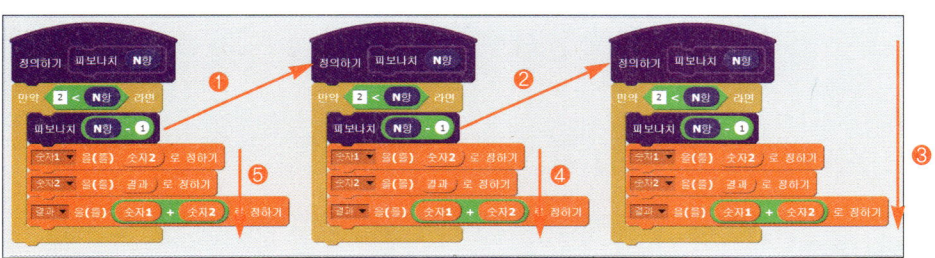

05 ›〉 실행 순서에 따른 각 변수의 값을 정리해보면 다음과 같습니다.

실행 순서	N항	숫자1	숫자2	결과
	4	1	1	1
①	3	1	1	1
②	2	1	1	1
③	2	1	1	2
④	2	1	1	2
⑤	2	1	2	3

스프라이트 초기화와 방송하기   Step 04

01 ≫   이제 프렉탈을 그리기 위한 기본 개념을 모두 익혔으니 본격적인 프로젝트를 제작할 차례입니다. 스크래치 메인 화면에서 [만들기] 메뉴를 클릭한 후 이 프로젝트에 사용할 스프라이트를 불러옵니다. 스프라이트는 제공되는 파일을 다운받아 사용합니다. 우주에 떠 있는 행성과 별을 표현하기 위해 5개의 스프라이트를 불러옵니다.

02 ≫   무대는 기본 제공 배경 중에서 '우주' 항목에 있는 'stars'를 불러옵니다.

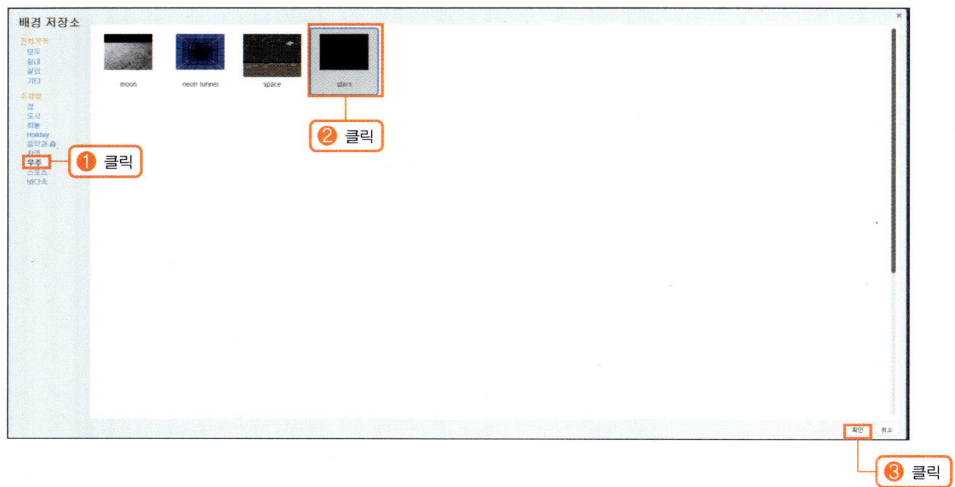

03 >> 먼저 각 스프라이트가 화면 아래쪽에 차례대로 위치하도록 '위치 초기화'를 시켜줍니다. 이벤트 (이벤트) 카테고리에 있는 클릭했을 때 와 동작(동작) 카테고리에 있는 x: ⓞ y: ⓞ 이동하기 를 결합하여 각 스프라이트의 위치를 정합니다. 'Jupiter(-170, -145), Saturn(-50, -145), Uranus(70, -145), Neptune(160, -145)' 순으로 초기화합니다.

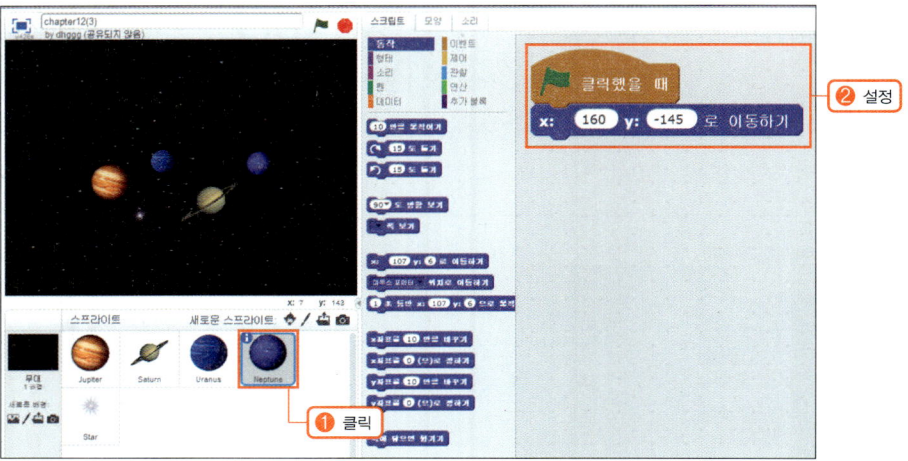

04 >> 'Star' 스프라이트를 클릭하고 크기를 초기화해 줍니다. 크기를 100 % 로 정하기 를 활용하여 스프라이트의 크기를 20%로 정합니다.

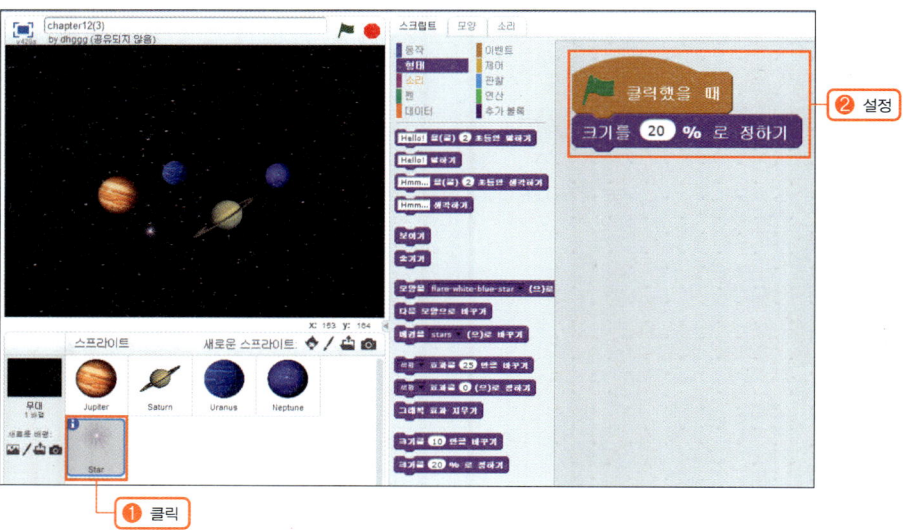

05 ›› 초기화가 이루어졌다면 스프라이트 간에 메시지를 주고 받을 방송하기 기능을 추가합니다. 4개의 행성 스프라이트를 클릭하면 각각 방송하기를 통해 'Star' 스프라이트에게 메시지를 보내줍니다. 이 스프라이트를 클릭했을 때 와 message1 ▼ 방송하기 를 결합해 'Jupiter' 스프라이트는 클릭했을 때 '시어핀스키 삼각형' 방송하기가 실행될 수 있도록 합니다. 방송하기 다음에는 Hello! 을(를) 2 초동안 말하기 를 연결하여 '시어핀스키 삼각형'을 말하도록 합니다.

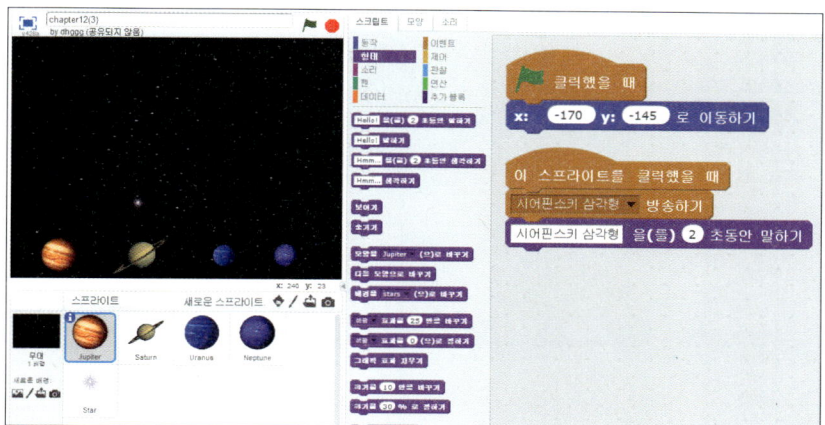

06 ›› 'Saturn' 스프라이트는 클릭했을 때, '시어핀스키 카펫'을 방송하고, 같은 내용을 말하도록 합니다. 'Uranus' 스프라이트는 '코흐 눈송이'를 방송하고 같은 내용을 말하도록, 'Neptune' 스프라이트는 '프렉탈 트리'를 방송하고 같은 내용을 말하도록 해줍니다.

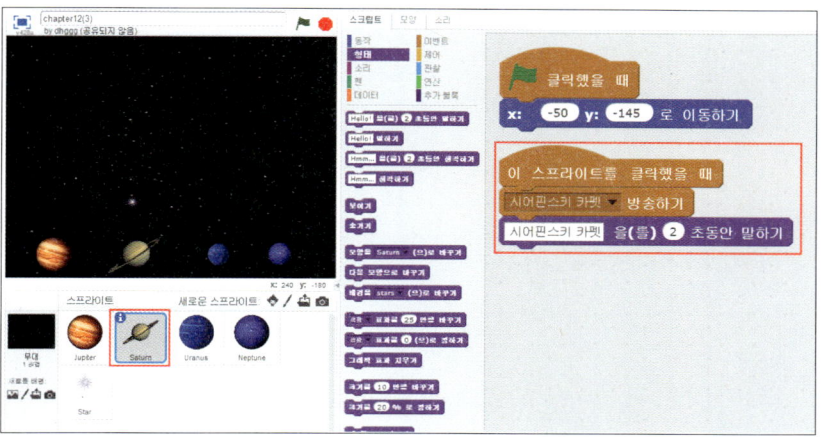

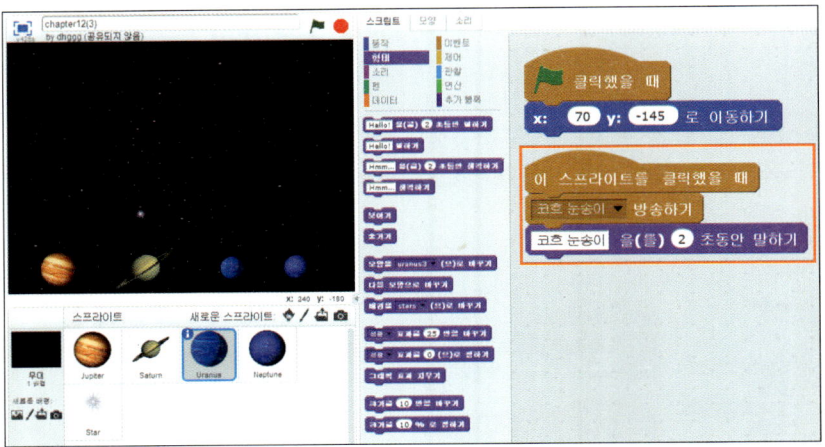

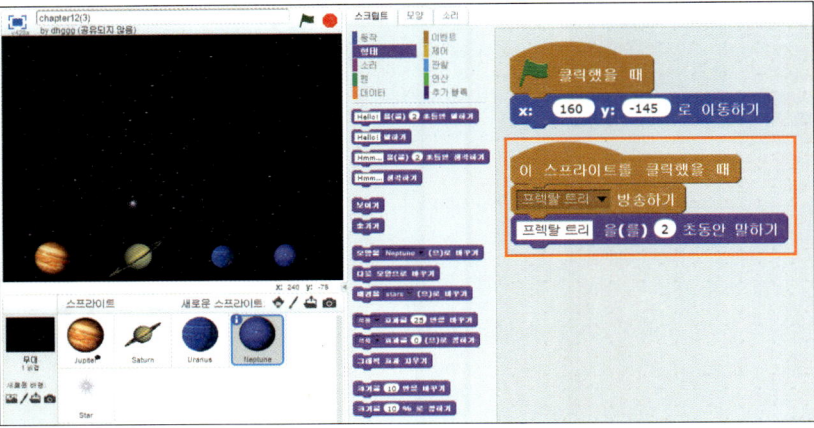

방송하기 메시지를 받아 프렉탈 그리기 Step 05

■ 시어핀스키 삼각형

01 》 'Jupiter' 스프라이트로부터 '시어핀스키 삼각형' 메시지를 받은 'Star' 스프라이트는 시어핀스키 삼각형을 그리기 위해 초기화 작업을 해줍니다. x: 0 y: 0 이동하기 와 90 도 방향 보기 를 결합하여 좌표를 'x : -120, y : -65'로 초기화하고, 방향을 90도로 초기화합니다. 지우기 로 [실행] 창에 그려진 펜 자국을 모두 지우고, 펜 색깔을 ■ (으)로 정하기 를 연결하여 원하는 펜 색깔을 지정합니다.

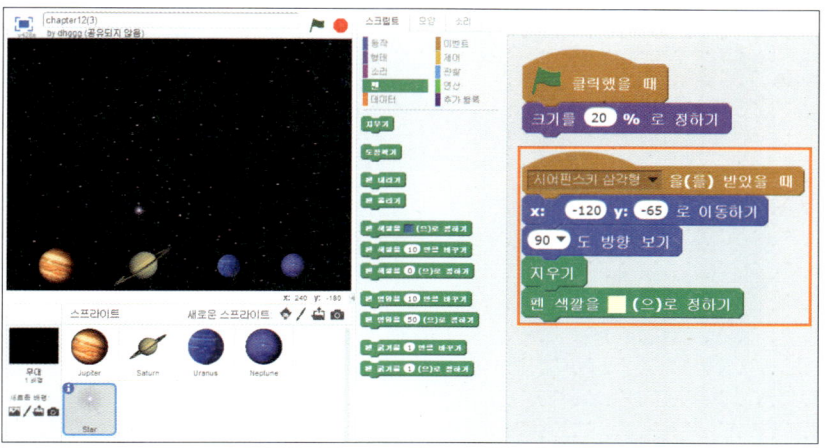

02 >> 추가 블록(추가 블록) 카테고리에서 [블록 만들기] 버튼을 클릭하여 새로운 블록을 생성합니다. 블록 이름은 '시어핀스키 삼각형'으로 하고, 숫자 매개변수를 추가하여 매개변수명을 '길이'로 합니다. 마지막으로 [확인] 버튼을 클릭하면 새로운 블록이 생성됩니다.

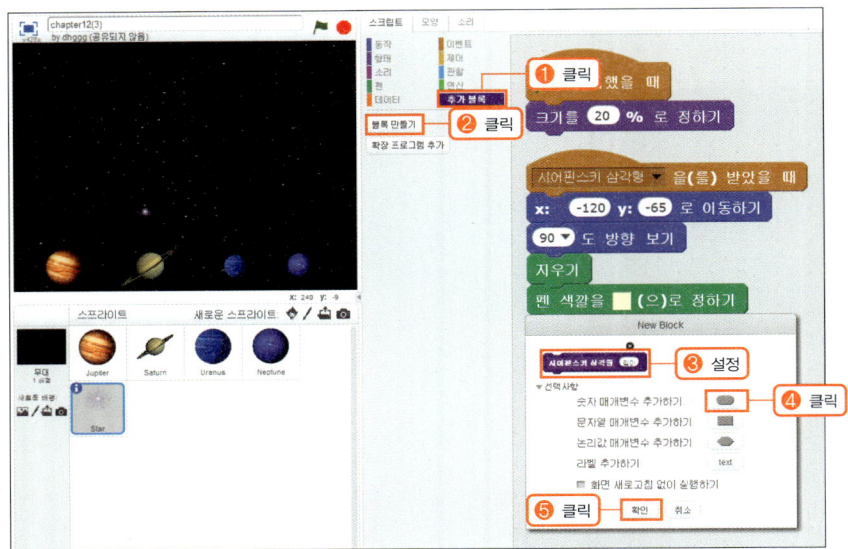

03 >> 펜 내리기 와 펜 올리기 를 차례로 연결하여 '펜 그리기 모드'의 시작과 종료를 설정하고, 그 사이에서 '시어핀스키 삼각형'이라는 블록을 삽입하여 정의하기 블록을 호출하도록 해줍니다. 매개변수는 '260'으로 지정합니다.

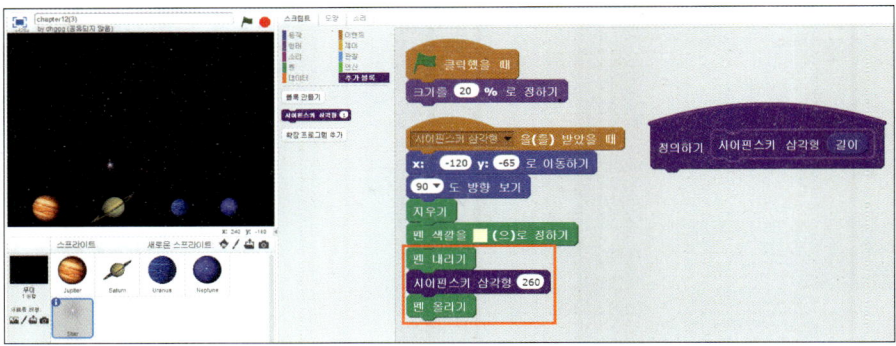

04 >> 정의하기 블록에는 '시어핀스키 삼각형'이 실행되었을 때 수행되어야 할 블록들을 연결합니다. '시 어핀스키 삼각형'의 기본 구조는 삼각형입니다. 삼각형이 그려질 수 있도록 `10 만큼 움직이기` 와 `길이` 를 결합 하여 길이만큼 움직인 후, `15 도 돌기` 을 연결하여 삼각형의 외각인 '120도' 만큼 돌기를 실행합니다.

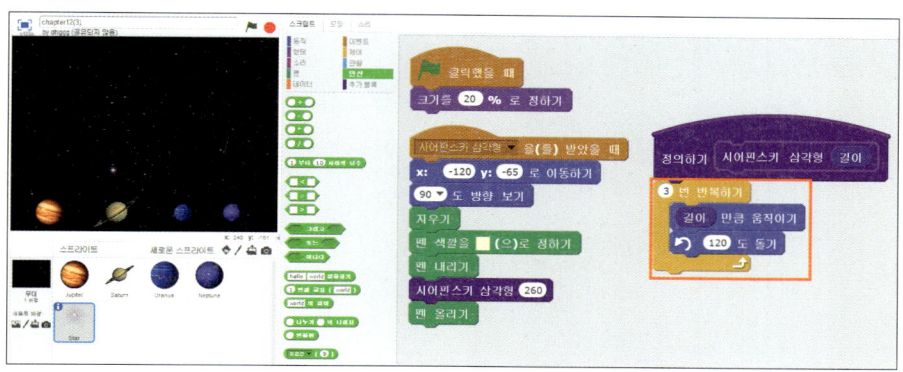

05 >> 이제 삼각형 구조가 길이를 줄여가면서 재귀적으로 반복해서 그려질 수 있도록 '시어핀스키 삼각형' 블록을 '3번 반복하기' 블록 내부에 넣어줍니다. 이때 매개변수는 기존 `길이` 를 절반으로 줄인 값으로 설정합 니다. 가장 큰 삼각형과 그 다음으로 큰 삼각형의 길이비가 2:1이기 때문입니다. `만약 라면` 를 가장 바깥

에 위치시켜 `길이` 의 값이 10보다 같거나 작아지면 재귀적 호출을 종료하도록 해줍니다.

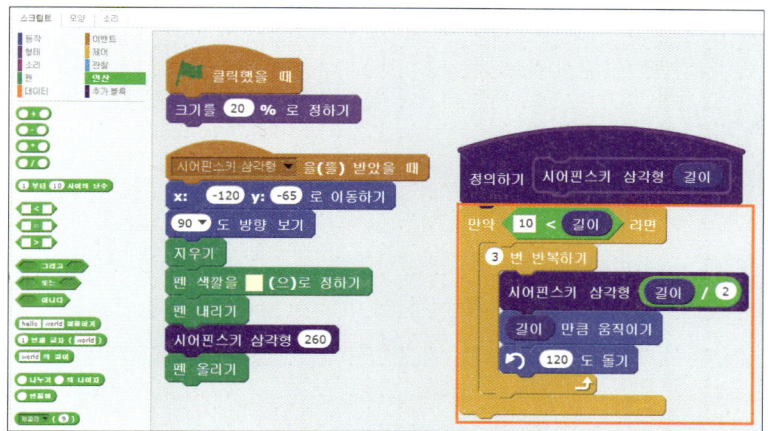

앞에서 다룬 정의하기 블록의 구조를 풀어서 표시하면 다음과 같습니다. 전체는 n을 매개변수로 하는 '시어핀스키 삼각형' 블록이라고 볼 수 있습니다. 그 안쪽을 보면 전체 구조와 동일한 구조가 다시 반복되고 있음을 알 수 있습니다. 안쪽 구조는 n/2을 매개변수로 하는 또다른 '시어핀스키 삼각형' 블록이라고 볼 수 있습니다. 이처럼 전체 구조와 동일한 작은 구조가 반복되는 것이 바로 프렉탈이며, 이를 간단하게 표현하기 위해 '재귀 함수'를 활용하는 것입니다.

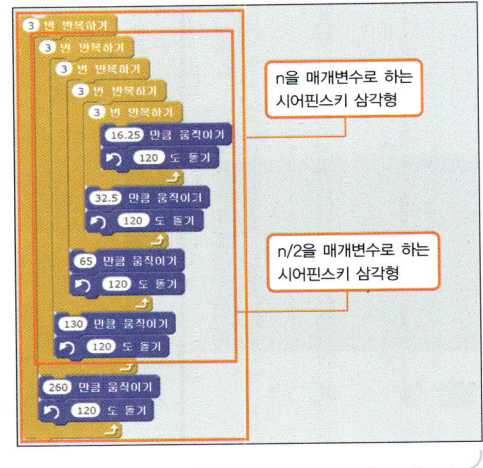

■ 시어핀스키 카펫

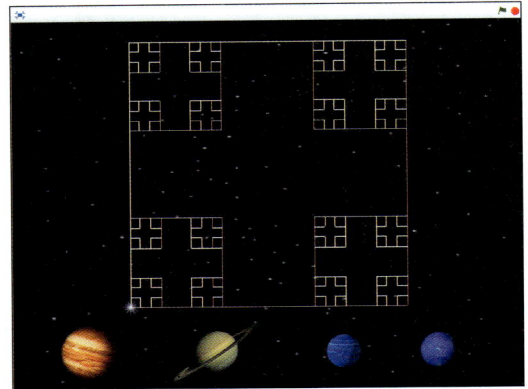

01 ›› 시어핀스키 삼각형과 유사한 프렉탈로 이번에는 삼각형이 아닌 사각형 구조가 반복되는 '시어핀스키 카펫'을 만들 차례입니다. 추가 블록(추가블록) 카테고리에서 [블록 만들기] 버튼을 클릭한 후 '시어핀스키 카펫'이라는 새로운 블록을 생성합니다. 숫자를 매개변수로 추가하고, 매개변수 이름은 '길이'라고 합니다.

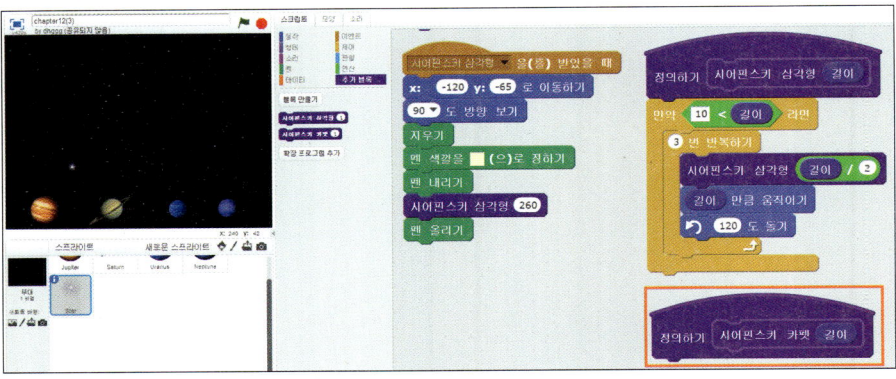

02 >> '시어핀스키 삼각형을 받았을 때'와 연결된 블록 전체를 복사하여 필요한 부분을 변경합니다. 처음 블록은 '시어핀스키 카펫을 받았을 때'로 변경하고 좌표는 'x : −130, y : −100'으로 변경합니다. 마지막 부분의 '시어핀스키 삼각형' 블록을 새로 만든 블록인 '시어핀스키 카펫' 블록으로 교체합니다.

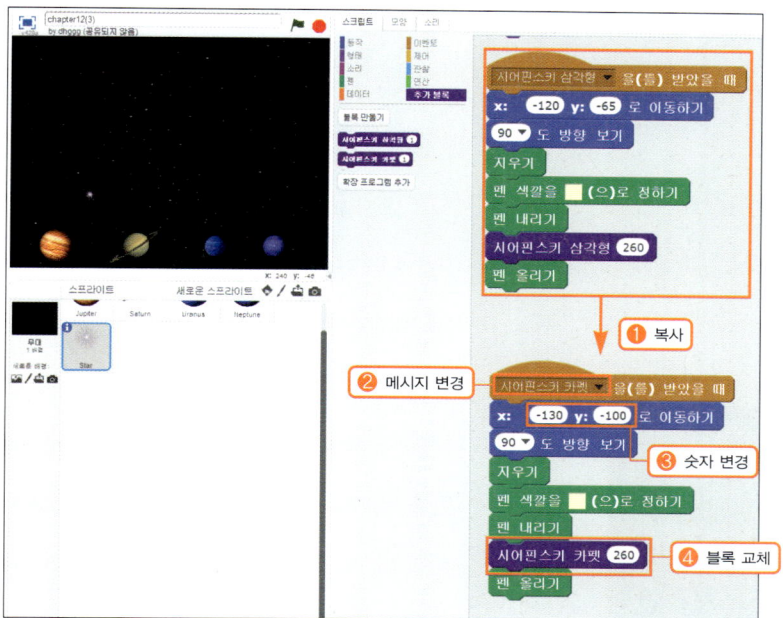

03 >> 시어핀스키 사각형 정의하기 블록의 기본적인 구조는 시어핀스키 삼각형의 정의하기 블록과 유사합니다. 길이 가 5보다 큰 동안에는 계속해서 사각형이 그려질 수 있도록 만듭니다. 가장 큰 사각형과 다음 사각형의 길이 비가 3:1인 점을 고려하여 매개변수를 1/3 감소시켜 계속 재귀적인 블록 호출이 이루어질 수 있게 합니다.

시어핀스키 삼각형과 마찬가지로, 시어핀스키 사각형도 펼쳐놓으면 다음과 같은 구조가 됩니다. 이것을 앞에서는 정의하기 블록의 재귀적 기능을 활용하여 간단하게 표현한 것입니다.

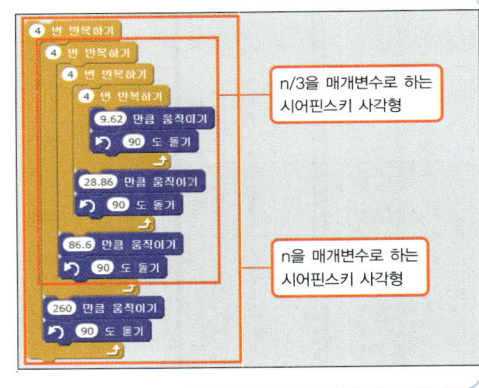

n/3을 매개변수로 하는 시어핀스키 사각형

n을 매개변수로 하는 시어핀스키 사각형

■ 코흐 눈송이

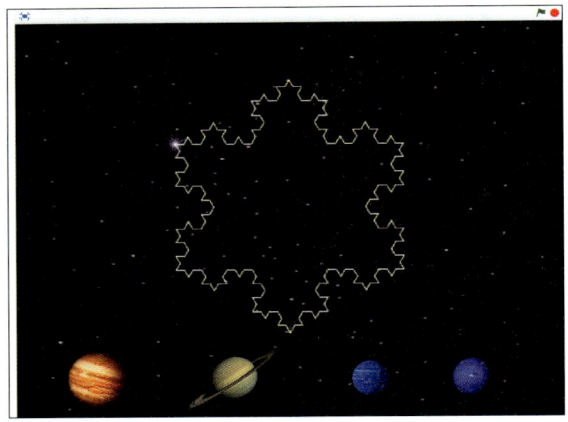

01 » '코흐 눈송이' 메시지가 'Star' 스프라이트에게 전달되면 위치를 'x : −100, y : 70'으로, 방향을 90도로 초기화합니다. 숫자 매개변수를 추가하여 '코흐 눈송이'라는 추가 블록을 생성합니다. 매개변수를 200으로 하는 '코흐 눈송이' 블록이 120도를 회전하며 3번 실행될 수 있도록 합니다. 이때 반복문을 만들기 위해 `10 번 반복하기` 블록을 활용합니다.

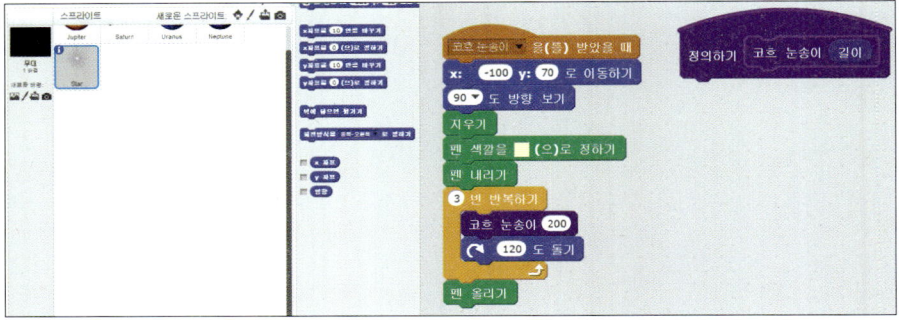

02 ›› '코흐 눈송이' 정의하기 블록에서는 매개변수인 길이 가 10보다 작으면 길이만큼만 움직이도록 합니다. 이때 조건에 따른 실행 영역을 구분하기 위해 만약 ~ 라면 / 아니면 를 활용합니다.

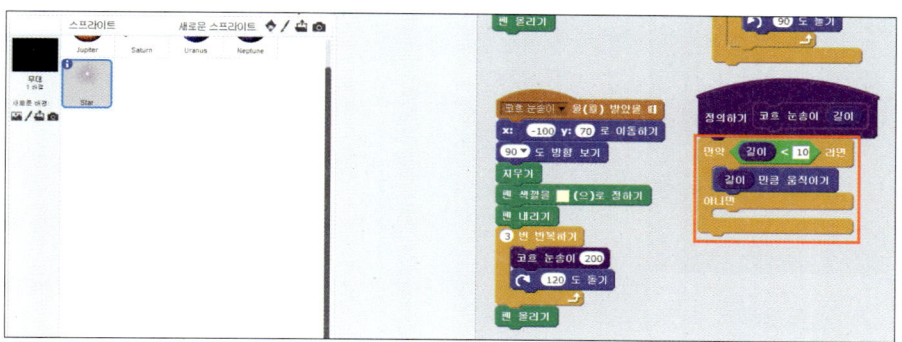

03 ›› 매개변수인 길이 가 10과 같거나 10보다 클 때에는 재귀 함수가 실행됩니다. 하나의 '코흐 눈송이' 정의하기 블록 내에서는 총 4개의 '코흐 눈송이' 블록이 재귀적으로 사용됩니다. 각각의 '코흐 눈송이' 블록은 매개변수 길이 의 값을 1/3로 줄인 값을 다시 매개변수로 사용하여 반복적으로 함수를 호출합니다. 각 '코흐 눈송이' 블록 사이에는 15 도 돌기 와 15 도 돌기 를 번갈아 삽입합니다. 60도 돌기와 120도 돌기를 조합하여 눈송이 모양이 그려질 수 있도록 합니다.

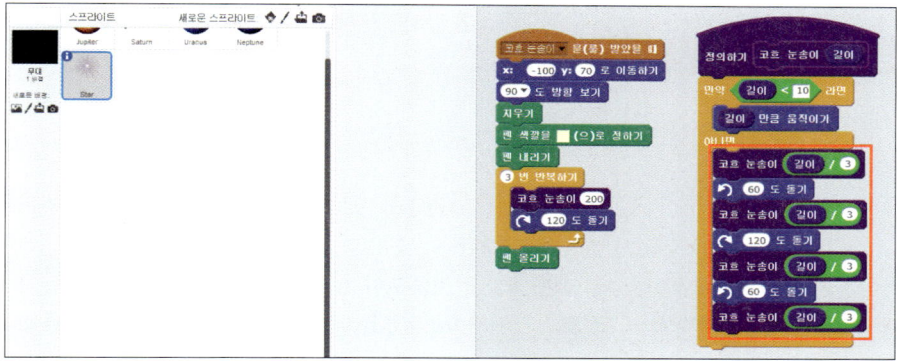

■ 프렉탈 트리

01 》 마지막 프렉탈 트리를 완성할 차례입니다. '프렉탈 트리' 메시지가 전달되면 Star 스프라이트는 그 메시지를 받아서 '프렉탈 트리'를 그리게 됩니다. 좌표는 'x : 0, y : -120'으로, 각도는 0도 방향으로 각각 초기화합니다. 숫자 매개변수를 추가하여 '프렉탈 트리' 추가 블록을 생성합니다.

02 》 프렉탈 트리의 정의하기 블록에는 매개변수인 길이 의 값이 5보다 크면 조건문의 실행 영역이 실행 되도록 해줍니다. 실행 영역에는 10 만큼 움직이기 와 길이 를 결합하여 '길이만큼 움직이도록' 하고, 움직인 후 에는 15 도 돌기 를 연결하여 시계방향으로 20도 회전하도록 합니다.

03 ›› 시계 방향으로 20도 회전한 후에는 매개변수 `길이` 를 3 감소시켜 다시 '플렉탈 트리' 블록이 실행되도록 합니다. ` 15 도 돌기` 를 연결해 반시계 방향으로 40도 회전한 뒤 다시 `길이` 값이 3 감소된 '플렉탈 트리' 블록이 실행됩니다. 이번에는 다시 시계 방향으로 20도 회전한 뒤에 `길이` 값만큼 뒤로 움직이도록 '-1 × 길이' 만큼을 움직입니다.

코흐 트리는 하나의 나뭇가지에서 오른쪽 20도 방향과 왼쪽 20도 방향으로 동일한 나뭇가지 구조가 다시 뻗어나가는 형태입니다. 먼저 하나의 나뭇가지를 그린 후, 그보다 길이가 3만큼 작은 나뭇가지를 오른쪽 20도 방향으로 종료 조건(길이가 5보자 같거나 작을 때)이 될 때까지 계속해서 그리기 위해 '시계 방향으로 20도 돌기' 블록이 활용되었습니다. 다음에는 다시 원래 나뭇가지보다 길이가 3만큼 작은 나뭇가지를 왼쪽 20도 방향으로 종료 조건이 될 때까지 계속해서 그리기 위해 좀 전에 시계 방향으로 회전한 20도를 포함하여 '반시계 방향으로 40도 돌기' 블록을 실행합니다. 돌기가 끝나면 나뭇가지를 그린 후, 다시 시계 방향으로 20도 돌아 원래의 방향을 바라보게 합니다. 그리고 '길이 x (-1)' 만큼을 움직여 원래 시작했던 자리로 돌아옵니다.

■ 오류 잡기

01 〉〉 현재 상태에서는 프렉탈 그리기가 이상없이 동작하는 것처럼 보일 수 있습니다. 하지만 하나의 프렉탈을 그리는 도중 다른 스프라이트를 클릭하여 다른 프렉탈을 그리고자 한다면 다음과 같은 오류가 발생합니다.

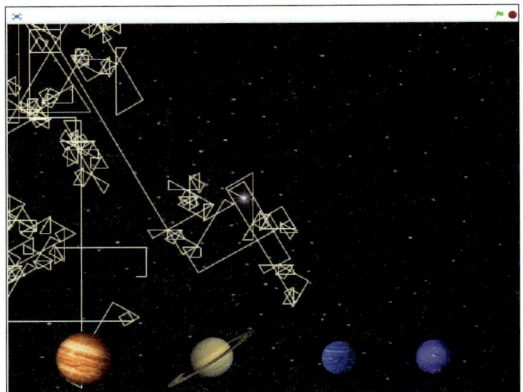

'Star' 스프라이트가 하나의 동작을 실행하는 상태에서 또 다른 동작을 병렬로 실행하게 되면, 두 동작이 중첩되어서 의도를 벗어난 움직임이 발생합니다. 이런 오류를 막기 위해서는 하나의 동작이 실행될 때 다른 동작이 중지될 수 있도록 처리해줍니다.

02 〉〉 4개의 행성 스프라이트를 클릭하면 전달되는 메시지 방송하기를 받았을 때 블록 다음에 모두 [스프라이트에 있는 다른 스크립트 ▼ 멈추기]를 연결합니다. 즉, 하나의 신호를 받아 어떤 동작을 진행중일 때 다른 신호가 전달되면 이전의 동작을 중지시킨 상태에서 새로운 동작을 수행하게 만드는 것입니다.

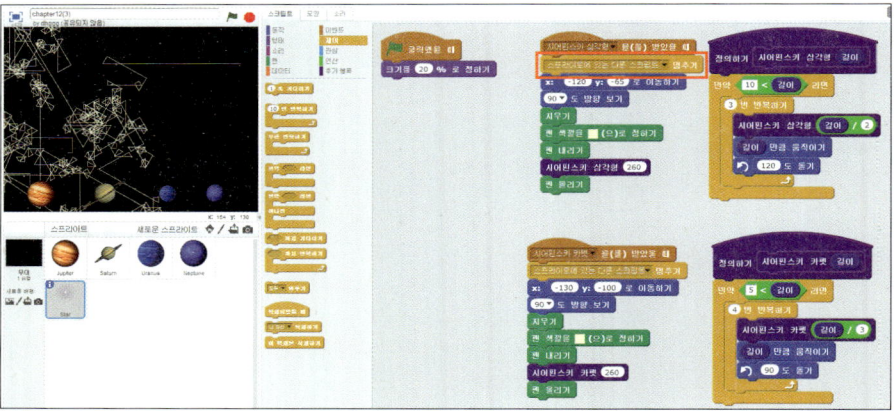

프로젝트 완성

01 ›› 'Jupiter' 스크립트

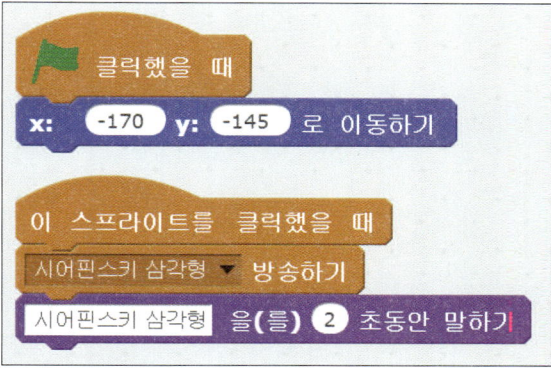

02 ›› 'Saturn' 스크립트

03 ›› 'Uranus' 스크립트

04 ›› 'Neptune' 스크립트

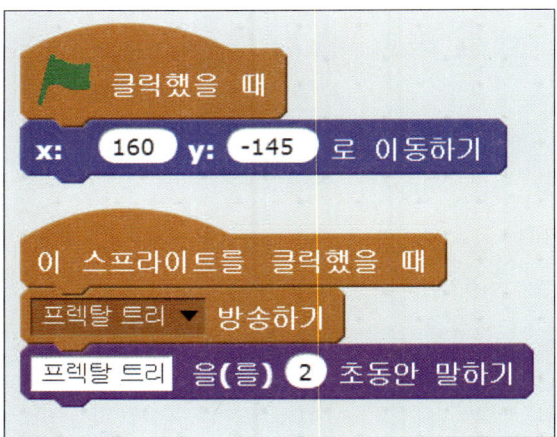

05 ›› 'Star' 스크립트

코흐 눈송이 ▾ 을(를) 받았을 때
스프라이트에 있는 다른 스크립트 ▾ 멈추기
x: -100 y: 70 로 이동하기
90 ▾ 도 방향 보기
지우기
펜 색깔을 ■ (으)로 정하기
펜 내리기
3 번 반복하기
  코흐 눈송이 200
  ↻ 120 도 돌기
펜 올리기

정의하기 코흐 눈송이 길이
만약 길이 < 10 라면
  길이 만큼 움직이기
아니면
  코흐 눈송이 길이 / 3
  ↺ 60 도 돌기
  코흐 눈송이 길이 / 3
  ↻ 120 도 돌기
  코흐 눈송이 길이 / 3
  ↺ 60 도 돌기
  코흐 눈송이 길이 / 3

프렉탈 트리 ▾ 을(를) 받았을 때
스프라이트에 있는 다른 스크립트 ▾ 멈추기
x: 0 y: -120 로 이동하기
0 ▾ 도 방향 보기
지우기
펜 색깔을 ■ (으)로 정하기
펜 내리기
프렉탈 트리 40
펜 올리기

정의하기 프렉탈 트리 길이
만약 5 < 길이 라면
  길이 만큼 움직이기
  ↻ 20 도 돌기
  프렉탈 트리 길이 - 3
  ↺ 40 도 돌기
  프렉탈 트리 길이 - 3
  ↻ 20 도 돌기
  -1 * 길이 만큼 움직이기

학 습 정 리

❶ 프렉탈은 전체 구조와 동일한 작은 구조가 계속해서 반복되는 형태입니다. 전체 삼각형 구조와 동일한 작은 삼각형이 반복되는 형태나, 전체 눈송이 구조와 동일한 작은 눈송이가 반복되는 형태 모두 프렉탈이라고 할 수 있습니다.

❷ 프렉탈은 동일한 구조가 크기를 변화하면서 계속 반복되는 원리입니다. 프렉탈을 스크래치로 표현하기 위해서는 반복문을 중첩시켜야만 합니다. 프로그래밍에서는 이런 번거로운 과정을 간단하게 표현하기 위해 '재귀함수'라는 개념을 사용하고 있습니다. 재귀함수는 자기 자신을 재참조한다는 의미입니다.

❸ '정의하기'는 사용자가 직접 여러 블록을 조합하여 특정 기능을 가진 하나의 특수 블록을 만드는 것입니다. 추가 블록(추가블록) 카테고리에서 [블록 만들기] 버튼을 클릭하면 사용자 정의 블록을 만들 수 있습니다. 정의하기를 통해 함수를 구현할 수 있습니다.

❹ 매개변수는 함수를 연결하는 변수입니다. 스크립트에서 정의하기 블록을 실행할 때 매개변수 값을 함께 전달해주면 함수는 그 매개변수 값을 받아 함수 내에서 처리합니다. 원래 스크립트는 정의하기에서 처리한 매개변수 값을 다시 받아 활용할 수 있습니다.

❺ 매개변수로는 숫자나 문자열, 논리값 등이 사용될 수 있습니다.

01 새로운 블록에 관한 설명으로 옳지 않은 것은? ( )
① 새로운 블록을 생성할 때는 매개변수를 추가할 수 있다.
② 정의하기 블록에 연결된 블록이 없으면, 새로운 블록을 실행해도 특별한 명령을 수행하지 않는다.
③ 새로운 블록 실행 중에 내부에서 다시 새로운 블록을 실행하는 재귀적 활용이 가능하다.
④ 새로운 블록은 한 번 생성하면 모든 스프라이트와 무대에서 함께 공유할 수 있다.

02 새로운 블록 생성 시 선택사항인 매개변수에 해당되지 않는 것은?( )
① 숫자　　　　　　　　② 모양
③ 논리값　　　　　　　④ 문자열

03 펜 그리기 모드에서 펜의 색깔을 변경할 수 있는 블록이 아닌 것은?( )
① 펜 색깔을 (으)로 정하기
② 펜 색깔을 10 만큼 바꾸기
③ 색에 닿았는가?
④ 펜 색깔을 0 (으)로 정하기

04 다음 스크립트를 실행했을 때 스프라이트가 말하는 숫자가 아닌 것은?

① 0　　　　　　　　　② 1
③ 2　　　　　　　　　④ 128

Section

13

디지털 TV 프로그램

이번 섹션에서는 채널이 변경됨에 따라서 다른 화면이 나타나고, 각각의 화면에 맞는 음악이 흘러나오는 디지털 TV를 만들겠습니다. 이 프로젝트에서는 변수를 활용한 채널과 볼륨의 변경, 연산 블록을 통해 소리 기능을 효과적으로 제어하는 방법, 웹캠을 활용하여 자신의 모습이 담긴 스프라이트를 만드는 방법, 녹음 기능으로 나레이션을 만드는 방법 등을 학습합니다. 특히 웹캠이나 녹음 기능 등을 활용하여 자신의 모습이나 목소리를 직접 프로그램에 반영할 수 있어 훨씬 재미있는 프로젝트를 제작할 수 있습니다.

| Section 12 | **Section 13** | Section 14 | Section 15 |

| 예제 파일 | TV.svg, 리모콘.sprite2, 채널7 화면.sprite2, 채널7.sprite2, 채널9.sprite2, 채널13.sprite2, 채널없음.sprite2
| 완성 파일 | section13.sb2
| 웹 주 소 | https://scratch.mit.edu/projects/37075946/

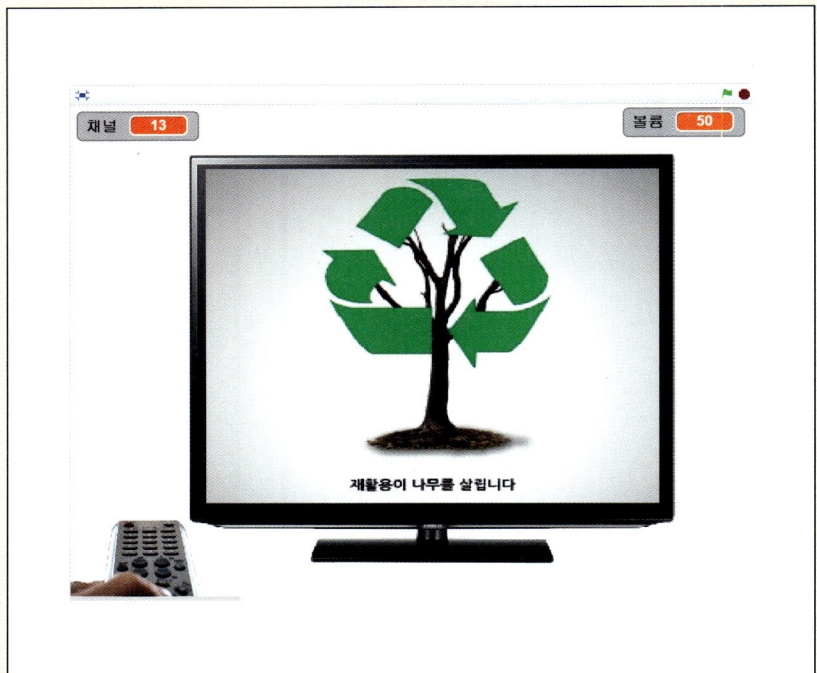

▲ 채널13 스프라이트 사진 출처 : 한국 공익광고 협의회 코바코

스프라이트와 무대 불러오기

01 ≫ 메인 화면에서 [만들기] 메뉴를 클릭해 새로운 프로젝트 만들기를 시작합니다. 이번 프로젝트에 사용될 스프라이트를 불러옵니다. 제공된 파일 중 '채널7', '채널7 화면', '채널9', '채널13', '리모콘', '채널없음' 등 총 6개의 스프라이트를 불러옵니다.

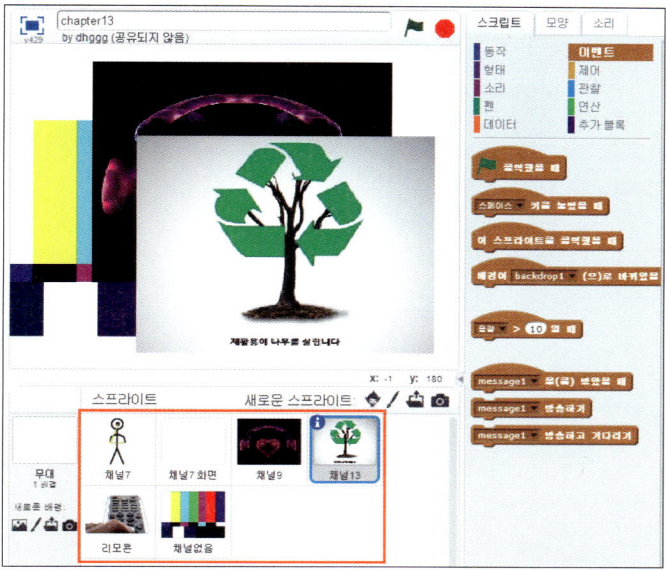

02 ≫ 자신의 모습을 웹캠으로 찍어 스프라이트로 만듭니다. [스프라이트] 창의 [새로운 스프라이트]-[카메라로부터 새 스프라이트 만들기(📷)]를 클릭합니다.

03 ›› 웹캠이 작동하면서 카메라 창이 나타납니다. 카메라 화면에 맞추어 자유로운 표정을 연출한 후 [저장하기] 버튼을 클릭합니다.

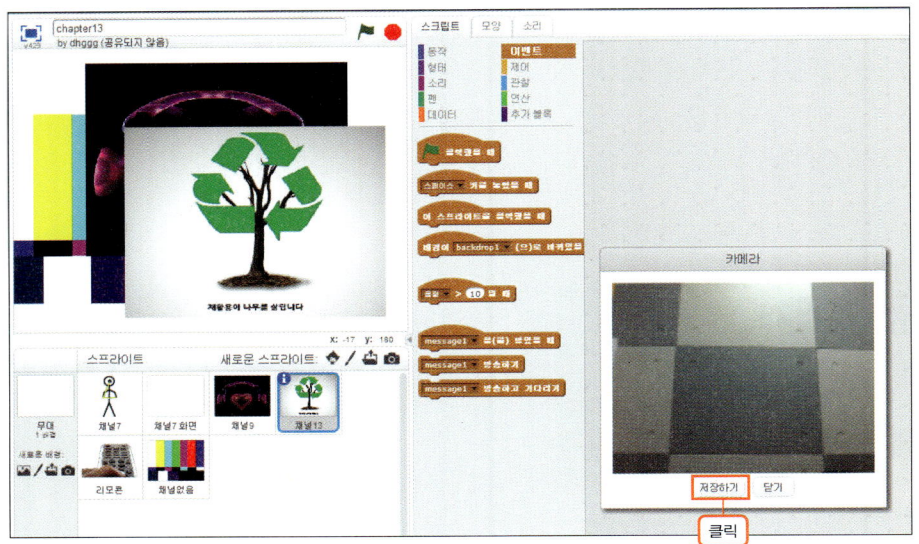

04 ›› 카메라로 찍은 자신의 모습이 스프라이트로 등록됩니다. 만들어진 스프라이트에서 [i]을 클릭하여 [스프라이트 정보] 창으로 들어갑니다. 스프라이트의 이름을 '채널11'로 변경합니다.

05 >> 채널 11 스프라이트 안에 여러 가지 모양을 담기 위해서 더 많은 사진을 찍어야 합니다. [모양] 탭을 클릭하고 [새로운 모양]-[카메라로 새로운 모양 만들기(📷)]를 클릭합니다. 카메라 창이 나타나면 다른 표정을 연출하며 자신의 모습을 다양하게 촬영합니다. 모양이 더 다양할수록 역동적인 화면을 연출할 수 있습니다.

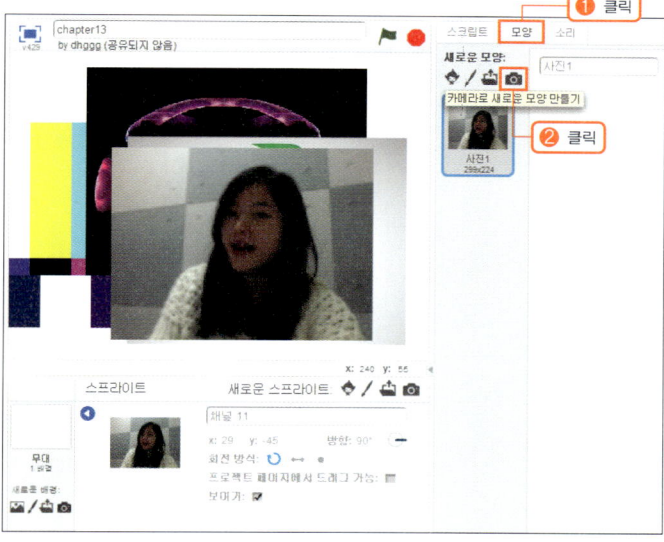

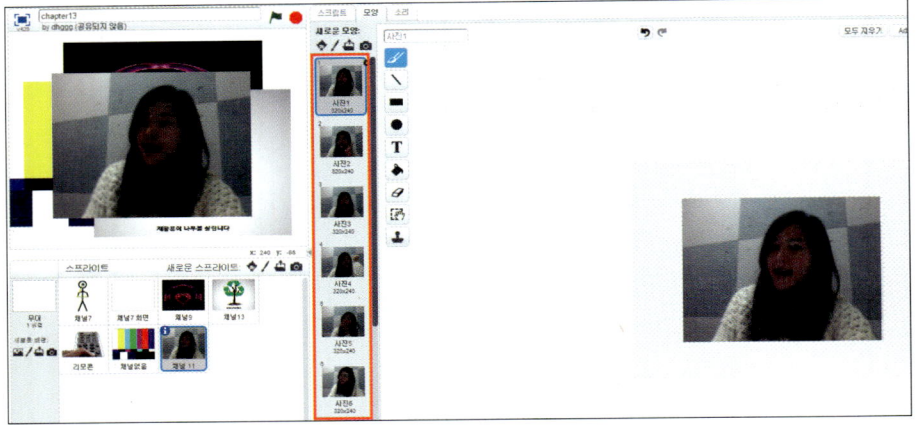

06 ›› 이제 무대를 불러올 차례입니다. 제공된 파일에서 'TV'라는 배경을 불러옵니다.

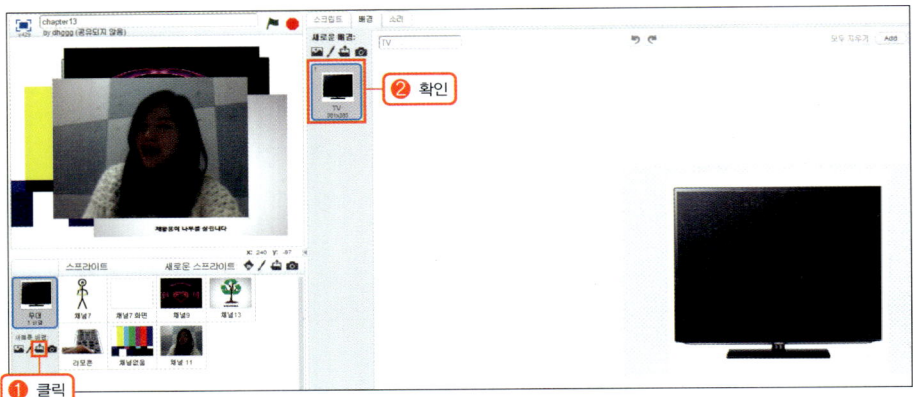

07 ›› 프로젝트에서 사용할 '채널'과 '볼륨' 변수를 생성합니다. 데이터(데이터) 카테고리의 [변수 만들기] 버튼을 클릭하여 두 변수를 만들어 줍니다.

08 ›› 각 스프라이트를 클릭해서 [모양] 탭을 확인해보면 여러 개의 모양을 가지고 있는 스프라이트가 있는 것을 확인할 수 있습니다. 이런 스프라이트는 모양을 빠르게 바꿔주면서 움직임을 연출해 준다는 것을 기억합니다.

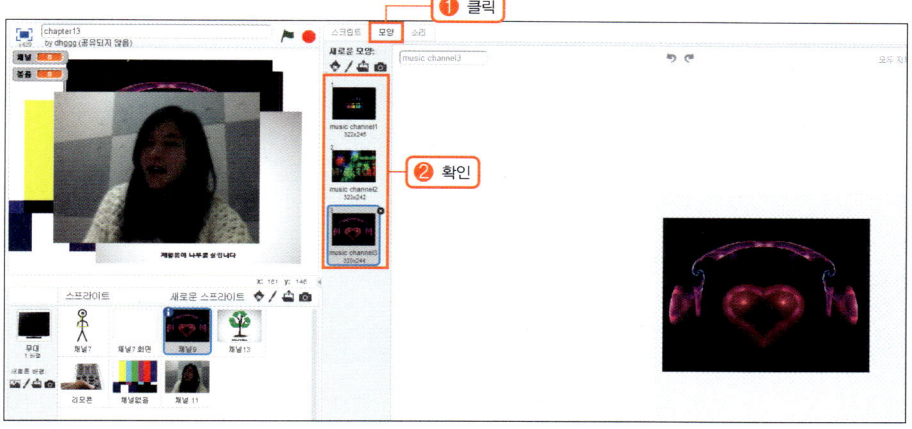

채널 스프라이트 기능 완성하기   Step 02

01 ›› 각 채널 스프라이트의 기능을 완성하도록 합니다. 먼저 '채널 7' 스프라이트를 클릭합니다. 위치를 초기화하기 위해서 [클릭했을 때] 다음에 [x: 0 y: 0 이동하기] 를 연결합니다. 위치는 'x : −23, y: 2'로 초기화합니다. [숨기기] 로 처음 프로젝트 시작 시에는 실행 창에 보이지 않도록 합니다.

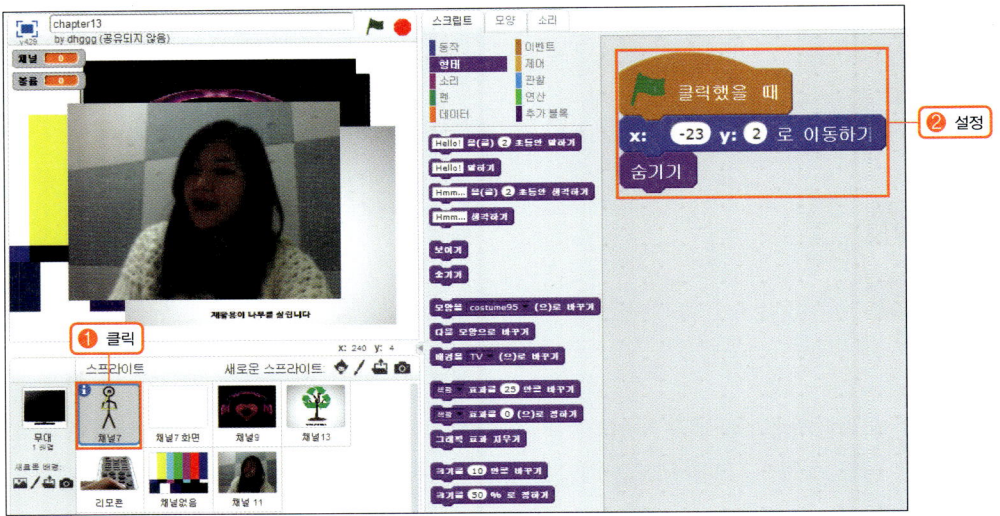

02 ›› [무한 반복하기] 로 반복문을 만들고, 반복문의 실행 영역에 [만약 ~라면 / 아니면] 을 넣어 다시 조건문을 만들어 줍니다. 조건문에서는 '채널' 변수 값이 '7'인지를 체크합니다.

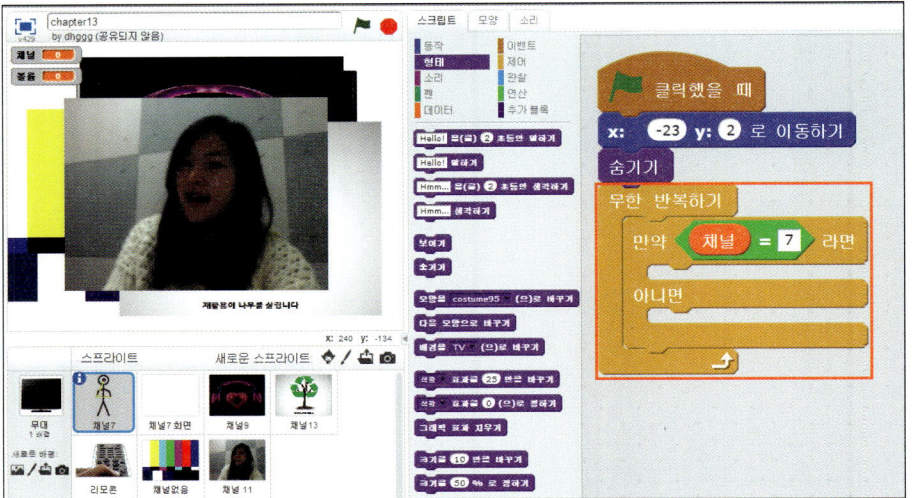

03 ›› 　조건문의 조건 영역이 참이면 `보이기` 실행 후 스프라이트가 맨 앞으로 나올 수 있도록 `맨 앞으로 나오기` 를 연결합니다. `크기를 100 % 로 정하기` 로 크기를 '50' %로 고정합니다. `1 초 기다리기` 와 `다음 모양으로 바꾸기` 을 차례로 연결하여 '0.01' 초 간격으로 모양이 계속 변경되도록 합니다. 조건문의 조건 영역이 거짓이면 `숨기기` 가 실행되도록 합니다.

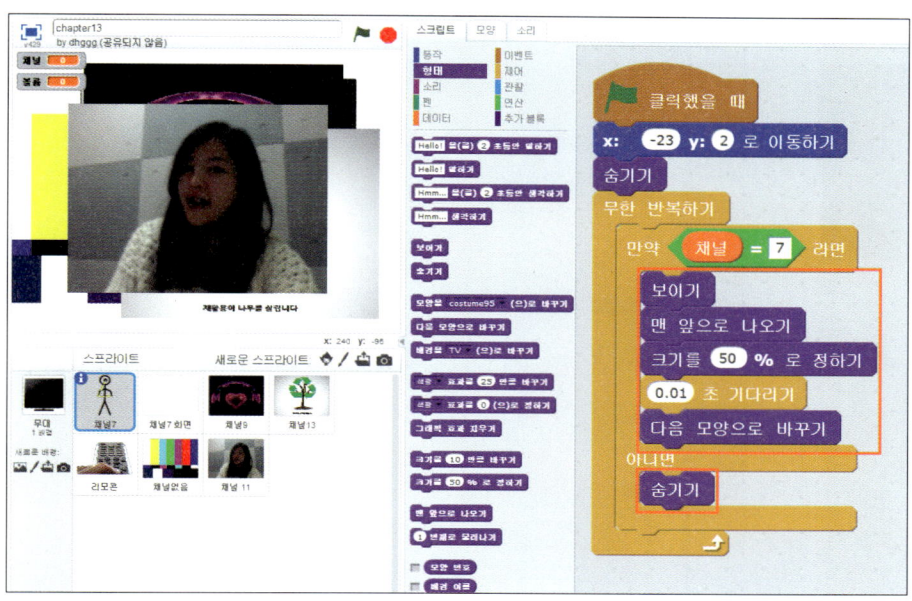

04 ›› 　'채널7 화면' 스프라이트를 클릭합니다. '채널7 화면' 스프라이트는 'x : 92, y : 47' 로 위치를 초기화하고 `숨기기` 를 연결해 초기 실행 시 실행 창에 보이지 않도록 합니다. 반복문과 조건문을 결합하여 '채널' 변수 값이 '7' 인지를 계속 체크하고, 조건이 참일 경우 `보이기` 를 거짓일 경우 `숨기기` 를 실행합니다.

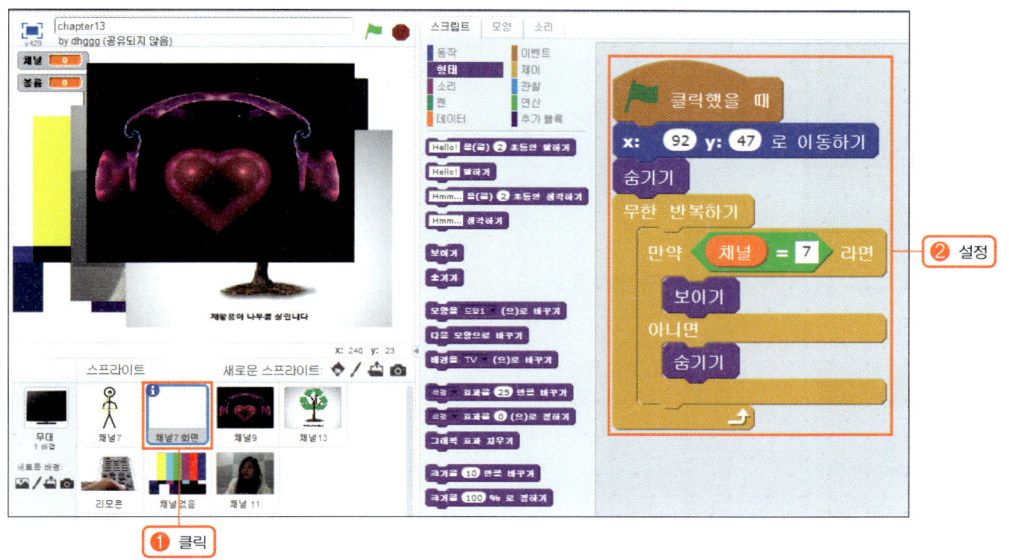

05 ›› '채널9' 스프라이트를 선택합니다. '채널9'는 좌표를 'x : 76, y : 21'로 초기화하고 숨기기 를 연결해 초기 실행 시 [실행] 창에 보이지 않도록 합니다. 반복문과 조건문을 결합하여 '채널' 변수 값이 '9'인지를 계속 체크하고, 조건이 참일 경우 보이기 와 1 초 기다리기 , 다음 모양으로 바꾸기 를 차례로 실행하게 합니다. 조건이 거짓일 경우에는 숨기기 를 실행합니다.

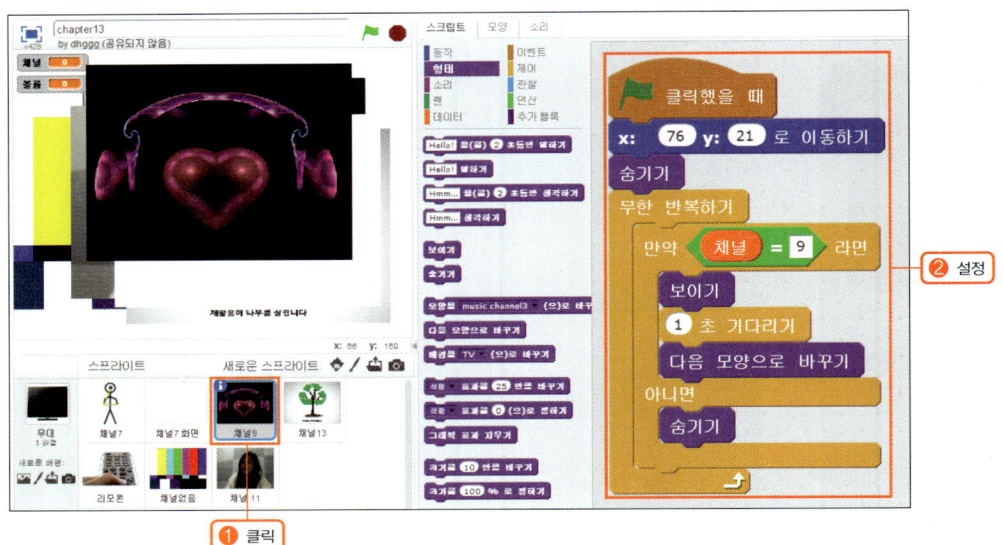

06 ›› '채널9' 스프라이트의 스크립트를 그대로 '채널11' 스프라이트로 복사합니다. 시작 위치를 'x : 14, y : 13'으로 초기화합니다. 반복문 안에 조건문을 포함시켜 '채널' 변수 값이 '11'인지를 계속 체크합니다. 조건이 참일 경우 보이기 를 실행한 후 '0.3'초 간격으로 계속해서 모양이 바뀌도록 1 초 기다리기 와 다음 모양으로 바꾸기 를 차례로 연결합니다. 조건이 거짓일 경우에는 숨기기 를 실행합니다.

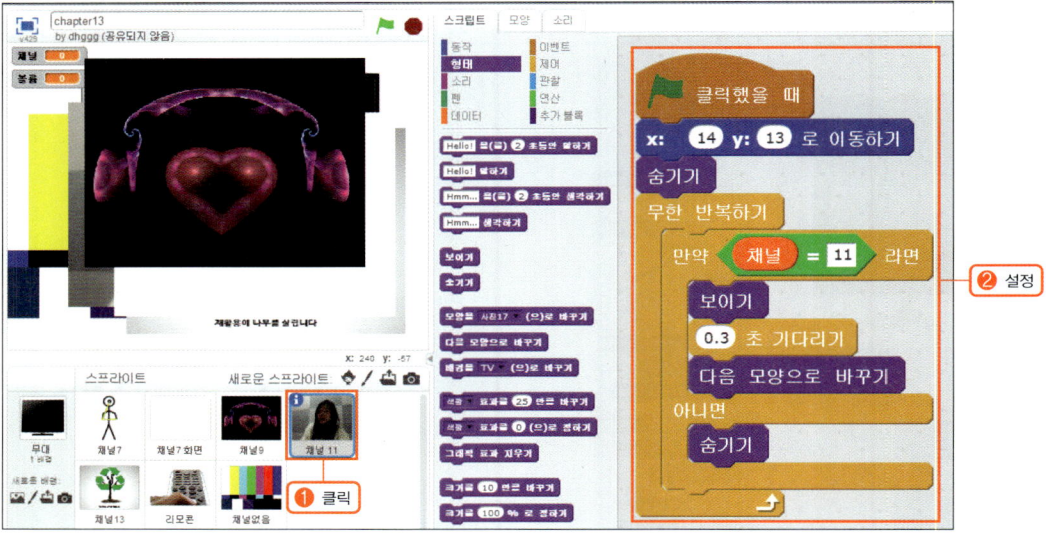

07 » '채널9' 스프라이트의 스크립트를 '채널13' 스프라이트로도 그대로 복사해 옵니다. 초기화 좌표를 'x : -97, y : 20' 으로 변경하고, 조건문의 조건 영역을 '채널' 변수 값이 '13' 인지를 체크하도록 변경합니다. 채널9와 동일하게 조건문의 조건이 참일 경우 보이기 와 1 초 기다리기 , 다음 모양으로 바꾸기 를 차례로 실행하게 합니다. 조건이 거짓일 경우에는 숨기기 를 실행합니다.

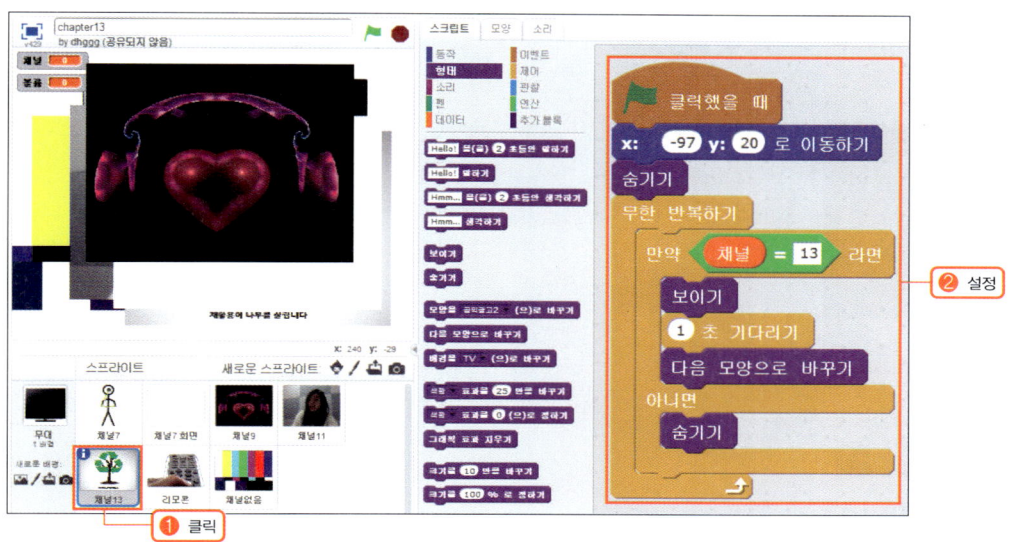

디지털 TV 프로그램에서는 채널을 변경할 때마다 TV화면이 변경하는 것처럼 보이도록 프로젝트를 만드는 것이 가장 핵심적인 부분입니다. '채널' 변수를 활용하여 선택하고자 하는 채널 번호를 변수에 저장합니다. 각 스프라이트에서는 계속해서 '채널' 변수의 값을 체크하여 해당 변수값에 따라 스프라이트를 실행 창에서 숨기도록 할지 보이도록 할지를 결정해주면 됩니다.

'리모콘'과 '채널없음' 기능 완성하기   Step 03

01 》 '리모콘' 스프라이트를 클릭합니다. 먼저 위치를 'x : −184, y : −138'로 초기화한 후 보이기 를 실행
합니다. '채널' 변수는 '10'으로 초기화합니다.

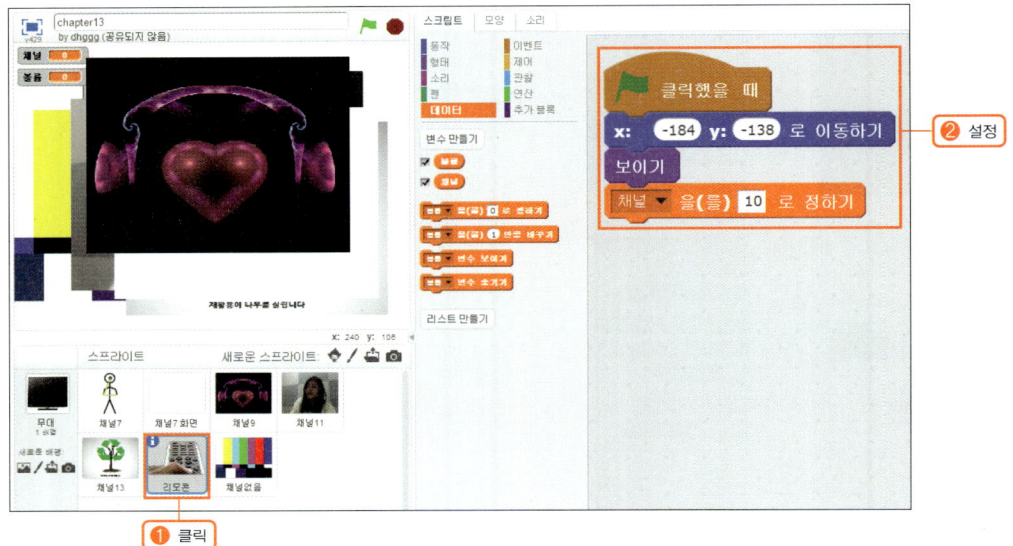

02 》 무한 반복하기 로 반복문을 만듭니다. 반복문의 실행 영역에는 만약 ◆ 라면 를 넣어 조건문을 만듭

니다. 조건문의 조건 영역에는 스페이스 ▼ 키를 눌렀는가? 를 넣고 선택 항목을 '위쪽 화살표'로 선택합니다. 조
건이 참일 경우 실행되는 실행 영역에서는 '채널' 변수 값을 '1' 증가시키고 1 초 기다리기 를 사용해 '0.2' 초간
제어 시간을 넣어줍니다.

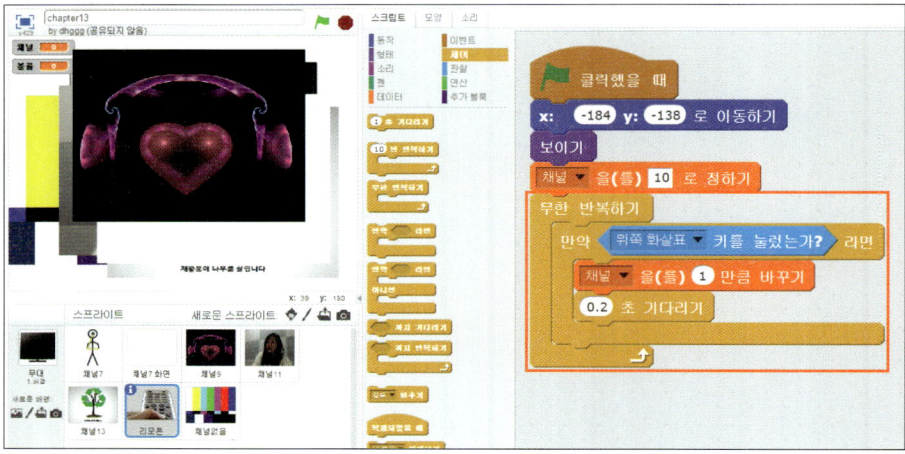

312

03 ›› 키보드의 ↑를 눌러 '채널' 변수 값을 1씩 증가시켰다면, ↓를 눌러 '채널' 변수 값을 1씩 감소시키는 스크립트를 만들어 줍니다. 조건문을 만들고, 조건 영역에서 스페이스▼ 키를 눌렀는가? 를 활용하여 아래쪽 화살표를 눌렀는지를 체크합니다. 조건이 성립할 경우 '채널' 변수 값을 '-1'만큼 바꾸고, 1 초 기다리기 를 사용해 '0.2' 초간 제어 시간을 넣어줍니다.

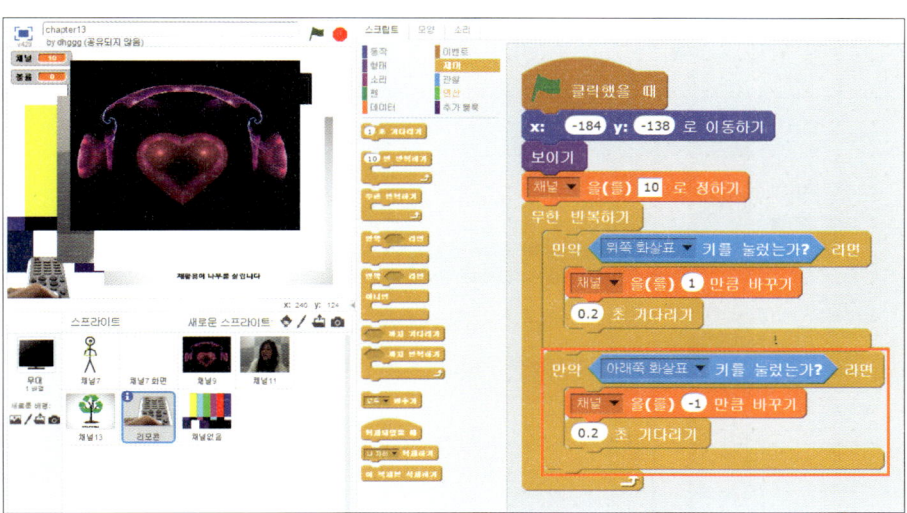

04 ›› 마지막 스프라이트인 '채널없음'의 기능을 완성할 차례입니다. 먼저 ⚑ 클릭했을 때 다음에 x: 0 y: 0 이동하기 를 연결하고 위치를 'x : 40, y: -10'으로 초기화합니다. 위치 초기화 후에는 보이기 를 연결하여 처음 프로젝트 시작 시 [실행] 창에 나타나도록 합니다.

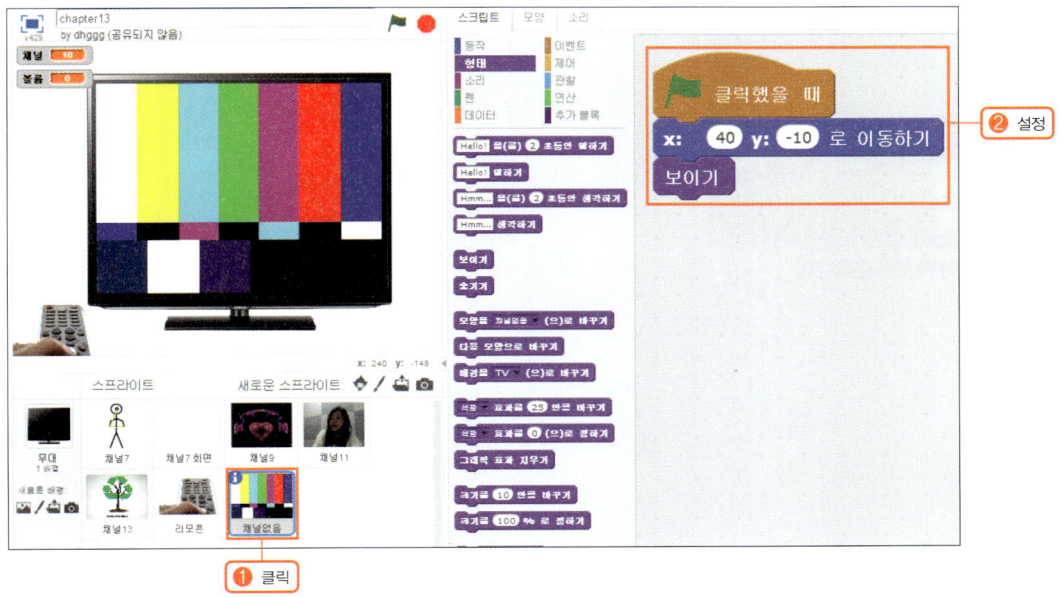

05 >> 무한 반복하기 로 반복문을 만들고 반복문의 실행 영역에 만약 라면 을 넣어 조건문을 만듭니

다. 조건문의 조건 영역에서는 '채널' 변수 값이 방송이 진행되는 채널인, '7, 9, 11, 13' 인지 아닌지를 체크합

니다. 만약 현재 채널 변수 값이 7, 9, 11, 13 중에 하나라면 '채널없음' 스크립트에서는 숨기기 가 실행되고,

반대의 경우라면 보이기 가 실행됩니다.

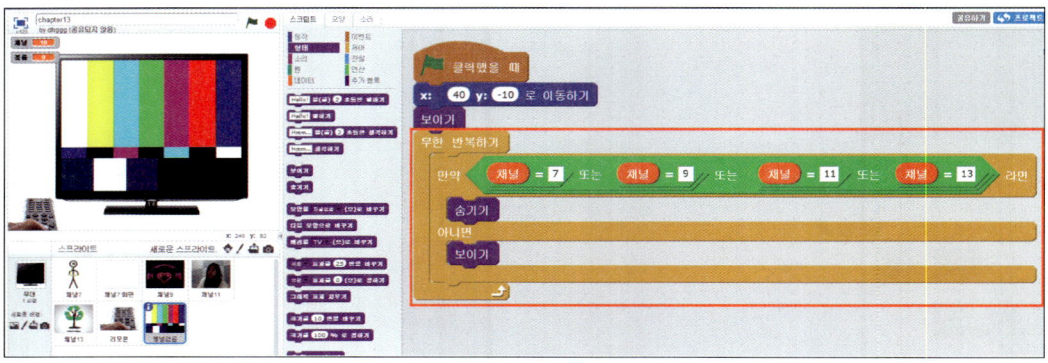

06 >> '채널 없음' 스프라이트는 '채널' 변수의 값이 7, 9, 11, 13을 제외한 의미없는 값일 경우에는 아래처

럼 화면에 보이도록 하여, 잘못된 채널임을 알려주게 됩니다.

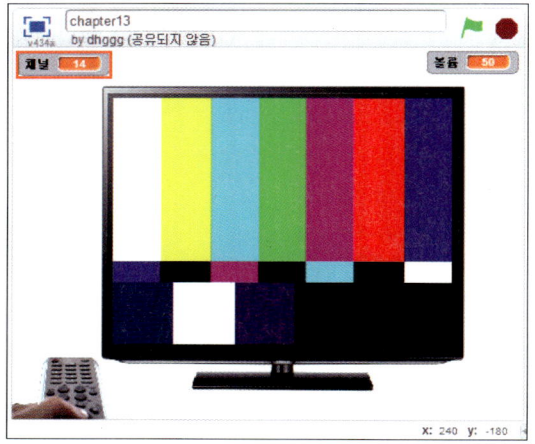 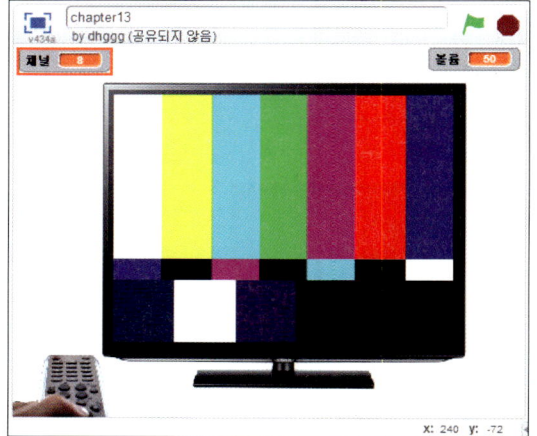

무대의 소리 기능 완성하기

01 ›› 무대를 클릭합니다. 무대에서는 소리의 작동 및 음량 조절 등 음향 효과와 관련된 부분을 함께 통제합니다. 먼저 '볼륨' 변수 값을 '50'으로 초기화합니다. 음량을 100 % (으)로 정하기 와 볼륨 결합하여, 음량 값을 '볼륨' 변수 값으로 정해줍니다.

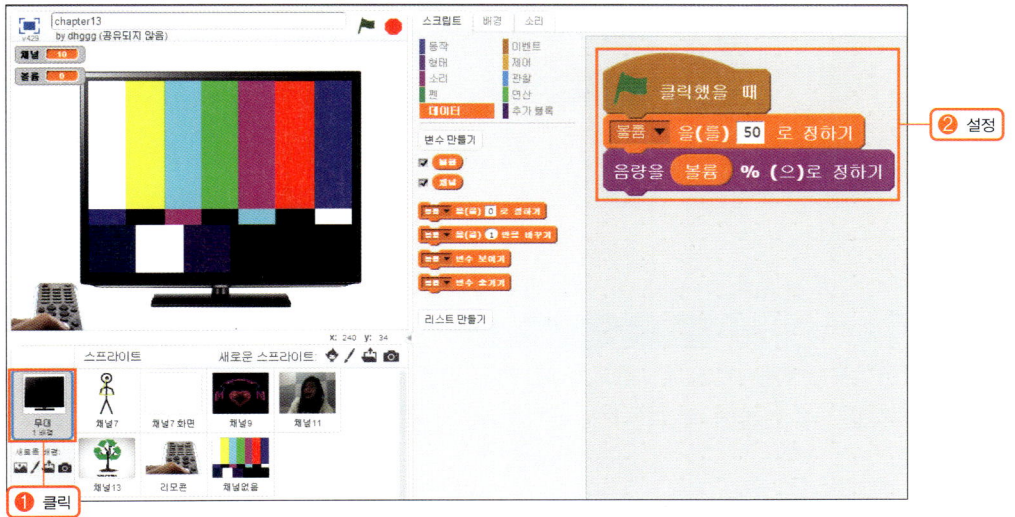

02 ›› 무한 반복하기 로 반복문을 만들고 반복문의 실행 영역에 만약 라면 을 넣어 조건문을 만들어 줍니다. 조건문의 조건 영역에서는 '오른쪽 화살표키를 눌렀는지' 그리고 '볼륨 변수 값이 100보다 작은지'를 함께 체크합니다.

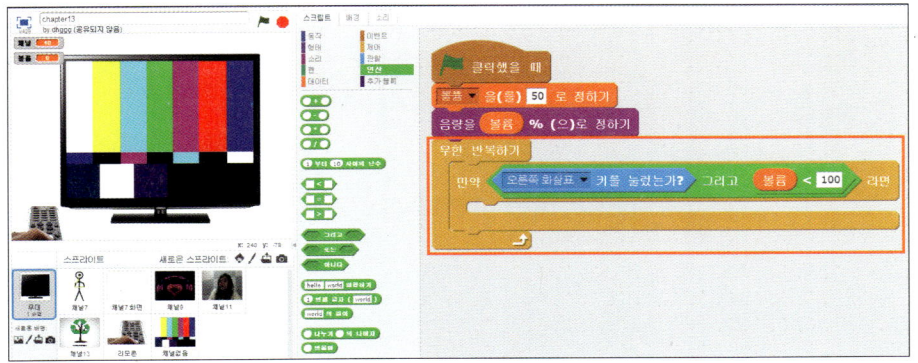

'오른쪽 화살표 키를 눌렀는지' 뿐만 아니라 '볼륨 변수 값이 100보다 작은지'를 함께 체크하는 것은 '볼륨' 변수 값의 최대치를 100으로 한정시키기 위해서입니다. 만약 볼륨 변수 값이 100이 되면, 키보드의 ➡를 누르더라도 더 이상 조건이 성립하지 않아 실행 영역이 실행되지 않습니다.

03 ›› 조건이 성립하면 조건문의 실행 영역이 실행될 차례입니다. 먼저 볼륨 변수 값을 10만큼 바꾸어 주고, 음량을 100 % (으)로 정하기 와 볼륨 결합하여 초기화했던 것과 동일하게 음량 값을 변경된 볼륨 변수 값으로 정해줍니다. 마지막에는 1 초 기다리기 를 사용해 '0.2' 초간 제어 시간을 넣어줍니다.

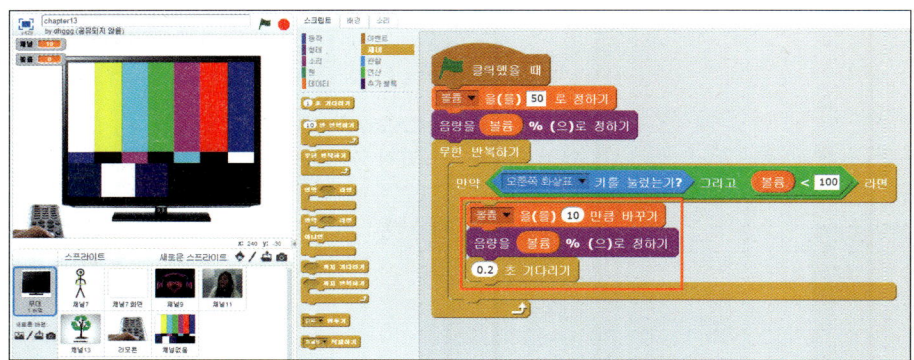

04 ›› 키보드의 ← 를 누르면 볼륨이 줄어들도록 만들어 줍니다. 앞에서 만든 조건문을 복사하여 바로 아래에 연결합니다. 조건 영역에 들어가는 스페이스 ▼ 키를 눌렀는가? 의 선택 항목을 '왼쪽 화살표'로 변경합니다. 또한 '볼륨' 변수 값이 '0' 보다 큰 지도 체크하도록 합니다. 만약 조건이 참이라면 '볼륨' 변수 값을 '-10' 만큼 바꾸고, 그 변경된 값을 음량 값에 대입합니다. 마지막에는 1 초 기다리기 를 사용해 '0.2' 초간 제어 시간을 넣어줍니다.

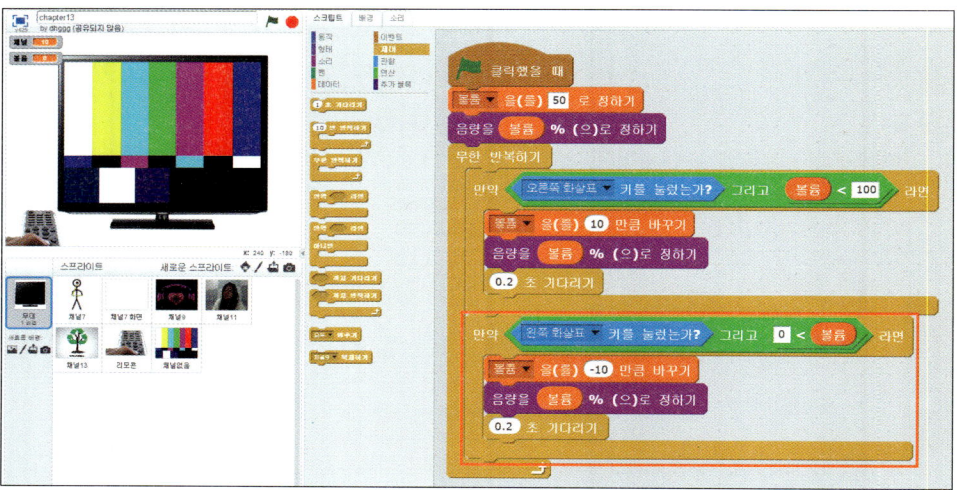

05 》 무대에서 사용할 소리를 추가합니다. 3가지 방법을 통해 프로젝트에 소리를 추가할 수 있습니다. 각각의 채널에 맞는 음악이나 효과음 등을 선택하여 프로젝트에 추가합니다.

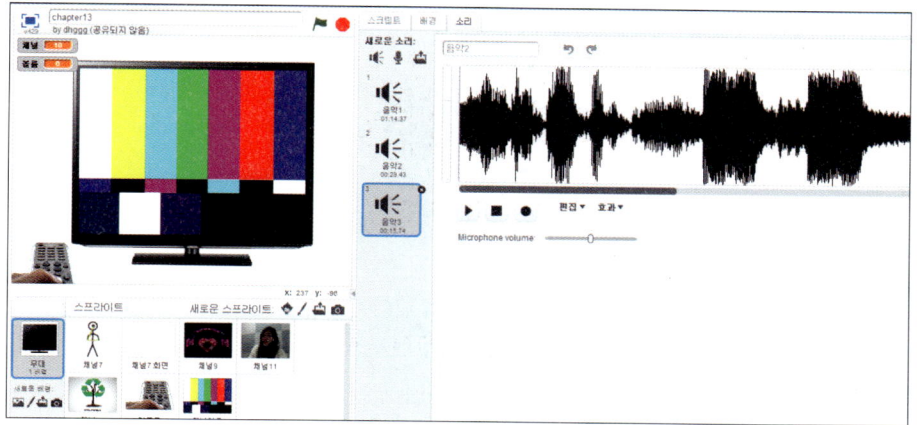

프로젝트에 소리를 추가하는 3가지 방법

① 저장소에서 소리 선택

🔊를 클릭하면 '소리 저장소'가 나타납니다. 저장소에는 스크래치에서 제공하는 약 100개 정도의 소리가 저장되어 있습니다. 이 중에서 원하는 소리를 선택하여 클릭하면 [소리] 탭에 불러올 수 있습니다.

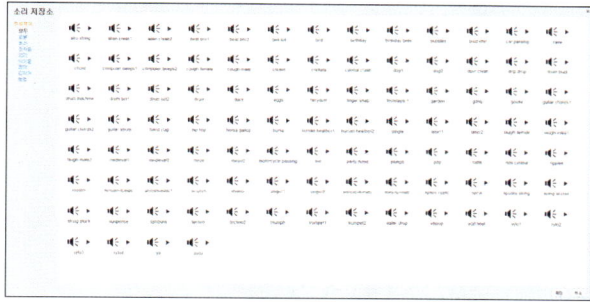

② 새로운 소리 기록하기

🎤를 클릭하면 [소리] 탭에 '녹음'이라는 새로운 소리가 등록됩니다. [녹음(●)] 버튼을 클릭하면 자신의 목소리를 녹음해 소리 파일을 만들 수 있습니다.

※ 채널 13에서 사용하기 위해 자신의 목소리를 녹음하고, 이름을 '내 목소리'로 변경합니다.

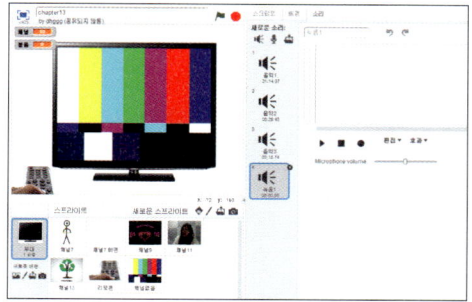 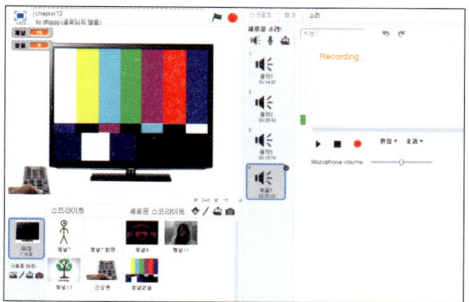

③ 소리 파일 업로드하기

📁을 클릭하면 자신의 컴퓨터나 USB에 저장된 소리, 음악 파일을 선택하여 프로젝트에 불러올 수 있습니다. 자신이 좋아하는 가수의 음악이나 친구와 통화했던 음성 파일 등도 불러와 활용할 수 있습니다.

06 >> 각 채널에 따라 알맞은 음악이나 효과음을 소리내도록 하기 위해서 무한 반복하기 로 반복문을 만들

고 반복문의 실행 영역에 만약 라면 를 넣어 조건문을 만들어 줍니다. 조건문의 조건 영역에서는 '채널'

변수 값이 '7'인지를 체크하여 조건을 만족할 경우 '음악1'을 소리내도록 합니다. 소리를 내기 위해서는

meow 끝까지 소리내기 를 활용합니다.

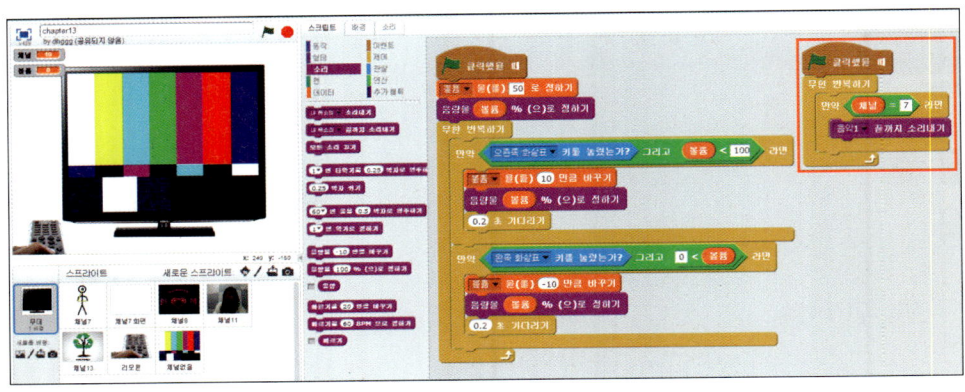

07 >> 조건문을 복사하여 다른 채널의 음악이나 효과음도 들릴 수 있게 처리해 줍니다. '채널' 변수의 값을
체크하여 그 채널 변수 값에 해당하는 음악이나 효과음을 소리 내도록 합니다. '채널9'에서는 '음악2'를 소리
내고, '채널11'에서는 '음악3'을, '채널13'에서는 '내 목소리'를 소리 내도록 설정합니다.

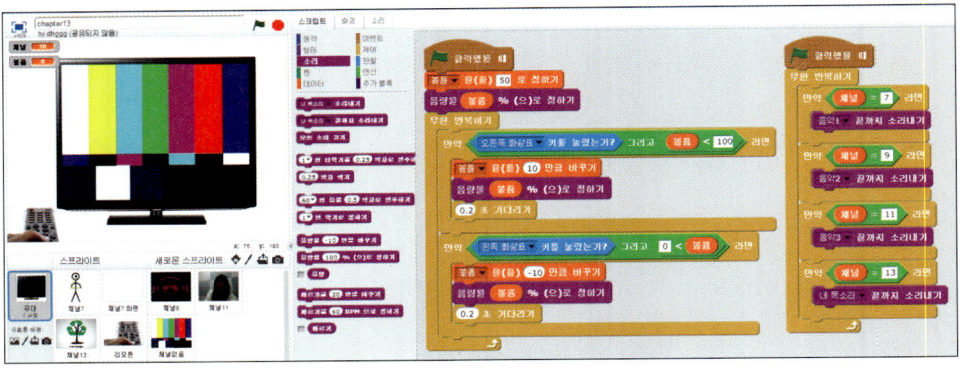

08 》 존재하는 채널이 아닌 다른 채널이 켜지면 소리 효과가 멈추도록 만들어 줍니다. 무한 반복하기 로 반복문을 만들고 반복문의 실행 영역에 만약 ⬡ 라면 를 넣어 조건문을 만듭니다. 조건문의 조건 영역에서는 존재하는 채널이 아닌 경우를 체크합니다. 이때 ⟨ 아니다 ⟩를 활용하면 됩니다. 만약 존재하는 채널이 아니라면 모든 소리 끄기 를 실행하여 모든 소리가 중지되도록 합니다.

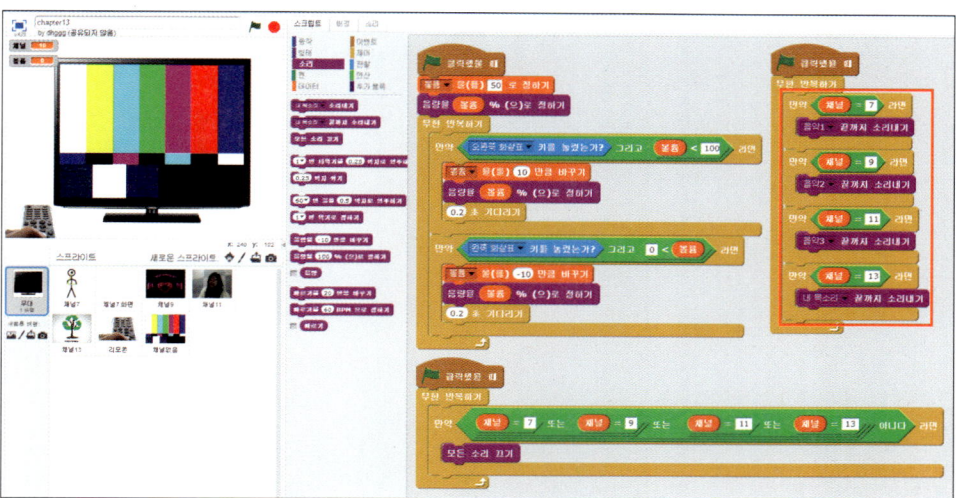

'디지털 TV 프로그램' 프로젝트에는 여러 개의 채널별 스프라이트가 존재하지만, 각 채널 스프라이트는 모양이 바뀌거나 [실행] 창에 보여지거나 숨겨질 뿐 소리를 실행하지는 않습니다. 프로젝트의 모든 소리와 관련된 부분은 무대에서 한 번에 통제합니다. 음량을 조절하는 것은 물론, 각 채널의 변경에 맞추어 무대에서는 '채널' 변수값을 체크하고 해당 채널에 맞는 소리를 실행합니다.

프로젝트 완성

01 ›› '채널7' 스크립트

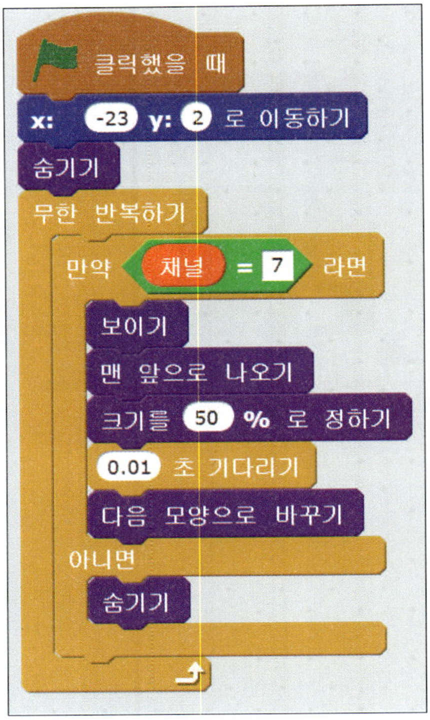

02 ›› '채널7 화면' 스크립트

03 >> '채널9' 스크립트

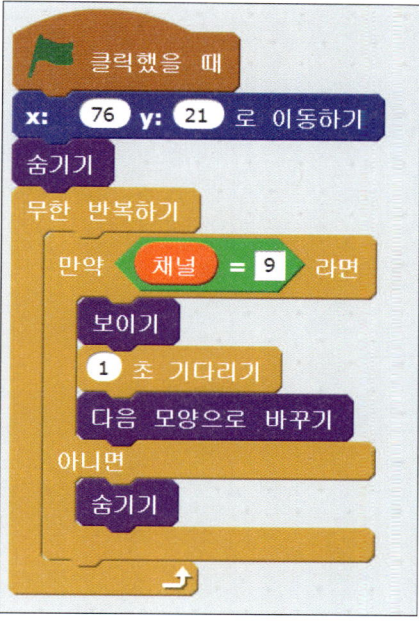

```
깃발 클릭했을 때
x: 76 y: 21 로 이동하기
숨기기
무한 반복하기
    만약  채널 = 9  라면
        보이기
        1 초 기다리기
        다음 모양으로 바꾸기
    아니면
        숨기기
```

04 >> '채널11' 스크립트

```
깃발 클릭했을 때
x: 14 y: 13 로 이동하기
숨기기
무한 반복하기
    만약  채널 = 11  라면
        보이기
        0.3 초 기다리기
        다음 모양으로 바꾸기
    아니면
        숨기기
```

05 ›› '채널13' 스크립트

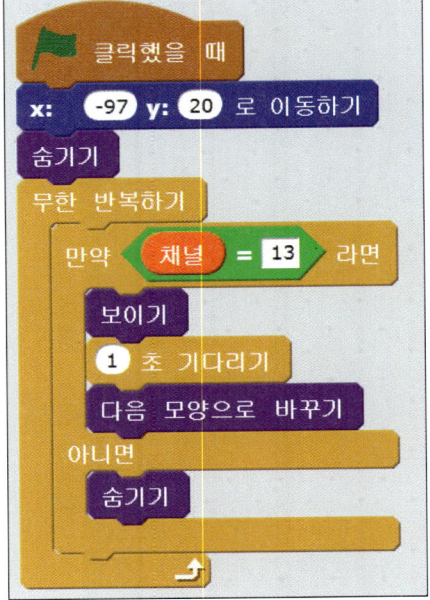

06 ›› '리모콘' 스크립트

07 >> '채널없음' 스크립트

08 >> '무대' 스크립트

학 습 정 리

❶ [카메라로부터 새 스프라이트 만들기(📷)]를 클릭하면 컴퓨터에 설치된 카메라로 자신의 모습을 찍어서 새로운 스프라이트를 만들 수 있습니다.

❷ [모양] 탭에서 [카메라로 새로운 모양 만들기(📷)]를 클릭하면 기존의 스프라이트에서 다른 모양을 추가할 수 있습니다.

❸ `만약 ⬡ 라면 / 아니면` 를 사용하면 조건에 따라 실행해야 할 명령 블록을 다르게 설정할 수 있습니다.

❹ `음량을 100 % (으)로 정하기` 는 해당 스프라이트의 음량 값을 정하는 기능을 가집니다. 각 스프라이트마다 다른 음량값을 가지기 때문에 모든 스프라이트에서 음량을 따로 정해주어야 합니다.

❺ 3가지 방법을 통해 소리를 추가할 수 있습니다. ① 기본 저장소에 보관된 소리를 불러오거나 ② 자신의 목소리를 직접 녹음하거나 ③ 컴퓨터 상에 저장된 음악 파일을 불러올 수 있습니다.

❻ `모든 소리 끄기` 는 모든 스프라이트에서 실행 중인 모든 소리를 중지시키는 블록입니다.

01 실행 시 웹캠 또는 카메라 기능이 필요하지 않은 것은? (   )

① 📷

② 비디오 투명도를 50 % 로 정하기

③ 비디오 켜기 ▾

④ ▾ 까지 거리

02 다음 중 프로젝트에 소리를 추가하는 방법으로 옳지 않은 것은? (   )

① 📷   ② 🔊   ③ 🎤   ④ 📤

03 변수가 7이면 모양이 1초마다 바뀌고 그렇지 않으면 숨기도록 하는 스크립트를 만들려고 한다. 다음 중 올바르게 구성한 것을 고르시오. (   )

① 클릭했을 때
   무한 반복하기
     만약 변수 = 7 라면
        다음 모양으로 바꾸기
        1 초 기다리기
     아니면
        숨기기

② 클릭했을 때
   만약 변수 = 7 라면
      다음 모양으로 바꾸기
      1 초 기다리기
   아니면
      숨기기

③ 클릭했을 때
   무한 반복하기
     만약 변수 = 7 라면
        다음 모양으로 바꾸기
        1 초 기다리기
     아니면

④ 클릭했을 때
   무한 반복하기
     만약 변수 = 7 라면
        다음 모양으로 바꾸기
     아니면
        숨기기

04 다음 중 참은 거짓으로, 거짓은 참으로 바뀌어 결과가 나오는 블록을 고르시오. (   )

① ☐ = ☐

② 그리고

③ 또는

④ 가(이) 아니다

정답
1. ④   2. ①   3. ①   4. ④

Section

14

갑자력(甲子曆) 슬롯머신

이번 섹션에서는 갑자력을 계산해주는 슬롯머신 프로그램을 제작합니다. 갑자력은 10개의 천간 (天干)과 12개의 지지(地支)가 조합되어 표현되는 달력입니다. 사용자가 갑자력으로 구하고자 하는 연도를 입력하면 슬롯머신 기계가 이를 계산하여 알려주는 프로그램입니다. 이번 프로젝트 를 완성하기 위해서는 갑자력을 계산하고 저장하기 위한 변수와 리스트를 잘 활용할 줄 알아야 합니다. 또한 슬롯머신의 기능을 구현하기 위해 복제하기 기능도 사용하게 됩니다.

| Section 12 | Section 13 | **Section 14** | Section 15 |

| 예제 파일 | 손잡이.sprite2, 슬롯머신.sprite2, 시작.sprite2, 지지.sprite2, 천간.sprite2
| 완성 파일 | section14.sb2
| 웹 주 소 | https://scratch.mit.edu/projects/37337988/

갑자력(甲子曆) 이해하기   Step 01

01 ❯❯ 이번 프로젝트를 제작하기 위해서는 갑자력의 원리에 대한 기본 이해가 필요합니다. 갑자력은 연도를 10개의 천간과 12개의 지지를 조합하여 표현하는 것을 말합니다. 임진왜란(1592년), 병자호란(1636년) 등에 사용된 '임진'과 '병자'는 모두 갑자력의 개념이 반영된 것입니다.

> **천간(天干)** : 갑(甲), 을(乙), 병(丙), 정(丁), 무(戊), 기(己), 경(庚), 신(辛), 임(壬), 계(癸)
> **지지(地支)** : 자(子), 축(丑), 인(寅), 묘(卯), 진(辰), 사(巳), 오(午), 미(未), 신(申), 유(酉), 술(戌), 해(亥)

02 ❯❯ 10개의 천간과 12개의 지지가 차례대로 짝을 이루어가면 총 60가지의 조합이 생겨납니다. 이것을 60갑자라고도 하는데, 우리가 만들 슬롯머신은 어떤 연도가 이 60갑자 중 어느 것인지를 계산하는 프로그램입니다.

> 갑자甲子, 을축乙丑, 병인丙寅, 정묘丁卯, 무진戊辰, 기사己巳, 경오庚午, 신미辛未, 임신壬申, 계유癸酉, 갑술甲戌, 을해乙亥,
> 병자丙子, 정축丁丑, 무인戊寅, 기묘己卯, 경진庚辰, 신사辛巳, 임오壬午, 계미癸未, 갑신甲申, 을유乙酉, 병술丙戌, 정해丁亥,
> 무자戊子, 기축己丑, 경인庚寅, 신묘辛卯, 임진壬辰, 계사癸巳, 갑오甲午, 을미乙未, 병신丙申, 정유丁酉, 무술戊戌, 기해己亥,
> 경자庚子, 신축辛丑, 임인壬寅, 계묘癸卯, 갑진甲辰, 을사乙巳, 병오丙午, 정미丁未, 무신戊申, 기유己酉, 경술庚戌, 신해辛亥,
> 임자壬子, 계축癸丑, 갑인甲寅, 을묘乙卯, 병진丙辰, 정사丁巳, 무오戊午, 기미己未, 경신庚申, 신유辛酉, 임술壬戌, 계해癸亥

03 ❯❯ 갑자력을 구하기 위해서 '연도'를 60으로 나눈 뒤, 그 나머지를 통해 60개의 조합 중 하나를 찾아낼 수도 있습니다. 하지만 천간과 지지를 분리하여 각각 천간은 '연도'를 10으로 나눈 나머지를 통해 찾고, 지지는 '연도'를 12로 나눈 나머지를 통해 찾아서 조합하면 훨씬 더 쉽게 갑자력을 계산할 수 있습니다. 이 방법을 응용하면 프로젝트도 쉽게 만들 수 있습니다.

천간(天干) : 연도를 10으로 나 눈 나머지	0	1	2	3	4
	경(庚)	신(辛)	임(壬)	계(癸)	갑(甲)
	5	6	7	8	9
	을(乙)	병(丙)	정(丁)	무(戊)	기(己)

지지(地支) : 연도를 12로 나 눈 나머지	0	1	2	3	4	5
	신(申)	유(酉)	술(戌)	해(亥)	자(子)	축(丑)
	6	7	8	9	10	11
	인(寅)	묘(卯)	진(辰)	사(巳)	오(午)	미(未)

> 1919년을 갑자력으로 계산하도록 하겠습니다. 먼저 천간을 구하기 위해 1919를 10으로 나누면 나머지가 9가 됩니다. (천간 = 기己) 지지를 구하기 위해 1919를 12로 나누면 나머지가 11이 됩니다. (지지 = 미未) 이를 통해 1919년을 갑자력으로 계산하면 '기미己未' 년이 된다는 것을 알 수 있습니다.

스프라이트 불러오기와 초기화하기 Step 02

01 ›› 메인 화면에서 [만들기] 메뉴를 클릭합니다. 새로운 프로젝트 창이 열리면 제공된 파일에서 갑자력 슬롯머신을 만들기 위해 필요한 스프라이트를 불러옵니다. '시작', '슬롯머신', '손잡이', '천간', '지지' 등 모두 5개의 스프라이트가 필요합니다.

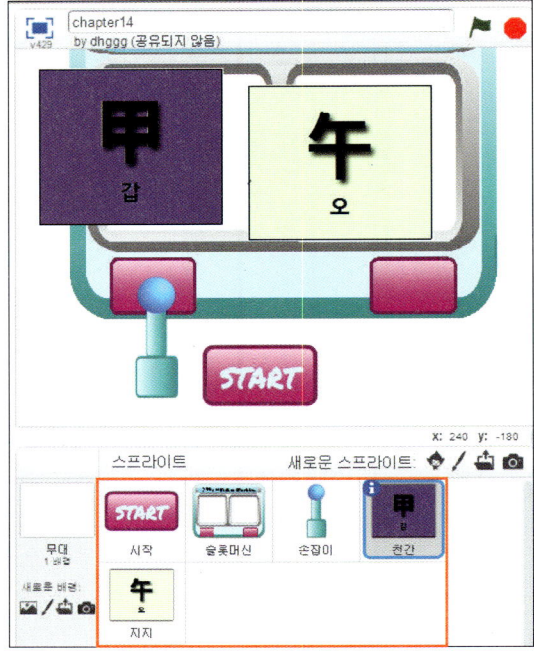

02 ›› 각 스프라이트를 선택한 후 [모양] 탭을 클릭하여 살펴보면 몇몇 스프라이트는 여러 개의 모양을 가지고 있는 것을 확인할 수 있습니다. 손잡이는 당기는 모양을 표현하기 위해 2개의 모양을 가지고 있습니다. 또한 60갑자를 표현하기 위해 천간은 10개, 지지는 12개의 모양을 가지고 있습니다. 천간과 지지의 각 모양은 연도를 10과 12로 나누었을 때 나머지가 작은 순서대로 나열되어 있습니다.

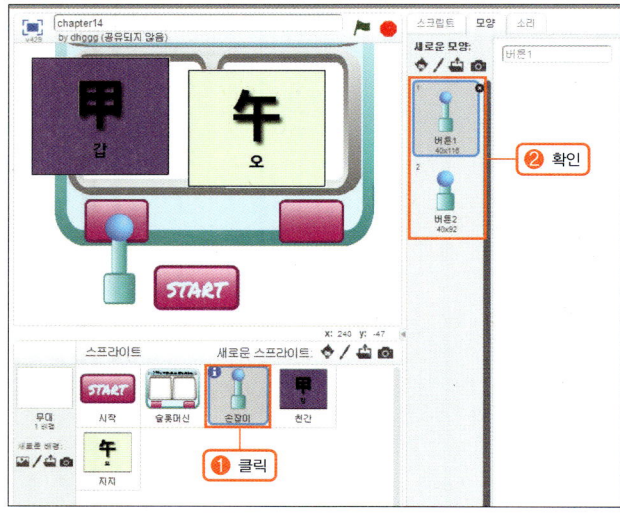

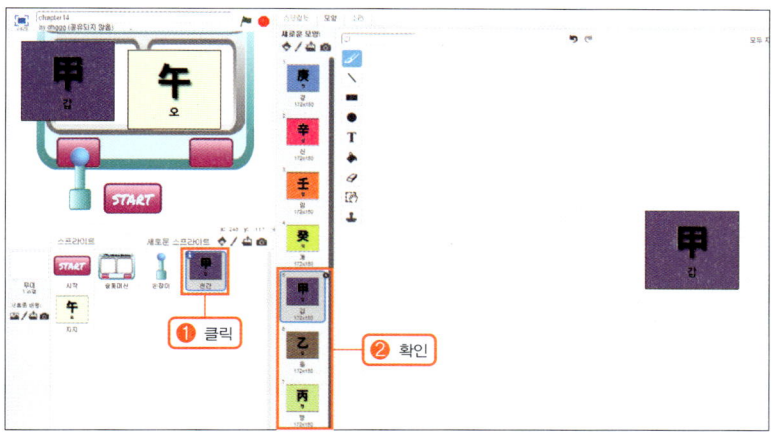

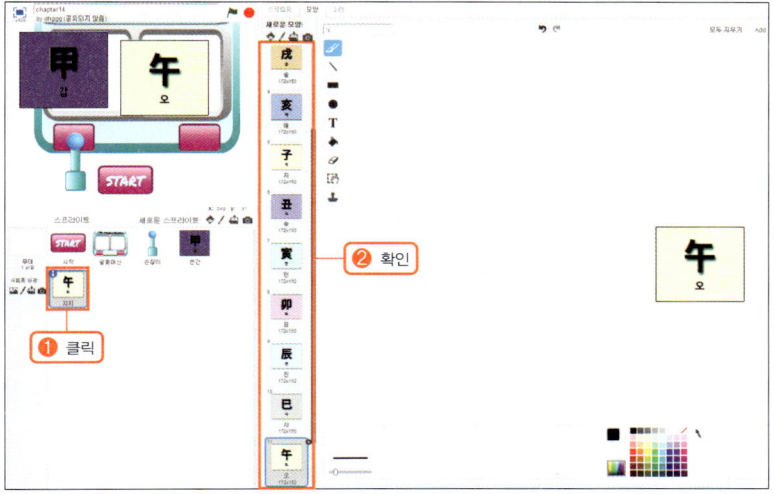

03 ›› '시작' 스프라이트를 먼저 초기화해줍니다. 시작 스프라이트를 클릭하고 ⬜ 클릭했을 때 ⬜ 다음에 ⬜ x: 0 y: 0 이동하기 ⬜ 를 연결하여 위치를 'x : 3, y : -115'로 초기화합니다. 여러 스프라이트가 겹쳐질 때 맨 앞으로 나오도록 하기 위해서 ⬜ 맨 앞으로 나오기 ⬜ 를 연결합니다. 마지막에는 ⬜ Hello! 말하기 ⬜ 를 연결하여 '누르세요!'를 '2' 초동안 말하도록 합니다.

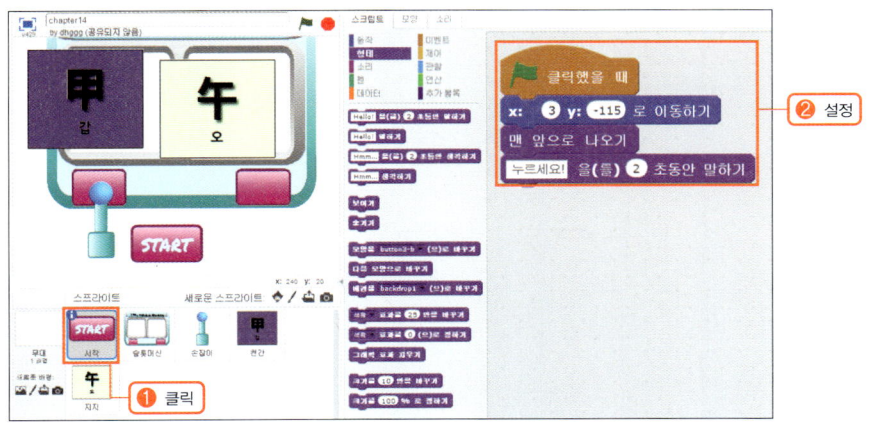

04 ›› '슬롯머신' 스프라이트를 클릭합니다. 슬롯머신도 `x: 0 y: 0 이동하기`를 연결하여 위치를 'x : 6 y: 0' 으로 초기화합니다. 위치를 초기화해준 후에는 `1 번째로 물러나기`를 연결하여 처음 프로젝트를 시작할 때 '슬롯머신' 스프라이트가 '시작' 스프라이트 뒤에 위치하도록 해줍니다.

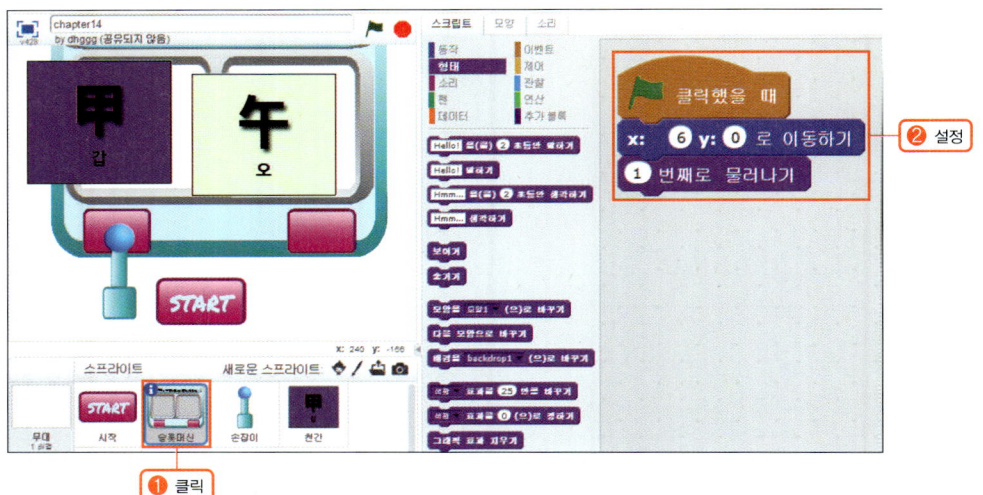

05 ›› '손잡이' 스프라이트를 클릭합니다. `x: 0 y: 0 이동하기`를 연결하여 위치를 'x : 226 y: −81' 로 초기화합니다. `모양을 costume2 (으)로 바꾸기` 으로 처음 시작 시 모양이 '버튼1' 로 초기화되도록 합니다.

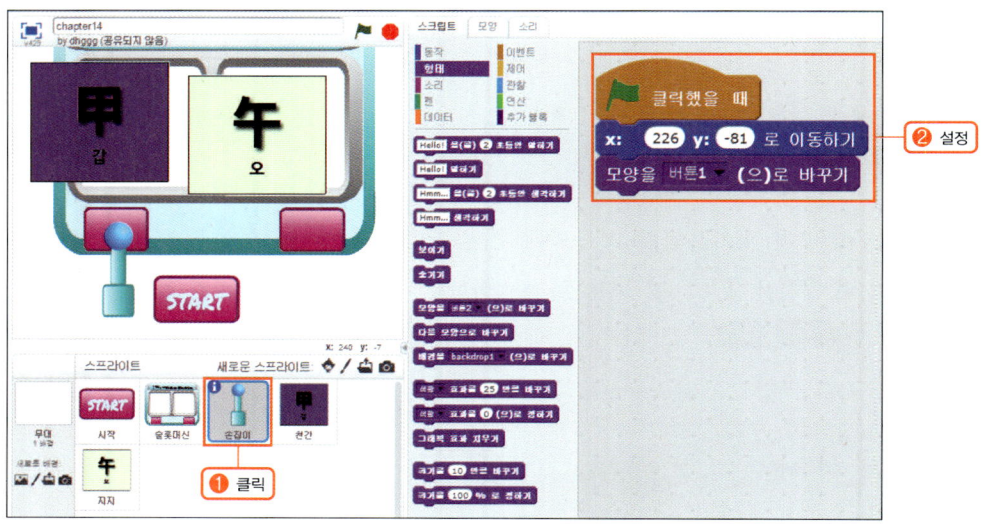

06 >> '천간' 스프라이트를 클릭합니다. 클릭했을 때 다음에 x: 0 y: 0 이동하기 를 연결하여 위치를 'x: -100, y: 36' 으로 초기화합니다. 여러 스프라이트가 겹쳐질 때 시작 맨 뒤에 위치하도록 하기 위하여 1 번째로 물러나기 를 연결하고 숫자를 '2' 로 변경합니다.

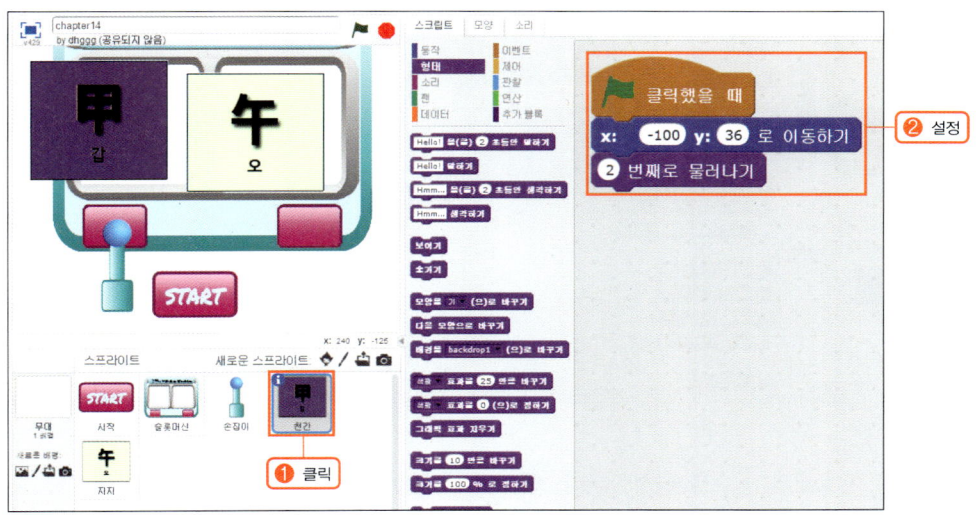

07 >> '지지' 스프라이트를 클릭합니다. 클릭했을 때 다음에 x: 0 y: 0 이동하기 를 연결하여 위치를 'x: -70, y: 35' 로 초기화합니다. 여러 스프라이트가 겹쳐질 때 시작 맨 뒤에 위치하도록 하기 위하여 1 번째로 물러나기 를 연결하고 숫자를 '2' 로 변경합니다.

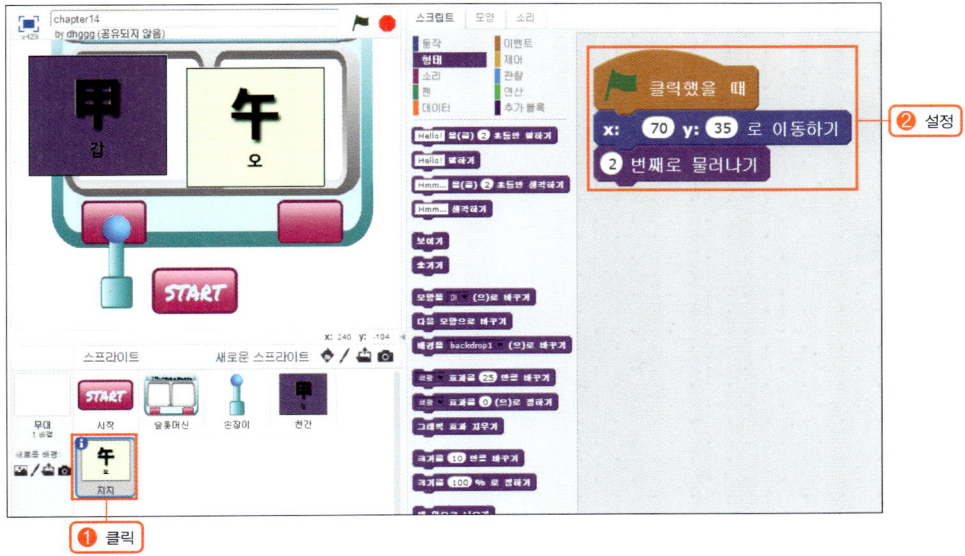

331

08 ›› '깃발' 을 클릭하면 모든 스프라이트가 각자의 위치로 초기화된 것을 확인할 수 있습니다.

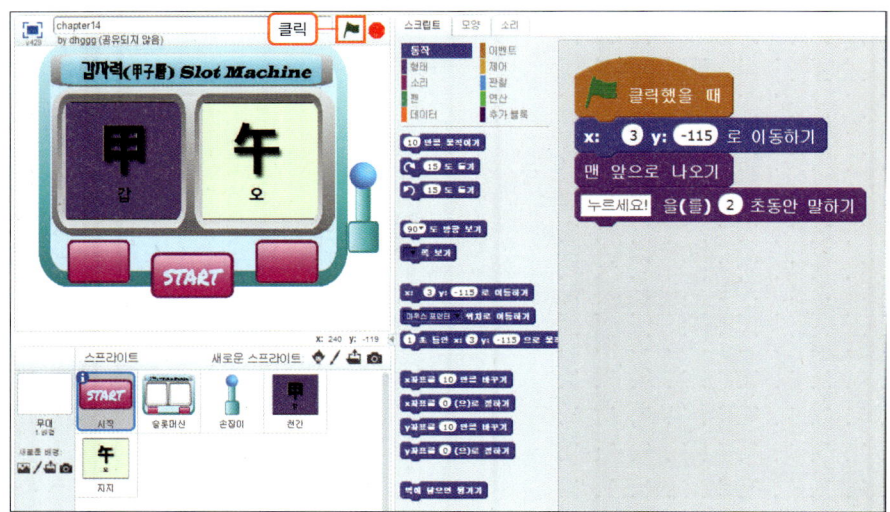

09 ›› 프로젝트에서 사용할 2개의 변수를 생성합니다. 데이터(데이터) 카테고리에서 [변수 만들기] 버튼을 클릭하여 '천간 모양' 과 '지지 모양' 이라는 2가지 변수를 새로 만듭니다.

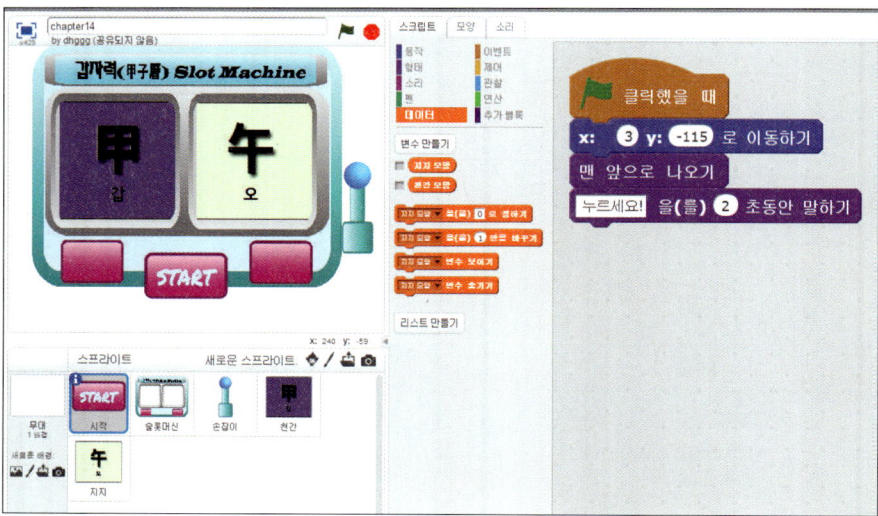

10 ›› 프로젝트에서 사용할 2개의 리스트를 생성합니다. 데이터(데이터) 카테고리에서 [리스트 단들기] 버튼을 클릭하여 '천간 리스트'와 '지지 리스트'라는 2가지 리스트를 새로 만듭니다.

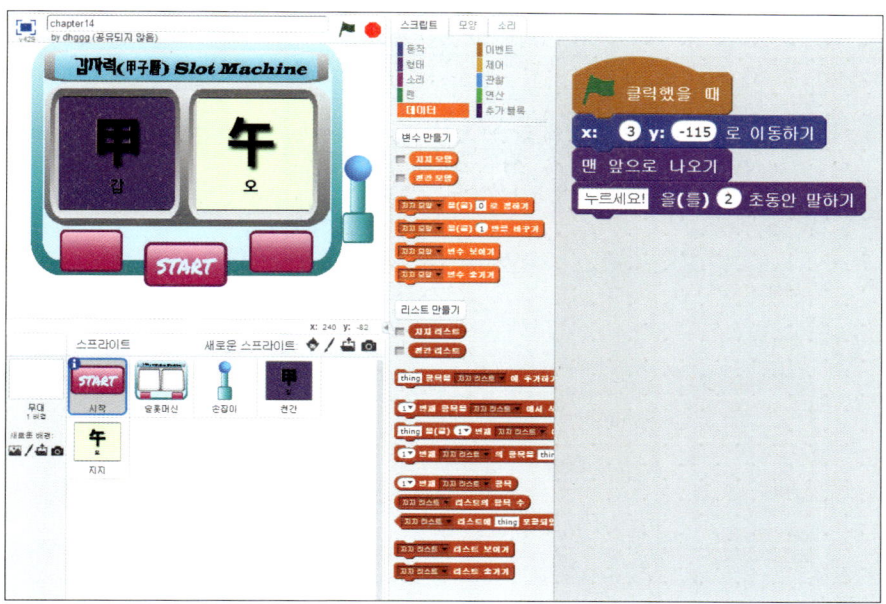

> 우리는 이제까지 어떤 정보를 저장하고 참고하기 위해서 '변수'를 사용했습니다. 하지만 하나의 변수에는 하나의 정보만을 저장할 수 있습니다. 갑자력 슬롯머신은 천간 10개, 지지 12개를 비롯하여 여러 개의 정보를 저장하고 관리해야 합니다. 이럴 때 사용하는 것이 바로 '리스트'라는 개념입니다. 리스트는 동일한 성질을 가지는 여러 개의 정보를 함께 저장하고 관리할 수 있기 때문에 여러 개의 변수를 만드는 수고로움을 덜 수 있습니다.

11 ›› 생성한 리스트를 초기화 하도록 합니다. 천간 리스트의 모든 항목을 삭제하여 리스트를 비어있는 상태로 만들어 주면 됩니다. 무대를 클릭하고 클릭했을 때 다음에 1▼ 번째 항목을 L▼ 에서 삭제하기 를 연결한 후 선택 항목을 각각 '모두'와 '천간 리스트'로 설정합니다.

12 ›› 리스트에 천간 항목들을 추가해 줍니다. 앞에서 살펴본 것처럼 연도를 10으로 나누었을 때 나머지가 작은 순서부터 추가해주도록 합니다. thing 항목을 L 에 추가하기 를 차례로 10개 연결하고 위에서부터 '경·신·임·계·갑·을·병·정·무·기' 순으로 천간 리스트에 추가합니다.

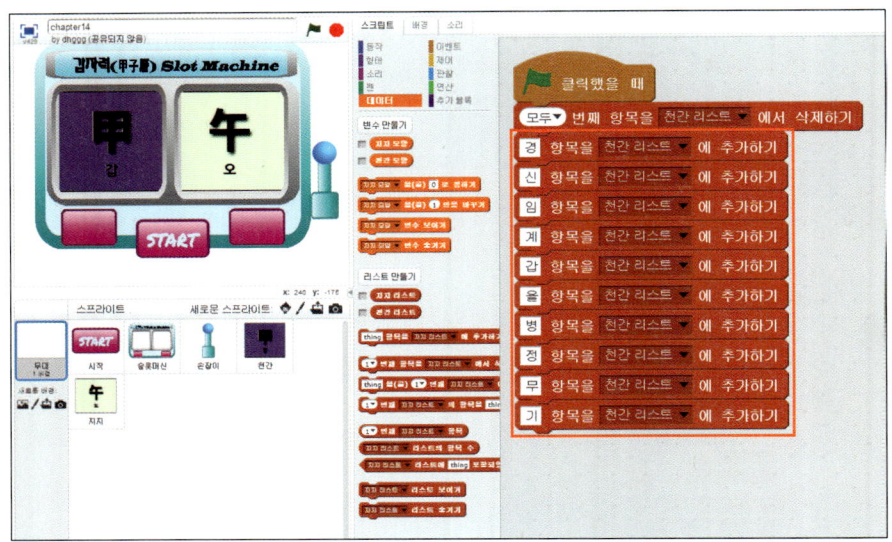

13 ›› '지지 리스트'도 '천간 리스트'와 동일하게 초기화합니다. 먼저 지지 리스트의 모든 항목을 삭제한 후 연도를 12로 나누었을 때 나머지가 작은 것부터 차례대로 추가합니다. '신·유·술·해·자·축·인·묘·진·사·오·미' 순서로 추가해줍니다.

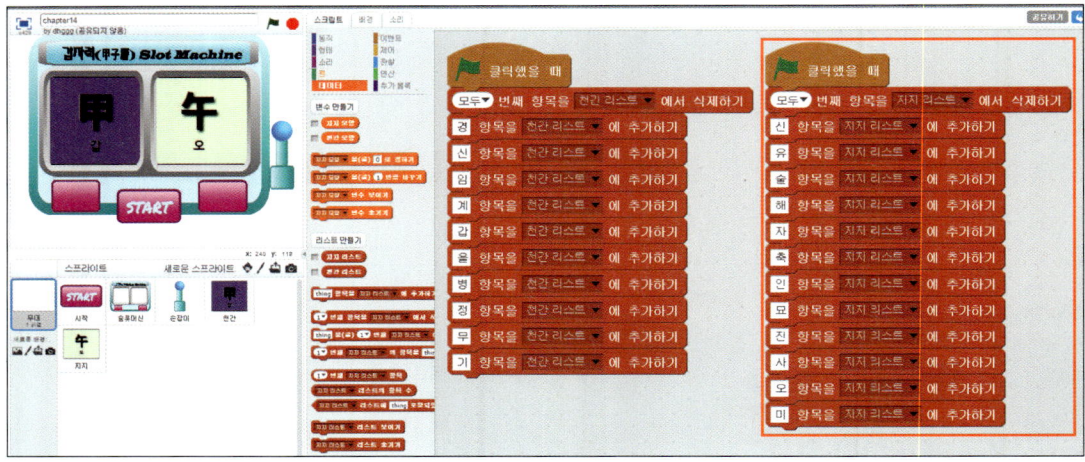

리스트와 변수로 갑자력 계산하기

Step 03

01 ›› '시작' 스프라이트를 클릭하면 갑자력 슬롯머신이 시작됩니다. 이 스프라이트를 클릭했을 때 다음에 message1 ▼ 방송하기 를 연결하고 'START' 라는 새 메시지를 만듭니다. START를 방송하여 다른 스프라이트와 무대에 슬롯머신이 시작되었음을 알려줍니다. What's your name? 묻고 기다리기 를 연결해 사용자에게 '갑자력으로 계산할 연도가 무엇인지'를 묻습니다.

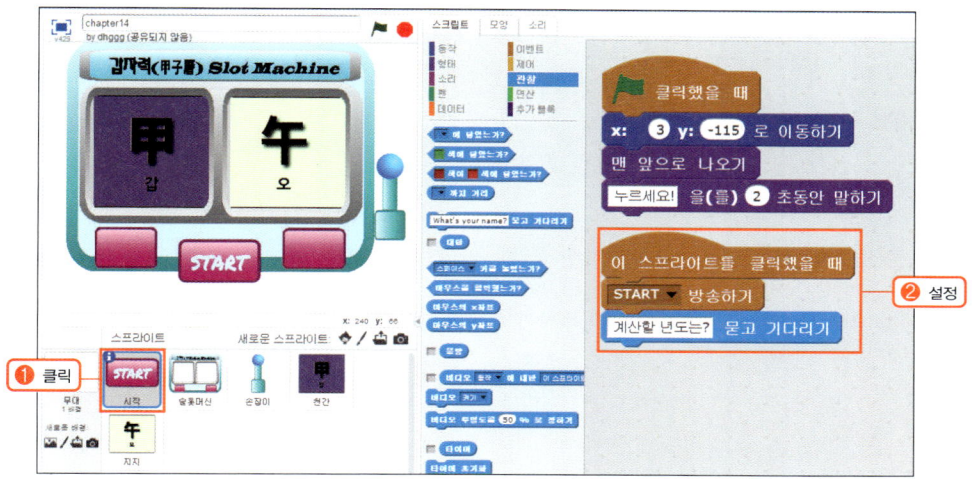

02 ›› '무대' 를 클릭합니다. START ▼ 을(를) 받았을 때 를 사용해 '시작' 스프라이트가 보낸 메시지를 받습니다. 슬롯머신이 시작되었다는 메시지를 받은 무대는 먼저 '천간 모양' 변수를 '0' 으로 초기화합니다.

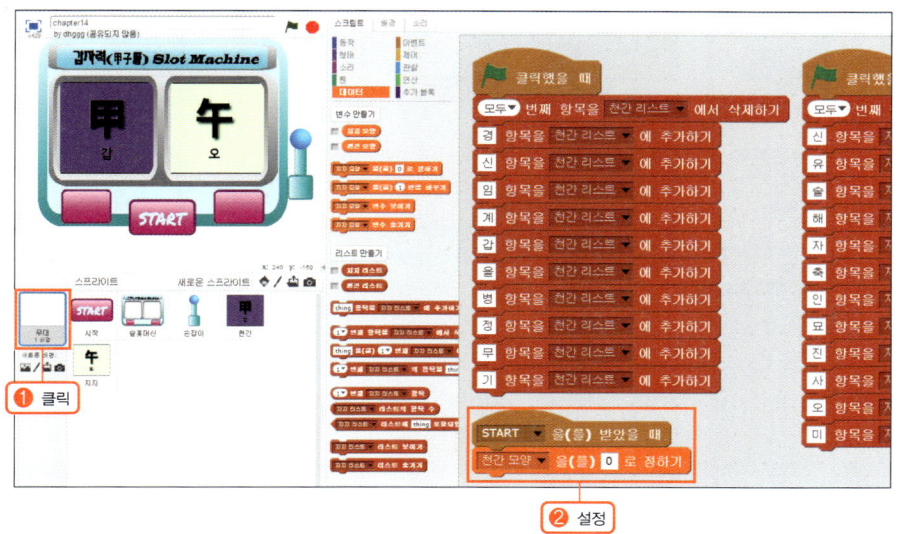

335

03 ›› 'START' 방송하기를 받으면 '지지 모양' 변수 값도 '천간 모양' 변수 값과 동일하게 '0'으로 초기
화합니다.

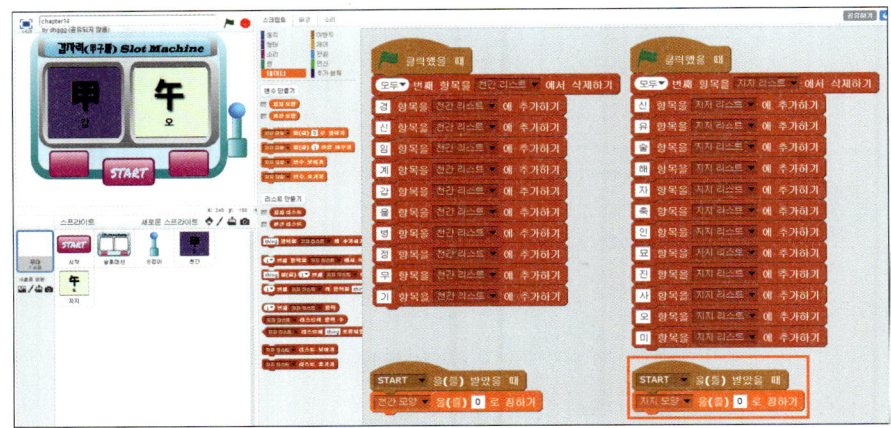

'천간 리스트'와 '지지 리스트'에 담긴 값은 변하지 않고 단순히 값을 참고하기 위해서만 사용되기 때문에 프로젝트 시
작 시 1회만 초기화하면 됩니다. 하지만 '천간 모양'과 '지지 모양'에 저장되는 값은 계속해서 변화합니다. 또한 그 변수
값을 참고하여 슬롯머신의 동작을 제어합니다. 따라서 매번 슬롯머신이 새로 시작될 때마다 변수 값을 '0'으로 초기화해
주어야 합니다.

04 ›› '시작' 스프라이트를 클릭합니다. '천간 모양' 변수에 들어갈 값을 계산합니다. 사용자가 입력한 연
도(대답)를 10으로 나눈 뒤에 1을 더한 값을 '천간 모양' 변수에 저장합니다.

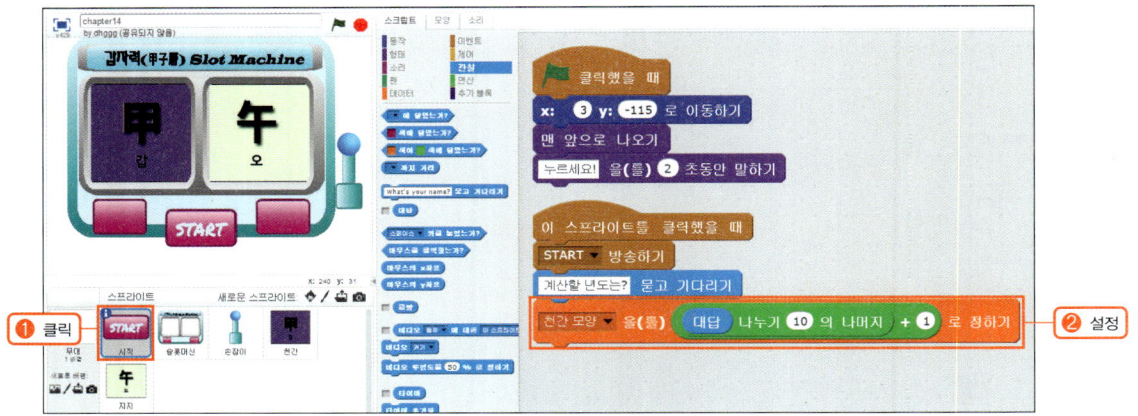

'천간 모양' 변수 값을 구하기 위해서는 사용자가 입력한 연도를 10으로 나눈 뒤 다시 1을 더해야 합니다. 1을 더하는
이유는 연도를 10으로 나눌 경우 나머지가 0~9 사이의 수가 되는데, 리스트는 0이 아닌 1번째 순서부터 시작하기 때문입
니다. 즉 리스트의 값과 변수의 값을 일치시켜 체크하기 위해서 연도를 10으로 나눈 뒤 1을 더하는 것입니다.

05 ›› '지지 모양' 변수 값도 동일한 방식으로 계산합니다. 사용자가 입력한 연도(대답)를 12로 나눈 나머지에 1을 더해서 구합니다.

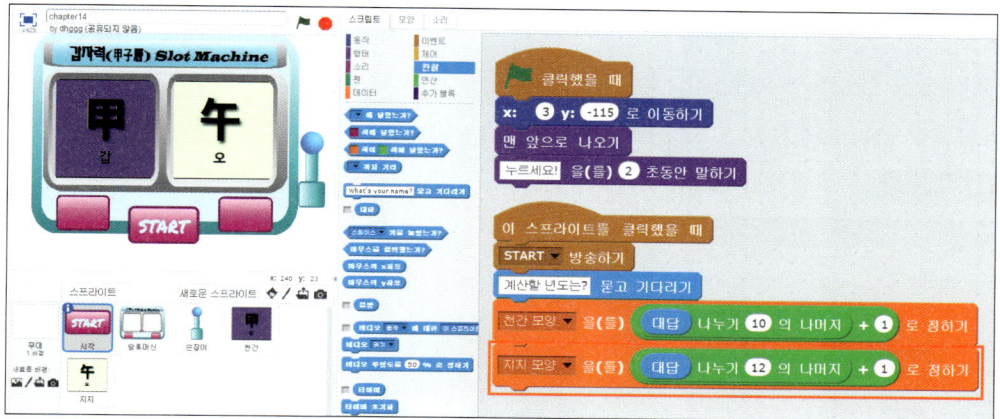

06 ›› 슬롯머신이 회전하는 시간을 약 3초간 기다린 후에 계산한 갑자력을 말해줍니다. Hello! 말하기 안에 hello world 결합하기 를 2개 중첩하여 넣습니다. '천간 리스트'에서 '천간 모양' 번째에 해당하는 항목과 '지지 리스트'에서 '지지 모양' 번째에 해당하는 항목을 결합하고, 마지막에 '년'을 결합하여 계산한 갑자력 연드를 말해줍니다.

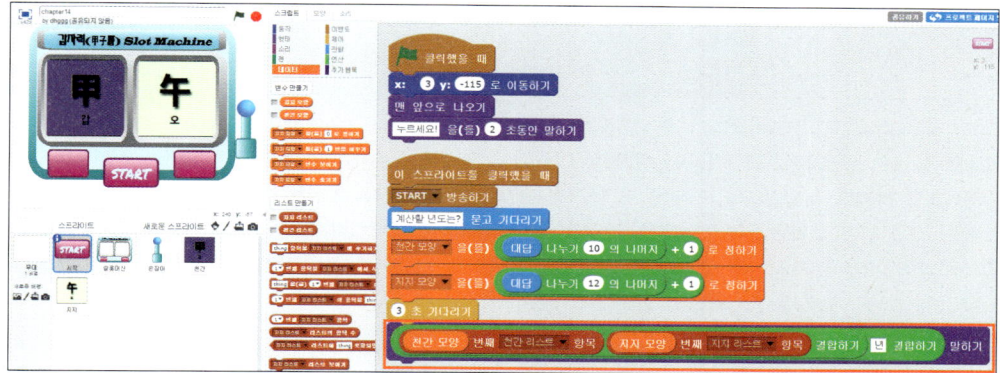

슬롯머신 작동 완성하기 Step 04

01 » 슬롯머신이 실제 작동하는 것과 같은 효과를 연출합니다. 먼저 슬롯머신이 시작되면 손잡이가 당겨 졌다 되돌아가는 것처럼 보이도록 합니다. '손잡이' 스프라이트를 클릭하고, START ▼ 을(를) 받았을 때 다음에 모양을 costume2 ▼ (으)로 바꾸기 를 연결하여 모양을 '버튼2'로 바꾸어줍니다. 1 초 기다리기 를 사용하여 1초간 기다린 후 다시 모양을 costume2 ▼ (으)로 바꾸기 를 연결하여 모양을 '버튼1'로 되돌아오게 합니다.

'천간' 스프라이트와 '지지' 스프라이트가 작동하는 원리는 다음과 같습니다. 슬롯머신이 시작되면 초기화 위치보다 위로 이동시킨 후, 반복적으로 복제를 시작합니다. 원본은 그 자리에 고정되어 있는 채로 복제본만 계속 아래로 이동시켜 마치 슬롯머신이 동작하는 것과 같은 효과를 연출합니다. 아래로 이동한 복제본은 삭제시킵니다. 그리고 원본 스프라이트는 마지막에 계산된 갑자력의 모양에 맞춰 자신의 모양을 변화시킨 후 초기화 위치로 천천히 이동합니다. 이 전체 과정이 자연스럽게 연결되어 우리가 원하는 슬롯머신이 만들어 집니다.

02 >> '천간' 스프라이트를 선택합니다. 'START' 메시지를 받으면 천간은 초기화 위치보다 위쪽으로 이동합니다. START 을(를) 받았을 때 다음에 x: 0 y: 0 이동하기 를 연결하고 좌표를 'x : −100, y : 200' 으로 입력합니다.

03 >> 계속해서 복제본을 만들기 위해 무한 반복하기 를 연결합니다. 복제하는 부분은 추가 블록을 사용하여

하나의 새로운 블록으로 만들어 줍니다. 추가 블록(추가블록) 카테고리을 선택하고 [블록 만들기] 버튼을 클릭합니다. [새로운 블록] 창이 나타나면 블록 이름을 '셔플' 이라고 입력하고 [확인] 버튼을 누릅니다.

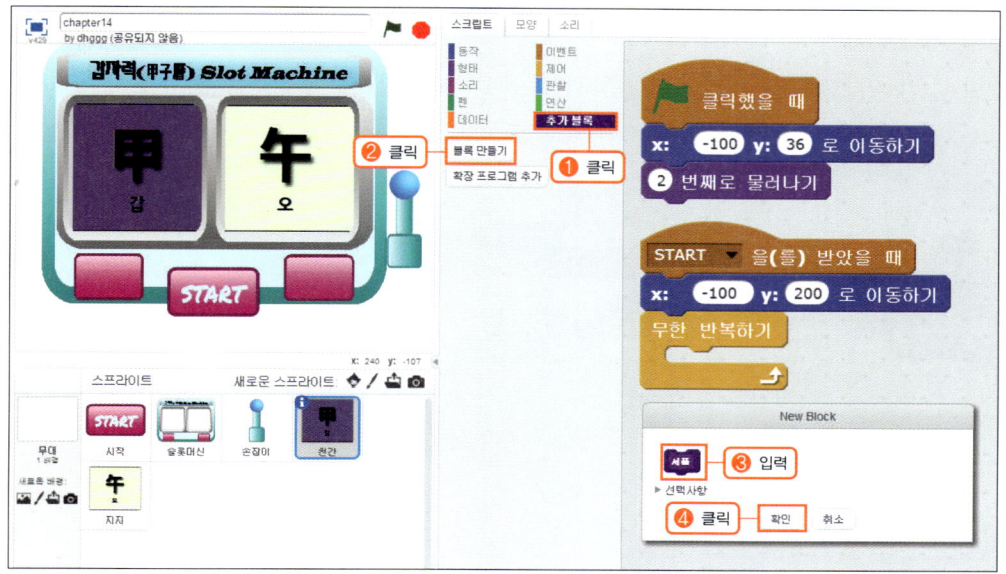

04 〉〉 '셔플' 블록의 기능을 정의합니다. 정의하기 블록 밑에 `나 자신 ▼ 복제하기` 와 `다음 모양으로 바꾸기`, `1 초 기다리기` 를 차례로 연결합니다. 셔플 블록이 실행되면 해당 스프라이트는 '나 자신'을 복제한 후 자기 모양을 다음 모양으로 변경하고, 0.1초 제어 시간을 기다리도록 해줍니다. `셔플` 을 `무한 반복하기` 의 실행 영역에

넣습니다. 이제 `셔플` 이 계속해서 반복 실행되며 복제본을 만들어 냅니다.

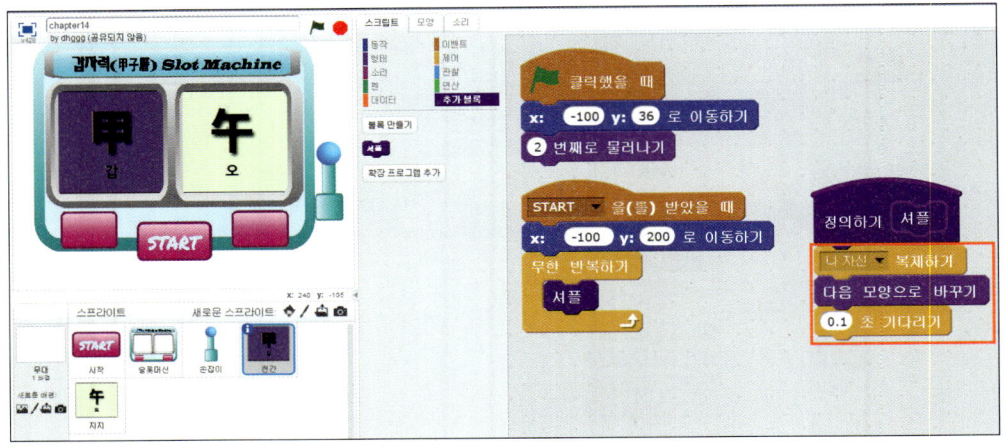

05 〉〉 복제본이 만들어지면 복제본은 화면 아래로 내려오다가 어느 지점에 도달하면 삭제되고 [실행] 창에서 사라집니다. 복제본을 통제하기 위해 `복제되었을 때` 를 [스크립트] 창에 가져다 놓습니다. `무한 반복하기` 안에

`y좌표를 10 만큼 바꾸기` 를 넣고 숫자를 '-30'으로 변경합니다. 이제 복제본은 [실행] 창 아래 방향으로 30씩 이동하게 됩니다. `만약 　 라면` 를 연결하여 복제본의 y좌표 값이 '-60'보다 작아지는 지를 체크합니다. 그리

고 체크하는 조건이 성립하면 `이 복제본 삭제하기` 가 실행되면서 복제본이 삭제되도록 해줍니다.

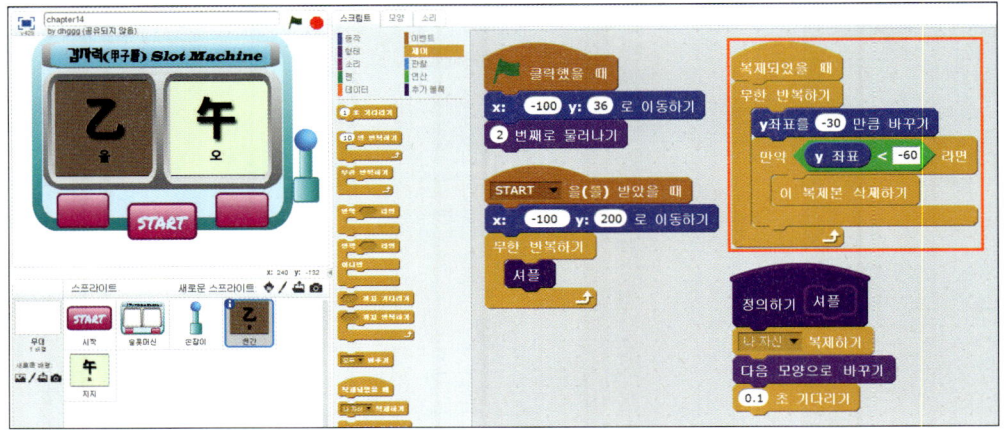

06 》》 무한 반복하기 의 실행 영역에서 셔플 을 실행하면서 원하는 갑자력 모양에서 멈추도록 하기 위해

만약 라면 를 연결합니다. 조건문의 조건 영역에서는 앞에서 계산한 '천간 모양' 변수 값과 '계속해ᄃ

변하는 모양 번호' 값이 같은 지를 체크합니다.

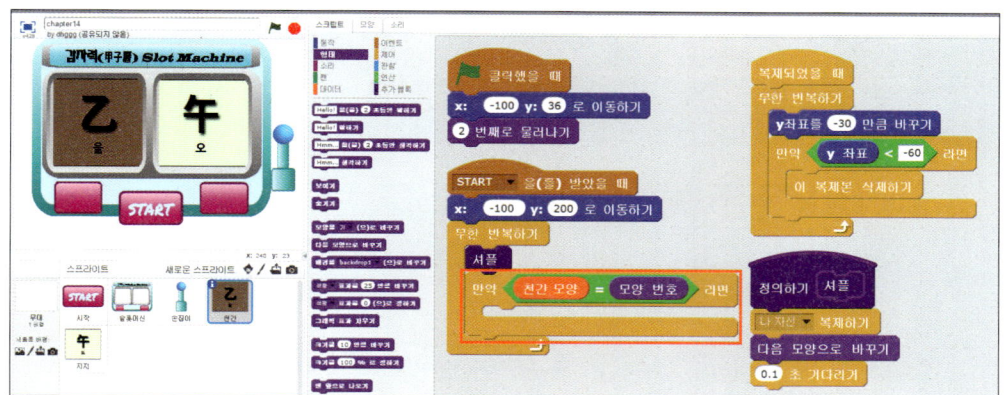

07 》 만약 조건문의 조건 영역이 참이라면 실행 영역에서는 10 번 반복하기 와 셔플 을 결합하여 복ᄀ

하기를 10회 더 반복되도록 합니다. 10회 반복 후에는 1 초 동안 x: 0 y: 0 으로 움직이기 를 사용하여 원본 스프라

이트가 '0.5' 초 동안 원래 초기화 위치인 'x : −100, y : 36' 으로 움직이게 해줍니다.

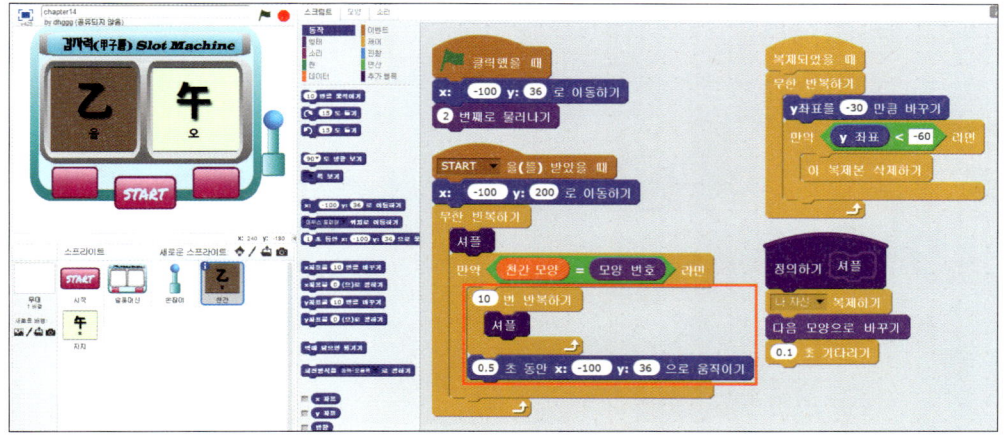

08 » 원본 스프라이트가 원래 위치로 돌아온 후에는 `이 복제본 삭제하기` 를 연결하여 현재 실행중인 스크립트가 중지하도록 해줍니다.

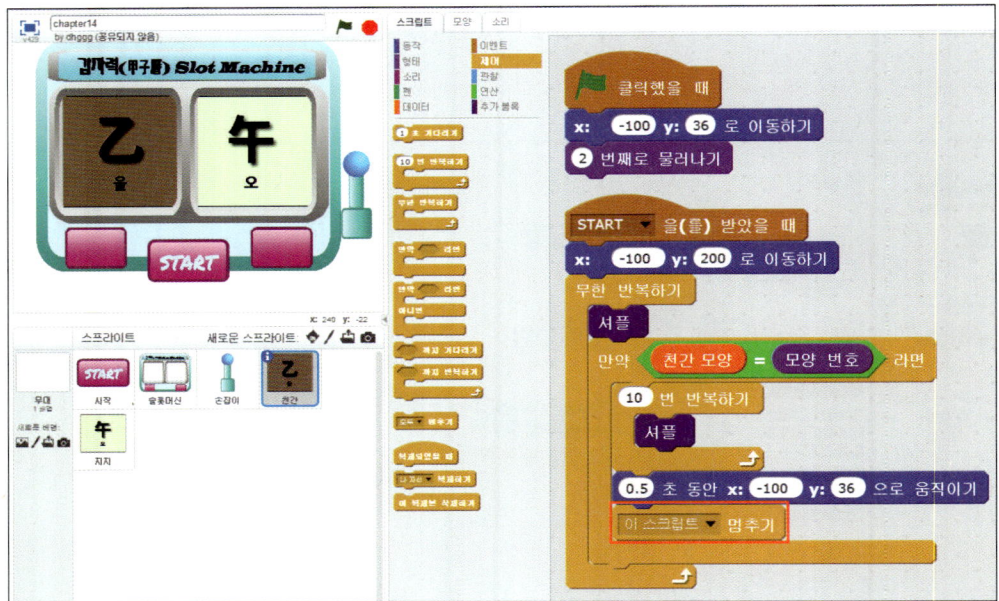

09 » '지지' 스프라이트를 클릭합니다. '지지' 스크립트는 앞의 '천간' 스크립트와 거의 유사합니다. 동일하게 만들어 주되, 처음 신호를 받고 이동하는 위치를 'x : 70, y : 200'으로 해주고 '천간 모양' 변수 대신 '지지 모양' 변수를 사용합니다. 또한 추가로 반복하는 횟수를 지지의 모양 개수와 일치하는 '12' 번 반복으로 해주고 원본이 제자리로 돌아오는 위치는 초기화 좌표인 'x : 70, y : 35'로 합니다.

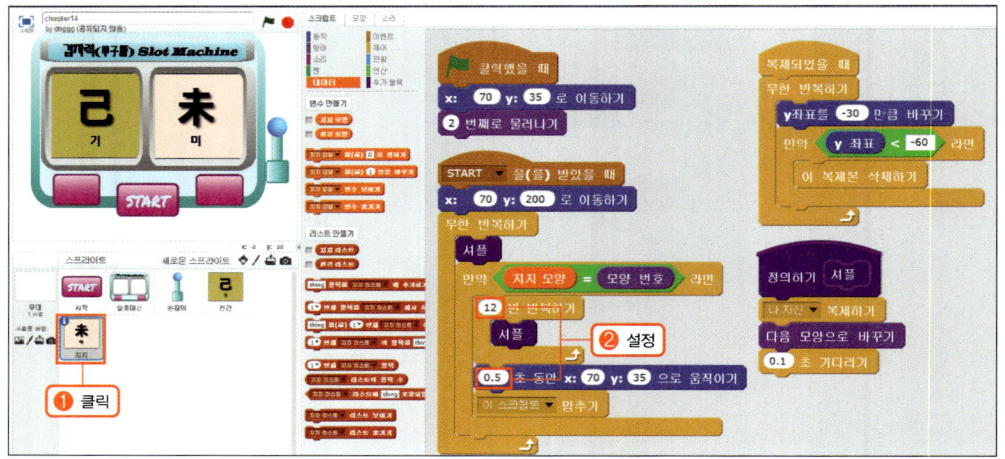

프로젝트 완성

Step **05**

01 〉〉 '시작' 스크립트

```
🏳 클릭했을 때
x: 3 y: -115 로 이동하기
맨 앞으로 나오기
누르세요! 을(를) 2 초동안 말하기

이 스프라이트를 클릭했을 때
START ▾ 방송하기
계산할 연도는? 묻고 기다리기
천간 모양 ▾ 을(를) ( 대답 나누기 10 의 나머지 + 1 ) 로 정하기
지지 모양 ▾ 을(를) ( 대답 나누기 12 의 나머지 + 1 ) 로 정하기
3 초 기다리기
( ( 천간 모양 번째 천간 리스트 ▾ 항목 ) ( 지지 모양 번째 지지 리스트 ▾ 항목 ) 결합하기 년 결합하기 ) 말하기
```

02 〉〉 '슬롯머신' 스크립트

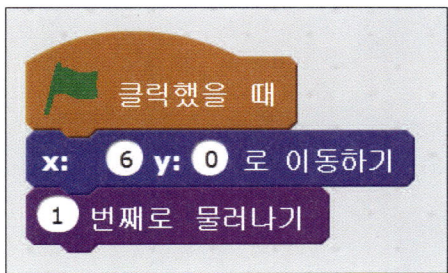

343

03 >> '손잡이' 스크립트

```
클릭했을 때
x: 226 y: -81 로 이동하기
모양을 버튼1 ▼ (으)로 바꾸기

START ▼ 을(를) 받았을 때
모양을 버튼2 ▼ (으)로 바꾸기
1 초 기다리기
모양을 버튼1 ▼ (으)로 바꾸기
```

04 >> '천간' 스크립트

```
클릭했을 때
x: -100 y: 36 로 이동하기
2 번째로 물러나기

START ▼ 을(를) 받았을 때
x: -100 y: 200 로 이동하기
무한 반복하기
    셔플
    만약 천간 모양 = 모양 번호 라면
        10 번 반복하기
            셔플
        0.5 초 동안 x: -100 y: 36 으로 움직이기
        이 스크립트 ▼ 멈추기

복제되었을 때
무한 반복하기
    y좌표를 -30 만큼 바꾸기
    만약 y 좌표 < -60 라면
        이 복제본 삭제하기

정의하기 셔플
나 자신 ▼ 복제하기
다음 모양으로 바꾸기
0.1 초 기다리기
```

05 ›› '지지' 스크립트

```
클릭했을 때
x: 70 y: 35 로 이동하기
2 번째로 물러나기

START 을(를) 받았을 때
x: 70 y: 200 로 이동하기
무한 반복하기
  셔플
  만약 지지 모양 = 모양 번호 라면
    12 번 반복하기
      셔플
  0.5 초 동안 x: 70 y: 35 으로 움직이기
  이 스크립트 멈추기
```

```
복제되었을 때
무한 반복하기
  y좌표를 -30 만큼 바꾸기
  만약 y 좌표 < -60 라면
    이 복제본 삭제하기
```

```
정의하기 셔플
나 자신 복제하기
다음 모양으로 바꾸기
0.1 초 기다리기
```

06 ›› '무대' 스크립트

```
클릭했을 때
모두 번째 항목을 천간 리스트 에서 삭제하기
경 항목을 천간 리스트 에 추가하기
신 항목을 천간 리스트 에 추가하기
임 항목을 천간 리스트 에 추가하기
계 항목을 천간 리스트 에 추가하기
갑 항목을 천간 리스트 에 추가하기
을 항목을 천간 리스트 에 추가하기
병 항목을 천간 리스트 에 추가하기
정 항목을 천간 리스트 에 추가하기
무 항목을 천간 리스트 에 추가하기
기 항목을 천간 리스트 에 추가하기

START 을(를) 받았을 때
천간 모양 을(를) 0 로 정하기
```

```
클릭했을 때
모두 번째 항목을 지지 리스트 에서 삭제하기
신 항목을 지지 리스트 에 추가하기
유 항목을 지지 리스트 에 추가하기
술 항목을 지지 리스트 에 추가하기
해 항목을 지지 리스트 에 추가하기
자 항목을 지지 리스트 에 추가하기
축 항목을 지지 리스트 에 추가하기
인 항목을 지지 리스트 에 추가하기
묘 항목을 지지 리스트 에 추가하기
진 항목을 지지 리스트 에 추가하기
사 항목을 지지 리스트 에 추가하기
오 항목을 지지 리스트 에 추가하기
미 항목을 지지 리스트 에 추가하기

START 을(를) 받았을 때
지지 모양 을(를) 0 로 정하기
```

학 습 정 리

❶ 갑자력은 연도를 10개의 천간과 12개의 지지를 조합하여 표현하는 것을 말합니다. 임진왜란(1592년), 병자호란(1636년) 등에 사용된 '임진'과 '병자'는 모두 갑자력의 개념이 반영된 것입니다.

– 천간(天干) : 갑(甲), 을(乙), 병(丙), 정(丁), 무(戊), 기(己), 경(庚), 신(辛), 임(壬), 계(癸)

– 지지(地支) : 자(子), 축(丑), 인(寅), 묘(卯), 진(辰), 사(巳), 오(午), 미(未), 신(申), 유(酉), 술(戌), 해(亥)

❷ '천간' 스프라이트는 10개의 모양을 가지고 있고, '지지' 스프라이트는 12개의 모양을 가지고 있습니다.

❸ 하나의 정보를 저장하기 위해서는 '변수'를 사용합니다. 동일한 성질을 가지는 여러 개의 정보를 함께 저장하고 관리하기 위해서는 '리스트'를 사용합니다.

❹ 갑자력 슬롯머신은 천간 10개, 지지 12개를 비롯하여 여러 개의 정보를 저장하고 관리해야 합니다. 리스트를 활용함으로써 많은 정보를 쉽게 통제할 수 있습니다.

❺ `hello world 결합하기`를 사용하면 두 가지 요소를 결합한 문자열을 만들 수 있습니다. `hello world 결합하기`는 결합된 문자열 값을 담고 있습니다.

❻ 슬롯머신이 시작되면 '천간' 스프라이트와 '지지' 스프라이트를 초기화 위치보다 위로 이동시킨 후, 반복적으로 복제를 시작합니다. 원본은 그 자리에 고정되어 있는 채로 복제본만 계속 아래로 이동시켜 마치 슬롯머신이 동작하는 것과 같은 효과를 연출합니다. 아래로 이동한 복제본은 삭제시킵니다. 그리고 원본 스프라이트는 마지막에 계산된 갑자력의 모양에 맞춰 자신의 모양을 변화시킨 후 초기화 위치로 천천히 이동합니다. 이 전체 과정이 자연스럽게 연결되어 슬롯머신이 만들어 집니다.

01 리스트에 대한 설명으로 옳지 않은 것은? (   )

① 여러 개의 정보를 저장하고 관리할 수 있다.

② 항목이 아무 것도 추가되어 있지 않은 비어있는 리스트는 존재하지 않는다.

③ 리스트 생성 시 '모든 스프라이트에서 사용'과 '이 스프라이트에서만 사용'을 선택할 수 있다.

④ 리스트의 원하는 항목을 지정하여 삭제하거나 교체할 수 있다.

02 리스트 항목의 값을 변경하는 블록으로 옳지 않은 것은? (   )

① ▢ 항목을 list ▼ 에 추가하기

② ▢ 을(를) ▼ 번째 list 에 넣기

③ ▼ 번째 list ▼ 의 항목을 ▢ (으)로 바꾸기

④ ▼ 번째 list ▼ 항목

03 여러 변수 블록에 각각 저장된 데이터를 하나의 문자열로 변환시키는 블록은? (   )

① ▢ 말하기

② ▢ 와 ▢ 결합하기

③ ◯ 번째 글자 (▢)

④ ▢ 의 길이

04 다음의 스크립트를 실행했을 때, 스프라이트가 말하는 값으로 옳은 것은? (   )

① 4   ② 11   ③ 22   ④ 24

Section

15

모스 부호 변환기

이번 섹션에서는 알파벳을 입력하면 모스 부호(Morse Code)로 변환시켜주는 프로그램을 만들게 됩니다. 모스 부호는 모스(Morse)라는 사람에 의해 발명된 전신부호로 선(dash)과 점(dot)의 조합으로 구성됩니다. 이 모스 부호를 통해 신호를 전송하고, 그 전송된 신호를 해석하여 간단한 의사소통을 할 수 있습니다. 영어 알파벳이나 숫자, 한글 등의 메시지를 주고 받을 수도 있습니다. 이번에 제작하는 프로젝트는 이 모스 부호를 활용하여 사용자와 외계인 사이의 의사소통을 도와주는 프로그램입니다. 여러 개의 리스트를 활용하며, 각각의 리스트를 검색하는 알고리즘을 적용하게 됩니다.

Section 12 　　Section 13 　　Section 14 　　**Section 15**

| 예제 파일 | 모스 코드.png, 모스 부호.sprite2, 에러 메시지.sprite2, 외계인1.sprite2, 외계인2.sprite2, 긴 소리.wav,
　　　　　　짧은 소리.wav
| 완성 파일 | section15.sb2
| 웹 주 소 | https://scratch.mit.edu/projects/37793450/

'모스 부호 변환기' 프로젝트 원리 이해하기 Step 01

01 >> 모스 부호는 선(dash)과 점(dot)의 조합으로 영어 알파벳 등을 표현할 수 있도록 만들어진 전신부호입니다. 선과 점이 어떤 순서와 몇 개로 구성되느냐에 따라 각각이 표현하는 문자 또는 숫자가 결정됩니다. 다음은 세계적으로 통용되고 있는 '영문 모스 부호표'입니다. 모스 부호를 이진수로 표기할 때 '점'은 '0'으로 '선'은 '1'로 표기합니다.

영문 알파벳	모스 부호	이진수 표기
A	· −	01
B	− · · ·	1000
C	− · − ·	1010
D	− · ·	100
E	·	0
F	· · − ·	0010
G	− − ·	110
H	· · · ·	0000
I	· ·	00
J	· − − −	0111
K	− · −	101
L	· − · ·	0100
M	− −	11
N	− ·	10
O	− − −	111
P	· − − ·	0110
Q	− − · −	1101
R	· − ·	010
S	· · ·	000
T	−	1
U	· · −	001
V	· · · −	0001
W	· − −	011
X	− · · −	1001
Y	− · − −	1011
Z	− − · ·	1100

02 ›› '영문'과 '모스 부호'라는 2개의 리스트를 생성합니다. 영문 리스트에는 알파벳 A~Z를 순서대로 채워 넣고, 모스 부호 리스트에는 영문 A~Z에 해당하는 모스 부호의 이진수 표기를 순서대로 채워 넣습니다.

항목	영문	모스 부호
1	A	01
2	B	1000
3	C	1010
.	.	.
.	.	.
.	.	.
26	Z	1100

03 ›› 사용자에게 문자열을 입력받고, 입력받은 문자열을 영문 리스트와 대조하여 각 문자열에 해당하는 항목 번호를 '결과 주소'라는 리스트에 저장합니다.

사용자 입력 문자열	결과 주소
LOVE	12, 15, 22, 5

04 ›› 결과 주소 리스트에 저장된 값을 참고하여 모스 부호 리스트에서 해당 주소에 대응하는 모스 부호 값을 검색합니다.

사용자 입력 문자열	결과 주소	모스 부호
LOVE	12, 15, 22, 5	0100, 111, 0001, 0

05 ›› 검색한 모스 부호 값을 방송하기를 통해 실행 창에 표시하도록 합니다.

사용자 입력 문자열	결과 주소	모스 부호	[실행] 창 표시
LOVE	12, 15, 22, 5	0100, 111, 0001, 0	.-.. --- .. .-.. .

'모스 부호 변환기' 프로젝트의 전체 원리는 단순하지만 이것을 스크립트로 제작하는 것은 결코 단순하지 않습니다. 리스트의 특성에 대한 이해는 물론, 리스트의 각 항목을 검색하고 대조하기 위한 알고리즘에 대한 이해가 필요하기 때문입니다. Step2에서 부터는 전체를 구현하기 위한 아이디어가 어떻게 스크립트로 짜여지게 되는지를 함께 배워보게 됩니다.

프로젝트를 위한 기본 설정과 초기화하기   Step 02

01 >> 메인 화면에서 [만들기] 메뉴를 클릭하여 새로운 프로젝트를 시작합니다. 제공된 파일에서 프로젝트에 사용할 스프라이트와 배경을 불러옵니다. '외계인1', '외계인2', '모스 부호', '에러 메시지' 등 4개의 스프라이트를 불러오고, 무대로 사용할 '모스 코드'도 불러옵니다.

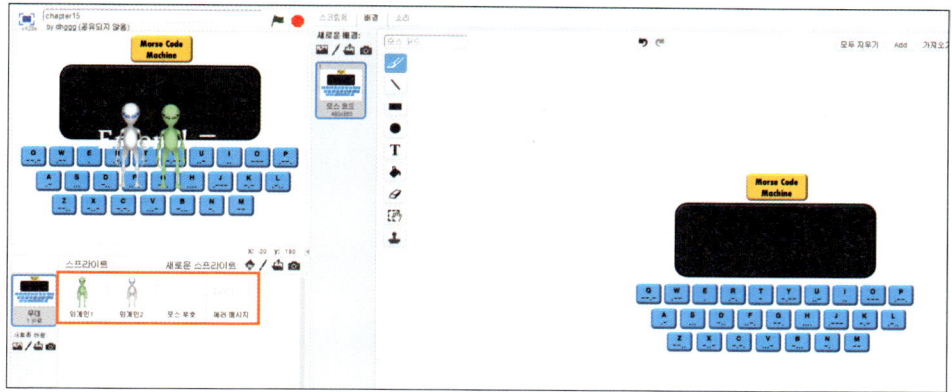

02 >> 각 스프라이트의 위치 및 상태 등을 초기화하도록 합니다. 먼저 '외계인1' 스프라이트를 클릭합니다. [클릭했을 때] 다음에 [x: 0 y: 0 이동하기]를 연결하고 처음 시작 위치를 'x : −198, y : 62'로 초기화합니다.

03 >> '외계인2' 스프라이트를 클릭합니다. '외계인2'의 위치는 'x : 199, y : 61'로 초기화합니다.

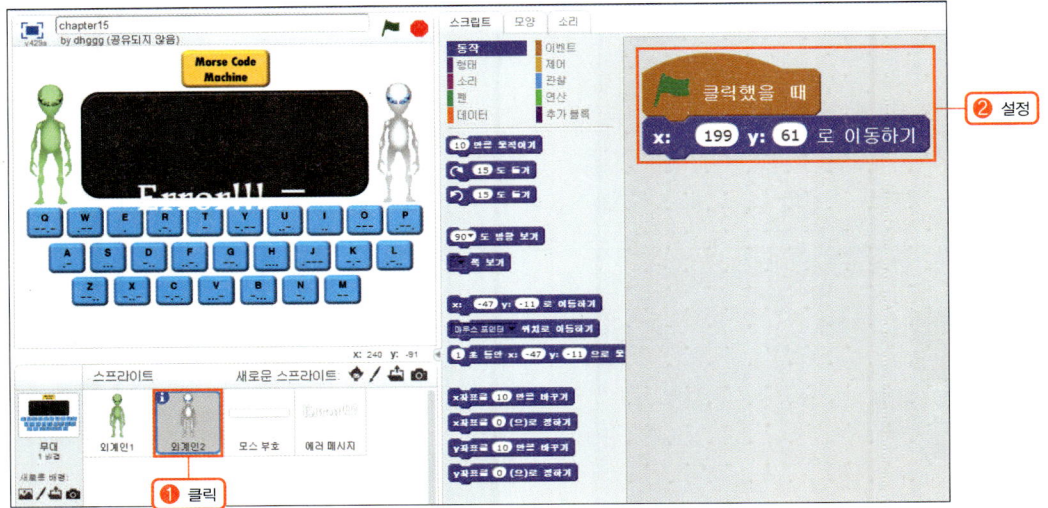

04 >> '모스 부호' 스프라이트를 클릭합니다. 클릭했을 때 다음에 지우기를 연결하여 [실행] 창에 인쇄된 글자가 없도록 만들어줍니다. 숨기기를 연결하여 프로젝트 시작 시 [실행] 창에 보이지 않도록 합니다. 크기를 100 % 로 정하기를 연결하고 빈칸에 '10'을 입력하여 크기를 10%로 초기화합니다. 마지막에는 x: 0 y: 0 이동하기를 연결하여 위치를 'x : -115, y : 105'로 초기화합니다.

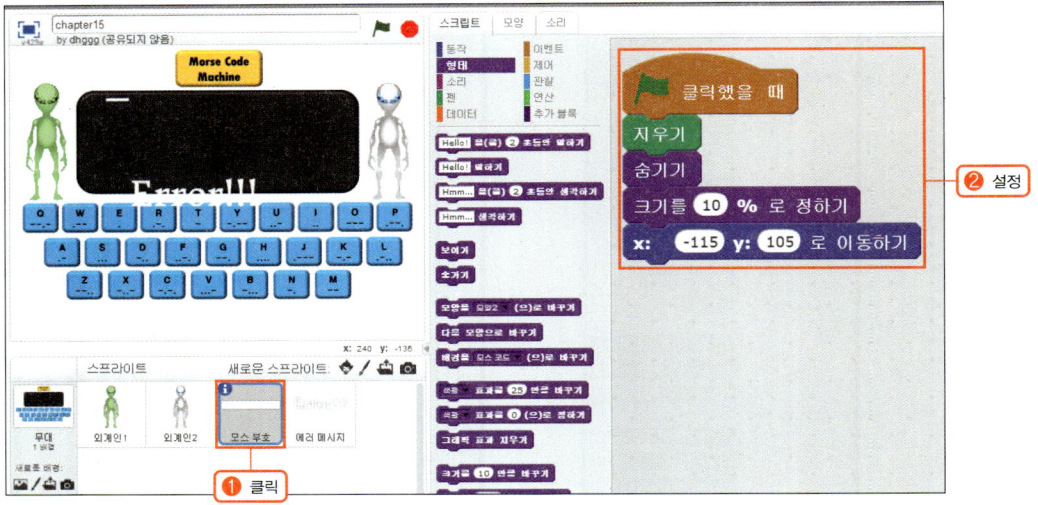

05 ›› '에러 메시지' 스프라이트를 클릭합니다. 처음 프로젝트가 시작되면 숨기기 로 [실행] 창에 보이지 않도록 하고, 위치를 'x : 8, y : 17' 로 초기화합니다.

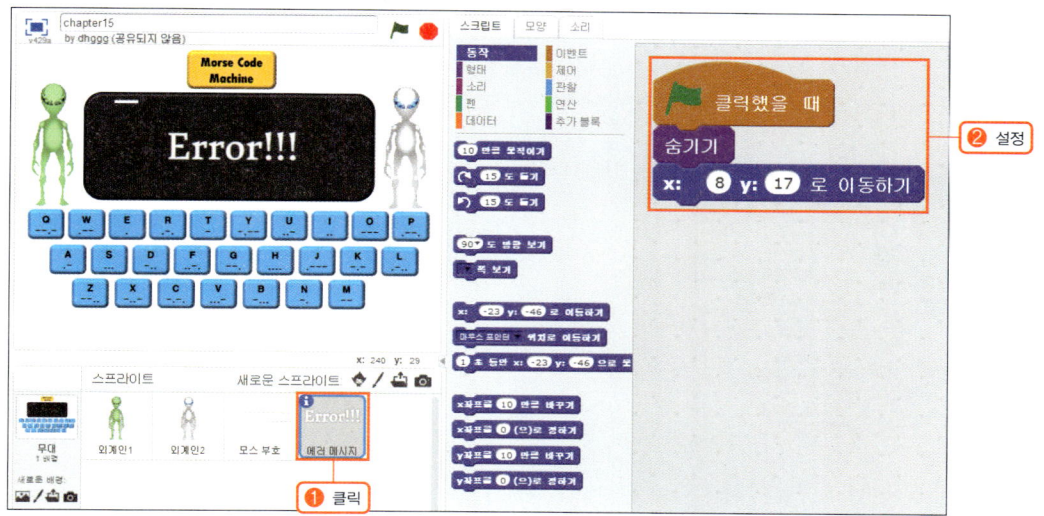

06 ›› '무대' 를 클릭합니다. 데이터(데이터) 카테고리에서 [리스트 만들기] 버튼을 클릭하여 '모스 부호 티스트' 와 '영문 리스트' 를 생성합니다.

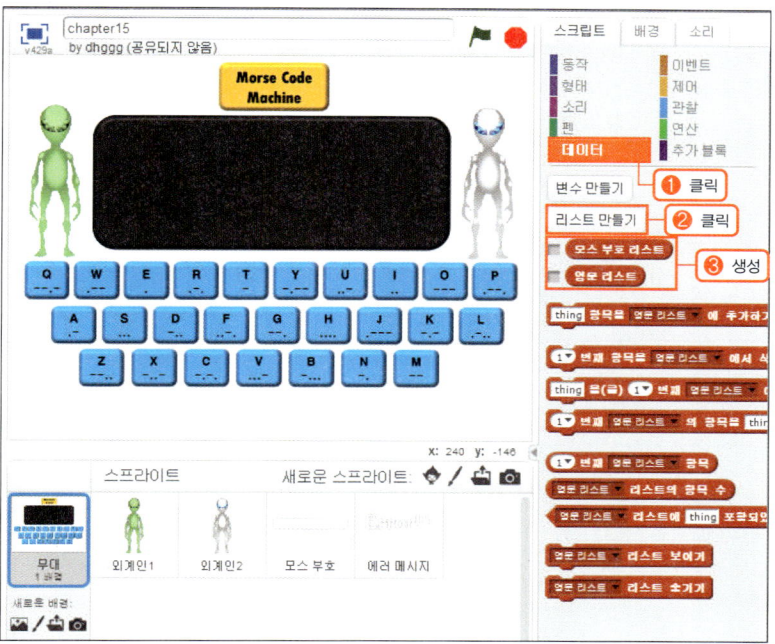

07 >> 클릭했을 때 밑에 1▼ 번째 항목을 L▼ 에서 삭제하기 를 연결하고, 2개의 선택 항목을 각각 '모두'와 '영문리스트'로 변경하여, 영문 리스트를 비어있는 상태로 만들어줍니다. thing 항목을 L▼ 에 추가하기 를 27개 연결하여 알파벳 A~Z를 영문 리스트에 차례대로 추가합니다. 마지막 27번째에는 '공백(스페이스 바)'을 입력하여 문자 입력 시 띄어쓰기도 인식할 수 있도록 합니다.

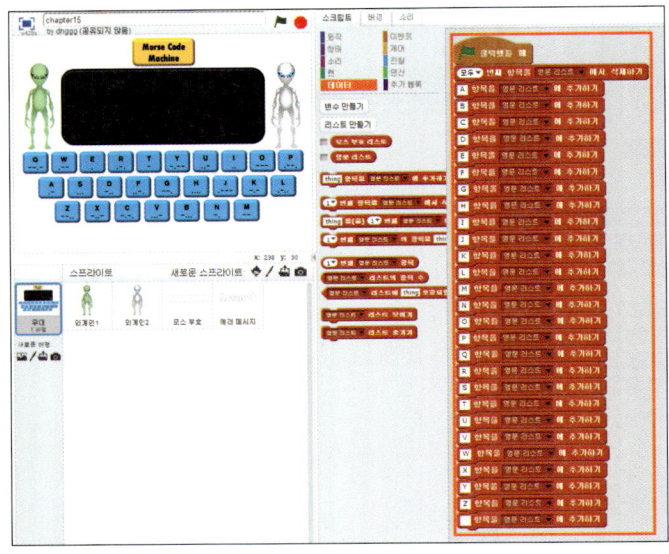

리스트를 초기화할 때는 리스트에 채워지는 항목들의 순서가 뒤바뀌지 않도록 주의해야 합니다. 영문 리스트를 초기화할 때 알파벳 A~Z의 순서가 바뀌면 결과 출력 시 잘못된 모스 부호가 나타날 수 있습니다. 또한 27번째 항목은 '빈칸 상태의 공백'으로 그대로 두는 것이 아니라 반드시 **Space Bar** 를 눌러서 '컴퓨터가 빈칸이라고 인식할 수 있는 공백'이 입력되어야 합니다.

08 >> 영문 리스트와 동일하게 모스 부호 리스트도 모든 항목을 삭제한 뒤, 27개의 항목을 차례대로 추가해 채워 넣습니다. 앞에서 제시한 '영문 모스 부호표'를 참고하여 A~Z에 대응되는 모스 부호 이진법 표기를 추가하면 됩니다. 마지막 27번째 항에는 '공백'을 입력합니다.

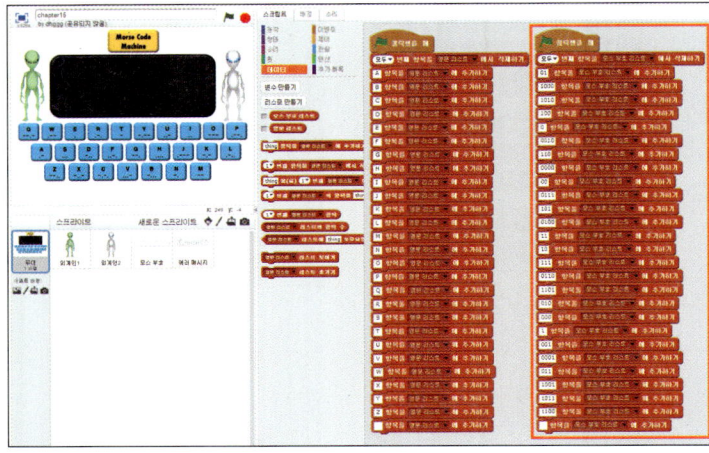

사용자 입력 문자열 탐색하기

01 ›› '외계인1'이 외계어로 말을 하면 '외계인2'가 영어로 번역하여 사용자에게 질문을 던지도록 합니다. 먼저 외계인1 스프라이트를 클릭합니다. `Hello! 을(를) 2 초동안 말하기` 을 사용하여 '~!@!*@$%#%???'와 같은 외계어를 '1'초 동안 말하도록 합니다.

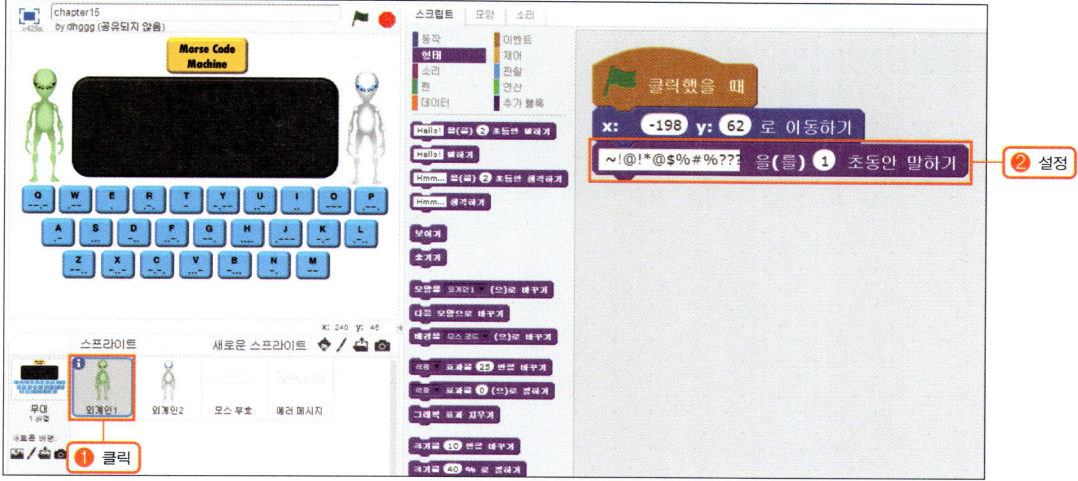

02 ›› '외계인2' 스프라이트를 클릭합니다. `1 초 기다리기`를 연결하여 '외계인1'의 말이 끝날 때까지 기다리도록 합니다. `What's your name? 묻고 기다리기`를 연결하고, 질문 내용을 'Hey, what do you want?'로 수정합니다.

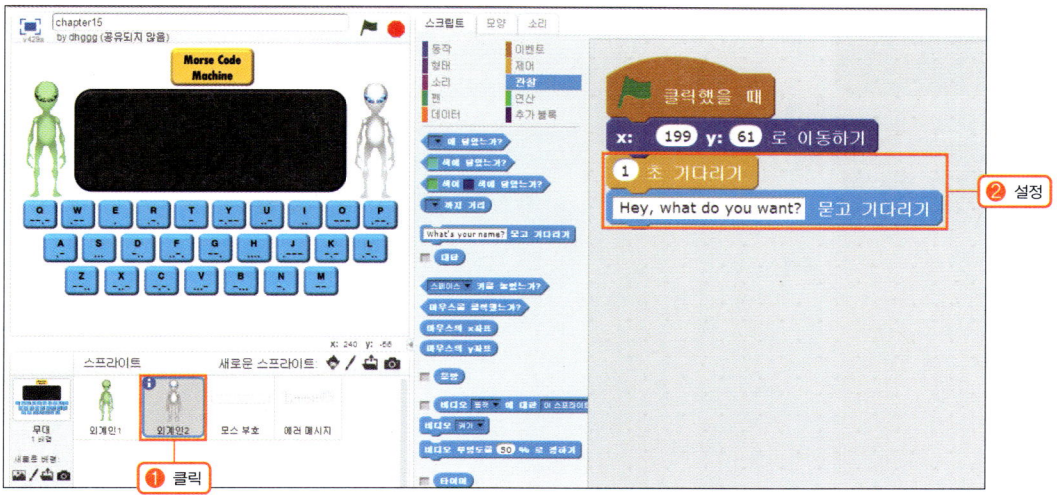

03 ›› 추가 블록(추가 블록) 카테고리에서 [블록 만들기] 버튼을 클릭합니다. 새로운 블록 창이 나타나면 블록 이름을 '문자열 탐색하기' 라고 입력합니다. '문자열 매개변수 추가하기' 를 클릭한 후 매개변수 이름을 '입력 문자열' 이라고 입력합니다. [확인] 버튼을 클릭하면 '문자열 탐색하기' 라는 새로운 블록이 생성됩니다.

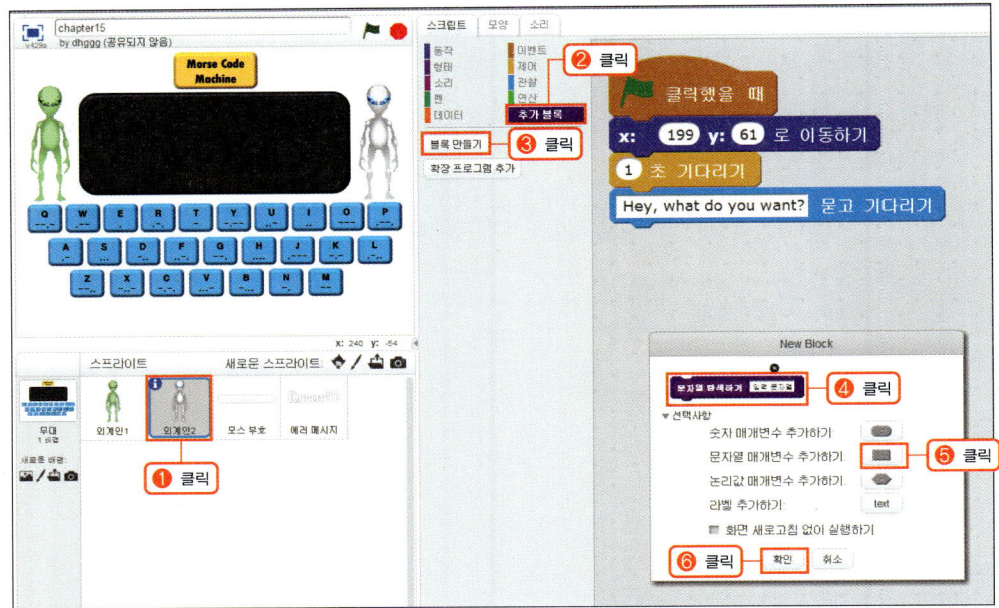

04 ›› 새로 생성한 문자열 탐색하기 를 연결하고, 매개변수 자리에 대답 을 결합합니다.

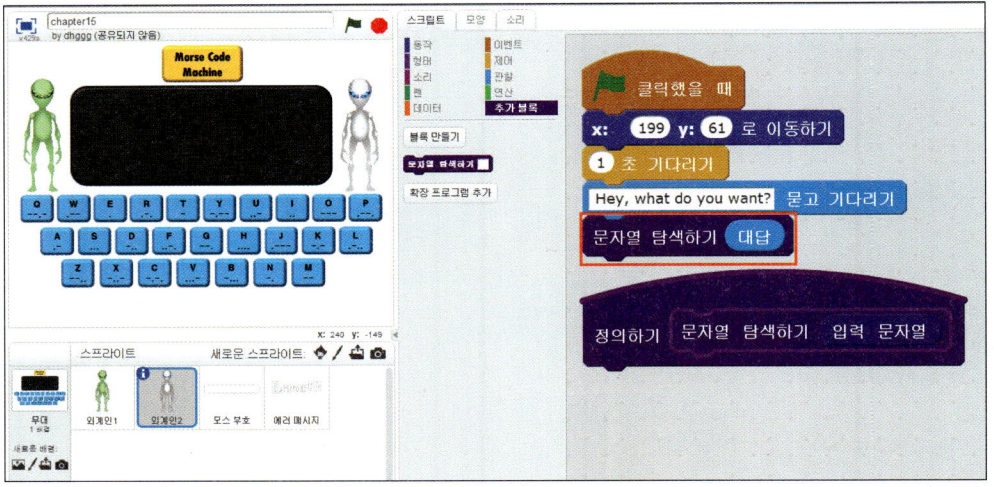

05 >> 데이터(데이터) 카테고리에서 [리스트 만들기] 버튼을 클릭합니다. '결과 주소 리스트' 라는 이름의 새로운 리스트를 생성합니다.

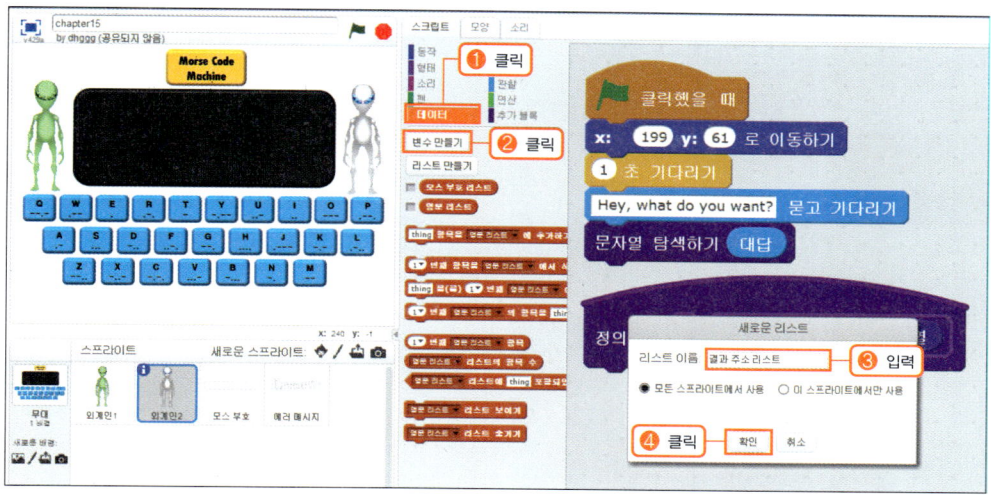

06 >> 정의하기 블록에 1▼ 번째 항목을 L▼ 에서 삭제하기 를 연결하고 2개의 선택항목은 각각 '모두' 와 '결과 주소 리스트' 로 변경합니다. '결과 주소 리스트' 의 모든 정보를 삭제하고 비어있는 상태로 초기화합니다.

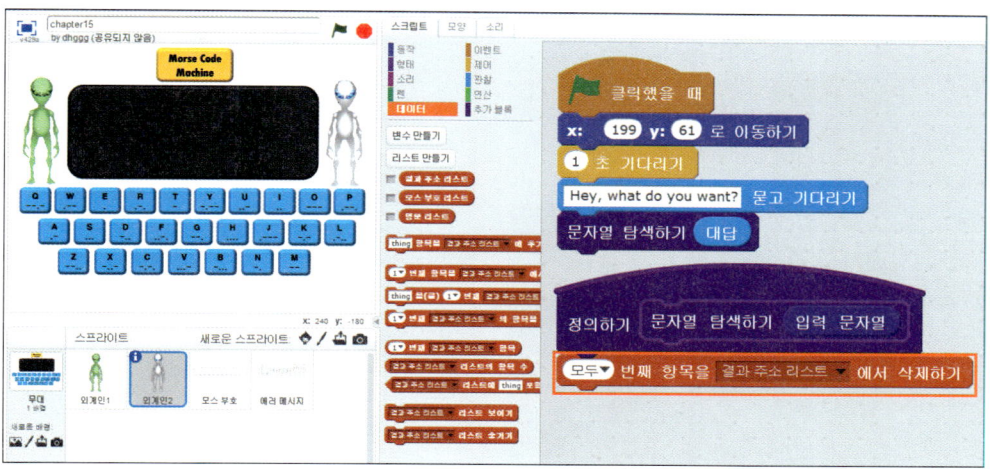

07 ›› 　사용자 입력 문자열을 탐색하기 위해 필요한 변수를 생성합니다. 데이터(데이터) 카테고리에서 [변수 만들기] 버튼을 클릭합니다. 사용자가 입력한 문자열을 앞에서부터 차례로 체크하기 위해 필요한 '입력 문자 순서' 변수와 영문 리스트의 항목을 차례로 검색하기 위한 '영문 리스트 순서' 변수를 생성합니다.

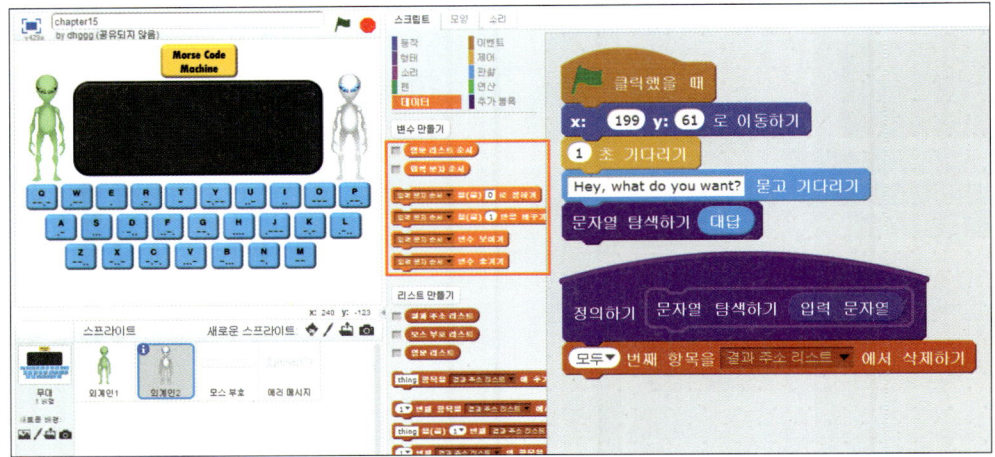

08 ›› 　'입력 문자 순서' 변수 값과 '영문 리스트 순서' 변수 값을 각각 '1'로 초기화합니다.

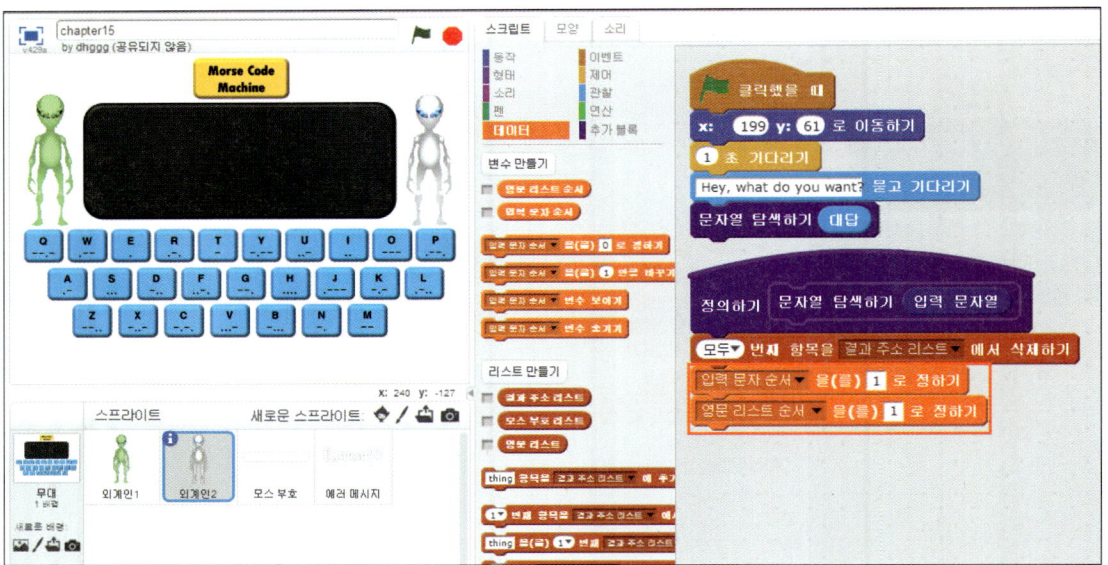

09 ›› 문자열 탐색은 사용자가 입력한 문자열의 문자 하나하나를 영문 리스트와 대조하여 해당 문자열이 리스트의 몇 번 항목에 있는지를 찾아내는 과정입니다. 먼저 입력 문자열의 첫 번째 문자부터 시작하여 입력 문자열의 마지막 문자까지를 반복해서 수행합니다. 즉, 문자 하나를 탐색할 때마다 '입력 문자 순서' 변수를 1씩 증가시키고 '입력 문자 순서'의 값이 사용자가 입력한 문자열의 길이보다 커질 때까지 반복합니다.

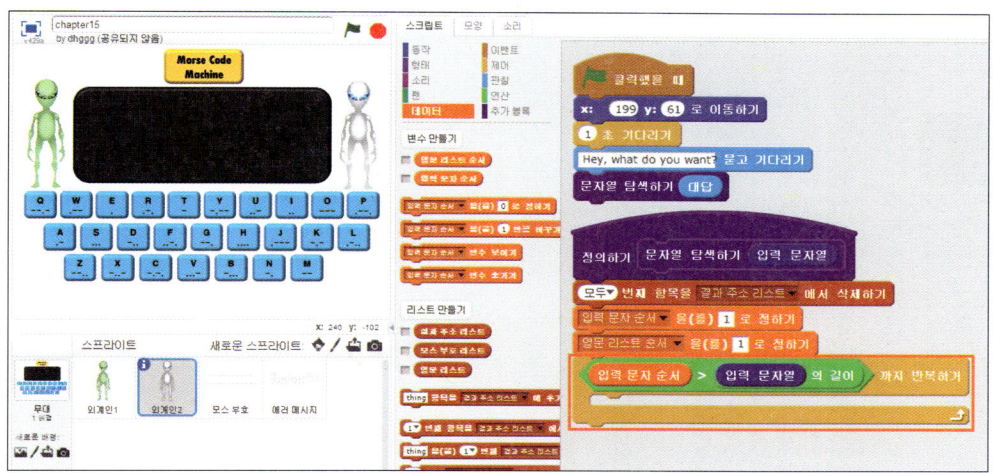

10 ›› 입력 문자열의 N번째 문자가 영문 리스트의 K번째 항목과 일치하는 지를 확인합니다.

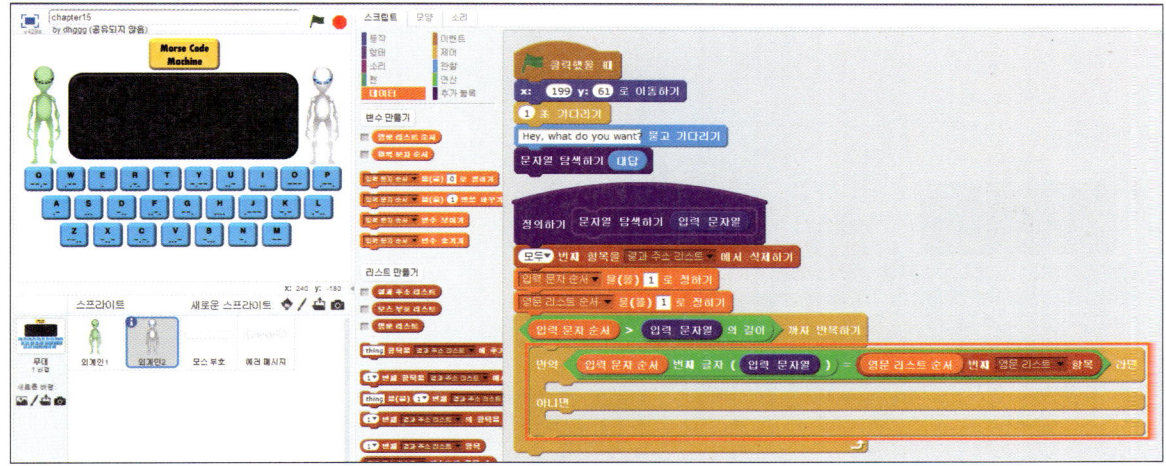

입력 문자열의 첫 번째 문자부터 탐색을 시작합니다. 이 첫 번째 문자와 동일한 문자가 '영문 리스트'의 첫 번째 항목부터 비교하기 시작하여 몇 번째 항목에 있는지를 탐색하며 찾아냅니다. 일치하는 항목을 찾아냈다면 다시 입력 문자열의 두 번째 문자 탐색을 시작합니다. 이때에도 역시 영문 리스트의 첫 번째 항목부터 비교를 시작합니다. 이런 과정을 반복하여 모든 문자열을 차례로 탐색합니다.

11 ›› 만약 입력 문자열의 N번째 문자가 영문 리스트의 K번째 항목과 일치했다면 그 K라는 값을 '결과 주소 리스트'에 저장합니다. 이제 입력 문자열의 다음 문자를 탐색하기 위해 '입력 문자 순서(N)' 변수를 '1'만큼 바꾸어줍니다. 또한 다시 영문 리스트의 첫 번째 항목부터 대조를 하기 위해 '영문 리스트 순서(K)' 변수 값은 '1'로 정해줍니다. 만약 입력 문자열의 N번째 문자가 영문 리스트의 K번째 항목과 일치하지 않았다면 '영문 리스트 순서(K)' 변수 값을 1 증가시켜 영문 리스트의 다음 항목과 대조합니다.

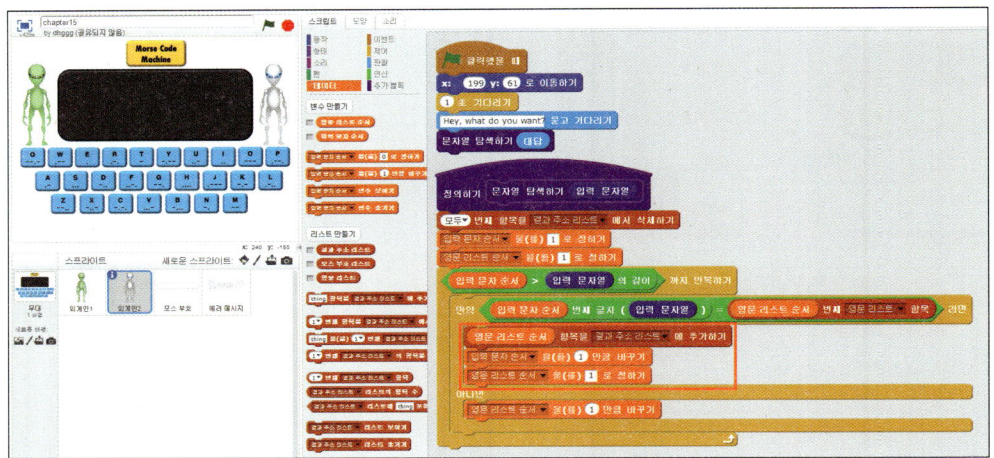

12 ›› 만약 영문 리스트의 27번째 항목까지 모두 대조하여도 일치하는 문자를 찾지 못해 '영문 리스트 순서' 변수 값이 27보다 커지면, 해당 문자는 영문 알파벳이나 공백이 아닌 다른 문자입니다. 이럴 경우에는 'Error' 메시지를 전달하여 '에러 메시지' 스프라이트가 [실행] 창에 나타나도록 해줍니다.

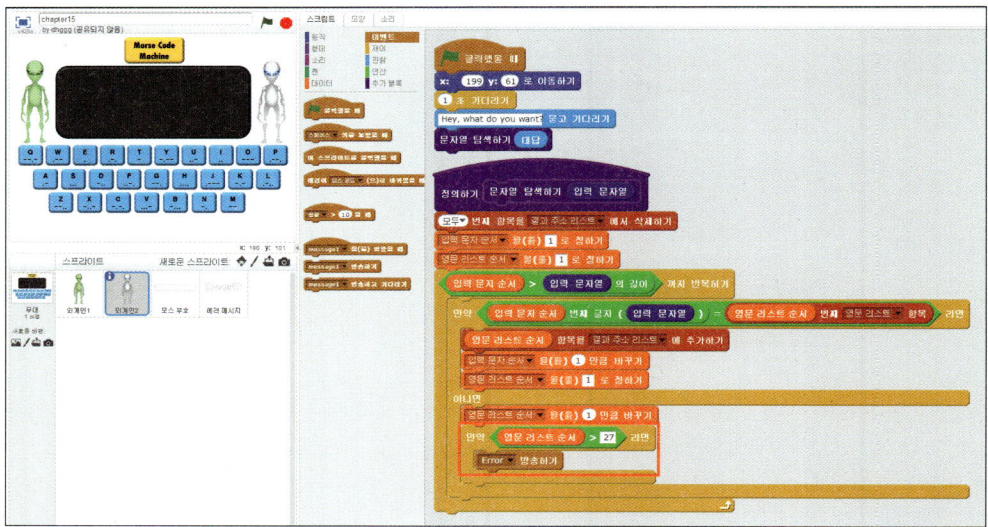

13 » 마지막에는 Hello! 을(를) ② 초동안 말하기 을 2개 연결하여 'Ok!'를 '1' 초 동안 'I can translate it for my friend!' 를 '2' 초 동안 말하도록 해줍니다.

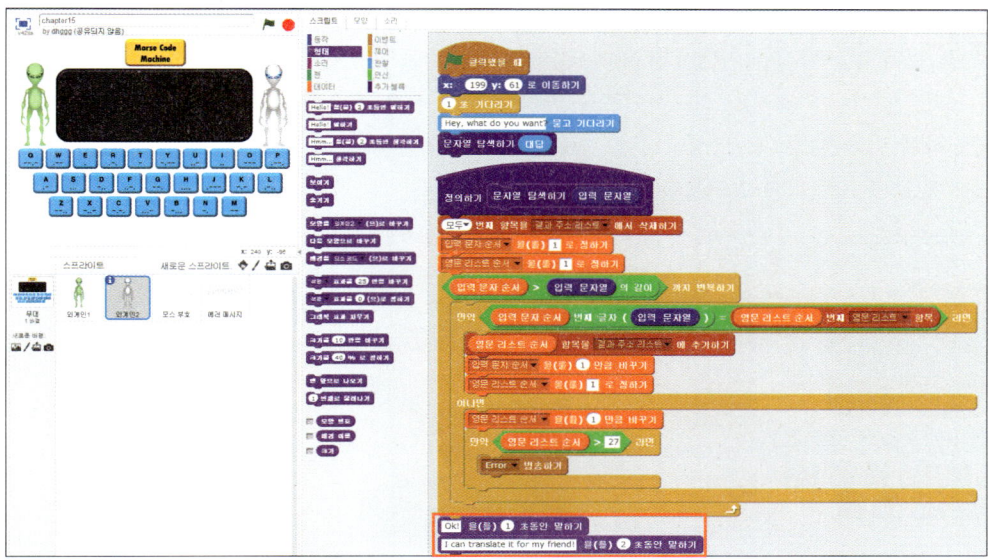

14 » '에러 메시지' 스프라이트를 클릭합니다. '외계인2'로부터 'Error'라는 메시지가 방송되면 그것을 전달 받은 '에러 메시지' 스프라이트는 보이기 를 실행하여 [실행] 창에 나타나도록 합니다.

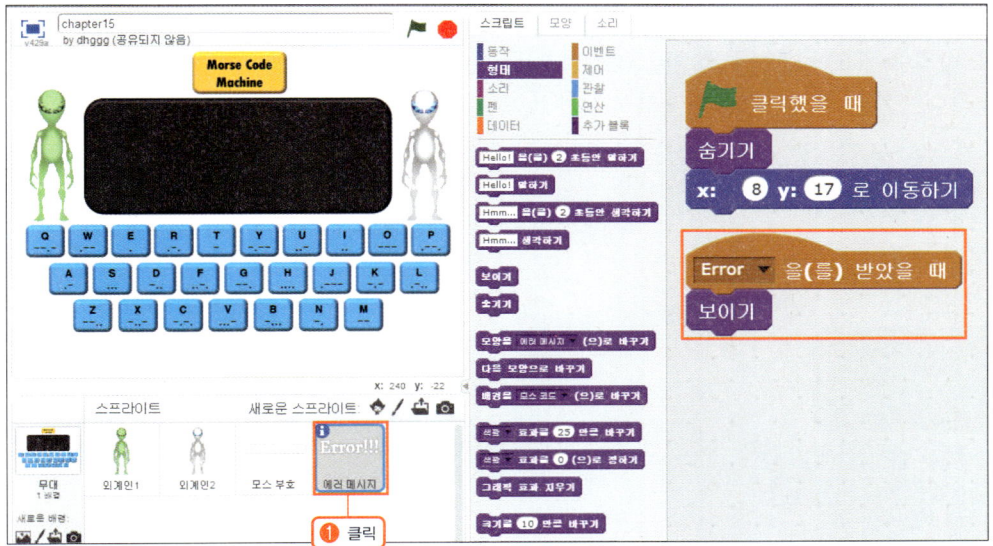

모스 부호 출력하기

01 ›› 사용자 입력 문자열을 탐색을 마쳤다면 이제 결과 주소 리스트에 있는 값을 참고하여, 모스 부호를 실행 창에 출력할 차례입니다. '외계인2' 스프라이트를 클릭합니다. 추가 블록(추가 블록) 카테고리에서 [블록 만들기] 버튼을 클릭하여 새로운 블록을 생성합니다. 새로운 블록의 이름은 '모스부호 출력하기'로 정합니다. 생성된 블록을 [스크립트] 창으로 가져와 연결합니다.

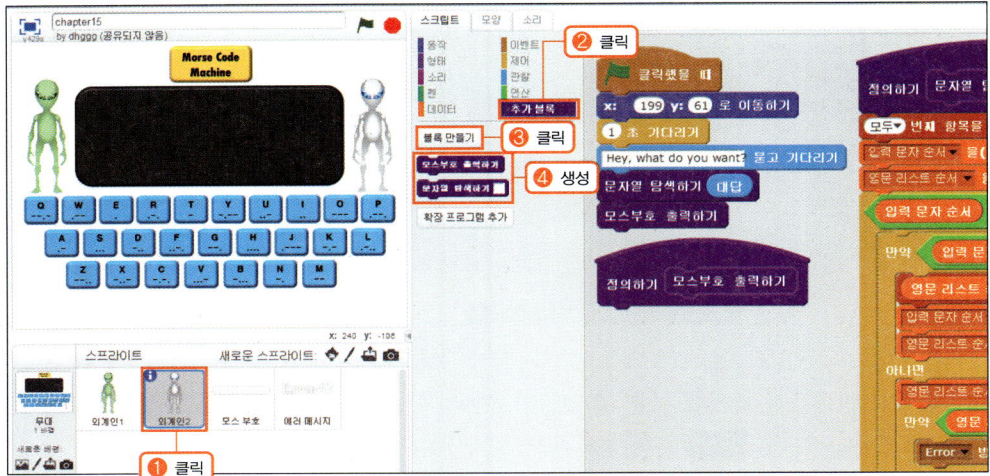

02 ›› 모스부호 출력에 필요한 변수를 생성합니다. 결과 주소 리스트의 항목들 순서를 체크할 '결과 주소 리스트 순서' 변수, 모스 부호 리스트에서 각 항목의 문자 순서를 체크할 '모스 부호 리스트 문자 순서' 변수, 실행 창에 출력되는 모스 부호의 칸 수를 체크할 '칸' 변수, [실행] 창에 출력되는 모스 부호의 줄 수를 체크할 '줄' 변수까지 모두 4개의 변수를 생성합니다.

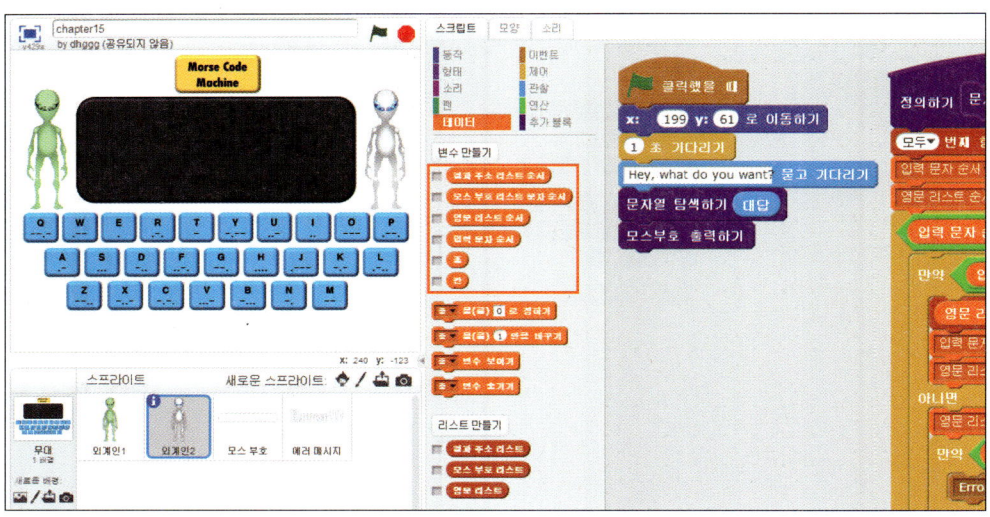

03 ›› 앞에서 생성한 4개의 변수를 모두 '1'로 초기화합니다.

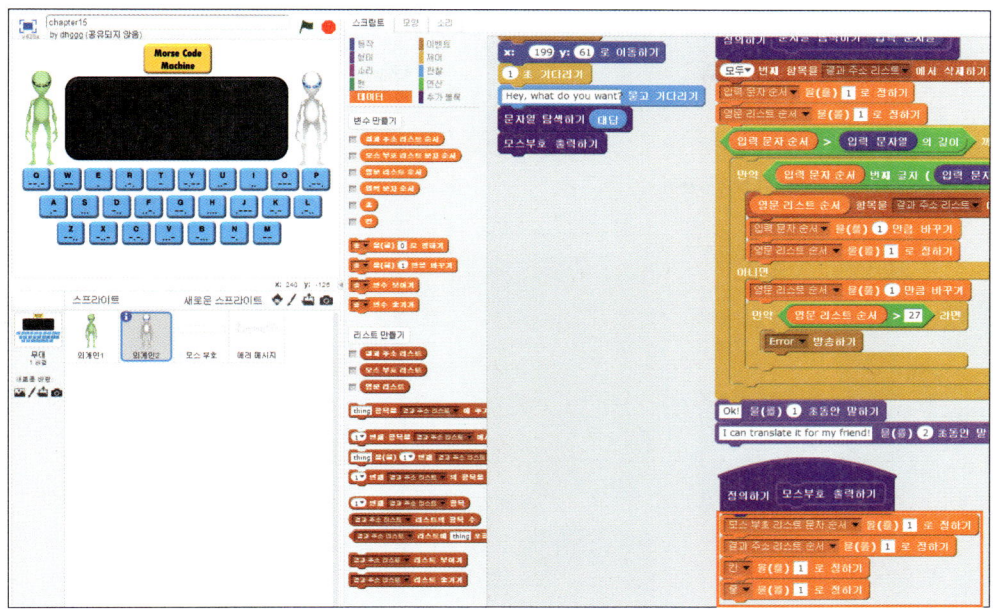

04 ›› 모스 부호의 출력 횟수는 결과 주소 리스트에 저장되어 있는 항목 수 만큼입니다.

조건 영역에 결과 주소 리스트 리스트의 항목 수 를 결합하여 결과 주소 리스트의 항목 수만큼 반복문이 실행도도록 합니다.

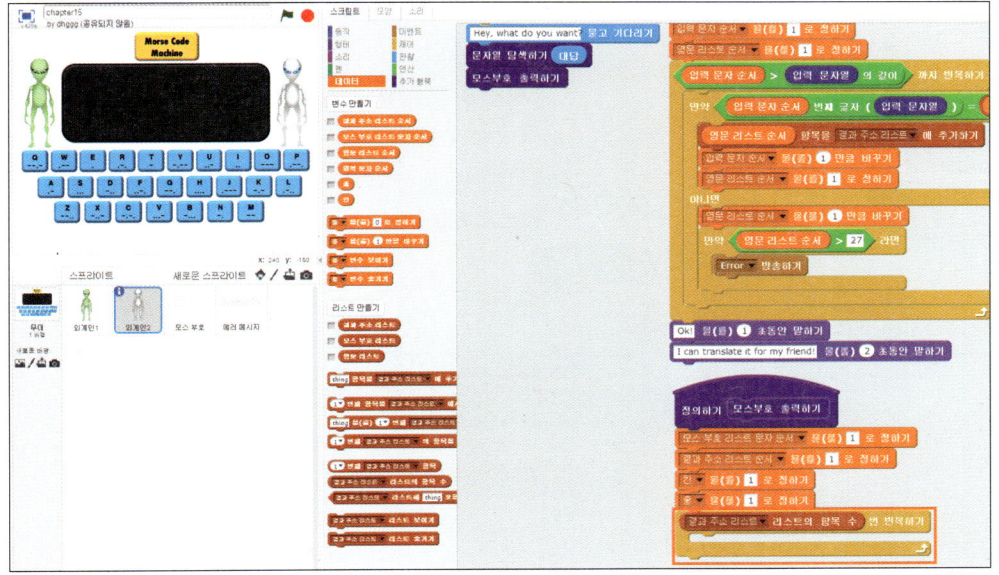

05 ›› 결과 주소 리스트의 첫 번째 항목에서 마지막 항목까지 각 항목에 저장된 주소 값을 참조하여 모스 부호 리스트에서 출력할 항목으로 갑니다. 만약 사용자가 입력한 알파벳이 'a'라면 결과 주소 리스트에는 '1'이 저장되었을 것이고, 이 1이라는 값을 참조하여 모스 부호 리스트의 1번째 항목으로 가는 것입니다. 여기에서 모스 부호 리스트의 해당 항목에 있는 모스 부호의 길이만큼 반복하며 실행 창에 모스 부호를 출력합니다. 즉, '결과 주소 리스트'의 '결과 주소 리스트 순서' 항목에 저장된 값을 토대로 모스 부호 리스트의 해당 항목을 찾고 그 항목의 문자열 길이 만큼 반복하도록 반복문을 만들어 줍니다.

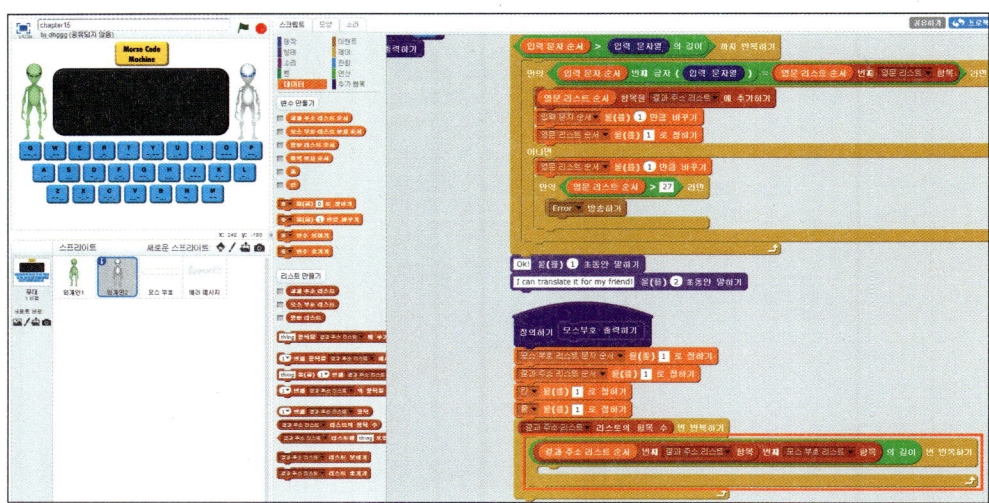

06 ›› 모스 부호 리스트에서 출력해야 될 항목을 찾았다면 이제 그 항목의 첫 번째 문자부터 마지막 문자까지 해당 문자가 '0' 인지 '1' 인지를 체크합니다.

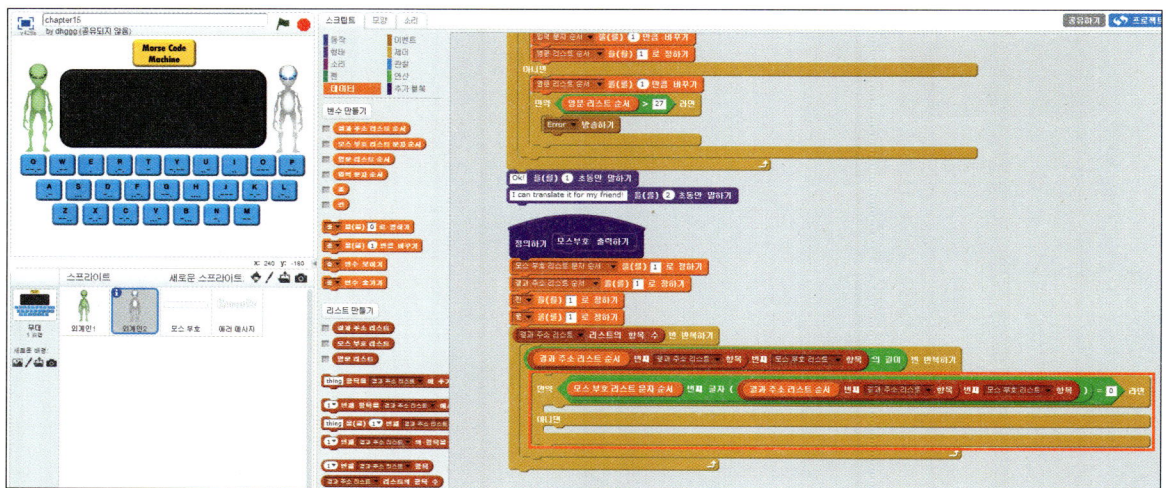

07 >> 만약 해당 문자가 0이라면 '0 출력' 메시지를 방송해 [실행] 창에 0이 찍히도록 합니다. 반대로 해당 문자가 1이라면 '1 출력' 메시지를 방송해 [실행] 창에 1이 찍히도록 합니다. 이때 하나의 모스부호를 [실행] 창에 찍는 동안에 다른 방송하기 메시지가 전달되어 실행이 중복되는 것을 방지하기 위해 message1 방송하기 대신에 message1 방송하고 기다리기 를 사용합니다. 방송하기를 실행한 후에는 다음 문자를 출력하기 위해 '모스 부호 리스트 문자 순서' 변수 값을 1 증가시키고, 칸 수가 증가했음을 저장하기 위해 '칸' 변수 값도 1 증가시킵니다.

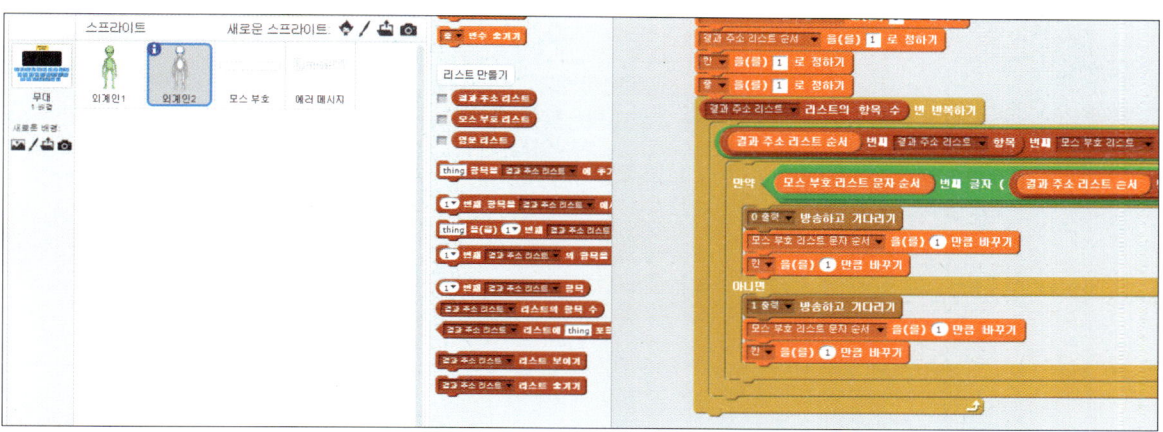

08 >> 하나의 문자에 관한 모스부호 출력이 완료되면, 다음 문자를 출력하기 위해 '결과 주소 리스트 순서' 변수 값을 1증가시킵니다. '모스 부호 리스트 문자 순서' 변수 값은 1로 정해줌으로써 다시 모스 부호의 첫 번째 문자부터 검색하도록 합니다. 하나의 문자가 출력되었기 때문에 '띄어쓰기' 메시지를 방송해 실행 창에서 띄어쓰기가 이루어질 수 있게 합니다. 또한 띄어쓰기가 실행되어 칸 수가 증가했음을 저장하기 위해 '칸' 변수 값을 다시 1 증가시킵니다.

09 ›› 하나의 문자에 대한 모스 부호 출력이 완료되었을 때 만약 '칸' 변수 값이 9보다 크면 [실행] 창의 출력 줄을 바꿔주어야 합니다. 이때는 'Enter' 메시지를 보내고 '줄' 변수 값을 1 증가시킵니다. 줄을 바꾸면서 칸은 다시 맨 앞으로 옮겨가게 되기 때문에 '칸' 변수는 1로 정해줍니다.

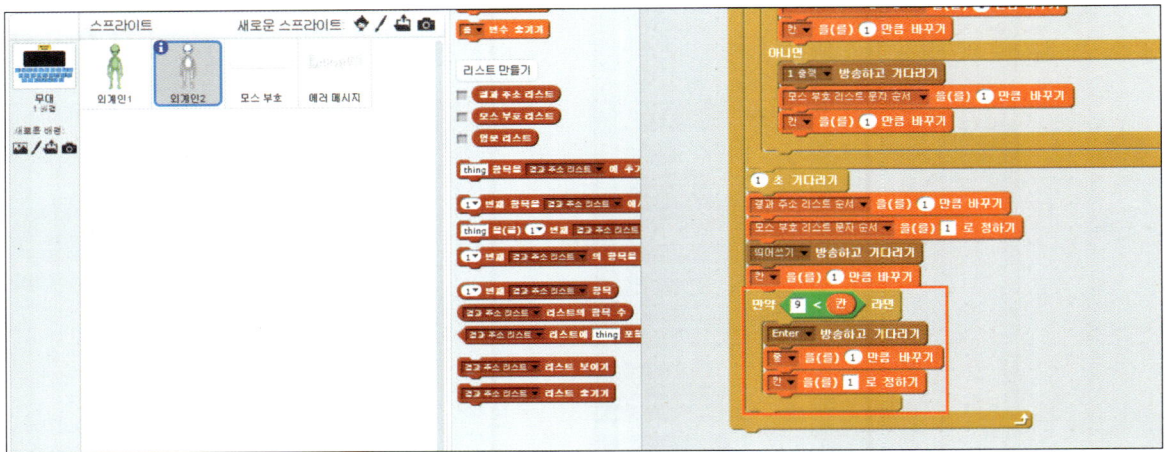

10 ›› 칸 수를 체크한 뒤에는 줄 수도 체크합니다. 만약 '줄' 변수 값이 5보다 크다면, 실행 창에서 출력되는 범위를 넘어간 것이기 때문에 [실행] 창에 출력된 글자를 모두 지우고 다시 처음 위치에서부터 출력해야 합니다. 이것을 'New Line'이라는 메시지를 방송함으로써 다른 스프라이트에 알려줍니다. 줄이 처음으로 바뀌면 '줄' 변수 값을 1로 다시 정해줍니다.

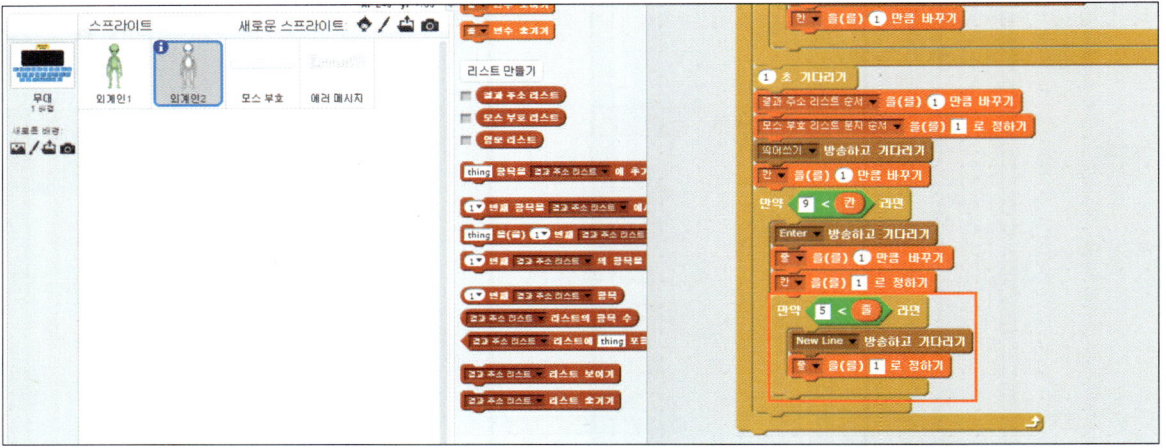

모스 부호 출력 결과 [실행] 창에 나타내기 Step 05

01 >> 이제 외계인2 스프라이트가 보낸 방송하기 메시지를 받아서 모스 부호의 출력 결과를 직접 실행 창에 나타낼 차례입니다. '모스 부호' 스프라이트를 클릭합니다. 모스 부호를 실행 창에 표시할 때 사용할 소리 파일을 불러옵니다. [소리] 탭을 선택하고 '소리 파일 업로드 하기'를 클릭합니다. '긴 소리'와 '짧은 소리' 두 파일을 불러옵니다.

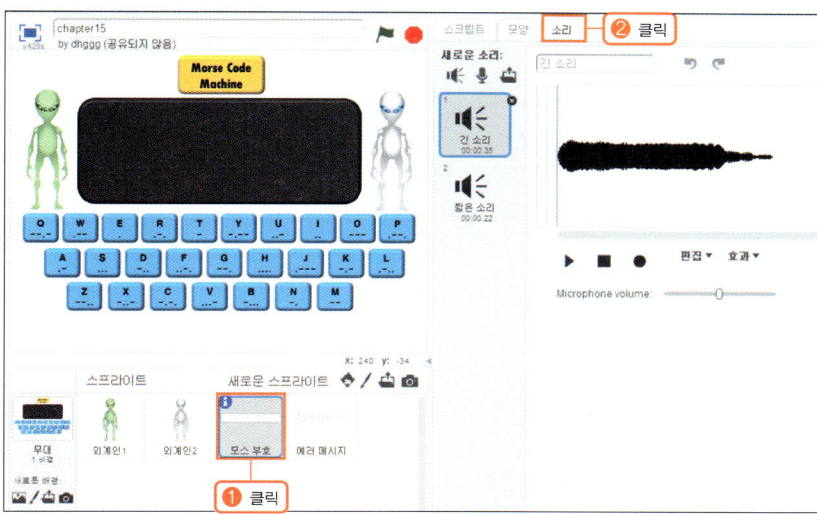

02 >> '0 출력'이라는 메시지를 받으면 meow▼ 끝까지 소리내기 로 '짧은 소리'를 끝까지 내도록 합니다. 보이기 로 [실행] 창에 나타나도록 한 뒤, 모양을 costume2▼ (으)로 바꾸기 를 연결하여 스프라이트의 모양을 '모양2'로 변경합니다. 도장찍기 로 [실행] 창에 나타내고 다시 숨기기 를 실행합니다. 마지막으로 다음 모스 부호를 표시하기 위해 x좌표를 '20'만큼 바꿔줍니다.

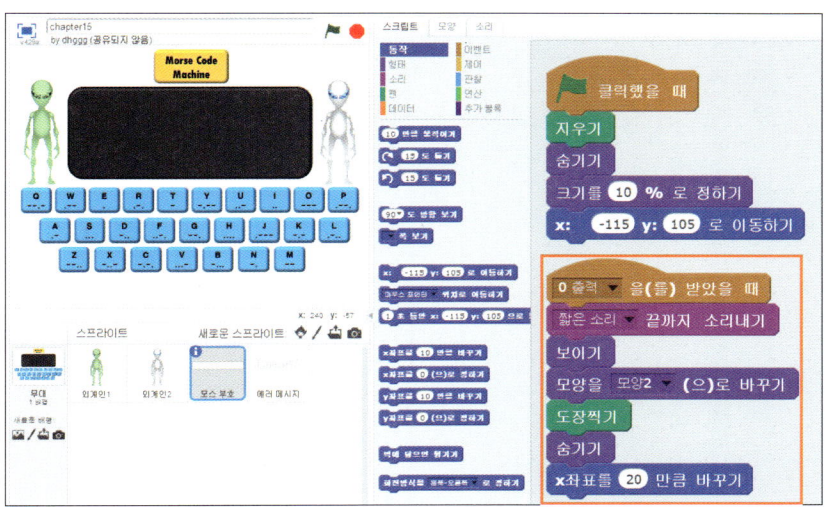

03 ›› '0 출력'을 받았을 때와 연결된 블록 전체를 복사하여 '1 출력' 메시지를 받았을 때 실행할 스크립트를 만듭니다. 소리를 '짧은 소리'에서 '긴 소리'로 변경하고, 모양을 '모양1'로 바꾸어줍니다.

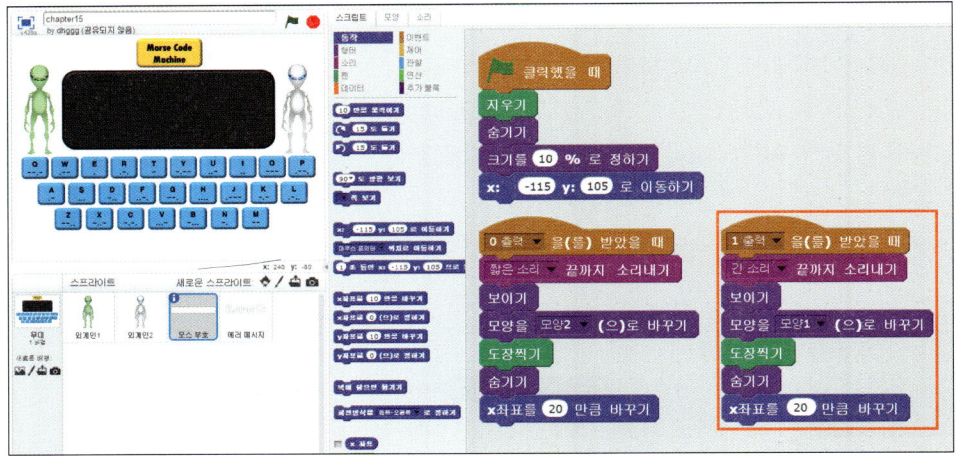

04 ›› '띄어쓰기' 메시지를 받으면 x좌표를 '30' 만큼 바꾸어 줍니다.

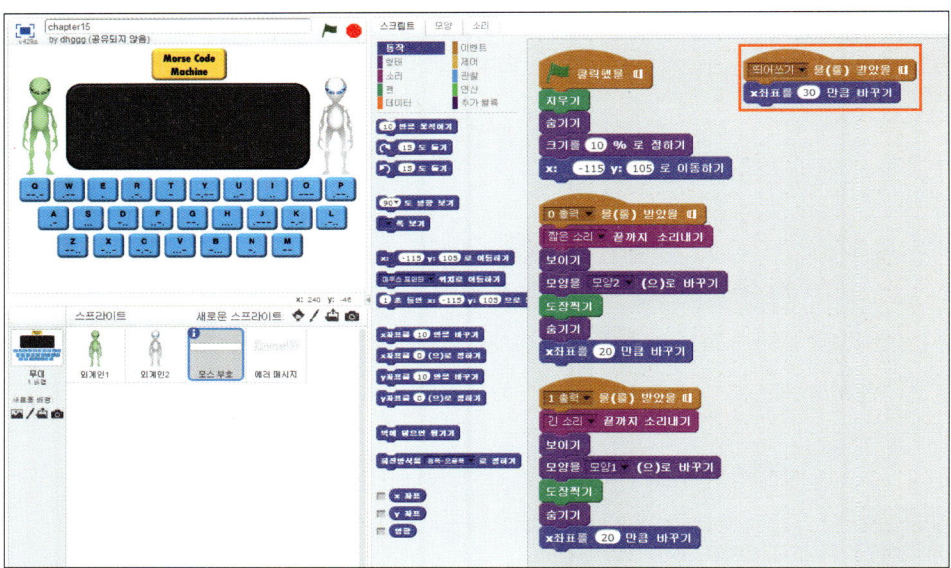

05 ›› 'Enter' 메시지를 받으면 x좌표는 처음 위치였던 '−115'로 정해줍니다. y좌표는 한 줄 밑으로 내려갈 수 있도록 '−30'만큼 바꾸어줍니다.

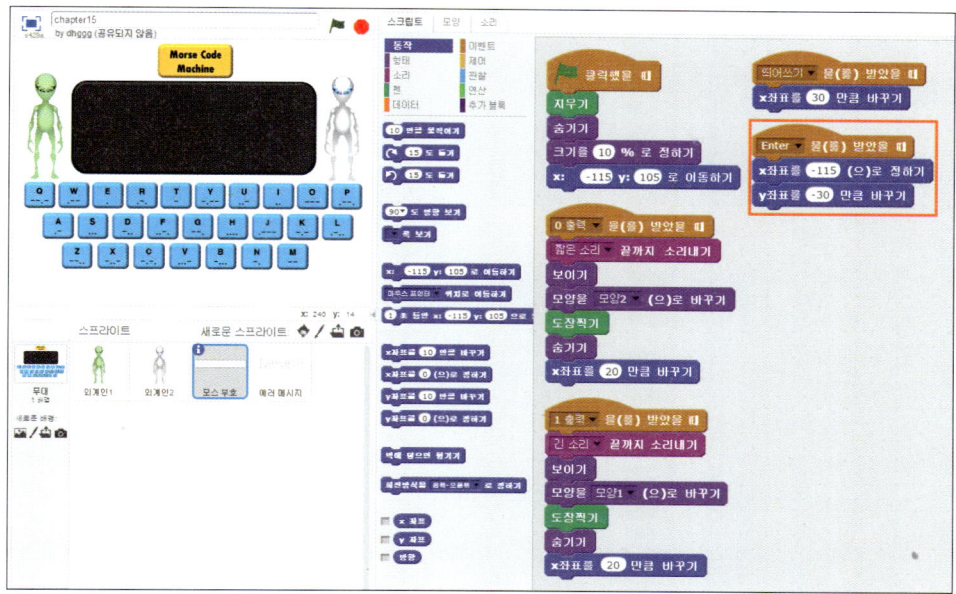

06 ›› 'New Line' 메시지를 받으면 [실행] 창에 표시된 모든 모스 부호를 지우고, 초기화 위치인 'x : −115, y : 105'로 이동합니다.

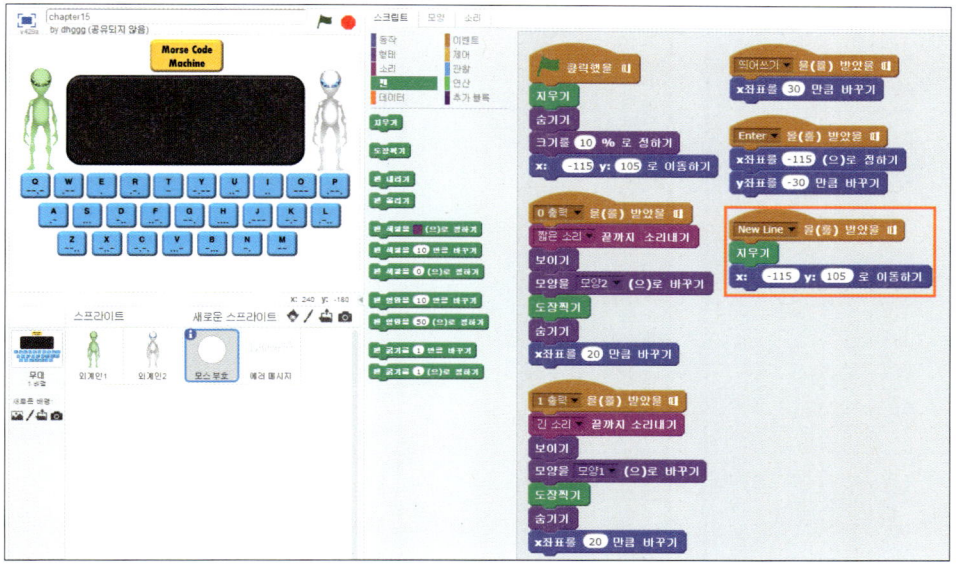

프로젝트 완성

01 >> '무대' 스크립트

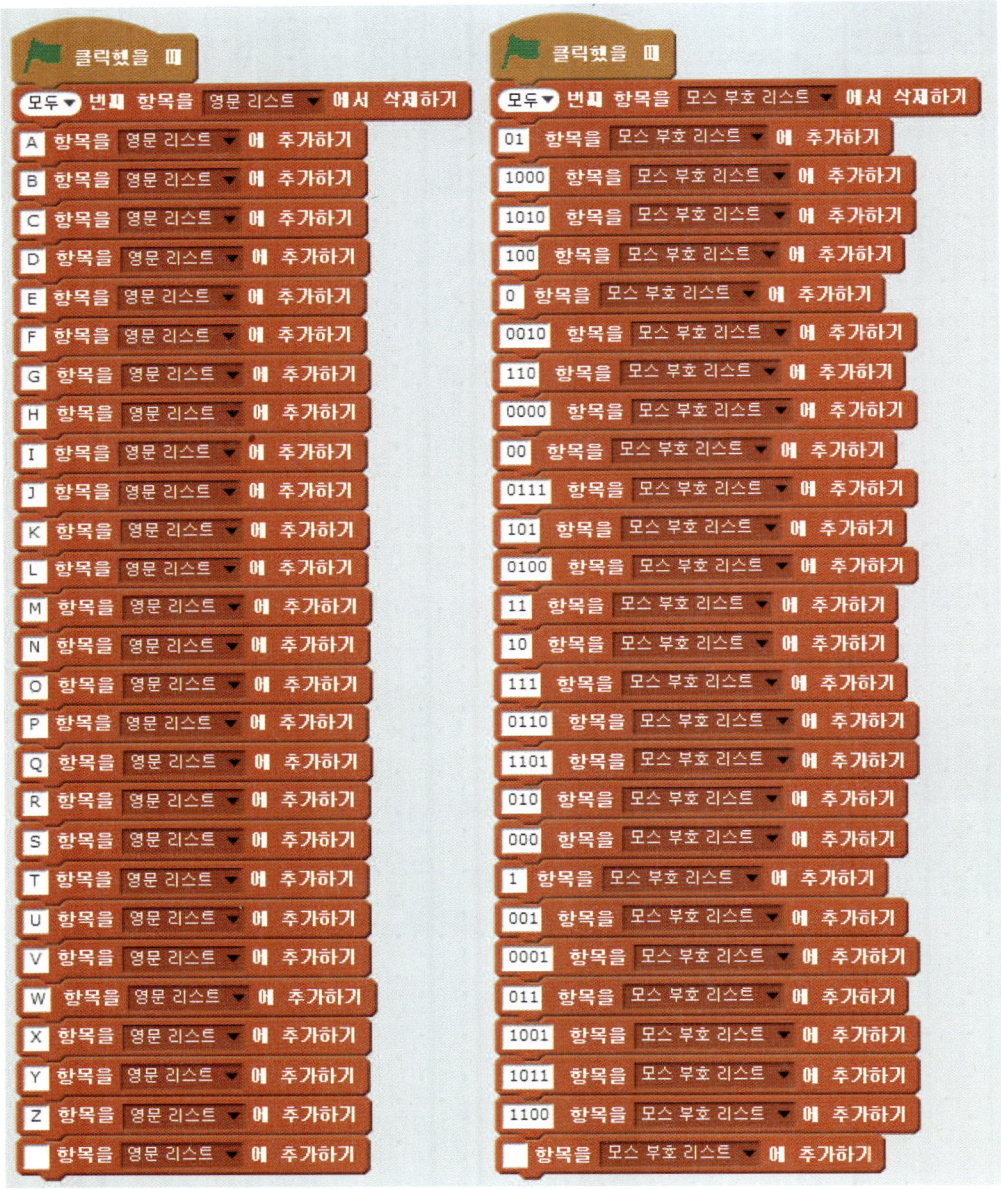

02 ›› '외계인1' 스크립트

03 ›› '외계인2' 스크립트

클릭했을 때
x: 199 y: 61 로 이동하기
1 초 기다리기
Hey, what do you want? 묻고 기다리기
문자열 탐색하기 대답
모스부호 출력하기

정의하기 문자열 탐색하기 입력 문자열
모두▼ 번째 항목을 결과 주소 리스트▼ 에서 삭제하기
입력 문자 순서▼ 을(를) 1 로 정하기
영문 리스트 순서▼ 을(를) 1 로 정하기
입력 문자 순서 > 입력 문자열 의 길이 까지 반복하기
  만약 입력 문자 순서 번째 글자 (입력 문자열) = 영문 리스트 순서 번째 영문 리스트▼ 항목 라면
    영문 리스트 순서 항목을 결과 주소 리스트 에 추가하기
    입력 문자 순서▼ 을(를) 1 만큼 바꾸기
    영문 리스트 순서▼ 을(를) 1 로 정하기
  아니면
    영문 리스트 순서▼ 을(를) 1 만큼 바꾸기
    만약 영문 리스트 순서 > 27 라면
      Error▼ 방송하기
Ok! 을(를) 1 초동안 말하기
I can translate it for my friend! 을(를) 2 초동안 말하기

정의하기 모스부호 출력하기
모스 부호 리스트 순서▼ 을(를) 1 로 정하기
결과 주소 리스트 순서▼ 을(를) 1 로 정하기
칸▼ 을(를) 1 로 정하기
줄▼ 을(를) 1 로 정하기
결과 주소▼ 리스트의 항목 수 번 반복하기
  결과 주소 리스트 순서 번째 결과 주소▼ 항목 번째 모스부호▼ 항목 의 길이 번 반복하기
    만약 모스 부호 리스트 순서 번째 글자 (결과 주소 리스트 순서 번째 결과 주소▼ 항목 번째 모스부호▼ 항목) = 0 라면
      0 방송하고 기다리기
      모스 부호 리스트 순서▼ 을(를) 1 만큼 바꾸기
      칸▼ 을(를) 1 만큼 바꾸기
    아니면
      1 방송하고 기다리기
      모스 부호 리스트 순서▼ 을(를) 1 만큼 바꾸기
      칸▼ 을(를) 1 만큼 바꾸기

04 » '모스 부호' 스크립트

05 ›› '에러 메시지' 스크립트

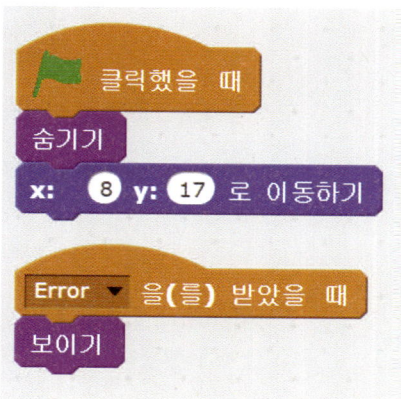

학 습 정 리

❶ 모스 부호는 선(dash)과 점(dot)의 조합으로 영어 알파벳 등을 표현할 수 있도록 만들어
진 전신부호입니다. 선과 점이 어떤 순서와 몇 개로 구성되느냐에 따라 각각이 표현하
는 문자 또는 숫자가 결정됩니다. 모스 부호를 이진수로 표기할 때 '점'은 '0'으로 '선'
은 '1'로 표기합니다.

❷ 이번 프로젝트에서는 총 3가지의 리스트가 사용됩니다. '영문 리스트', '모스 부호 리
스트', '결과 주소 리스트'입니다. 각 용도에 따라 다른 성격의 정보들을 여러 개 저장
하고 있기 때문에 여러 개의 리스트가 사용됩니다.

❸ 리스트 항목에서 '빈칸 상태의 공백'과 '스페이스 바가 입력된 공백'은 컴퓨터가 다른
것으로 인식합니다. 경우에 따라 **Space Bar** 를 눌러서 '컴퓨터가 빈칸이라고 인식할 수
있는 공백'으로 처리해 주어야 합니다.

❹ 문자열 탐색은 사용자가 입력한 문자열의 문자 하나하나를 영문 리스트와 대조하여 해
당 문자열이 리스트의 몇 번 항목에 있는지를 찾아내는 과정입니다. 먼저 입력 문자열
의 첫 번째 문자부터 시작하여 입력 문자열의 마지막 문자까지를 반복해서 수행합니다.

❺ 화면에 모스 부호가 찍히는 효과는 도장찍기 를 사용합니다. 적절한 형태로 모스 부호의
모양을 변환한 뒤 도장찍기 를 실행하여 해당 모양이 [실행] 창에 나타나도록 해줍니다.

01 모스 부호를 영어로 올바르게 해석한 것은? (　　)

● ─●● ─── ●●● ─ ●

① MAKE ② LOVE ③ MOVE ④ HAVE

02 도장찍기 에 대한 설명으로 옳지 않은 것은? (　　)
① 블록을 실행하면 현재 스프라이트의 모양과 동일한 하나의 스프라이트를 [실행] 창에 만들어낸다.
② 도장찍기로 생겨난 스프라이트는 원래 스프라이트와는 다르게 명령을 수행할 수 없다.
③ 지우기 를 실행하면 도장찍기로 생겨난 스프라이트를 1개씩 지울 수 있다.
④ 그래픽 효과 지우기 를 실행해도 도장찍기로 생겨난 스프라이트는 아무 변화가 없다.

03 리스트에 대한 설명 중 옳은 것은? (　　)
① ☐ 항목을 list ▼ 에 추가하기 를 실행하면 리스트의 마지막 번째 항목에 입력한 내용이 저장된다.
② ▼ 번째 list ▼ 항목 는 지정한 리스트 항목의 값을 담고 있다.
③ list ▼ 리스트 숨기기 를 실행하면 해당 리스트가 삭제된다.
④ 리스트의 항목으로 Space Bar 만 입력된 공백은 저장되지 않는다.

04 다음 스크립트의 실행 결과로 스프라이트가 말하는 값을 쓰시오. (　　)

```
클릭했을 때
모두▼ 번째 항목을 list ▼ 에서 삭제하기
a 항목을 list ▼ 에 추가하기
b 항목을 list ▼ 에 추가하기
1▼ 번째 list ▼ 의 항목을 c (으)로 바꾸기
d 을(를) 1▼ 번째 list ▼ 에 넣기
e 항목을 list ▼ 에 추가하기
1▼ 번째 항목을 list ▼ 에서 삭제하기
list 말하기
```

YoungJin.com Y.
영진닷컴

학교에서 통하는 스크래치 프로그래밍

1판 1쇄 발행　2015년 4월 30일
1판 4쇄 발행　2018년 2월 26일

저　자　　정덕현, 최성일, 양나리
발 행 인　　김길수
발 행 처　　(주)영진닷컴
주　소　　(우)08505 서울시 금천구 가산디지털2로 123
　　　　　　월드메르디앙벤처센터2차 10층 1016호
등　록　　2007. 4. 27. 제16-4189호

ⓒ 2015., 2018.　(주)영진닷컴

ISBN 978-89-314-4826-9

http://www.youngjin.com